高 等 学 校 教 材

区间信号与列车运行控制系统

董昱 主编

中国铁道出版社有限公司

2023年·北 京

内 容 简 介

本书为高等学校教材，全书分为两篇共8章内容。

第一篇介绍传统的区间闭塞的内容，主要内容包括：第1章区间闭塞基础，第2章半自动闭塞，第3章区间自动闭塞，第4章机车信号与站内电码化。

第二篇介绍适用于CTCS-2、CTCS-3和CTCS-4系统的相关内容，主要包括：第5章列车运行控制系统原理，第6章CTCS-2级列车运行控制系统，第7章应答器原理及应用，第8章列车运行控制系统技术应用。

通过对相关基础理论和目前使用的主要闭塞技术所实现的自动闭塞系统，如TVM430、日本ATC和ITCS系统的分析，本书力求把我国目前主流的信号设备工作原理、所涉及的基础理论及工程应用有机地结合在一起。

本书可作为铁道信号（交通信息工程及控制）专业本科生的专业课教材，也可作为相关专业研究生和广大铁路信号专业技术人员学习铁路区间信号和列车运行控制系统的参考资料。

本书内容如有不符最新规章标准之处，以最新规章标准为准。

图书在版编目(CIP)数据

区间信号与列车运行控制系统/董昱主编. —北京：中国铁道出版社，2008.6（2023.1重印）

ISBN 978-7-113-08069-3

Ⅰ.区… Ⅱ.董… Ⅲ.①铁路信号②列车-运行-控制系统 Ⅳ.U284

中国版本图书馆CIP数据核字(2008)第079562号

书　　名：区间信号与列车运行控制系统
作　　者：董　昱

责任编辑：武亚雯　刘红梅　　**电话：**(010) 51873205　　**电子邮箱：**312705696@qq.com
封面设计：薛小卉
责任校对：张玉华
责任印制：高春晓

出版发行：中国铁道出版社有限公司（100054，北京市西城区右安门西街8号）
网　　址：http://www.tdpress.com
印　　刷：三河市航远印刷有限公司
版　　次：2008年6月第1版　　2023年1月第9次印刷
开　　本：710 mm×1 000 mm　1/16　**印张：**20.75　**字数：**446千
书　　号：ISBN 978-7-113-08069-3
定　　价：52.00元

前　言

交通运输的速度是与经济、社会发展水平相适应的。现代交通运输的发展史在一定意义上就是以提高速度为核心的技术开发史。

旅客运输的高速化已成为一种世界潮流,冲击着各国交通运输结构,速度已成为各种交通运输方式参与市场竞争的主要手段。高速铁路伴随着经济、科技、社会发展的步伐应运而生。铁路与其他交通运输方式相比,有着许多技术经济上的优势:大容量、低能耗、少占地、适应性强的公共交通体系。因而高速铁路在我国有广阔的发展空间。

为了实现我国铁路向高速、重载方向的不断发展,大量的新技术如:数字信号处理技术、数据通信理论、铁路综合数字移动通信系统(GSM-R)、可靠性理论和容错控制、计算机网络等在铁路信号领域中得到广泛的应用,使铁路信号设备的技术水平得到了很大的提高。

鉴于目前我国铁路信号设备的实际情况,基于 CTCS-0 和 CTCS-1 标准的设备仍占有一定的比例,如在现场 64D 半自动闭塞仍然有存在和使用,故本书对这两部分内容予以保留。

对于符合 CTCS-2、CTCS-3 标准的设备,如 ZPW-2000 区间闭塞系统、应答器系统、地面列控中心、相应的车载设备,本书均予以详细阐述。如果说 CTCS-2 代表了目前的列控系统标准和水平的话,那么 CTCS-3、CTCS-4 则代表了区间闭塞和列控系统今后的发展方向;本书的内容力求把我国铁路信号设备的现状和今后的发展趋势有机地结合起来,以兼顾不同层次的读者。

本书由兰州交通大学铁道信号应用技术研究所和自动控制系联合编撰,由董昱担任主编。其中,第 1 章由董昱编写;第 2 章由陈永刚、王蓓编写;第 3 章由董昱、王蓓、林海香编写;第 4 章由陈永刚编写;第 5 章由董昱、林海香、林俊亭编写;第 6 章由董昱编写;第 7 章由董昱、林海香编写;第 8 章由董昱、陈永刚编写。全书由董昱统稿并审定。

衷心感谢在本书编写过程中,提供帮助的学校教务处及有关单位;尤其感谢铁道信号应用技术研究所的各位研究生,正是他们的帮助和努力,使得本书得以顺利出版。

因作者水平有限,加之资料不全、时间仓促,书中错误在所难免。恳请读者提出宝贵的意见,使本书得到不断的完善和改进。

编　者

2008 年 4 月

目　录

第一篇　区间信号自动控制

第二篇　列车运行控制系统

第一篇　区间信号自动控制

1　区间闭塞基础

1.1　闭塞的基本概念和分类

自铁路开始运营，就产生了如何控制列车运行间隔以确保列车运行安全的问题。由于列车在线路上运行，不能以相互避让的方法避免迎面相撞，加之列车速度快、质量大，从开始制动到停车需要行走较长的距离，这就产生了后继列车追撞前行列车的可能。为了确保列车在区间内的运行安全，我们把确保列车在线路上运行安全的技术措施和设备，称之为"安全列车间隔控制系统"。闭塞设备是保证列车在区间内行车安全的设备，而列车在车站的行车安全则是由"车站联锁装置"来保证的。铁路线路以车站(线路所)为分界点划分为若干区间，区间的界限在单线上以两个车站的进站信号机柱的中心线为车站与区间的分界线。在双线或多线上，分别以各线路的进站信号机柱或站界标的中心线为车站与区间的分界线。为了提高线路通过能力，在自动闭塞区段又将一个区间划分为若干个闭塞分区，以同方向两架通过信号机柱为闭塞分区的分界线。为了确保列车在区间内的运行安全，列车由车站向区间发车时必须确认区间(分区)内没有列车并遵循一定的规律组织行车，以免发生列车正面冲突或追尾等事故。闭塞就是用信号或凭证，保证列车按照前行列车和追踪列车之间必须保持一定距离(空间间隔制)运行的技术方法。对司机来说，必须由车站值班员给出行车凭证后才能占用区间。在我国，列车占用区间的凭证通常为车站出站信号机和区间通过信号机的准许显示。在用信号的准许显示作为凭证时，首先必须保证区间空闲，其次要办理闭塞手续和发出凭证。当列车进入区间后出站信号机自动关闭准许显示。只有证实列车完全出清区间并再次办理闭塞时，才能再一次开放准许显示。

组织列车在区间内行车的方法，一般有以下两种：(1)时间间隔法。列车按照事先规定好的时间由车站发车，使前行列车和追踪列车之间必须保持一定时间间隔的行车方法。这种行车方法因追踪列车不能确切地得到前行列车的运行位置，所以不能确保列车在区间内的运行安全，我国已不再使用此种行车方法。(2)空间间隔法。把铁路线路划分为若干个段落(区间或闭塞分区)，在每个区段内同时只准许一列列车运行，这样使前行列车和追踪列车之间必须保持一定距离的行车方法，这种行车方法能严格地把列车分隔在两个空间，可以有效地防止列车追尾和正面冲突事故的发生，确保列车运行安全。这种行车方法是我国目前所采用的闭塞方法，我们所说的闭塞就是指空间间隔法。

闭塞可分为站间闭塞、以地面信号为主的自动闭塞和带有列控系统的自动闭塞等几类。

1. 站间闭塞

站间闭塞就是两站间只能运行一列车，其列车的空间间隔为一个站间。按技术手段和闭塞方法又可分为：电话闭塞、半自动闭塞和自动站间闭塞。

(1)半自动闭塞就是人工办理闭塞手续，列车凭信号显示发车后，发车站出站信号机自动关闭。在没有设备检测区间是否留有车辆时，还必须由接车站的值班员确认列车的完全到达和人工恢复闭塞。这种方法因为既要人工操纵，又要依赖列车运行自动关闭信号，所以称作半自动闭塞。其特征为：站间或所间只准走行一列车。

(2)自动站间闭塞就是在有区间占用检查的条件下，自动办理闭塞手续，列车凭信号显示发车后，出站信号机自动关闭的闭塞方法。其特征为：有区间占用检查设备；站间或所间区间只准走行一列车；办理发车进路时自动办理闭塞手续；自动确认列车到达和自动恢复闭塞。

自动闭塞就是根据列车运行及有关闭塞分区状态自动变换信号显示，而司机凭信号行车的闭塞方法。其特征为：把站间划分为若干闭塞分区，有分区占用检查设备，可以凭通过信号机的显示行车，也可凭机车信号或列车运行控制的车载信息行车；站间能实现列车追踪；办理发车进路时自动办理闭塞手续，自动变换信号显示。

2. 以地面信号为主的自动闭塞

当列车最高运行速度在 160 km/h 及以下时，通常采用以地面信号为主的自动闭塞系统。该系统一般设有地面通过信号机、机车装备机车信号及自动停车装置，来保证列车按照空间间隔制运行。目前，以地面信号为主的自动闭塞可分为：三显示自动闭塞和四显示自动闭塞。

当列车最高运行速度为 120 km/h 时，我国铁路一般采用三显示自动闭塞。就是通过信号机具有三种显示能预告列车前方两个闭塞分区的状态；分两个速度等级，一个闭塞分区的长度满足从规定速度到零的制动距离。

当列车最高运行速度达到 160 km/h 时，我国铁路一般采用四显示自动闭塞。四显示自动闭塞就是通过信号机具有四种显示能预告列车前方三个闭塞分区的状态；分三个速度等级，二个闭塞分区的长度满足从规定速度到零的制动距离。多于四显示时，则以机车信号为主。

铁路信号显示制度主要有进路制和速差制信号两种显示方式。进路制信号以指示列车进入不同进路为原则的信号显示制度,速差制信号是每一种信号显示均表示不同行车速度的信号显示制度。我国铁路既有的信号显示基本属于进路式简易速差信号显示方式,其速差速度含义主要体现在进站信号机(含接车进路信号机)的显示上。世界各国铁路的信号显示方式随着列车运行速度的提高正在向速差制信号显示方式转变。随着我国铁路提速,其信号显示方式中的速差含义也正在逐步增强。如属于限速运行的信息有双半黄色灯光显示(限速 45 km/h)、双半黄色灯闪光显示(限速 80 km/h)以及红黄灯闪光显示(限速 20 km/h)。属于速差信号信息的有四显示及特殊区段的黄灯、黄 2、黄 2 闪、黄 3、绿黄 2 等信息。它们都明确提出要减速到规定的速度等级,通过接近的地面信号机。属于预告要减速的信息有三显示的黄灯、四显示的绿黄灯信息。

3. 带有列控系统的自动闭塞

列车运行自动控制系统(简称列控系统)是靠控制列车运行速度的方式来实现列车按照空间间隔制运行的技术方法。运行列车间必须保持的空间间隔首先是满足制动距离的需要,还要考虑适当的安全余量和确认信号时间内的运行距离。所以根据列控系统采取的不同控制模式会产生不同的闭塞制式。列车间的追踪运行间隔越小,运输能力就越大。

从闭塞制式的角度来看,装备列车运行控制的自动闭塞可分为三类:固定闭塞、准移动闭塞(含虚拟闭塞)和移动闭塞。

(1)固定闭塞:列控系统采取分级速度控制模式时,采用固定闭塞方式。运行列车间的空间间隔是若干个闭塞分区,闭塞分区数依划分的速度级别而定。一般情况下,闭塞分区是用轨道电路或计轴装置来划分的,它具有列车定位和占用轨道的检查功能。固定闭塞的追踪目标点为前行列车所占用闭塞分区的始端,后行列车从最高速开始制动的计算点为要求开始减速的闭塞分区的始端,这两个点都是固定的,空间间隔的长度也是固定的,所以称为固定闭塞。对于固定闭塞采用的列控技术通常是如图 1-1 所示的分级速度控制方式。

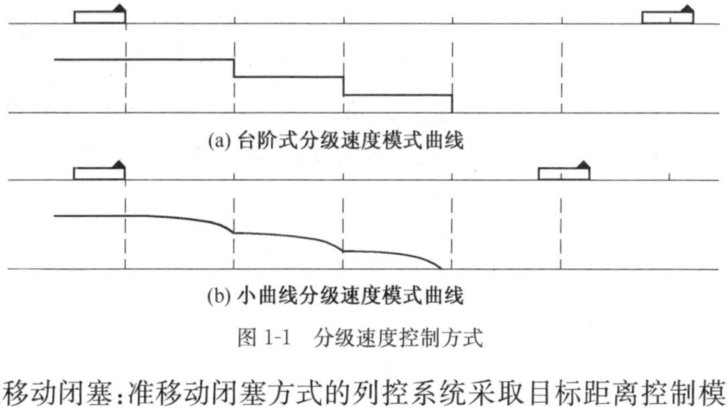

(a) 台阶式分级速度模式曲线

(b) 小曲线分级速度模式曲线

图 1-1　分级速度控制方式

(2)准移动闭塞:准移动闭塞方式的列控系统采取目标距离控制模式(又称连续式

一次速度控制)。目标距离控制模式根据目标距离、目标速度及列车本身的性能确定列车制动曲线,不设定每个闭塞分区速度等级,采用一次制动方式。准移动闭塞的追踪目标点是前行列车所占用闭塞分区的始端,当然会留有一定的安全距离,而后行列车从最高速开始制动的计算点是根据目标距离、目标速度及列车本身的性能计算决定的。目标点相对固定,在同一闭塞分区内不依前行列车的走行而变化,而制动的起始点是随线路参数和列车本身性能不同而变化的。空间间隔的长度是不固定的,由于要与移动闭塞相区别,所以称为准移动闭塞。显然其追踪运行间隔要比固定闭塞小一些。一般情况下,闭塞分区是用轨道电路或计轴装置来划分的,它具有列车定位和占用轨道的检查功能。准移动闭塞示意如图 1-2 所示。

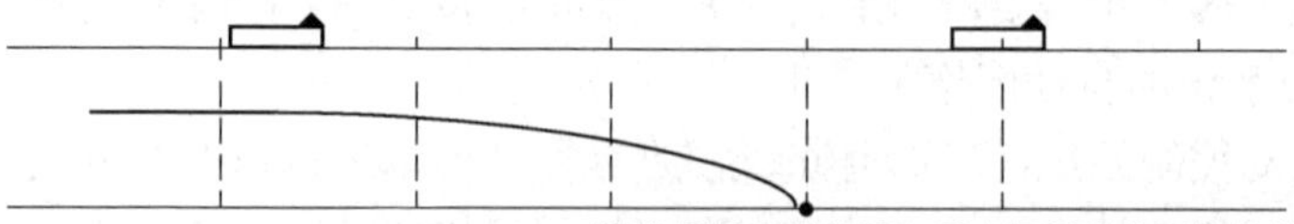

图 1-2　准移动闭塞示意图

虚拟闭塞:是准移动闭塞的一种特殊方式,它不设轨道占用检查设备,采取无线定位方式来实现列车定位和占用轨道的检查功能,闭塞分区是以计算机技术虚拟设定的。虚拟闭塞示意如图 1-3 所示。

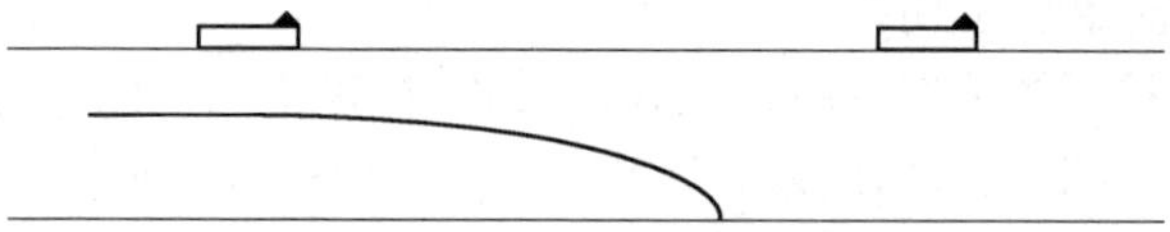

图 1-3　虚拟闭塞示意图

(3)移动闭塞:移动闭塞方式的列控系统也采取目标距离控制模式(又称连续式一次速度控制)。目标距离控制模式根据目标距离、目标速度及列车本身的性能确定列车制动曲线,采用一次制动方式。移动闭塞的追踪目标点是前行列车的尾部,当然会留有一定的安全距离,后行列车从最高速开始制动的计算点是根据目标距离、目标速度及列车本身的性能计算决定的。目标点是前行列车的尾部,与前行列车的走行和速度有关,是随时变化的,而制动的起始点是随线路参数和列车本身性能不同而变化的。空间间隔的长度是不固定的,所以称为移动闭塞。其追踪运行间隔要比准移动闭塞更小一些。移动闭塞一般采用无线通信和无线定位技术来实现。移动闭塞示意如图 1-4 所示。

图 1-4　移动闭塞示意图

1.2 区间闭塞的发展历史、现状及发展趋势

实现区间闭塞的设备也是随着铁路运输的发展而发展，闭塞设备技术对提高列车运行密度和运输效率具有重要的作用。在闭塞设备发展的历史中经历了早期的人工闭塞设备、半自动闭塞设备、以地面信号为主的自动闭塞设备以及带有列车运行控制系统的自动闭塞，以下分别说明这些设备的发展过程。

1. 人工闭塞设备

早期的人工闭塞设备是用电报和电话闭塞方式，经过一段时间的使用后，又先后发明了电气路签机和电气路牌机，实现了路签和路牌闭塞方式。由于这种闭塞方式的效率低下，且安全性较差，因此逐渐被其他闭塞设备所取代。但电话闭塞的方式被保留。在“十五”期间人工闭塞[包含电话和路签(牌)]装备率为0.1%。

2. 半自动闭塞设备

半自动闭塞是用人工来办理闭塞及开放出站信号机，而由出发列车自动关闭出站信号机，并实现区间闭塞的一种闭塞方式。继电半自动闭塞是以继电电路的逻辑关系来完成两站间闭塞作用的闭塞方式。我国的单线铁路，采用的是64D型继电半自动闭塞。与人工闭塞设备相比，半自动闭塞设备在确保行车安全和提高行车效率方面，都有明显的提高。

3. 以地面信号为主的自动闭塞设备

半自动闭塞由人工办理闭塞手续，列车凭出站信号机的允许信号显示出发，出站信号机在列车出发后自动关闭，列车到达接车站经人工确认整列到达后办理到达复原，解除闭塞。半自动闭塞利用车站来隔离列车，即两站间的区间同时只允许一列列车运行。而且由于区间没有空闲检查设备，须由人工确认列车的整列到达，而事故复原的安全操作得不到保证，所以行车安全程度不高，并影响运输效率。

以地面信号为主的自动闭塞设备是根据列车运行及有关闭塞分区状态，自动变换通过信号机显示而司机凭信号行车的闭塞方法，它适用于列车最高运行速度在160 km/h的情况。自动闭塞是在列车运行过程中自动完成闭塞作用的。自动闭塞将一个区间划分为若干闭塞分区，在每个闭塞分区的起点都装设通过信号机用以防护其后方的闭塞分区。每个闭塞分区内都装设轨道电路(或计轴器等列车检测设备)，通过轨道电路将列车和通过信号机的显示联系起来，根据列车运行及有关闭塞分区的状态使通过信号机的显示自动变换。因为闭塞作用的完成不需要人工操纵，故称为自动闭塞。目前大量使用的典型的自动闭塞设备如ZPW-2000A。

以地面信号显示为主的铁路信号系统只是向司机提供视觉信号，由司机解释信号显示意义并驾驶列车。信号显示仅仅指明安全运行条件，而列车的安危在很大程度上由司机控制。由于地面信号显示系统有时受到自然环境(如雾、风沙、大雨等)的影响以

及地形的限制，司机往往不能在规定的距离上及时瞭望前方的信号显示，因而有产生冒进信号的危险。为将列车运行前方所接近信号机的显示情况及时通告司机，发明了机车信号设备，将地面的视觉信号变成通过技术手段引入司机室，改善了司机瞭望条件。

但在司机疲劳或疏忽大意以及出现操作不当等人为因素时，仍会使机车信号失去作用而发生机车冒进信号的事故。这就要求在机车上加装自动停车装置，以辅助司机确认信号。当司机疏忽大意时，自动停车装置立即发出音响报警，以提醒司机，并在司机未采取有效措施时，强迫列车停车，以防止列车冒进信号事故的发生。因此，在以地面信号为主的自动闭塞中，加入机车信号和自动停车装置，有效地提高了列车运行的效率和安全程度。

4. 带有列车运行控制系统的自动闭塞

随着高速铁路的发展，列车运行自动控制设备的水平也在不断提高，由列车超速防护提高到列车自动限速和列车自动运行等新技术。机车信号和列车超速防护系统的行车命令目前还是来自地面自动闭塞的轨道中传递的信息。随着数字化、无线传输技术、漏泄电缆及卫星定位技术的发展，依靠这些技术实现列车和地面控制中心、列车和列车之间的信息传输，就不需要将区间划分为固定的若干分区，来调整列车之间的追踪间隔，而是两个列车通过数据传输，自动地计算出实时的列车追踪的安全间隔，使两列车之间的间隔最小，从而提高了行车密度和区间通过能力。

5. 基于通信的列控系统的自动闭塞

基于通信的列车控制系统(CBTC，Communication Based Train Control system)能使列车在更短的间隔内运行，并保证对列车的安全间隔。CBTC 系统不依靠轨道电路或计轴设备来确定列车的位置，通过轨旁设备和列车实现双向通信，从而实现了对列车速度的闭环控制和监督。

CBTC 系统将轨道划分成若干逻辑闭塞分区，并在计算机的安全数据库里对之进行定义。这一方法的主要好处就是系统设计能够划分尽可能多的闭塞分区，而无须太大的成本。闭塞分区的改变主要是数据库的改动，这一改动不涉及物理局限或设备成本。另外，CBTC 系统不再依靠地面轨道电路设备判别列车的定位，突破了固定闭塞的局限性，为实现移动闭塞提供可能。在 CBTC 系统中充分利用先进的通信传输手段，实时地或定时地进行列车与地面之间的双向通信联络，使得后续列车可以及时了解前方列车运行实际间隔距离，通过计算后续列车即可给出最佳制动曲线，既提高了区间通行能力，减少了频繁减速制动操作，又改善了旅客乘车舒适度。由于车地间可通信信息量的加大，地面可以实时地向车载信号设备传递车辆运行前方线路限速情况，指导列车按限速命令运行，提高了列车运行安全性。

总之，CBTC 系统是集各种技术在轨道交通中的综合应用，并促使轨道交通列控系统向以下方向发展：

(1)系统化。现代轨道交通的列控系统不再是调度、联锁、闭塞、信号机等设备的简单组合，而是向集调度指挥、运行控制及自动驾驶为一体的功能完善、层次分明的综合自动化系统方向发展。

(2)网络化。地面局域网、广域网及车地间的无线通信网将轨道交通的控制中心、车站及列车连成一个有机整体，使指挥中心能够全面了解辖区各种情况，灵活配置系统资源，保证铁路系统的安全、高效运行。

(3)信息化。网络化是轨道交通的各类信息能够迅速地上通下达，准确获得轨道交通系统的运营的各类实时信息，在保证轨道交通系统安全、高效运营的同时，大大提高维护及旅客服务水平。

(4)智能化。智能化使调度指挥系统根据轨道交通系统的实际情况，借助先进的计算机控制技术来及时自动调度列车运行，最终实现列车的无人驾驶(或自动驾驶)，使整个轨道交通系统达到最优化，提高运行效率，降低低劳动强度。

(5)通信信号一体化。通信技术在城市轨道交通信号系统中大量运用，使通信信号趋于一体，基于通信的列车控制系统成为今后轨道交通信号系统的发展方向。

(6)标准化和开放化。CBTC 系统的标准化和开放化需要得到进一步的研究。

思 考 题

1. 名词解释：闭塞，固定闭塞，准移动闭塞，虚拟闭塞，移动闭塞。
2. 组织列车在区间内行车有哪两种方法？试比较其优缺点。
3. 自动闭塞和半自动闭塞有哪些区别？
4. 简述带有列车控制系统的自动闭塞的分类和特点。
5. 简述轨道交通列控系统的发展趋势。

2 继电半自动闭塞

2.1 单线继电半自动闭塞构成原理及设备

2.1.1 概 述

目前我国铁路的大部分区段上，人工闭塞(路签和路牌闭塞)制度已逐步被淘汰，在“十五”末期该闭塞只占区间里程的0.1%，而半自动闭塞占区间里程的61.7%。半自动闭塞不断得到改进提高，由简易半自动发展到继电半自动闭塞，从58型继电半自动闭塞发展到60型，直到目前被广泛采用的64型继电半自动闭塞。为了适应各种运行情况的需要，64型继电半自动闭塞又分为单线区段应用的64D型、复线区段应用的64S型和单线带预办的64Y型。带预办的64Y型继电半自动闭塞在发车站发出的列车进入区间后，接车站即可向发车站请求预办，当列车进站后，接车站的列车即可出发，从而节省了列车到达后再办理手续的时间，提高了运输效率。

半自动闭塞是人工办理闭塞手续。列车凭信号显示发车后，出站信号机自动关闭的闭塞方法。利用继电器电路的逻辑关系实现分界点之间联系的半自动闭塞称为继电半自动闭塞。

自动闭塞能确保行车安全，提高运输效率，是区间闭塞系统的发展方向。然而，我国铁路运营线路大部分还是单线区段，在线路上、下行发车均衡时，即上行一次，再接着发下行，不能实现列车追踪运行。所以在运量尚未达到复线自动闭塞的时候，64D型继电半自动闭塞是一种较好的制式。本章阐述64D型继电半自动闭塞系统的构成及电路工作原理，对于其他两种类型可参阅有关资料。

2.1.2 单线继电半自动闭塞系统构成及基本要求

1. 基本要求

为了确保列车在单线区段运行的安全，必须保证在区间内只能运行一列列车。为此，继电半自动闭塞系统必须具备以下基本的技术要求：

(1)车站要向区间发车，必须检查区间空闲状态，在取得接车站同意并已取消了接车站向该区间的发车权后，发车站才能开放出站信号机。

(2)当列车出站后,发车站的出站信号机必须自动地关闭,在未再次办理手续之前,出站信号机不得再次开放。

(3)列车到达接车站,由车站值班员检查列车完整到达后,接车站关闭进站信号机后,即可办理解除闭塞(到达复原)手续,使两站闭塞机恢复定位状态。

(4)闭塞系统必须符合“故障—安全”原则。

为了满足上述基本要求,单线继电半自动闭塞系统构成如图 2-1 所示。

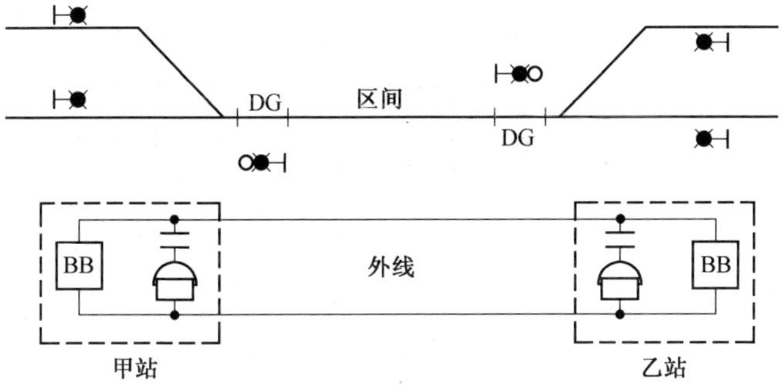

图 2-1 单线继电半自动闭塞

图中两站间各设一台闭塞机 BB,用一对闭塞线(通道)把两站的闭塞机联系起来。为了检测列车的出发与到达,在进站信号机内方设置了一段短小轨道电路 DG,其长度应大于 25 m。

在考虑系统的电路设计时,除满足基本要求外,还应考虑如何提高行车效率、简化办理手续、缩短办理闭塞的时间以及适应运营上的特殊要求,例如:补机、路用列车的折返;进站信号机外方调车等特殊情况。

2. 闭塞设备

64D 型继电半自动闭塞设备包括操纵箱、继电器箱、轨道电路、闭塞电源、闭塞外线等。

(1)操纵箱

操纵箱是设在没有电气集中操纵台的车站上,用作办理闭塞的操纵和表示。操纵箱面板布置如图 2-2 所示。

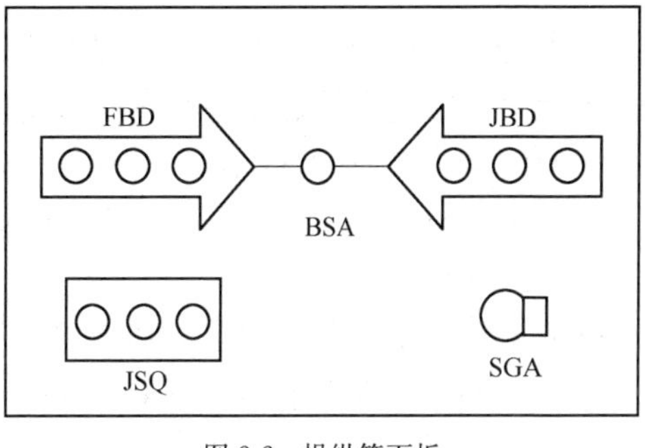

图 2-2 操纵箱面板

操纵箱主要有操纵和表示设备,单线继电半自动闭塞的操纵和表示设备有:按钮、表示灯、电铃和计数器等,该操纵箱安装在行车室车站值班员的办公桌上。

1)按钮

为了办理两站间的闭塞和复原要设以下按钮。

闭塞按钮 BSA:二位自复式按钮,办

理请求发车或同意接车时按下。对色灯电锁器联锁的车站，BSA 为三位自复式按钮。办理请求发车或同意接车时按下，办理到达复原或取消复原时拉出。

事故按钮 SGA：SGA 也为二位自复式按钮，平时加铅封。当闭塞机因故不能正常复原时，破封按下，使闭塞机复原。对色灯电锁器联锁的车站 SGA 为三位自复式按钮，经常处于中间位置。办理事故复原时拉出 SGA。

复原按钮 FUA：二位自复式按钮，办理到达复原或取消复原时按下。

2)表示灯

车站的每一个接发车方向各设继电半自动闭塞表示灯两组。

发车表示灯 FBD：由黄、绿、红三个光点式表示灯组成。表示灯经常熄灭，黄色表示灯点亮表示本站请求发车，绿色表示灯点亮表示对方站同意接车，红色表示灯点亮表示发车闭塞。

接车表示灯 JBD：也由黄、绿、红三个光点式表示灯组成。表示灯经常熄灭，黄色表示灯点亮表示发车站请求发车，绿色表示灯点亮表示本站同意接车，红色表示灯点亮表示接车闭塞。当接、发车表示灯同时点亮红灯时，表示列车到达。

每组三个表示灯用箭头围在一起，箭头表示列车运行的方向。表示灯的排列顺序为：从箭头方向起为黄、绿、红。由于表示灯在闭塞设备中耗电最多，占 64%。为节省电能，(尤其在采用干电池的情况下)可采用半导体发光二极管。它具有体积小、耗电省、寿命长等优点，并能在低电压和小电流条件下工作。

3)电铃 DL

电铃是闭塞机的音响信号，在闭塞电路中采用直流 24 V 电铃，它装在控制台或操纵箱里。当对方站办理请求发车、同意接车或列车从对方站出发时，本站电铃鸣响；当对方站办理取消复原或到达复原时，本站电铃也鸣响。此外，如果接车站轨道电路发生故障时，当列车自发车站出发后，接车站电铃一直鸣响(但此时因电路中串联一个电阻，音量较小)，以提醒接车站及时修复轨道电路，准备接车。

为了区别运行方向，车站两端的闭塞电铃可调成不同的音响(可以调整电铃上的螺栓，或在电路上适当地串联一个电阻)。

4)计数器 JSQ

计数器用来记录车站值班员办理事故复原的次数。每按下一次 SGA，JSQ 自动转换一个数字。因为事故复原是在闭塞设备发生故障时的一种特殊复原方法，当使用事故按钮使闭塞机复原时，行车安全完全由车站值班员人为保证，因此必须严加控制。使用时要登记，用后要及时加封，而且由计数器自动记录使用的次数。

(2)闭塞机

把完成继电半自动闭塞系统功能的全部安全型继电器(AX 系列)及阻容元件，根据不同的需要组装在继电器组合架上或装于继电器箱内。装在继电器箱内的称为闭塞机。闭塞机是闭塞设备的核心。这里我们主要讲解其中的继电器设备，电阻器和电容器不再介绍。

64D型继电半自动闭塞机每台有十三个继电器，它们构成继电电路，完成闭塞作用。各继电器的名称和作用如下所示：

1)正线路继电器ZXJ，接收正极性的闭塞信号。

2)负线路继电器FXJ，接收负极性的闭塞信号。

3)正电继电器ZDJ，发送正极性的闭塞信号。

4)负电继电器FDJ，发送负极性的闭塞信号。

5)闭塞继电器BSJ，监督和表示闭塞机的状态。闭塞机在定位状态时它吸起，表示区间空闲，当列车占用区间时它落下，表示区间闭塞。

6)选择继电器XZJ，选择并区分自动回执信号和复原信号，同时在办理发车时，监督出站信号机是否开放。

7)准备开通继电器ZKJ，记录对方站发来的自动回执信号。

8)开通继电器KTJ，记录接车站发来的同意接车信号，并控制出站信号机。

9)复原继电器FUJ，接收复原信号，使闭塞机复原。

10)回执到达继电器HDJ，和TJJ一起构成自动回执电路发送回执信号以及记录列车到达。

11)同意接车继电器TJJ，记录对方站发来的请求发车信号并使闭塞机转入接车状态，以及与HDJ一起构成自动回执电路。

12)通知出发继电器TCJ，记录对方站发来的列车出发通知信号。

13)轨道继电器GDJ，是现场轨道继电器的复示继电器，监督列车出发和到达。

这13个继电器中，除了ZXJ和FXJ采用偏极继电器(组匣式为JPX-1000型，组合式为JPXC-1000型)外，其余均为直流无极继电器(组匣式为JWX-1700型，组合式为JWXC-1700型)。

由于采用固定的组装，外接元件采用接插件，因此便于工厂化施工，缩短现场施工期限，便于维修及更换元、器件。

(3)轨道电路

64D型继电半自动闭塞，在每个车站两端进站信号机的内方需装设一段不小于25 m的轨道电路。其作用，一是监督列车的出发，使发车站闭塞机闭塞；二是监督列车的到达，然后由接车站值班员办理到达复原。由于这两个作用(特别是第一个作用)的重要性，即轨道电路的动作直接影响行车安全，所以要求轨道电路不仅稳定可靠地工作，而且要能满足“故障—安全”的要求。

继电半自动闭塞的发车轨道电路应采用闭路式。因为当轨道电路发生断线或瞬间断电等故障时，轨道继电器衔铁落下，使闭塞机处于闭塞状态。而继电半自动的接车轨道电路应采用开路式。因为，当发生断线或瞬间断电故障时，轨道继电器不动作，不会使闭塞机构成虚假到达。单线继电半自动闭塞区段由于接、发车轨道电路是共用的，故采用闭路式为好。

当采用一段开路式轨道电路时只要一处断线，列车出发时就会产生闭塞机不闭塞的故障，可能造成重大行车事故。所以为保证行车安全，不准只采用一段开路式轨道电路。

由以上分析，单线继电半自动闭塞专用轨道电路最好采用两段：一段开路式和一段闭路式。这样，既能满足接车轨道电路的要求，又能满足发车轨道电路的要求。

(4)闭塞电源

闭塞电源应连续不间断地供电，且应保证继电器的端电压不低于工作值的120%，以保证闭塞机的可靠动作。64D型继电半自动闭塞采用直流24 V电源，可用交流电源整流供电，也可以用干电池等供电。

继电半自动闭塞的电源分为线路电源和局部电源，前者用于向邻站发送信号，后者供本站闭塞电路用。当站间距离较短，线路电源和局部电源相差不多时，两者可共用一组电源；当站间距离较长，外线环线电阻超过250 Ω时，允许适当提高线路电源电压。线路电源最低电压U_Z可按下式计算：

$$U_Z=1.2I_J(R_Z+R_J)$$

式中 U_Z——线路电源电压，V；

R_Z——线路阻抗，Ω；

I_J——线路继电器工作电流，A；

R_J——线路继电器阻抗，Ω；

1.2——安全系数。

一个车站两端的闭塞机电源应分别设置，为的是如果一端的电源发生故障，不致影响另一端。同时只要所控制的那个区间无车运行，就可更换电池。

半自动闭塞设备的供电视所在车站联锁方式的不同而不同。在电气集中车站，半自动闭塞的局部电源可以和电气集中继电器控制电源合用。凡是电源屏中设置半自动闭塞线路电源的，可直接引用。若电源屏中未设半自动闭塞线路电源，则必须在半自动闭塞组合中设一台ZG-130/0.1型整流器专供线路电源。ZG-130/0.1型整流器的直流输出电压有50 V、80 V、130 V三种，可根据需要选用。

在电锁器联锁车站，半自动闭塞电源应与车站联锁电源分开，以免联锁电源负载变化影响闭塞机的工作。

(5)闭塞机外线

继电半自动闭塞的外线一般是与站间闭塞电话线共同使用的，但随着干线电缆(光缆)的发展，最好将它们分开。

单线继电半自动闭塞应采用两根外线。虽然在一根外线和一根地线的情况下闭塞机也能工作，但为了防护外界电源对闭塞机的干扰，提高闭塞电话的通话质量，应采用两根外线。

当闭塞外线为架空明线时，一般采用4.0 mm镀锌铁线，其环线电阻每公里22 Ω。当采用电缆线路时，由于电缆线直径只有 0.9 mm，其环线电阻每公里为 57 Ω，若在线路电源电压一定的情况下，则闭塞机的控制距离将要缩短。为提高闭塞机的控制距离，可在线路继电器上并联二极管。

2.1.3 64D 型继电半自动闭塞办理手续及传递信息

1. 办理手续

64D 型继电半自动闭塞要求两个车站的值班员共同办理闭塞手续，其办理手续分正常办理、取消闭塞和事故复原三种。根据列车运行情况和设备状态分别采用之。现对它们的办理步骤叙述如下。

(1)正常办理

所谓正常办理是指两站间列车的正常运行及闭塞机处于正常状态时的办理方法，共有 5 个步骤，分别为：

1)发车站向接车站请求发车

发车站应先检查控制台上的接、发车表示灯处于灭灯状态，并确认区间空闲后，通过闭塞电话与接车站联系，然后按下闭塞按钮，向接车站发送请求发车信号。此时，接车站电铃鸣响。当发车站值班员松开闭塞按钮后，接车站自动向发车站发送自动回执信号，使发车站发车表示灯亮黄灯，同时电铃鸣响。当发完自动回执信号后，接车站表示灯也亮黄灯。说明请求发车手续已完成。

2)接车站值班员同意发车站发车

接车站如果同意发车站发车，接车站值班员在确认接车表示灯亮黄灯后，按下闭塞按钮，向发车站发送同意接车信号。此时，接车站接车表示灯黄灯灭绿灯亮，发车站发车表示灯也由黄灯改点绿灯，同时电铃鸣响。

至此，两站间完成了一次列车占用区间的办理闭塞手续。闭塞机处于“区间开通”状态，表示接车站同意发车站发车，发车站至接车站区间开通，发车站出站信号机可以开放。

3)列车从发车站出发

发车站发车表示灯亮绿灯，表示得到接车站同意，闭塞机开通，发车站即可办理发车进路，出站信号机开放，列车可以出发，当出发列车驶入出站信号机内方时出站信号机自动关闭。同时发车站发车表示灯变为红灯，并自动向接车站发送出发通知信号，使接车站接车表示灯也改点红灯，同时电铃鸣响。

至此，双方站的闭塞机均处于“区间闭塞”状态，表明该区间内有一列列车在运行，此时双方站的出站信号机均不能再次开放。

4)接车站值班员开放进站信号，列车进入接车站

接车站值班员在同意接车后，应准备好列车进路。当接车表示灯由绿变红及电铃鸣响后(说明列车已从邻站开出)，应根据列车在区间运行时分的长短，，及时建立接车

进路，开放进站信号机，准备接车。当列车到达接车站，进入接车站进站信号机内方第一个轨道区段时，接车站的发车表示灯和接车表示灯都亮红灯，表示列车到达。此时，接车站进站信号机自动关闭。

5)到达复原

列车全部进入接车站股道后，接车进路解锁。接车站值班员在确认列车完整到达后，拉出闭塞按钮(或按下复原按钮)，办理到达复原。此时，接车站接、发车表示灯的红灯均熄灭，同时向发车站发送到达复原信号，使发车站的发车表示灯红灯熄灭，电铃鸣响。解除闭塞，使双方闭塞机复原。至此，两站闭塞机均恢复定位状态。

(2)取消闭塞

在下列情况下，经双方站同意后，由发车站办理取消闭塞手续(拉出闭塞按钮或按下复原按钮)，从而使双方闭塞机复原。

1)发车站请求发车后，接车站同意前。如果接车站不同意对方站发车，或发车站需取消发车时，可办理取消复原。

2)发车站请求发车，接车站同意接车后。在发车站出站信号机开放之前。此时，如需取消闭塞，也须经两站值班员联系后，办理取消复原。

此外，在电气集中联锁车站，发车站开放出站信号机之后，列车尚未出发之前也可以办理取消复原，此时须经两站值班员电话联系后，确认列车未出发，发车站值班员先办理进路的取消或人工解锁(视列车接近的情况而定)。在出站信号机关闭，发车进路解锁后，再按下复原按钮，办理取消复原。

以上几种情况的取消复原，执行者均为发车站值班员，如由接车站值班员办理取消复原则是无法实现的。

(3)事故复原

在下列情况下，经双方同意后，由发生事故一方打开铅封，拉出事故按钮，办理事故复原。

1)闭塞机电源断电需要重新恢复，或轨道电路等设备故障而引起闭塞机不能正常复原时。

2)发车站在开放信号后，由于运行情况变更停止发车或特殊运营(机外调车等)情况时。

办理事故复原由于不检查任何条件，行车安全全靠人为保证，所以必须由车站值班人员确认区间内没有列车占用，进行登记手续后才能办理。

2. 64D型继电半自动闭塞传递的信息

按照继电半自动闭塞的办理手续，发车站必须办理请求发车，并取得接车站的同意，这就要求两站间按照一定的顺序传递信息。

在确定信息数量和特征时，值得注意以下两点：①避免干扰电流脉冲；②避免采用互易性脉冲。

为了做到这两点并简化设备，采用非互易的极性脉冲作为信息的特征。按照半自动闭塞的基本要求，两站间办理闭塞应传递以下信息：

(1)请求发车正信息；

(2)自动回执负信息：

(3)同意接车正信息；

(4)通知出发正信息；

(5)解除闭塞，即到达复原负信息；

(6)取消闭塞负信息；

(7)事故复原负信息。

上述信息中(6)、(7)为非正常情况下使用。(1)、(3)、(4)是与行车直接有关的信息，采用正信息。这三个信息是按照办理闭塞顺序来区分信息的内容，例如闭塞机在定位时，发车站请求发车，向接车站发送的正信息即为请求发车正信息。同意接车信息是构成允许发车的信息，为了提高安全性，在它前面增加了一个非互易的负极性的自动回执信息。此负信息是以电路状态及发送信息的车站区别于其他三种负信息。最后三种信息是使闭塞机恢复正常状态的信息，其特征要与正常办理的信息有所区别，采用了负信息。这些信息除事故复原信息外，也是以发送时机及发送车站来加以区别。

按照上述正常办理行车闭塞的过程中发送信息的情况如图 2-3 所示。

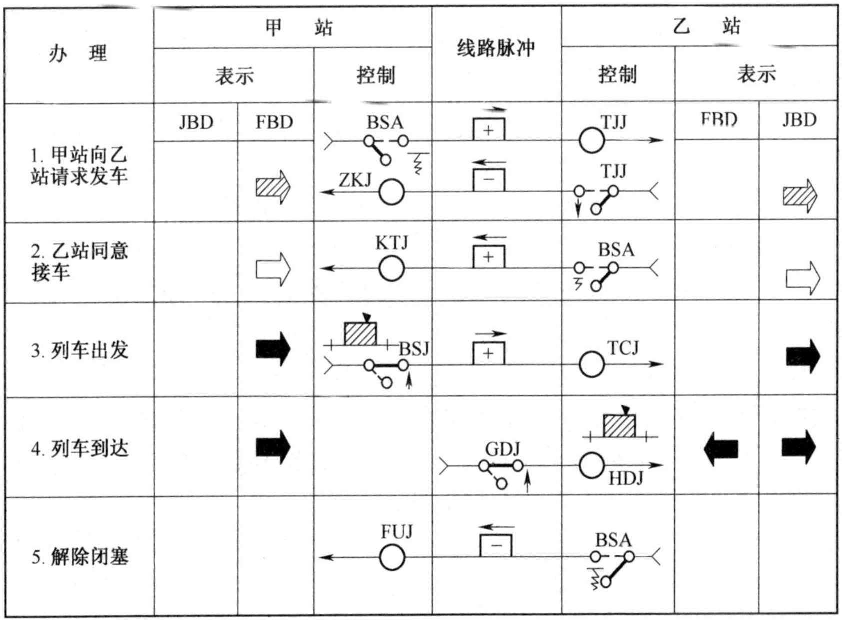

图 2-3　64D 型半自动闭塞信息传递原理

2.2 单线继电半自动闭塞电路的构成

2.2.1 64D型继电半自动闭塞电路状态分析

继电半自动闭塞是以继电器电路来实现分界点之间联系的半自动闭塞。半自动闭塞发送、接收、记录各种状态以及控制开放出站信号都需要采用继电器来完成。

64D型继电半自动闭塞发送两种不同的极性脉冲，采用了两个继电器：一个用来发送正极性脉冲，称为正电继电器，用ZDJ表示；另一个用来发送负极性脉冲，称为负电继电器用FDJ表示。为了接收正、负极性的脉冲，采用了两个偏极继电器：接收正脉冲的称正线路继电器。用ZXJ表示；接收负脉冲的称负线路继电器，用FXJ表示。

为了对继电半自动闭塞电路构成原理有所了解，按照办理行车闭塞顺序设定为各种状态来阐述。

下面以甲站为发车站，乙站为接车站来阐述各种状态及其主要继电器的动作。

1. 零状态：区间空闲，闭塞机为定位的正常状态

为了区分闭塞机定位还是区间有列车占用，需要用一个继电器来表示，这个继电器称为闭塞继电器BSJ。为了实现"故障—安全"，闭塞机在正常状态时BSJ为吸起。零状态就是以闭塞继电器BSJ吸起，其他继电器落下来表示。

2. 第一状态：发送和接收"请求发车"信息

发车站为了发送"请求发车"正信息，需按压闭塞按钮BSA，只要闭塞机处于零状态，即可使正电继电器ZDJ吸起，向线路发送正脉冲。为了在发出正信息后，使闭塞机由零状态转为这一状态，准备接收自动回执信息，用选择继电器XZJ的吸起记录这一状态。

接车站用正线路继电器ZXJ的吸起接收到"请求发车"正信息后，为了记录这一状态并编制"自动回执"负信息，设置了回执到达继电器HDJ(并兼做列车到达记录用)。

第一状态的终止是：发车站BSJ↑，XZJ↑，其他继电器落下；接车站BSJ↑、HDJ↑，其他继电器落下。

3. 第二状态：发送和接收"自动回执"信息

接车站接收到"请求发车"正信息后即ZXJ↓。为编制和记录"回执信息"，使用了同意接车继电器TJJ，它的吸起记录了这一状态，并与回执到达继电器HDJ的缓放编制出"自动回执"信息。HDJ落下后自动终止回执信息。

发车站接收到"自动回执"负信息(负线路继电器FXJ↑)后，为了记录这一信息，使用了准备开通继电器ZKJ。ZKJ继电器吸起准备接收"同意接车"信息，并启动轨道复示继电器GDJ工作。

第二状态的终止是：发车站BSJ、XZJ、ZKJ、GDJ吸起；接车站BSJ、TJJ吸起。

4. 第三状态:发送和接收"同意接车"信息

接车站值班人员同意接车,必须按压闭塞按钮 BSA,为了记录这一步,可以使闭塞继电器 BSJ 落下。并用 BSJ 的后接点编制出"同意接车"正信息。闭塞继电器 BSJ 落下,说明接车站已经交出了发车权,不能再办理发车手续。

在发车站,为了记录收到的"同意接车"正信息,需要使用一个开通继电器 KTJ,用 KTJ 的吸起条件构成开放出站信号机的联锁条件。

第三状态的终止是:发车站 BSJ↑,XZJ↑,ZKJ↑,GDJ↑,KTJ↑;接车站只有 TJJ↑。

5. 第四状态:发送和接收列车"通知出发"信息

在发车站,列车出发必须开放出站信号机,采用选择继电器 XZJ 的落下记录出站信号机的开放,并使发车站不能再办理取消闭塞。

当列车出发进入短小轨道电路时,轨道继电器 GJ 落下,轨道复示继电器 GDJ 也落下,自动关闭出站信号机,并切断闭塞继电器 BSJ 的励磁电路,BSJ 落下,实现区间占用表示。用 BSJ 的后接点和准备开通继电器 ZKJ 的缓放编制出"通知出发"正信息。

在接车站,为了记录"通知出发"正信息,采用了一个通知出发继电器 TCJ,并用其前接点接通轨道复示继电器 GDJ 电路,准备接车进路。GDJ 吸起切断对 TJJ 的励磁电路。

第四状态的终止是:发车站全部继电器落下;接车站 TCJ↑,GDJ↑。

6. 第五状态:列车到达,并发送和接收"解除闭塞"信息

在接车站,开放进站信号机,列车进入短小轨道电路使 GDJ 落下。当列车尾部出清轨道路时 GDJ 又吸起,说明列车已全部进入车站,为了记录这一状态,采用了回执到达继电器 HDJ。

列车到达接车站,车站值班员确认列车完全到达后,拉出闭塞按钮,编制出"解除闭塞"信息,并使本站复原继电器 FUJ 励磁吸起,使闭塞机恢复正常状态。

在发车站,收到"解除闭塞"负信息后,复原继电器 FUJ 的吸起记录了这一状态,并使闭塞机恢复正常状态。

第五状态的终止是:两站闭塞机恢复正常状态,两站的闭塞继电器 BSJ 都励磁吸起。

归纳以上各种状态,列出各种状态时继电器动作的结果,列于表 2-1。

表 2-1　64D 继电半自动闭塞动作过程

甲站各继电器在各状态时的动作及效果	闭塞机状态	乙站各继电器在各状态时的动作及效果
BSJ⥉	0 正常状态	BSJ⥉
BSA 按下 XZJ⥉ BSJ⥉　XZJ⥉	+ 1 请求发车 →	HDJ↑ BSJ⥉　HDJ⥉
ZKJ⥉　GDJ⥉ BSJ⥉　ZKJ⥉　GDJ↑ XZJ⥉	← 2 自动回执 −	TJJ↑ HDJ↑ BSJ⥉　TJJ⥉

续上表

甲站各继电器在各状态时的动作及效果	闭塞机状态	乙站各继电器在各状态时的动作及效果
KTJ↑ / BSJ♂ ZKJ♂ KTJ♂ GDJ↑ XZJ♂	← 3 同意接车 +	BSA 按下 BSJ↓ / TJJ♂
开放出站信号机→XZJ↓ / 列车出发 GDJ↓ BSJ↓ ZKJ↓ KTJ↓ 全部继电器落下	+ 4 通知出发 →	TCJ♂ GDJ↑ TJJ↓ / TCJ♂ GDJ↑
FUJ↓ BSJ↑ / BSJ♂	← 5 解除闭塞	列车进站 GDJ↓↑→HDJ♂ / BSA 拉出 FUJ↑ BSJ↑ TCJ↓ HDJ↓ 或 FUA 按下 BSJ♂

注:表中分子表示执行状态时的动作,分母表示状态终止;♂表示依靠自闭电路励磁。

2.2.2 64D 型继电半自动闭塞电路构成

64D 型继电半自动闭塞共有八个单元电路:线路继电器电路、信号发送器电路、发车接收器电路、接车接收器电路、闭塞继电器电路、复原继电器电路、轨道复示继电器电路和表示灯电路。

1. 线路继电器电路

线路继电器电路是站间传递闭塞信息的电路,采用一对架空线把两站间的电路联系起来,其电路如图 2-4 所示。

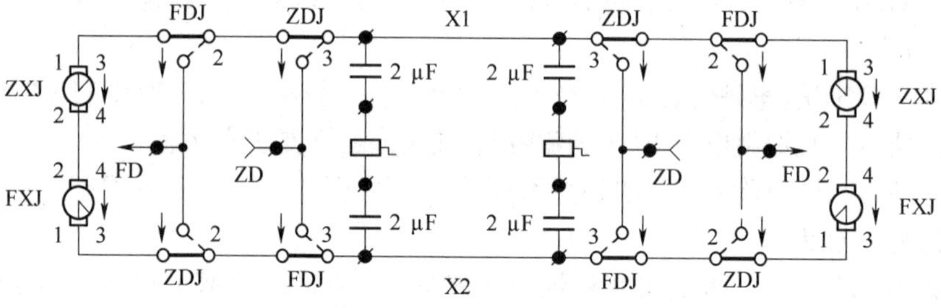

图 2-4 线路继电器电路

为了接收正、负极性脉冲,采用了正、负线路继电器 ZXJ、FXJ。为了发送正、负极性脉冲,采用了正、负继电器 ZDJ、FDJ 的前接点,ZDJ 吸起发送正脉冲,FDJ 吸起发送负脉冲。同一车站的 ZDJ 和 FDJ 有互锁关系,不准许它们同时吸起。两站的 ZDJ 或 FDJ 同时励磁吸起,同时向线路发送信息,执行元件从线路上断开,所以两站同时发送信息无效。电路采用双极切断电路,可以防止任何一条外线混电时造成误动作。

2. 信号发送器电路

信号发送器电路由正电继电器 ZDJ 电路和负电继电器 FDJ 电路组成。正电继电器 ZDJ 吸起时向线路发送正信息,负电继电器 FDJ 吸起时向线路发送负信息。下面分别叙述 ZDJ 和 FDJ 电路构成原理。

(1)正电继电器 ZDJ 电路

从表 2-1 中可知，在第一、三、四状态，即请求发车、同意接车、通知出发时，要求发送正信息。因此，可以写出 ZDJ 电路的结构形式。

$$F(ZDJ)=[\overline{BSA}\cdot BSJ\cdot \overline{ZKJ}\cdot \overline{TJJ}\cdot \overline{HDJ}+\overline{BSA}\cdot \overline{BSJ}\cdot TJJ\cdot \overline{HDJ}+\overline{BSJ}\cdot KTJ\cdot \overline{HDJ}]\cdot ZDJO \tag{2-1}$$

式中　$\overline{BSA}$——按下或拉出闭塞按钮时闭合的接点；

ZDJO——ZDJ 继电器线圈；

BSJ，ZKJ，…——各继电器的前接点闭合；

$\overline{BSJ}$，$\overline{ZKJ}$，…——各自的反演，表示后接点闭合。

从式(2-1)不难看出，式中三项表示发送正脉冲时的三种状态。第一项是请求发车，必须检查闭塞机在正常状态 BSJ 吸起，其他继电器在落下状态时按下闭塞按钮，正电继电器 ZDJ 就能吸起，向线路发送正信息。第二项是同意接车信息，它的发送条件是发送完负回执信息，即 TJJ 吸起、HDJ 落下，接车站按下闭塞按钮，在交出发车权即 BSJ 落下时才能向发车站发送同意接车正信息。第三项是通知出发信息，它是在列车出发驶入短小轨道电路时 GJ 落下，使 GDJ 也落下，利用 GDJ 的落下自动发送通知出发正信息，也即利用 GDJ↓→BSJ↓→ZKJ↓→KTJ↓这样的动作顺序中，用 ZKJ 缓放 KTJ 还在吸起时，与 BSJ 的落下共同构成发送通知出发正信息的条件，使 ZDJ 吸起。

(2)负电继电器 FDJ 电路

从表 2-1 看出，在正常办理过程中第二状态发送自动回执信息和第五状态发送解除闭塞负信息。还有非正常办理时的两种复原，一种是取消闭塞，另一种是事故复原。取消闭塞只是在发车站开放出站信号之前有权办理。事故复原则是在任何状态下都可能发生的。所以只要值班员打开铅封拉出事故按钮($\overline{SGA}$)，即可构成 FDJ 的励磁。综合上述条件，写出其结构如下：

$$F(FDJ)=[BSJ\cdot TJJ\cdot HDJ\cdot \overline{TCJ}+GDJ\cdot TCJ\cdot HDJ\cdot \overline{TJJ}\cdot \overline{BSA}\cdot JS+BSJ\cdot XZJ\cdot ZKJ\cdot \overline{BSA}\cdot JS+\overline{SGA}]\cdot FDJO \tag{2-2}$$

式中　JS——接车手柄定位时闭合的接点；

FDJO——FDJ 继电器线圈；

$\overline{SGA}$——事故按钮拉出时闭合。

从式(2-2)中不难看出：第一项是发送自动回执负信息，它是在请求发车正信息结束，TJJ 吸起、HDJ 缓放时自动构成发送负回执信息的条件，HDJ 经过一定时间的缓放后落下，停止发送负回执信息。第二项是发送解除闭塞负信息，它的条件是列车到达，关闭进站信号机，拉出闭塞按钮。第三项是发送取消闭塞负信息，它的条件是请求发车之后，开放出站信号机之前，由发车站拉出闭塞按钮办理。第四项是发送事故复原负信息，只要拉出事故按钮 SGA 就能发送。

综合式(2-1)和式(2-2)，画出信号发送电路如图 2-5 所示。

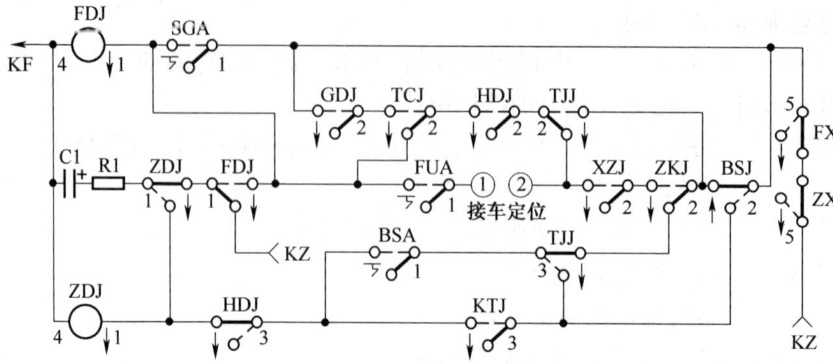

图 2-5　信号发送器电路

在图中加入了线路继电器 ZXJ 和 FXJ 的后接点，其目的是保证闭塞机在接收完了对方送来的信息之后，才能使 ZDJ 或 FDJ 吸起，防止车站值班员抢先办理时造成电路错误动作。

3. 发车接收器电路

发车接收器电路的主要作用是发车站记录三个闭塞信息，它由选择继电器 XZJ、准备开通继电器 ZKJ 和开通继电器 KTJ 三个电路组成，下面分述它们的构成原理。

(1)选择继电器 XZJ 电路

选择继电器是在请求发车信息之后吸起，开放出站信号或办理取消闭塞时落下。按照表 2-1 中的条件，不难列出其电路结构式：

$$F(XZJ)=[\overline{FDJ}\cdot BSJ\cdot(FS+\overline{KTJ})\cdot(XZJ+ZDJ)]\cdot XZJ \qquad (2\text{-}3)$$

式(2-3)中的(XZJ＋ZDJ)是发送请求发车正信息时 ZDJ 励磁吸起，构成 XZJ 励磁条件，XZJ 吸起后构成自闭条件，当办理取消闭塞时 FDJ 吸起，或开放出站信号机 KTJ 吸起，出站信号手柄 FS 反位，都能切断 XZJ 电路。

选择继电器 XZJ 吸起后起到三个作用：记录发送的请求发车信息；选择接车站发来的负信息是回执而不是复原信息；证实出站信号机没有开放过。

(2)准备开通继电器 ZKJ 电路

由表 2-1 可知，准备开通继电器是在第二状态接车站收到自动回执信息时吸起，列车出发时 BSJ 落下后失磁，按照表 2-1 列出其电路结构式如下：

$$F(ZKJ)=[\overline{FDJ}\cdot BSJ\cdot(FXJ\cdot XZJ+ZKJ)]\cdot ZKJ \qquad (2\text{-}4)$$

由式(2-4)看出，FXJ 吸起后构成 ZKJ 励磁电路，ZKJ 吸起后构成自闭电路，当办理取消闭塞 FDJ 吸起或列车出发 BSJ 落下时，都能使 ZKJ 失磁落下。

(3)开通继电器 KTJ 电路

由表 2-1 可知，KTJ 是在第三状态收到同意接车正信息时吸起并自闭。在列车出发 ZKJ 落下切断自闭电路后落下。按照表 2-1 列出其电路结构式如下：

$$F(KTJ)=[ZKJ\cdot(ZXJ\cdot GDJ+KTJ)]\cdot KTJ \qquad (2\text{-}5)$$

综合式(2-3)～式(2-5),画出发车接收器电路如图 2-6 所示。

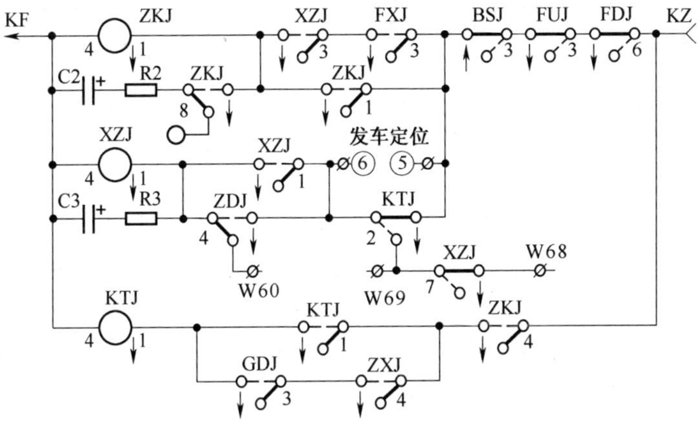

图 2-6　发车接收器电路

图中 FUJ33 接点是为了在某些特殊情况下,当选择继电器落下时接车站办理事故复原,发车站复原继电器吸起后,切断 ZKJ 电路使双方闭塞机复原;W60 和 W69 是电气集中车站在出站信号机开放后办理取消闭塞时,与车站结合电路所采用的端子;XZJ73 和 W68 是为了在非集中联锁车站开放出站信号后,用增加延迟电路的方法来取消闭塞。

4. 接车接收器电路

接车接收器电路的主要作用是接车站用于记录三个闭塞信息,它由回执到达继电器 HDJ、同意接车继电器 TJJ 和通知出发继电器 TCJ 三个电路组成,下面分述它们的构成原理。

(1)回执到达继电器 HDJ 电路

由表 2-1 可知,HDJ 有两条励磁电路,一条是收到请求发车正信息时,另一条是列车到达 GDJ 落下时。按照表 2-1 的励磁条件列出其电路结构式如下:

$$F(HDJ)=[BSJ\cdot\overline{ZKJ}\cdot ZXJ\cdot\overline{TCJ}+(\overline{JS}\cdot\overline{GDJ}+HDJ)\cdot\overline{TJJ}\cdot TCJ]\cdot HDJ \qquad (2\text{-}6)$$

式中　$\overline{JS}$——进站信号机反位,即开放进站信号的条件。

HDJ 的第二个励磁条件是列车到达的第五状态,它要检查进站信号开放($\overline{JS}$)、列车进站驶入短小轨道电路$\overline{GDJ}$,闭塞机处于第四状态(TCJ、$\overline{TJJ}$)等条件。

(2)同意接车继电器 TJJ 电路

由表 2-1 可知,TJJ 是在请求发车信息结束后励磁吸起,接收通知出发信息时落下。按照表 2-1 的励磁条件列出其电路结构式如下:

$$F(TJJ)=[BSJ\cdot\overline{ZXJ}\cdot HDJ\cdot\overline{FUJ}+(\overline{BSJ}+\overline{FUJ})\cdot\overline{GDJ}\cdot TJJ]\cdot TJJ \qquad (2\text{-}7)$$

式(2-7)中,第一项为吸起条件,第二项为自闭电路的励磁条件。在第一项吸起条件中的$\overline{FUJ}$是在检查电路过程中加入的,因在办理解除闭塞时,BSJ 先吸起,HDJ 后落下;如果不加$\overline{\text{FUJ}}$会错误沟通 TJJ 的励磁电路。

TJJ 的失磁条件是:收到“取消闭塞”信息(FUJ↑)或收到通知出发信息(GDJ↑)后切断 TJJ 自闭电路。

(3)通知出发继电器 TCJ 电路

通知出发继电器 TCJ 是记录接收到列车通知出发信息时用的。按表 2-1 的励磁条件列出其电路结构式如下:

$$F(TCJ)=[\overline{BSJ}\cdot TJJ\cdot ZXJ+\overline{BSJ}\cdot TCJ]\cdot TCJ \tag{2-8}$$

式(2-8)中第一项$\overline{\text{BSJ}}$、TJJ 是接车站闭塞机第三状态终止的条件,在此时收到对方站送来的通知出发正信息 ZXJ↑,接通了 TCJ 的励磁电路。闭塞机复原时,闭塞继电器 BSJ 吸起后切断 TCJ 的自闭电路。

综合式(2-6)~式(2-8),绘制出接车接收器电路如图 2-7 所示。

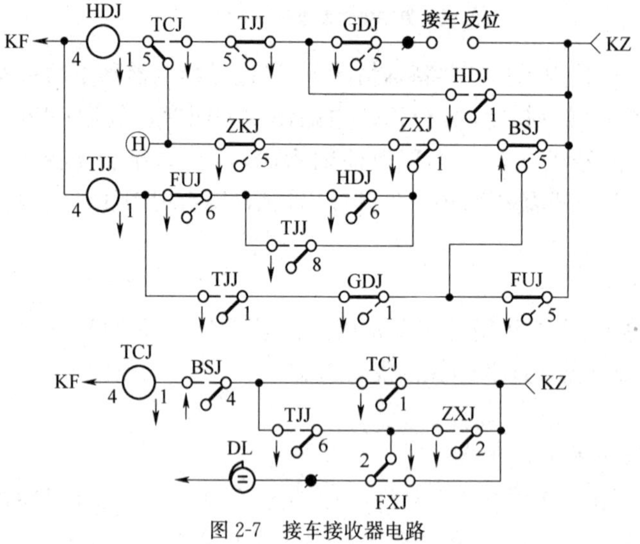

图 2-7 接车接收器电路

图中 TJJ 电路用 TJJ 第八组接点增加了一条自闭电路,这是为了在 TJJ 第一组前接点构成的自闭电路断线故障时,由于车站值班人员错误办理,导致不安全故障而设置的。为了使读者加深对这类故障的理解,现对不增加另一条自闭电路而造成的故障进行分析如下:

第一步,当乙站的 TJJ 自闭电路断线,甲站办理请求发车时,甲站 FDB 亮黄灯。乙站由于构不成自闭电路,在发完回执信息后,TJJ 落下,闭塞机没有显示。乙站闭塞机仍处于定位状态,而甲站闭塞机处于接收同意接车正信息状态。

第二步,乙站值班员如果没有发现黄灯灭灯,听见钟声结束后,接着按下闭塞按钮同意接车,或在闭塞机处于定位状态,向甲站错误地办理闭塞,这两种情况都向甲站发送正信息后使开通继电器 KTJ 吸起,甲站闭塞机处于开通状态,而乙站闭塞机由于

TJJ 落下，在发送正信息后使选择继电器 XZJ 吸起，但收不到回执信息，ZKJ 不能吸起。

第三步，甲站值班员在闭塞机开通后办理发车手续，当列车出发压上短小轨道电路，向乙站发送列车出发正信息。乙站收到后，虽然选择继电器 XZJ 吸起，但仍判为请求发车正信息，使回执到达继电器 HDJ 吸起。正信息结束后，TJJ 接着吸起，向甲站发送负回执信息。乙站由于负电继电器吸起后，切断了选择继电器 XZJ 电路，ZXJ 落下，发完负信息后，闭塞机复原。甲站收到负回执信息后，错误判为解除闭塞负信息，使复原继电器 FUJ 吸起，使闭塞继电器 BSJ 吸起。至此，双方闭塞机都处于定位状态。

由上述分析可见，出发的列车正在区间运行而两站的闭塞机都处于定位状态，若再办理发车就会发生重大的恶性事故。虽然上述过程中有不少错误办理，但是这种错误办理所引起的后果是危险侧故障，所以在 TJJ 电路中，增加了用 TJJ 第八组前接点构成的另一条自闭电路。这样，如果 TJJ 自闭电路断线，TJJ 会经过 BSJ51-52、ZXJ11-13、TJJ81-82 和 FUJ61-63 的电路自闭。而当车站值班员办理同意接车时，由于 BSJ 落下，TJJ 也跟着落下，使故障导向安全，并能及时发现故障。当然，在 TJJ 的第八组接点处断线后，故障也不能发现，再发生上述故障，仍会引起危险侧故障，但发生这种不安全故障的概率会大大地减少。

5. 闭塞继电器 BSJ 电路

闭塞继电器 BSJ 是为了监督闭塞机的状态而设的。闭塞机有两种状态：一种是闭塞机处于定位的正常状态，表示区间空闲；另一种是闭塞机处于闭塞状态，表示区间占用。为了实现“故障—安全”原则，采用 BSJ 有电吸起作为闭塞机定位的正常状态。

由表 2-1 可知，在办理解除闭塞 FUJ↑后，使 BSJ 吸起并自闭。切断自闭电路失磁落下，闭塞机处于闭塞状态。对于发车站，在闭塞机开通后（KTJ↑），列车出发压上短小轨道电路（GDJ↓）切断 BSJ 电路。对于接车站，在第二状态 TJJ↑、BSJ↑，值班员同意接车按下闭塞按钮（$\overline{\text{BSA}}$），切断 BSJ 电路。按照表 2-1 的励磁条件，把发车站和接车站的条件结合起来，便可列出其电路的结构式如下：

$$F(\text{BSJ})=[\text{FUJ}+\text{BSJ}\cdot(\text{KTJ}\cdot\text{GDJ}+\overline{\text{KTJ}}+\text{XZJ})\cdot(\text{HDJ}+\text{FDJ}+\overline{\text{TJJ}}+\text{BSA})]\cdot\text{BSJ} \qquad (2\text{-}9)$$

式(2-9)的第一项为 BSJ 的励磁电路，第二项为 BSJ 的自闭电路。在自闭电路中，前项为发车站切断条件，后项为接车站切断条件。

在发车站切断条件中并联选择继电器 XZJ 的前接点是为了在出站信号开放之前进行站内调车作业时，不致因 GDJ 的落下而错误切断 BSJ 的自闭电路。

在接车站切断条件中，为了防止车站值班员过早地按压 BSA 按钮，造成 BSJ 过早失磁，影响发送同意接车信息，把 FDJ、$\overline{\text{TJJ}}$和 BSA 未按下时接通的 BSA 按钮接点并联起来，保证发送完负信息后按下 BSA 才能切断 BSJ 的自闭电路。

按结构式(2-9)画出电路图，如图 2-8 所示。

6. 复原继电器 FUJ 电路

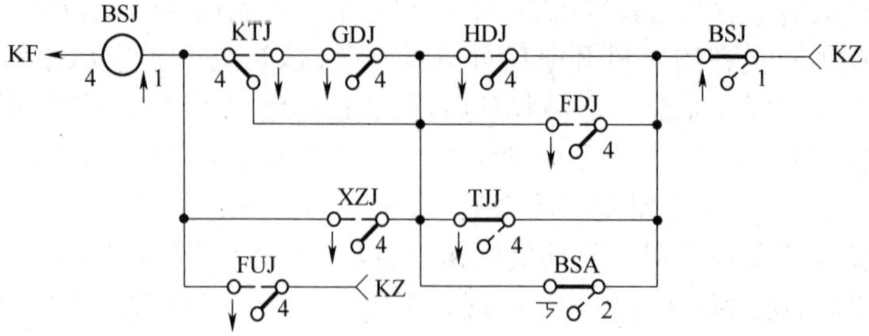

图 2-8　闭塞继电器电路

复原继电器的作用是使闭塞机复原。64D 型继电半自动闭塞有三种复原，即解除闭塞复原、取消闭塞复原和事故复原。在办理复原时两站的复原继电器 FUJ 都要吸起，这样 FUJ 有三条励磁电路：第一条是接收对方站送来的复原负信息的励磁电路；第二条是办理复原的车站本身复原继电器的励磁电路；第三条是事故复原的励磁电路。

第一励磁条件：接收对方站送来的解除闭塞复原或取消闭塞复原负信息(FXJ↑)，并用选择继电器 XZJ 的后接点来判断收到的是复原负信息而不是自动回执负信息。

第二励磁条件：办理复原车站已经向对方站发送出负信息(FDJ↑)和轨道继电器 GDJ 的前接点。

第三励磁条件：拉出事故按钮 SGA，并且已向对方站送出了负信息(FDJ↑)。

综合三条复原电路的励磁条件，画出复原继电器的电路如图 2-9 所示。

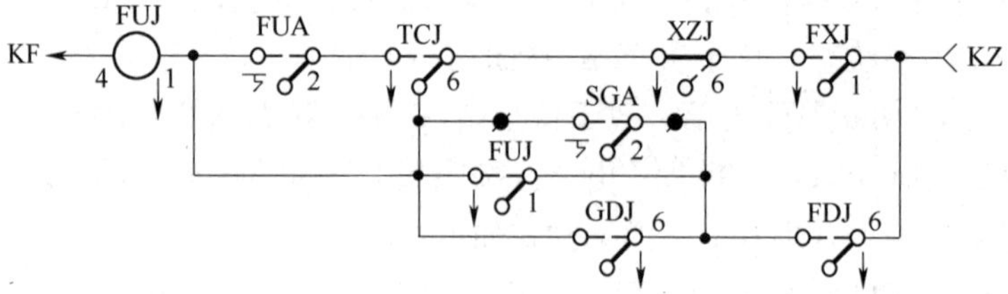

图 2-9　复原继电器电路

7. 轨道复示继电器电路和表示灯电路

轨道复示继电器是现场轨道继电器的复示器，用它来监督列车出发和到达，以控制闭塞机的动作。按照表 2-1 画出其电路如图 2-10 所示，电路受 ZKJ 或 TCJ 控制。

表示灯电路是为了表示闭塞机各种状态用的。在闭塞机中均设有发车表示灯(FBD)和接车表示灯(JBD)，其电路如图 2-11 所示。

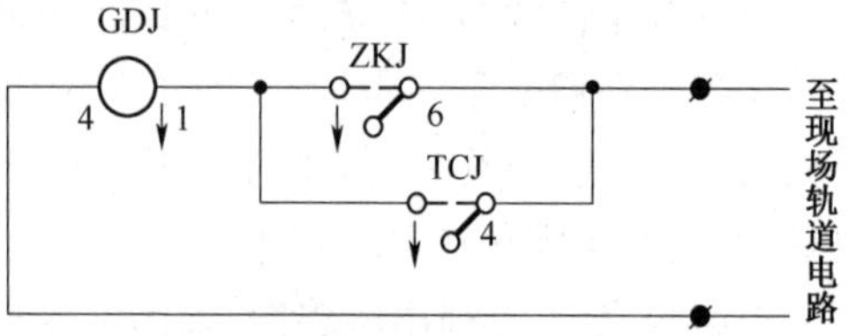

图 2-10　轨道复示继电器电路

发车表示灯的五种状态：

(1)正常状态，BSJ↑无表示；

(2)请求发车，BSJ↑、GDJ↑亮黄灯；

(3)同意接车，BSJ↑、KTJ↑亮绿灯；

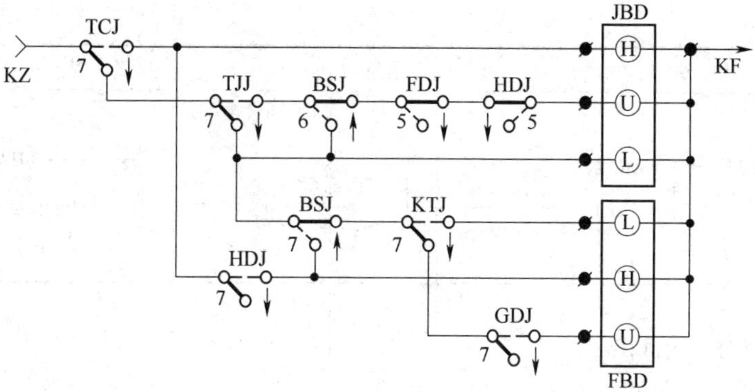

图 2-11　表示灯电路

(4)区间占用,BSJ↓亮红灯;

(5)列车到达,TCJ↑、HDJ↑亮红灯(借用接车表示灯)。

接车表示灯的四种状态:

(1)正常状态,BSJ↑无表示;

(2)请求发车,BSJ↑、TJJ↑亮黄灯;

(3)同意接车,BSJ↓、TJJ↑亮绿灯;

(4)区间占用,TCJ↑亮红灯。

2.2.3　64D 型继电半自动闭塞在正常办理过程中的动作分析

为了自学方便,在学习中可以更进一步深入理解电路的构成原则,现把电路的动作按接通公式的形式列于表 2-2 中。表中甲站为发车站,乙站为接车站。

表 2-2　64D 继电半自动闭塞动作分析

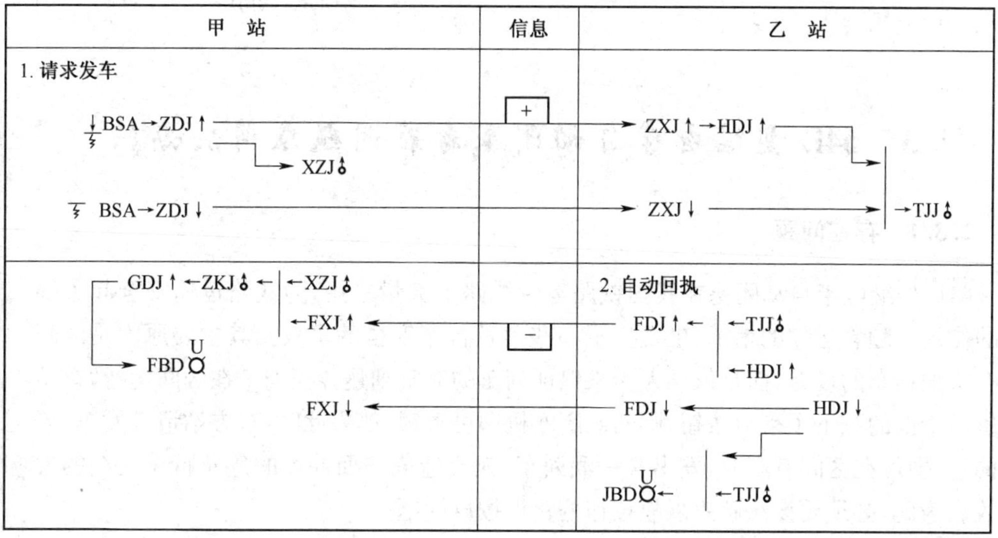

续上表

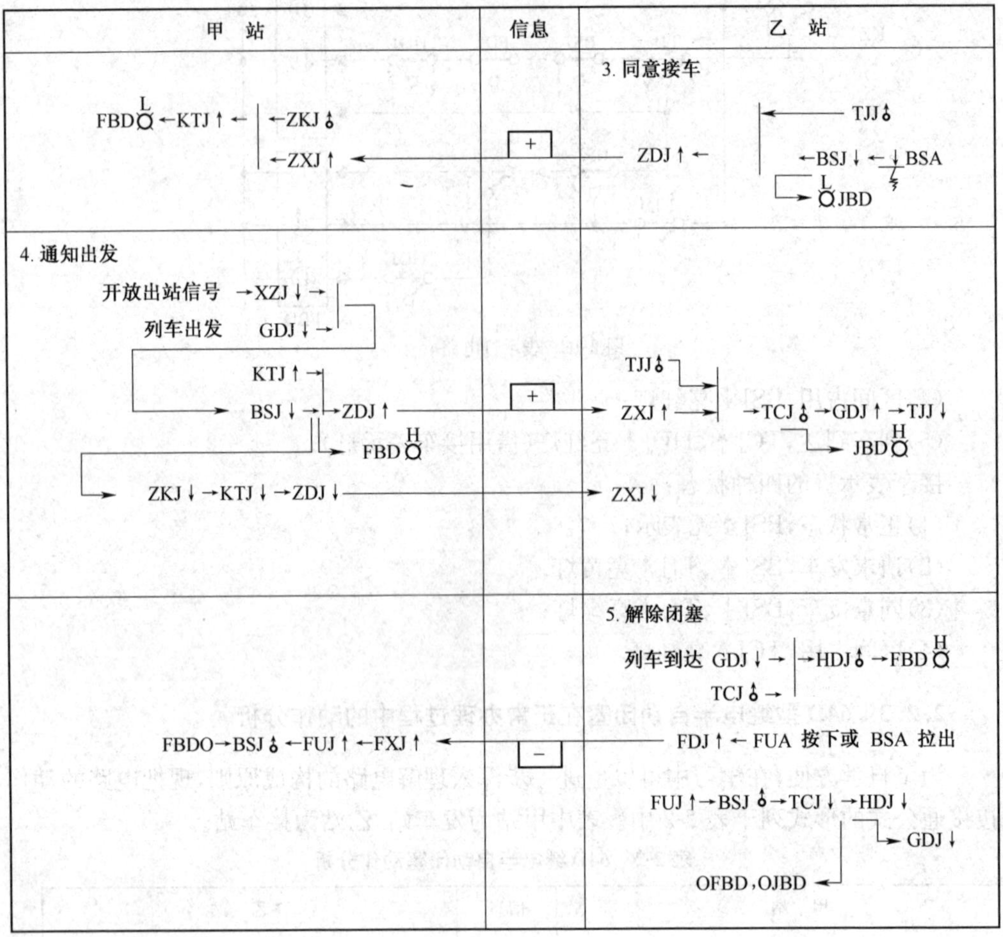

2.3 64D型继电半自动闭塞存在问题及解决办法

2.3.1 存在问题

64D型继电半自动闭塞在我国铁路运营线路上大量采用，为铁路运输安全起了很大的作用。随着运量的增加，也发生了一些危及行车安全的事故。其主要原因是区间没有检测列车的设备，而是依靠人为来保证列车的完整到达。当列车在区间运行，车站值班员错误的按下了事故按钮，则两站闭塞机即可解锁，如果此时，对方站请求发车，得到同意，即可在区间有车时，发出又一辆列车，就会造成正面冲突的危及行车安全的大事故。为此，必须要设法解决事故按钮的错误按压问题。

2.3.2 解决方法

1. 定时增加事故按钮按压次数,采用“延时确认,两次按压”的方法

定时增加事故按钮按压次数是以时间和次数让值班人员进一步确认区间无车,确实因事故及某种原因需要办理事故解锁,取消闭塞。这种方法只要在按钮电路中增加继电器及时间电路。方法简单易行,但是没有从根本上解决问题。

2. 采用长轨道电路实现区间列车的检测

图 2-12 所示的线路设置了三段轨道电路 XJG 和 SJG 是两个车站的接近区段的轨道电路,其轨道继电器分别放在两个车站;中间一段是中央供电的 25 Hz 长轨道电路,长度为 4.5～8 km,轨道继电器分别设在两站。该方案利用一对闭塞电缆线,在保证原继电半自动信息正常传递的条件下,将区间的三段轨道电路空闲条件通过闭塞电缆线传递给双方车站,并在出站信号电路中得到检查。采用该电路可以实现以下功能:

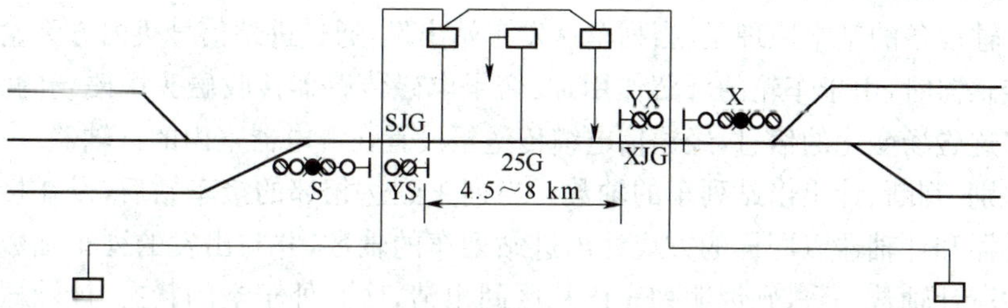

图 2-12 25 Hz 长轨道电路

(1)可以利用排列发车进路时有关继电器的动作,实现自动办理取消闭塞;

(2)自动检查区间空闲状态,并作为开放出站信号的必要条件;

(3)自动检查列车完整到达后,实现自动解除闭塞。

3. 利用计轴设备与半自动闭塞结合实现列车完整到达检查,闭塞机自动复原

计轴设备是利用装在车站出口处的传感器来检测轮对的出入。

轨道传感器有装在钢轨外侧的两个发送磁头(Tx)和装在内侧的两个接收磁头(Rx)。它用三个止退固定螺栓螺母固定在轨腰上。传感器在没有轮轴经过时,Rx 上的感应电压不变。当轮轴经过 Rx 上电压发生变化,经相敏整流后在 Rx 上产生轮轴脉冲。可以区分进入车站的车轮,还是驶出车站的轮轴。

当甲站办理完手续后,列车出发,轮轴经过传感器就形成了驶出轴脉冲,计算机记录驶出的轴脉冲数后,传送给乙站。列车到达乙站,车轴经传感器后,记录驶入轴脉冲,当驶出轴脉冲与驶入轴脉冲相等后,经计算机判断后,证实列车已经完整到达,使 64D 型继电半自动闭塞自动解除闭塞。

2.4 与64D型结合的计轴站间闭塞

2.4.1 概　　述

我国铁路单线区段区间大多采用64D型继电半自动闭塞。这种闭塞设备适应于我国单线铁路站间距离短、列车成对运行和追踪系数小的特点，在保证行车安全、提高运输效率，改善劳动条件等方面发挥了显著的作用。但是，由于区间未设置轨道电路，不能检查区间的占用状态。列车的完整到达，靠车站值班员的人为确认，不能可靠地保证列车在区间的运行安全。为此，我国铁路研制了"ZD型计轴站间闭塞"。站间闭塞是自动检查区间空闲，随办理发车进路自动办理闭塞，列车凭出站信号机显示的进行信号发车后，出站信号机自动关闭，待列车出清区间后自动解除闭塞的一种闭塞方式。计轴站间闭塞是指采用微机计轴设备检查区间空闲的站间闭塞。ZD型是指微机计轴设备与继电半自动闭塞组合而成的站间闭塞。

微机计轴设备的基本原理是，当列车从发车站出发，通过进站信号机内方无岔区段上的电磁传感器时，由于车轮的屏蔽作用，改变了电磁传感器接收磁头中磁场的分布，接收磁头将这磁场变化的信息，经通信电缆传送至设置在继电器室内的计轴器，由微处理机进行识别、判断、计出出站列车的轴数。当列车到达相邻的接车站后，设在接车站的电磁传感器和计轴器以同样的方式计出进站列车的轴数，并与出发的列车轴数相比较。若两站所计轴数一致，则说明列车已从区间出清，区间处于空闲状态，计轴器将通过结合电路使半自动闭塞自动复原。如相邻两站所计轴数不一致则说明区间有遗留车辆，计轴设备通过结合电路断开半自动闭塞的复原电路，使之不能办理到达复原，并给出声、光告警。

微机计轴设备与轨道电路相比，具有以下特点：不受轨道状况（道床、轨枕材质）、线路状况（隧道、坡道、桥梁、弯道等）的影响及抗电气化干扰能力强等优点。适用于电气化和非电气化区段。适应各种特殊行车作业，如中途折返车、跟踪调车、越站调车、区间救援列车等。能与站内不同联锁设备相结合，接口电路简单，计轴对外接口为安全型继电器接点。防雷部件一体化。配线方便。与64D型继电半自动闭塞结合时，其站间数据传输可利用闭塞外线，互不干扰。最大传输距离可达20 km，计轴容量为65 535轴，适应列车速度为0～200 km/h。由于控制微机采用双机冗余控制方式，并设有诊断与自诊设备，故计轴设备工作可靠，计轴准确。

在山区半自动闭塞区段，由于地形复杂，线路坡度大、弯道多，若以钢轨作为信息传输的通道则轨道电路绝缘极易破损，可靠性差，维修困难。使故障时间延长；同时若某个别区间列车运行间隔时间较长，将影响区段的通过能力。此时，可采用计轴设备与自动闭塞方向电路结合，在区间定点设置通过信号机，从而构成"单线定点式计轴自动闭塞”，以提高全区段的通过能力。

2.4.2 微机计轴设备的组成及其工作原理

微机计轴设备由传感系统、微机控制系统、站间传输系统及执行单元等组成。微机计轴设备系统框图如图 2-13 所示。

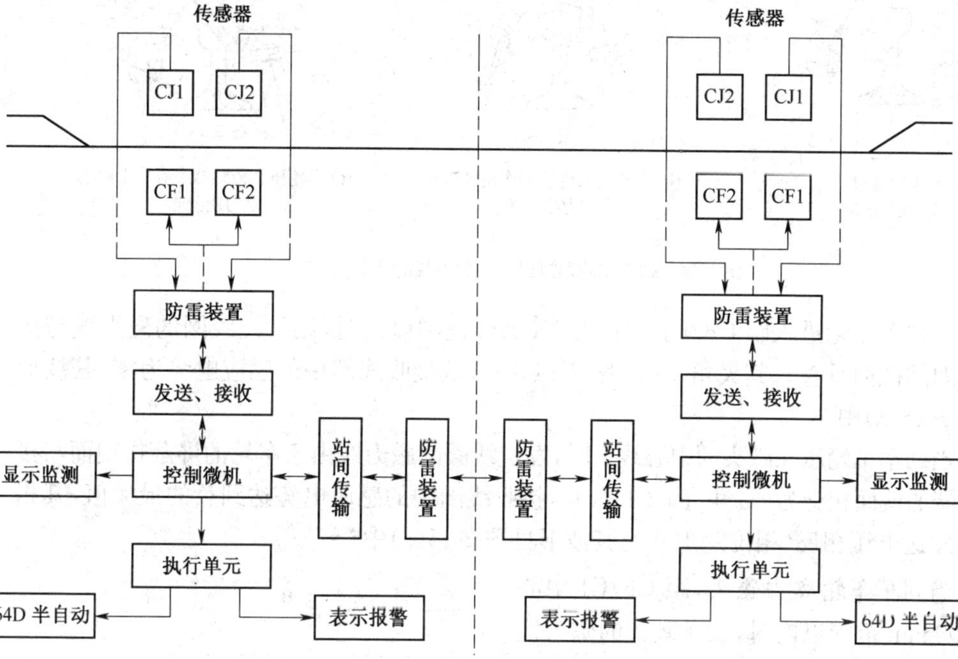

图 2-13　微机计轴系统框图

1. 传感系统

传感系统由传感器、发送电路和接收电路三部分组成。

(1)传感器

传感器为电磁式有源传感器，其作用是将列车轮对通过传感磁头的次数转换成脉冲信号(即采集轴信息)及辨别列车的运行方向。它由两组发送和接收磁头组成。发送磁头安装在钢轨的外侧，接收磁头安装在钢轨的内侧，两磁头相互对应。两组磁头均设于进站信号机内方无岔区段(距进站信号机 3～5 m)的同一条钢轨上，两者相距 180～200 mm。发送及接收磁头均由绕在磁棒上的电感线圈及谐振电容器组成，磁头采用玻璃钢外壳密封。

由室内信号源同时向两个发送磁头(CF)发送等幅的 31.25 kHz 的载频信号，在发送磁头周围产生的交变磁场穿过接收磁头(CJ)中的接收线圈，则在调谐的接收线圈中产生较大幅值的感应电势，其感应电势的大小与“磁力线与接收线圈截面的夹角函数

$sin\alpha$”成正比。

当列车车轮距CF/CJ中心线200 mm以外时(即无列车车轮通过时),磁力线与接收线圈的截面相交为$+\alpha$角[图2-14(a)],其感应电势最大,且相位与发送电压同相。

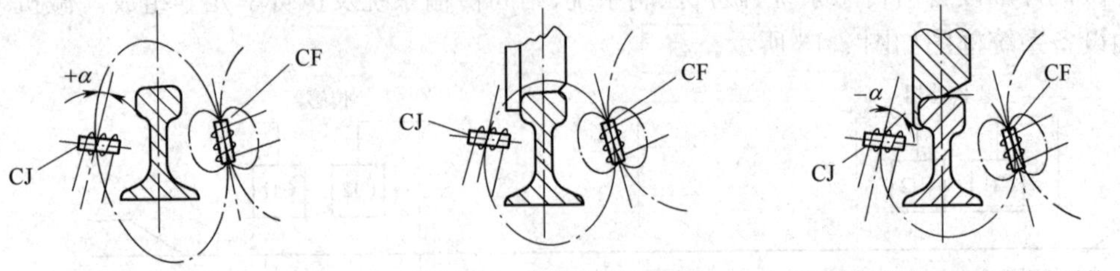

(a) 无车轮通过时的磁力线分布　(b) 车轮进入传感器作用区时的磁力线分布　(c) 车轮压在传感器中心线上时的磁力线分布

图2-14　列车车轮通过磁头时磁力线的分布

当列车车轮进入距CF/CJ中心线200 mm范围以内时,则发送线圈的磁力线与接收线圈的截面垂直。其夹角$\alpha=0$[图2-14(b)],故接收线圈中的感应电势为零,其波形见图2-15(a)中“*”。

当列车车轮压在磁头的中心线上时,发送线圈的磁力线由于车轮的屏蔽作用而与接收线圈的截面相交为$-\alpha$角[图2-14(c)],接收线圈中的感应电势达到负的最大值,其相位与发送电压相反(相位差180°),其波形见图2-15(a)中“•”。

当列车车轮离去磁头,距CF/CJ中心线200 mm范围以内时,发送磁头的磁力线与接收线圈截面垂直,夹角$\alpha=0$,接收线圈中的感应电势又为零;当车轮远离磁头200 mm以外时,则接收线圈中的感应电势又达到最大值,并与发送电压同相。

由上述可知,当列车车轮经过有源电磁传感器时,由于车轴的屏蔽作用,使接收线圈中磁力线的方向发生变化,从而产生电压幅值及相位的变化,即车轮对31.25 kHz载频信号进行了相位调制。此相位变化的大小可通过调整两磁头的相对位置来实现,最大可大于170°。

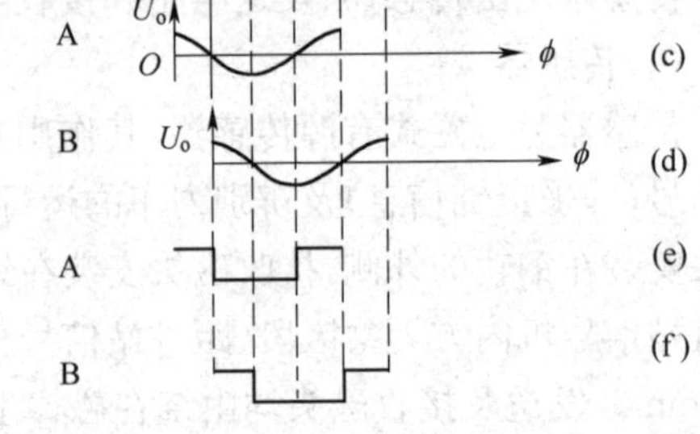

图2-15　列车车轮通过磁头时的电压波形图
(a)、(b)A、B接收磁头输出电压波形;
(c)、(d)鉴相器输出电压波形;
(e)、(f)轮轴脉冲信号

(2)发送电路

它的作用是向发送磁头发送载频信号,它由振荡器、分频器、选频放大器及功率放大器等电路组成，其电路框图如图 2-16 所示。

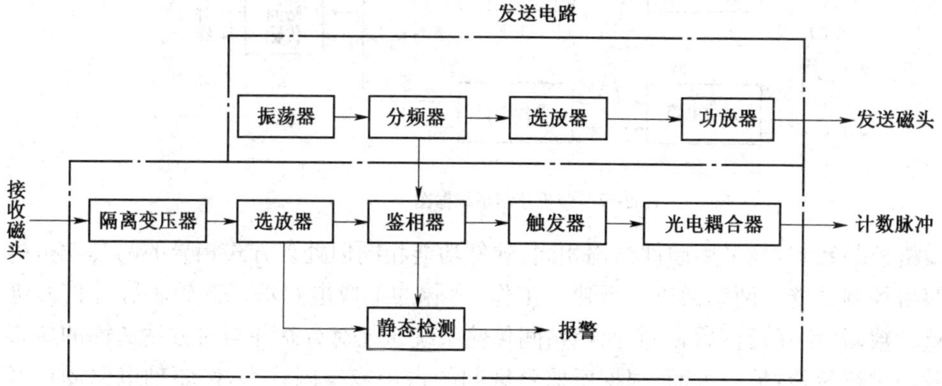

图 2-16　发送、接收电路原理框图

振荡器采用以石英晶体为振荡源的晶体振荡器，振荡频率为 4 MHz，经分频器分频后降至 31.25 kHz 的方波信号，再经选频放大器选频及功率放大器放大后，经一对电缆芯线传送给两个发送磁头。

(3)接收电路

接收电路的作用是采集轮轴信息，以形成轮轴计数脉冲。它由隔离变压器、选频放大器、鉴相器、触发器、光电耦合器及静态检测等电路组成，其电路框图如图 2-16 所示。

接收磁头所接收的感应电势分别通过两对电缆芯线传送至室内接收电路，首先经变压器隔离及阻抗变换，再经选频放大器进行滤波放大及整形器整形后，输出一方波信号作用于鉴相器的一个输入端；另外从发送电路分频器送来的参考信号(频率与接收磁头输入信号频率相同，即 31.25 kHz)加至鉴相器的另一输入端，两信号进行相位比较。当无车轮通过传感器时，两信号相位相同，鉴相器的输出电压为正的最大值；当车轮通过传感器接、发磁头的中心线时，两信号相位反相，相位差为 180°，鉴相器的输出电压为负的最大值；当车轮进入距传感器接、发磁头中心线 200 mm 的作用区段，两信号相位差为$\frac{\pi}{2}$、$\frac{3\pi}{2}$时，鉴相器的输出电压均为零，其波形如图 2-15(c)、(d)所示。

显然，鉴相器的输出电压是输入信号电压与参考信号电压之间相位差 φ 的余弦函数。鉴相器的输出电压经施密特触发器整形后形成方波轮轴脉冲信号[其形波如图 2-15(e)、(f)所示]，经光电耦合器隔离、送给微机计数。

接收电路具有静态监测功能，对传感器磁头发生短路、断路等故障时均能及时得到检测并输出告警信号。

2. 微机控制系统

微机计轴设备的微机控制系统是由两套以 8031 单片机为核心，配以一定外围芯片构成的专用微机组成双机冗余控制系统，其框图如图 2-17 所示。

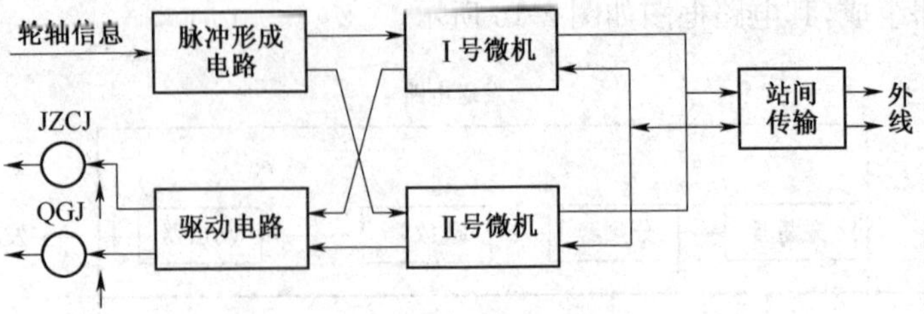

图 2-17 微机控制系统框图

微机控制系统，是采用硬件结构相同、软件功能相同但处理方式相异的两套微机构成的双机控制系统。两套微机并行独立工作，由脉冲形成电路送来的轮轴脉冲信号进行双重计数，并相互校核后，一方面经站间传输系统送往对方站并与对方站送回的应答轮轴脉冲进行校核；另一方面，根据所监督区间的占用或空闲状态，经驱动电路动作区间轨道继电器 QGJ。同时两套微机还进行自检(对微机本身的软、硬件进行检测，如线间短路、断线及对各种指令 CPU 内的各寄存器、接口芯片、数据、地址总线等)及外部设备的检测(如传感器、传输线、继电器等)，若发生故障，则计轴设备正常继电器 JZCJ 落下，并使 QGJ 也落下，发出告警信号。用 8279 芯片显示轴数及各种故障状态。

微机计取轮轴数的基本原理是当列车的车轮经过传感器时，由接收磁头而得到的轴信息，经接收电路形成轴脉冲后送给微机计数。此轴脉冲有"1"和"0"两种状态，分别表示轴脉冲的有和无。由于每个计轴点采用了两组传感器，并按一定距离顺序安装在一条钢轨上，使得两组传感器的磁场作用范围有一个重合区。当车轮经过计轴点 A、B 传感器时，形成两个轴脉冲，如图 2-18 所示。微机计取一个完整的轮轴数及判别列车运行方向的方法是"顺序读入轴脉冲的四种状态"。如顺序为 11、10、00、01、11 时为计入轴脉冲；顺序为 11、01、00、10、11 时为计出轴脉冲。以上两种脉冲组合被微机计取，经整理、鉴别后，得出正确的轴数及判、别列车的运行方向。

对于一个区间来说，其控制、计数、比较等经发、接两站四套微机工作全部正常，所计轴数全部一致时，才能表示区间空闲，区间轨道继电器 QGJ 吸起，否则，表示区间占用，从而保证了计轴设备的安全和可靠。

图 2-18 A、B 点传感器轴脉冲时序图

3. 站间传输系统

站间传输系统是由调制解调器、放大器、整形器、二/四线转换器、滤波器及收发控制器等电路组成，其原理框图如图 2-19 所示。

调制解调器是由 8031 单片机配以一定的外围器件而构成。其作用是将微机输出的二进制数字信号转换为适合在外线上传输的音频信号(调制)，同时将对方站送来的音频信号转换成二进制数字信号输送给微机(解调)。其信号的调制及解调均由软件来

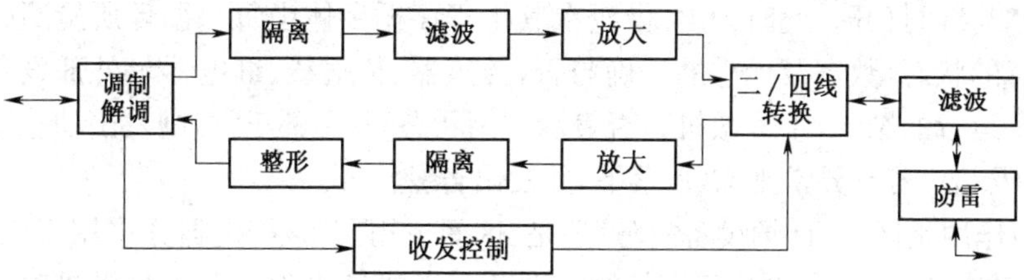

图 2-19　站间传输系统原理框图

完成。

信号传输的制式采用移频键控方式，用 f_1(5 700 Hz)、f_2(3 800 Hz)两种频率代表状态“1”和“0”。将轮轴数等数字信息按一定格式进行编码，然后调制成音频模拟信号 f_1、f_2，经隔离、滤波、放大等电路环节，由收发控制器将二/四线转换器处于送信状态，则 f_1、f_2 通过外线传输到对方站。对方站收到此音频模拟信号(二/四线转换器平时处于收信状态)后，经放大、隔离、整形后，由调制解调器转换成二进制数字信号送给 8031 单片机，其波形如图 2-20 所示。采用移频键控方式的优点是抗干扰能力强。

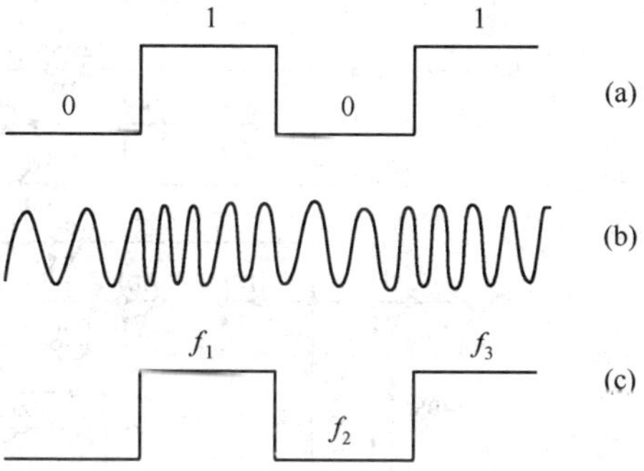

图 2-20　数字信号的调制及解调波形图

(a)微机输出数字信号；(b)外线上传输的音频模拟信号；(c)输入微机的数字信号

信息传输采用异步半双工通信方式，即相邻两站的计轴设备都可发送或接收计轴信息，但不能同时发送。信息传输采用集中传送，即可以将轴数贮存起来集中在某一时刻一起发送，只用几秒钟就可把数据往返传递数次，这样既缩短了占用外线的时间，又可减少外界的干扰。

相邻两站信息的交换方式采用复诵制，即回送对照自动重传的方式。这种信息传递过程可分三步：第一步，发站向接站发送轮轴数；第二步，接站收到计轴数据后进行校核，校核正确后生成应答信息码回送给发站；第三步，发站收到接站回送的应答码后，与所发的计轴数据进行比较，结果一致则完成通信。若比较结果不一致时，则信息传递将反复进行下去，直到数据一致为止。经一定的时间传递仍得不到一致的结果时，则证明外线或计轴设备故障，此时将发出告警信号。

4. 执行电路

执行电路是由故障安全电子电路构成的驱动电路及区间轨道继电器 QGJ 和计轴设备正常继电器 JZCJ 组成。QGJ 平时处于吸起状态，表示区间空闲，落下时表示区间占用，该继电器受Ⅰ、Ⅱ号微机共同控制。当Ⅰ号微机具备自检及检测正常、数据校验正确、区间没有轴数，Ⅱ号微机表示空闲等条件时，则Ⅰ号微机输出为“1”，使控制 QGJ

驱动电路的"与"门打开。此时，Ⅱ号微机在其主程序循环体中每一循环所检测的内容(如程序运行的状态，数据及标志的正确与否，传感器、传输线、继电器等外部设备的工作状态，列车运行的结果，Ⅰ号微机是否表示空闲状态等)全部正常，则发出动态交流信号，使 QGJ 吸起。若有异常则 QGJ 落下，并发出告警信号。

JZCJ 的作用是区分"计轴设备故障"还是"区间占用"。该继电器亦采用双机控制，由Ⅰ号微机动态驱动，Ⅱ号微机稳态控制。即Ⅱ号微机输出为"0"，Ⅰ号微机输出动态交流信号时，JZCJ 吸起，表示设备正常。若计轴设备故障时，则 JZCJ 落下。

为了保证计轴设备故障后使区间表示占用，即满足"故障一安全"原则，将 JZCJ 的一组前接点串接在 QGJ 的励磁电路中。当计轴设备故障 JZCJ 落下时，使 QGJ 亦落下。

2.4.3 计轴站间闭塞结合电路

计轴设备与 64D 型继电半自动闭塞结合电路如图 2-21 所示，该电路由下列继电器组成。

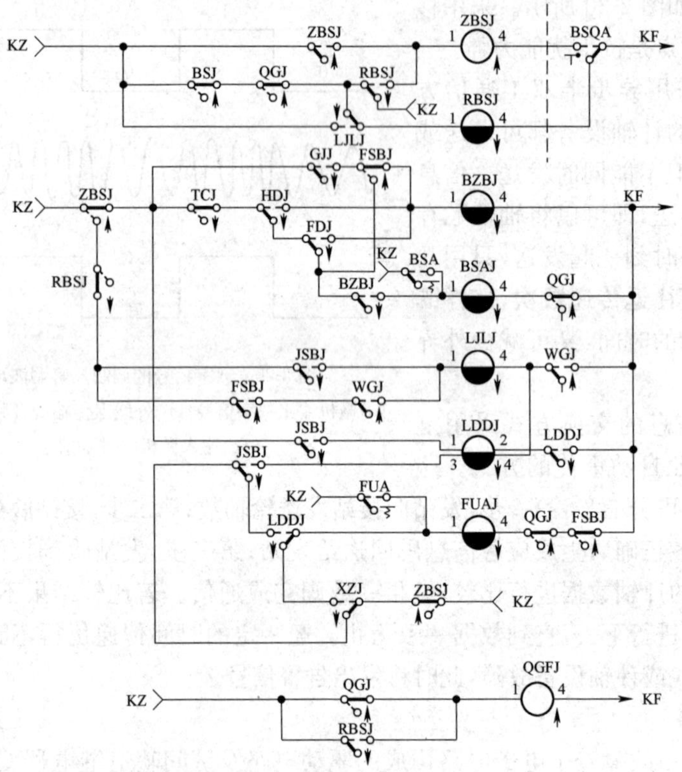

图 2-21 计轴站间闭塞结合电路

1. 站间闭塞继电器 ZBSJ(JWXC-1700)及人工闭塞继电器 RBSJ(JWXC-H340)

站间闭塞继电器 ZBSJ 及人工闭塞继电器 RBSJ 的作用是反映站间闭塞的闭塞方

式。这两个继电器受设于控制台上的闭塞切换按钮 BSQA 及其他一些条件的控制。ZBSJ 励磁,表示按站间闭塞方式行车,并点亮站间闭塞方式表示灯(绿灯)。

RBSJ 平时处于落下状态,当 RBSJ 励磁时,表示按半自动闭塞方式行车,并点亮半自动闭塞方式表示灯(红灯)。上述两个继电器均失磁时,表示按电话闭塞法行车,并使红灯闪光。

2. 列车记录继电器 LJLJ(JWXC-H340)

列车记录继电器 LJLJ 的作用是当停用计轴设备时,将站间闭塞方式转为半自动闭塞的行车方式。

当因某种原因停用计轴设备时,双方车站值班员确认区间空闲后,各自破铅封按下闭塞切换按钮 BSQA,停用计轴设备。经用一次电话闭塞法行车确保区间空闲后,使 LJLJ 励磁,人工闭塞继电器 RBSJ 亦随之励磁,这时可按半自动闭塞方式行车。

3. 闭塞自动办理继电器 BZBJ(JWXC-H340)

闭塞自动办理继电器 BZBJ 的作用是实现自动办理闭塞。BZBJ 平时处于落下状态,在发车站办理发车进路时,由于进站口的股道检查继电器 GJJ 的励磁而使 BZBJ 励磁,在发车锁闭继电器 FSBJ 落下后,利用 BZBJ 的缓放而接通闭塞按钮继电器 BSAJ 电路,从而自动向接车站发送请求发车信号。对接车站,当发完自动回执信号 FDJ 失磁后,利用 BZBJ 的缓放而接通 BSAJ 电路,自动向发车站发送同意接车信号。从而实现办理闭塞的自动化。

4. 列车到达继电器 LDDJ(JWXC-H340)

列车到达继电器 LDDJ 的作用是记录列车到达接车站。该继电器平时处于落下状态,当进站信号机开放,列车进入进站信号机内方第一个轨道电路区段时 WGJ 落下,接通 LDDJ 的励磁电路,LDDJ 吸起并自闭。待列车完整到达、接车锁闭继电器 JSBJ 失磁后,切断其自闭电路,利用 LDDJ 的缓放瞬间(0.5 s)接通复原按钮继电器 FUAJ 电路,从而使半自动闭塞机复原,自动解除闭塞。

5. 区间轨道辅助继电器 QGFJ(JWXC-1700)

在站间闭塞方式中,QGFJ 为 QGJ 的复示继电器。当单独采用半自动闭塞方式时通过按下闭塞切换按钮 BSQA 使 QGFJ 保持在励磁状态。

6. 其他结合电路

当站间闭塞时,为使列车完整进站后自动解除闭塞,需使轨道继电器 GDJ 及 JSBJ 提前动作,在 GDJ 电路中,增加了一条由 QGFJ 前接点构成的励磁电路。在 JSBJ 自闭电路中,将进站信号机内方第一轨道电路区段进路继电器的后接点条件改为 QGFJ 的后接点。当列车完整进站后 QGFJ 励磁,一方面接通 GDJ 的励磁电路,另一方面切断 JSBJ 的自闭电路。

为使区间有车占用时不得办理闭塞、取消闭塞、事故复原及开放出站信号机,在 BSAJ、FUAJ、SGAJ 及 KTJ 电路中均串入 QGFJ 的前接点。

在 FUAJ、SGAJ 电路中还串入了 FSBJ 的前接点，以保证在发车进路未解锁时，不能办理取消复原和事故复原。

取消发车进路，发车进路解锁后，利用选择继电器 XZJ 前接点及 FSBJ 前接点接通 FUAJ 电路，自动解除闭塞。

2.4.4 计轴站间闭塞工作过程

发车站值班员办理发车进路时，进站口的股道检查继电器 GJJ 吸起，用其前接点接通闭塞自动办理继电器 BZBJ 的励磁电路。当发车进路锁闭，FSBJ 失磁后，BZBJ 的励磁电路被切断，利用 BZBJ 缓放瞬间(0.5 s)接通 BSAJ 的励磁电路，从而向接车站发送请求发车信号。

接车站收到请求发车信号后，使 HDJ 吸起，从而接通了接车站的 BZBJ 励磁电路。当自动回执信号发送完毕后，通过 HDJ、FDJ 的后接点及 BZBJ 的前接点(缓放)，使接车站的 BSAJ 励磁，向发车站发送同意接车信号。发车站收到同意接车信号后，出站信号机自动开放。

列车从发车站出发进入传感器计轴点时，计轴设备中的控制微机开始计数，并判定列车运行方向。当计入第一个轴时，微机停止向区间轨道继电器 QGJ 发送脉冲，使 QGJ 落下。同时向接车站发送某一频率的长"1"占用信息，使接车站的区间轨道继电器 QGJ 落下。此时，两站的区间占用表示灯红灯亮，表示区间占用。

当列车通过发车站传感器计轴点后，等待 3 s 后，由微机将所计的轴数及计入状态等进行编码，使引导位、起始位、两组软件计轴数及状态、结束位等，形成串行发送码，向接车站传送。

当接车站收到起始位后，将串行数据按位寄存，并将两组数据进行比较。如发现两组数据不相同时，则等待对方重发。如校核正确后，则编制应答码向发车站传送。

发车站收到应答码，对收、发进行校核，如相同，则停止发送；如不同或收不到应答，则重新向对方站发送。如四次往返收、发出错或收不到应答，则发出故障告警。

当接车站收数正确，发车站接收应答也正确停止再发后，两站同时显示驶入区间的列车轴数。接车站值班员办理接车进路，开放进站信号机。当列车进站，经过接车站的传感器计轴点时，接车站的计轴设备开始计数并判定列车运行方向。此时，接车站的列车到达继电器 LDDJ 经 JSBJ 的后接点及进站信号机内方第一轨道区段的轨道继电器 WGJ 的后接点励磁并自闭。

当列车全部通过计轴点后，接车站的计轴设备将所计轴数及计出状态等发往发车站。经两站微机对轴数进行比较后，轴数相等时，表明列车完整到达。此时两站的微机送出交流信号，使各自的 QGJ 吸起，表示区间空闲。此时，接车站的 FUAJ 经 JSBJ 的后接点、LDDJ 的前接点(缓放 0.5 s)及 QGJ、FSBJ 的前接点而励磁，使两站闭塞机自动复原。

若两站计轴设备所计轴数不等，由于 QGJ 落下，切断了 FUAJ 的电路，半自动闭塞机不能复原，并发出告警信号。

当计轴设备发生故障时，计轴设备正常继电器 JZCJ 落下，发出告警信号，并使计轴设备停止工作。此时，车站值班员确认区间空闲后，按压闭塞切换按钮 BSQA(带铅封)，从而断开计轴条件，按半自动闭塞方式行车。

思 考 题

1. 64D 型继电半自动闭塞两站间传递几个正信息？说明发送这些正信息的时机和条件？

2. 64D 型继电半自动闭塞有几个自动发送的信息？说明它们是如何实现自动发送的？

3. 试述选择继电器 XZJ 的三个作用，并用图 2-6 来阐述这些作用。

4. 试述闭塞继电器 BSJ 的作用，在正常办理过程中，两站的 BSJ 在何时落下，又在何时吸起？

5. 当两站的值班员同时办理请求发车(同时按下 BSA 又同时松开)时，其闭塞机的状态如何？如何恢复？

6. 在接车站同意接车后(JBD 亮绿灯)，发车站办理取消复原时，如何切断 TJJ 的自闭电路？

7. 64D 继电半自动闭塞存在何种问题？如何解决？

8. 计轴站间闭塞是如何实现自动检查区间空闲、自动办理闭塞和自动解除闭塞的？

3 区间自动闭塞

3.1 数字频率调制(FSK)原理

与模拟通信相似,要使某一数字信号在带限信道中传输,就必须用数字信号对载波进行调制。对于大多数的数字传输系统来说,由于数字基带信号往往具有丰富的低频成分,而实际的通信信道又具有带通特性,因此,必须用数字信号来调制某一较高频率的正弦或脉冲载波,使已调信号能通过带限信道传输。这种用基带数字信号控制高频载波,把基带数字信号变换为频带数字信号的过程称为数字调制。那么,已调信号通过信道传输到接收端,在接收端通过解调器把频带数字信号还原成基带数字信号,这种数字信号的反变换称为数字解调。通常,我们把数字调制与解调合起来称为数字调制,把包括调制和解调过程的传输系统叫作数字信号的频带传输系统。

在大多数的数字通信系统中,通常选择正弦波信号为载波,这一点与模拟调制没有什么本质的差异,它们均属于正弦波调制。然而数字调制与模拟调制又有不同点,其不同点在于模拟调制需要对载波信号的参量进行连续调制,在接收端需要对载波信号的已调参量连续进行估值;而在数字调制中则可用载波信号参量的某些离散状态来表征所传输的信息,在接收端也只需对载波信号的调制参量有限个离散值进行判决,以便恢复出原始信号。

一般说来,数字调制技术可分为两种类型:第一种,利用模拟方法去实现数字调制,即把数字基带信号当作模拟信号的特殊情况来处理;第二种,利用数字信号的离散取值特点及相位进行键控,便可获得振幅键控(ASK)、频移键控(FSK)及相移键控(PSK)的调制方式。键控法一般由数字电路来实现,它具有调制变换速率快、调整测试方便、体积小和设备可靠性高等特点。

在数字调制中,所选择参量可能的变化状态数应与信息元数相对应。数字信息有二进制和多进制之分,因此,数字调制可分为二进制调制和多进制调制两种。在二进制调制中,信号参量只可能有两种取值;而在多进制调制中,信号参量可能有$M(M>2)$种取值。一般而言,在码元速率一定的情况下,M取值越大,信息传输速率越高,但其抗干扰性能也越差。

3.1.1 2FSK 调制过程

FSK 频移键控是用载波的频率来传送数字消息的，即用所传送的数字信息控制载波的频率。由于数字消息只有有限个取值，相应的，作为已调的 FSK 信号的频率也只能有有限个取值。那么，使用二进制数字基带信号控制载波的频率变换实现数字调制的方法称为二进制频移键控调制（2FSK），状态"1"对应于载频 ω_1，状态"0"对应于载频 ω_2（与 ω_1 不同的另一载频）的已调波形。而且 ω_1 与 ω_2 之间的改变是瞬间完成的。

频率键控法又称为频率转换法，它采用数字矩形脉冲控制电子开关，使电子开关在两个独立的振荡器之间进行切换，从而在输出端得到不同频率的已调信号。其原理框图及各点波形如图 3-1 所示。

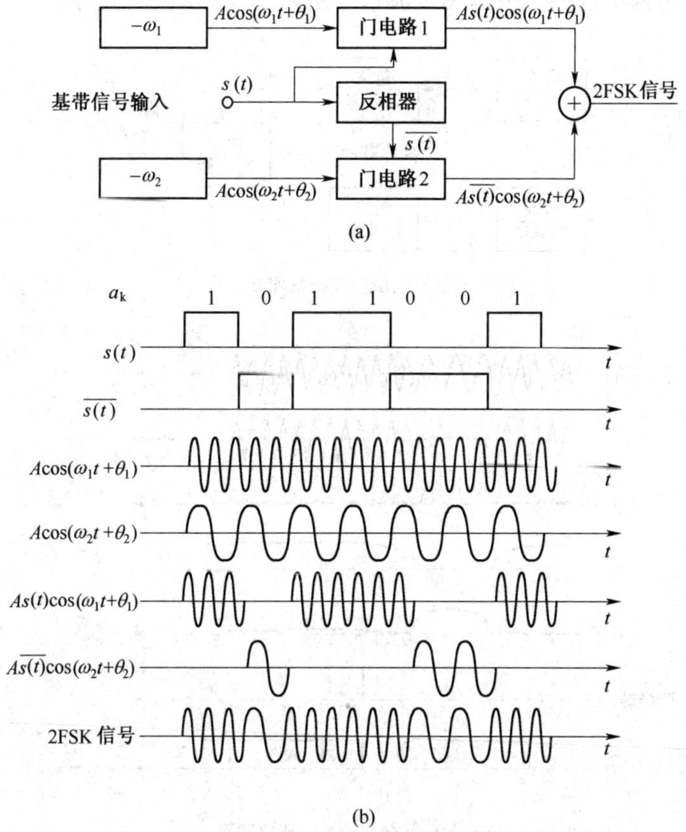

图 3-1 2FSK 信号的原理框图和各点波形

数字基带信号 $s(t)$ 输入之后通过反相器分别控制两个门电路，两个载波发生器产生两个不同频率的载波信号。当数字信号为"1"时，正脉冲使门电路 1 接通，门 2 断开，输出频率为 f_1，当数字信号为"0"时，门 1 断开，门 2 接通，输出频率为 f_2。相加器混合两个门电路输出的波形作为调制器的输出 2FSK 信号。

目前,国内使用的 UM71 和 ZPW-2000A 均采用的是 2FSK 信号。用相应的低频 f_c 去调制载频,载频通常为 f_0(中心频率)$+\Delta f$(频偏)、$f_0-\Delta f$。

3.1.2 2FSK 解调过程

2FSK 信号的解调方法有很多,包括鉴频法、包络检测法、相干检测法、过零检测法和差分检测法等。常用的数字解调方法有数字滤波(FIR)和快速傅里叶变换。

1. 包络检测法实现 2FSK 信号解调

2FSK 信号的包络检测法属于非相干解调法,不需要稳定的本地相干载波信号,实现起来比相干解调法简单,所以实际的 2FSK 系统常采用包络检测法来实现 2FSK 信号解调。它的包络检测法原理方框图及波形分别如图 3-2,图 3-3 所示。

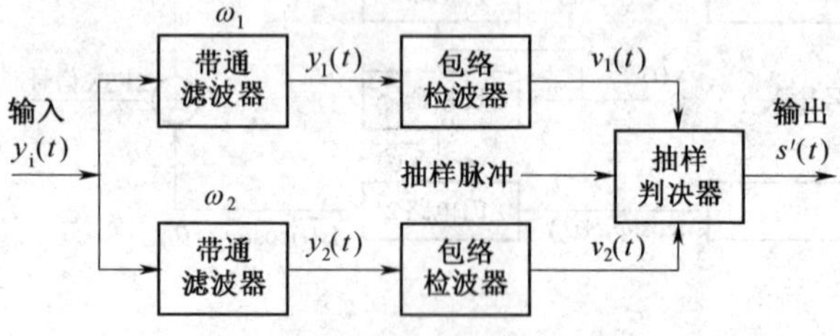

图 3-2 2FSK 的信号包络检波法原理方框图

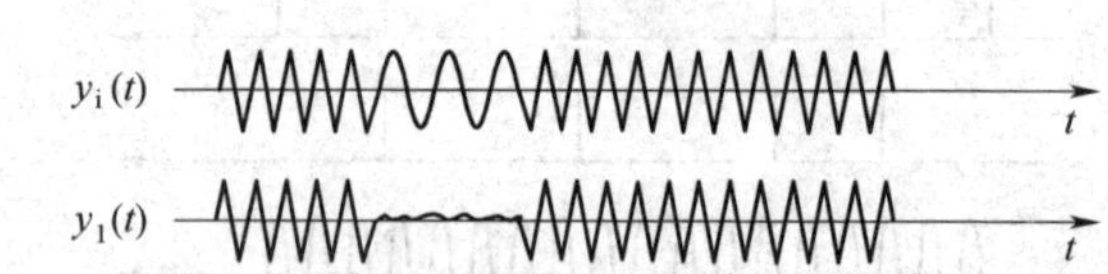

图 3-3 2FSK 的信号包络检波法所得波形

用两个窄带的分路滤波器分别滤出频率为 f_1 及 f_2 的高频脉冲,经包络检测后分别取出它们的包络。把两路输出同时送到抽样判决器进行比较,从而判决输出基带数字信号。

设频率 f_1 代表数字信号"1",f_2 代表数字信号"0",则抽样判决器的判决准则应为:

$$\begin{cases} v_1 > v_2, \text{判为“1”} \\ v_1 < v_2, \text{判为“0”} \end{cases}$$

式中，v_1、v_2 分别为抽样时刻两个包络检波器的输出值。这里的抽样判决器要比较 v_1、v_2 的大小，或者说把差值 $v_1 - v_2$ 与零电平比较。

2. FFT 快速傅里叶变换法应用

FS-2500 型的发送设备，是采用频率转换法产生相位离散的移频信号。发送下列频率参数的 FSK 信号：①四种载频：1 700 Hz、2 300 Hz、2 000 Hz、2 600 Hz。②四种调制低频 f_c：12. 2 Hz、15. 6 Hz、18 Hz、24. 4 Hz，用于机车信号；用于轨道电路的调制低频为 4. 8 Hz。③频偏：$\Delta f = +12.5$ Hz。

FS-2500 型无绝缘轨道电路的接收设备采用微处理器系统。它的输入信号是 FSK 信号，其频谱如 3-4 图所示。采用软件进行 FFT 变换来解调 FSK 信号，求得低频信息输出。

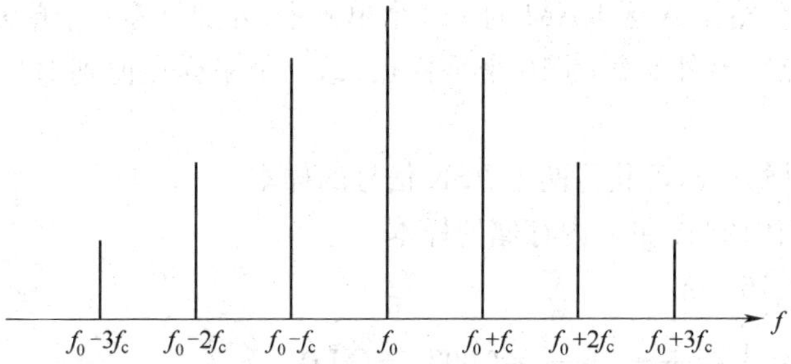

图 3-4　输入 FSK 信号的幅度频谱

(1)接收器的方框图及简要工作过程

FS-2500 型接收设备主要由信号输入级、信号预处理级、证实频率产生、采样保持和 A/D 转换、微处理器系统、处理器输出级、输出驱动及证实级、启动电路等几部分组成，其方框图如图 3-5 所示。

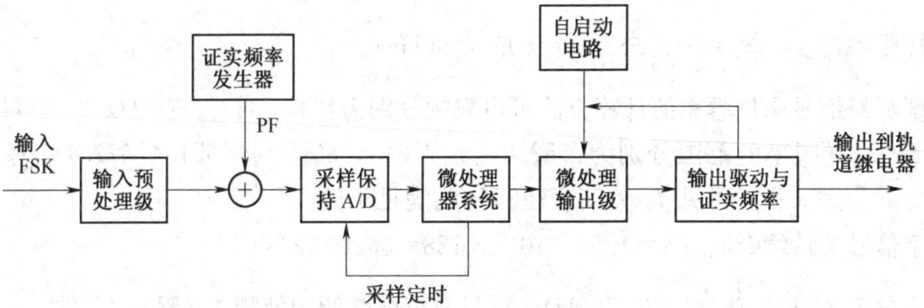

图 3-5　FS-2500 型接收设备方框图

来自轨道电路的 FSK 信号经过输入变压器匹配，输入到信号预处理器，又经过带通滤波器和限幅器加到线性加法器，与证实频率信号 PF 相加后，送往采样保持电路和 A/D 转换器。A/D 在微处理器的程序控制下，把模拟的 FSK 信号变换为时域的数字信号，并存入 RAM 中。后由微处理器把存在 RAM 中的时域数字信号，由 FFT 程序控制转换成离散的频域信号，并存在 RAM 中。后在频域信号基础上由微处理器进行信号完整性和安全性检测。当各项检测都正确无误时，微处理器系统便将“占用”和“空闲”的无故障信号送往处理器输出级。

(2)微处理器系统

微处理器系统是接收设备的核心部分。它是一个单通道的微型计算机系统，具有数据采集，FFT 快速傅里叶变换子程序和安全软件等，可对 FSK 信号进行检测和安全检查。它具有下列功能：

1)进行数据采集

微处理器按采样周期 164 μs，以中断方式进行采样；把 A/D 输出的 8 位或 10 位二进制数字信号存在存储器 A 区 RAM 的 122 个单元中，外加补零 6 个单元，共 128 个单元，即 128 个采样点。另外又每隔 10 个采样点，送一个采样点值到 B 区 RAM 的 128 个存储单元中。

可见按上述采样方式，可获得两个 FSK 信号的样本。

①A 区 RAM 中 128 个单元内存储的样本

采样周期：$T_1=164\ \mu s$。

采样频率：$f_{S1}=\dfrac{1}{T_1}=\dfrac{1}{164\times10^{-6}}=6\,097.56(\text{Hz})$。

若以载频 2 600 Hz 为例，上边频为 2 612.5 Hz，带通滤波器的带通为(2 600±20) Hz，上限频率为 2 620 Hz，故 $f_{S1}>2\times2\,620$ Hz，满足条件。

数字信号的持续时间：$t_{D1}=164\times10^{-6}\times122=0.020\,008(\text{s})$。

②B 区 RAM 中 128 个单元内存储的样本

采样周期：$T_2=1.64$ ms。

采样频率：$f_{S2}=\dfrac{1}{T_2}=\dfrac{1}{1.64\times10^{-3}}=609.756(\text{Hz})$。

根据窄带信号采样频率的计算方法可得载频分别为：2 600 Hz、2 300 Hz、2 000 Hz、1 700 Hz 的采样频率的范围分别为：$582.2\leqslant f_S\leqslant645$，$580\leqslant f_S\leqslant651.4$，$577.1\leqslant f_S\leqslant660$，$573.3\leqslant f_S\leqslant672$。可见 $f_{S2}=609.756$ Hz 均满足条件。

数字信号的持续时间：$t_{D2}=1.64\times10^{-3}\times128=0.209\,92(\text{s})$。

频率分辨率：$F=\dfrac{1}{t_{D2}}=4.763\,7(\text{Hz})$。满足轨道电路调制低频 4.8 Hz 的条件。

2)进行 FFT 快速傅里叶变换

在 FFT 快速傅里叶变换子程序控制下，进行 FFT 变换。首先对存储在 A 区的

128单元(其中包括6个补零点)内的FSK时域数字信号样本进行FFT变换。分析计算得频域信号,其频域信号如图3-6所示,并存储在A区RAM的专门单元内。

因为A区128个单元内存储的数字信号,其采样频率 $f_{S1}=6\,097.56(\text{Hz})$,大于FSK信号的上限频率的两倍,故频域内不会产生混叠。数字信号持续时间为 $t_{D1}=0.020\,008(\text{s})$,其频率分辨率为 $F_1=49.98(\text{Hz})$,故载频、上边频、下边频和证实频率均在其频率分辨率之内,均可清楚分辨。

其次对存储在B区的128个单元内的FSK时域数字信号样本进行FFT变换,分析计算得频域信号。其频域信号如图3-7所示,并存储在B区RAM的专门单元内。

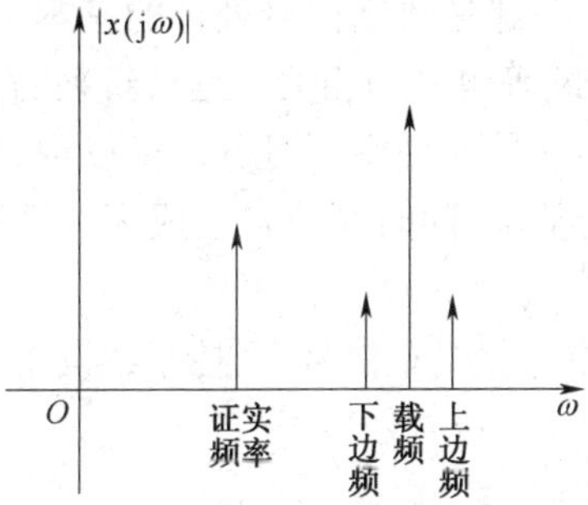

图3-6 载频,上、下边频和证实频率的频域信号

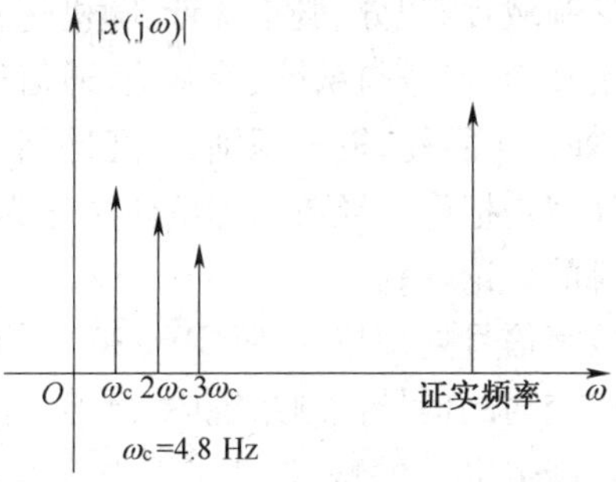

图3-7 调制低频和证实频率的频域信号

因为B区128个单元内存储的数字信号样本的采样频率 $f_{S2}=609.756\text{ Hz}$,其信号调制频率和证实频率不会产生混叠。其频率分辨率为 $f_2=4.764\text{ Hz}$,故信息调制频率4.8 Hz,清楚可辨。

3.2 数字信号处理技术及应用

3.2.1 DSP技术简介

数字信号处理(Digital Signal Processing,DSP)是一门新兴的涉及许多学科而又广泛应用于许多领域的技术。几乎所有的工程技术领域都要涉及信号问题,这些信号包括电的、磁的、机械的、热的、声的、光的及生物体的等等各个方面。如何在较强的背景噪声下提取真正的信号或信号的特征并将其应用于工程实际是信号处理要完成的任务。因此可以说,信号处理几乎涉及所有的工程技术领域。

简单地说,数字信号处理利用计算机或专用处理设备,以数值计算的方法对信号进行采集、变换、综合、估值与识别等加工处理,借以达到提取信息和便于应用的目的。

当今,数字信号处理已经发展成为一个新的技术领域和独立的学科体系。数字信号处理之所以得到迅速的发展和广泛的应用,主要基础是:①有特别适合于信号处理的芯片和系统,即数字信号处理器(DSP);②有应用于现代通信中的一些算法,如信源编码(压缩)和解码、信道编码和解码、信号调制和解调、信道均衡、噪声对消、信号的加密和解密等;③有自成体系的理论,如离散线性系统理论、离散和快速变换理论、数字滤波理论、量化效应和误差理论、信号检测理论和小波变换理论。

数字信号处理技术是围绕着包含数字信号处理的理论、实现和应用等几个方面。数字信号处理在理论上的发展推动了数字信号处理应用的发展。反过来,数字信号处理的应用又促进了数字信号处理理论的提高。而数字信号处理的实现则是理论和应用之间的桥梁。

数字信号处理理论是以众多学科为理论基础的,它所涉及的范围极其广泛。例如,在数学领域:微积分、概率统计、随机过程、数值分析等都是数字信号处理的基本工具,与网络理论、信号与系统、控制论、通信理论、故障诊断等也密切相关。近来新兴的一些学科,如人工智能、模式识别、神经网络等,都与数字信号处理密不可分。可以说,数字信号处理是把许多经典的理论体系作为自己的理论基础,同时又使自己成为一系列新兴学科的理论基础。

数字信号处理技术在 ZPW-2000 的接收电路、主体化机车信号、列控车载设备和城市轨道交通的信号控制系统中,已经广泛使用。

1. DSP 芯片的特点

DSP 芯片,也称数字信号处理器,是用于实现数字信号处理的专用芯片,是一种特别适合于进行数字信号处理运算的微处理器。在 DSP 系统中,实现其信号处理功能的核心部分是 DSP 芯片,其主要应用是实时快速地实现各种数字信号处理算法。DSP 芯片的主要特点是采用超大规模集成电路技术将算术逻辑运算单元、并行乘法器、控制器和相当数量的数据存储器集成在一个单独的芯片上。并且其硬件结构和软件指令都是针对数字信号处理技术的算法特点而设计的,根据数字信号处理的要求,DSP 芯片一般具有如下主要优点:

(1)采用哈佛(HARVARD)结构,高度并行运算大大提高了运算速度。DSP 采用 HARVARD 结构,即将数据总线(DMA 总线)分离开来,从而可以集合其他的并行处理单元,实现同一指令周期内将操作数据从程序存储器和数据存储器中取出并送到运算单元。改进型 HARVARD 结构的程序存储器与数据存储器位于两个独立的空间,但可以相互传递数据。数据存储器可以通过来自程序存储器的固定参数初始化。在一个周期内可以同时准备好指令与操作数。这种高度并行运算,内部操作采用时间上重叠的流水线结构,大大提高了运算速度。片外扩展总线增加了 DSP 的通用性和灵活性。

(2)芯片内配置了一个或多个硬件乘法器和累加器,能实现单指令乘加运算和变址运算。DSP 内部专门设置了乘法累加结构,在硬件上实现了乘法与累加器的并行工作,能在一个指令周期内完成乘法并将乘积求和运算,以满足数字滤波卷积运算以及超越函数幂级数展开等相乘后求和的运算需要。片内专门设置了专用变址器,便于实现变址运算。

(3)芯片内专门设置了功能很强的专用指令,可以实现指令的重叠运行。DSP 中每条指令的运行过程都可以分为获取、解码、读、执行几个阶段组成,每个阶段独立操作,指令可以重叠。DSP 还在硬件上采用了数组处理技术,可以在寄存器、运算单元中处理变量的同时,使用指针访问数据存储器。而并行工作构成了功能很强的复合指令,它相当于通用 CPU 多条指令。

(4)芯片内设置了多种功能很强的外围器件和接口,使其运算速度比 PC 机要快很多倍。现今的 DSP 在其结构上一般配备了可编程定时高速串行接口、多处理器连接接口等。因此,用它来处理数字信号,特别是线性变换(快速傅里叶变换、希尔伯特变换、余弦变换等)、数字滤波(有限冲激响应滤波和无限冲激响应滤波等)、卷积运算等,其速度大大提高。在芯片内设置了专门的硬件数据指针的逆序寻址功能。因频谱分析的理论基础是快速傅里叶变换(FFT),从而可以极大地加快频谱分析处理过程。

(5)DSP 增加了硬件循环控制,当完成循环初始化后,实际运行中循环不再消耗指令周期,大大提高了数字信号处理的运算速度。

(6)超长指令字(VLIW)结构,使设计简单化,不需要动态码再排序的硬件支持。超长指令字(VLIW)结构使设计简单化,不需要动态码再排序的硬件支持 VLIW 是指令级的并行机制,它在一个长指令中,安排了若干个操作在多个功能单元中同时被执行。VLIW 结构将复杂性从硬件移到了编译器,它的处理器依赖于指令编译的快慢。其特点是在单个周期内,将含有多项运算操作的指令划分为多个操作,这些操作的发出与执行都采用并行方式,以提高每次执行的操作总数。

(7)DSP 成本低,销售价格逐年降低。DSP 并非为某种功能设计的芯片,其应用范围广,出片量多,因而可以降低其成本。随着 DSP 设计质量提高,给用户提供很大的好处,用户量增多,销售价就降低。

当然,与通用微处理器相比,DSP 芯片的其他通用功能相对弱些。

2. DSP 系统

图 3-8 所示为一个典型的 DSP 系统。图中的输入信号可以有各种各样的形式。例如,它可以是麦克风输出的语音信号或是电话线来的已调数据信号,可以是编码后在数字链路上传输或存储在计算机里的摄像机图像信号等。

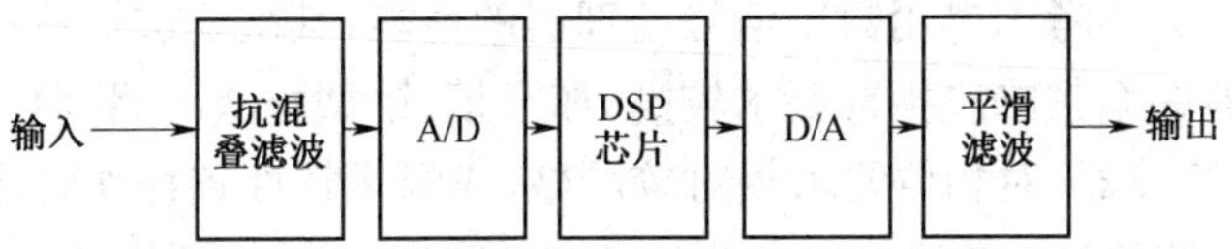

图 3-8 典型的 DSP 系统

输入信号首先进行带限滤波和抽样,然后进行 A/D(Analog to Digital)变换将信号变换成数字比特流。根据奈奎斯特抽样定理,为保证信息不丢失,抽样频率至少必须是输入带限信号最高频率的 2 倍。

DSP芯片的输入是A/D变换后得到的以抽样形式表示的数字信号,DSP芯片对输入的数字信号进行某种形式的处理,如进行一系列的乘累加操作。数字处理是DSP的关键,这与其他系统(如电话交换系统)有很大的不同,在交换系统中,处理器的作用是进行路由选择,它并不对输入数据进行修改。因此虽然两者都是实时系统,但两者的实时约束条件却有很大的不同。最后,经过处理后的数字样值再经D/A变换转换为模拟样值,之后再进行内插和平滑滤波就可得到连续的模拟波形。

必须指出的是,上面给出的DSP系统模型是一个典型模型,但并不是所有的DSP系统都必须具有模型中的所有部件。在LKJ2000型监控装置地面信息处理的应用中,只需对感应器输入的模拟信号进行模数转换后,由DSP芯片处理识别出所需的机车过绝缘节信息即可,并不需要对信号进行数模转换与输出。

3. 数字滤波

在数字信号处理中,数字滤波占有极其重要的地位。数字滤波是语音和图像处理、模式识别、谱分析等应用中的一个基本处理算法。在许多信号处理应用中使用数字滤波器代替模拟滤波器是有利的。数字滤波器容易实现不同的幅度和相位频率特性指标,克服与模拟滤波器器件性能相关的电压漂移、温度漂移和噪声问题。用DSP芯片实现数字滤波除了具有稳定性好、精确度高、不受环境影响外,还具有灵活性好的特点。用可编程DSP芯片实现数字滤波可通过修改滤波器的参数十分方便的改变滤波器的特性。几乎每一科学和工程领域例如声学、物理学、通信、数据通信、控制系统和雷达都涉及信号。在许多应用中都希望根据期望的指标把一个信号的频谱加以修改、整形或运算。这些过程都可能包含衰减一个频率范围以阻止或隔离一些频率成分。数字滤波器扩展了应用范围,例如数字图像处理、模式识别、谱分析等。

所谓数字滤波就是将输入的数字信号,按规定的算法运算后,输出所希望得到的数字信号的系统。有时候可将数字滤波器理解为一个程序与算法。其实现过程是:由模/数转换器按一定的采样频率对需要滤波的实际信号进行采样,然后由数字信号处理器按特定的算法运算后提取出所需的信号,从而实现了对信号的滤波功能。

数字滤波器又分为无限冲激响应滤波器(IIR)和有限冲激响应滤波器(FIR)。在设计数字滤波器时,首先要确认滤波器要达到的滤波性能指标,除追求较高滤波性能外,在实际应用中还必须考虑选用数字信号处理器的性能;其次要选择适当的滤波器类型,通常若对滤波器的幅频响应指标要求较高,如窄带、锐截止滤波器,但不考虑相位特性时一般选用IIR滤波器,对相位要求相对较严格,或幅频特性较特殊时选用FIR滤波器。另外,IIR滤波器存在参数稳定性问题,即它可能产生振荡,FIR滤波器虽不存在这个问题,但其截止特性弱,延迟较大,这些在实际应用中都必须综合考虑;最后计算出滤波器的每个系数,编制相应程序,并根据调试结果对系数作适当的调整。

用可编程DSP芯片实现数字滤波可通过修改滤波器的参数十分方便的改变滤波器的特性。几乎每一涉及信号的工程领域,在应用中都希望根据期望的指标把一个信号的频谱加以修改、整形或运算。这些过程都可能包含衰减一个频率范围阻止或隔离一些频率成分。数字滤波器扩展了应用范围，例如数字图像处理、模式识别、谱分析等。一个带宽受限的连续时间信号能够通过采样的方法变换成离散时间信号，经过处理后离散时间信号能够转换回连续时间信号。

有限长单位冲激响应（FIR）数字滤波器，与传统的通过硬件电路实现的模拟滤波器相比有以下几大优点：

(1)简化了硬件电路的设计，提高了硬件电路的集成度和可靠性。

(2)对干扰信号的抑制能力有了明显提高，这对系统的控制精度和稳定性的提高起到了促进作用。

(3)数字滤波器的参数调节比起模拟滤波器来更加方便、灵活。

在离散时间域中数字滤波器的输入序列 $x(n)$ 与输出序列 $y(n)$ 的关系用线性差分方程表示为：

$$y(n)=\sum_{k=1}^{N}a(k)y(n-k)+\sum_{k=0}^{M}b(k)x(n-k) \tag{3-1}$$

其在 Z 域中的传输函数可表示为：

$$H(Z)\frac{\sum_{k=0}^{M}b_kZ^{-k}}{1-\sum_{k=1}^{N}a_kZ^{-k}}$$

在数字滤波器的设计中使用最广泛的是有限冲激响应（FIR）滤波器和无限冲激响应（IIR）滤波器。若式(3-1)中的系数 $a(k)$ 全为 0，则输入与输出的关系变为：

$$y(n)=\sum_{k=1}^{M}b(k)x(n-k)$$

输出 $y(n)$ 只取决于现在的输入和有限个过去的输入 $x(n),x(n-1),x(n-2),\cdots,x(n-M)$，它的脉冲响应 $h(n)$ 为 $b_0,b_1,\cdots,b_M$。它的脉冲响应是有限的，这就是有限冲激响应（FIR）滤波器；若式(3-1)中的系数 $\alpha(k)$ 不全为 0，那么输出 $y(n)$ 不仅取决于过去与现在的输入，而且取决于过去的输出，即滤波器存在输出的反馈，它的脉冲相应是无限延续的，就是无限冲激响应（IIR）滤波器。

3.2.2 快速傅里叶变换(Fast Fourier Transform,FFT)

1. 傅里叶变换的原理

一个任意函数 $x(t)$，都可以分解为无穷多个不同频率正弦信号的和，这既是谐波分析的基本概念。

通过对连续时间信号的傅里叶变换的分析，可以得出以下结论：

(1)时域连续的周期信号的傅里叶变换在频率上是离散的、非周期的；

(2)时域连续的非周期信号的傅里叶变换在频率上是连续的、非周期的。

通过对离散时间信号的傅里叶变换的分析，可以得出以下结论：

(1)时域离散的非周期信号的傅里叶变换在频率上是连续的、周期的；

(2)时域离散的周期信号的傅里叶变换在频率上是离散的、周期的。

傅里叶变换共有 4 种形式，如图 3-9 所示。

2. 快速傅里叶变换 FFT 原理

(1)离散信号傅里叶变换 DFT(Discrete Fourier Transform)的定义

傅里叶变换是一种将信号从时域变换到频域的变换形式，离散傅里叶变换是连续傅里叶变换在离散系统中的表示形式。

我们用 $\widetilde{x}(n)$ 表示周期为 N 的周期序列，则其离散傅里叶级数可表示为：

$$\widetilde{X}(k)=\sum_{n=0}^{N-1}\widetilde{x}(n)W_N^{kn} \tag{3-2}$$

$$\widetilde{x}(n)=\frac{1}{N}\sum_{k=0}^{N-1}\widetilde{X}(k)W_N^{-kn} \tag{3-3}$$

式中，$W_N=e^{-j\frac{2\pi}{N}}$。周期序列实际上只有有限个序列值有意义，因此它的许多特性可以沿拓到有限长序列上。对于一个长度为 N 的有限长序列 $x(n)$，也即 $x(n)$ 只有在 $n=0\sim(N-1)$ 个点上有非零值，其余皆为 0，即

$$x(n)=\begin{cases}x(n), & 0\leqslant n\leqslant(N-1)\\ 0, & \text{其他}\end{cases} \tag{3-4}$$

以序列 $x(n)$ 为主值序列并以 N 为周期延拓得到周期序列 $\widetilde{x}(n)$，因此它们的关系为：

$$\widetilde{x}(n)=\sum_{r=-\infty}^{\infty}x(n+rN) \tag{3-5}$$

$$x(n)=\begin{cases}\widetilde{x}(n), & 0\leqslant n\leqslant(N-1)\\ 0, & \text{其他}\end{cases} \tag{3-6}$$

由离散傅里叶级数对公式(3-2)，很容易得出有限长序列 $x(n)$ 的离散傅里叶变换公式：

$$\begin{cases}X(k)=\sum_{n=0}^{N-1}x(n)W_N^{kn}, & 0\leqslant k\leqslant(N-1)\\ x(n)=\frac{1}{N}\sum_{k=0}^{N-1}X(k)W_N^{-kn}, & 0\leqslant n\leqslant(N-1)\end{cases} \tag{3-7}$$

式(3-7)即为离散傅里叶变换 DFT 的变换式，其中：

$$W_N^{kn}=e^{-j\frac{2\pi}{N}kn} \tag{3-8}$$

由于 W_N^{nk} 是一个周期函数：

$$W_N^{n(N-k)}=W_N^{k(N-n)}=W_N^{-kn} \tag{3-9}$$

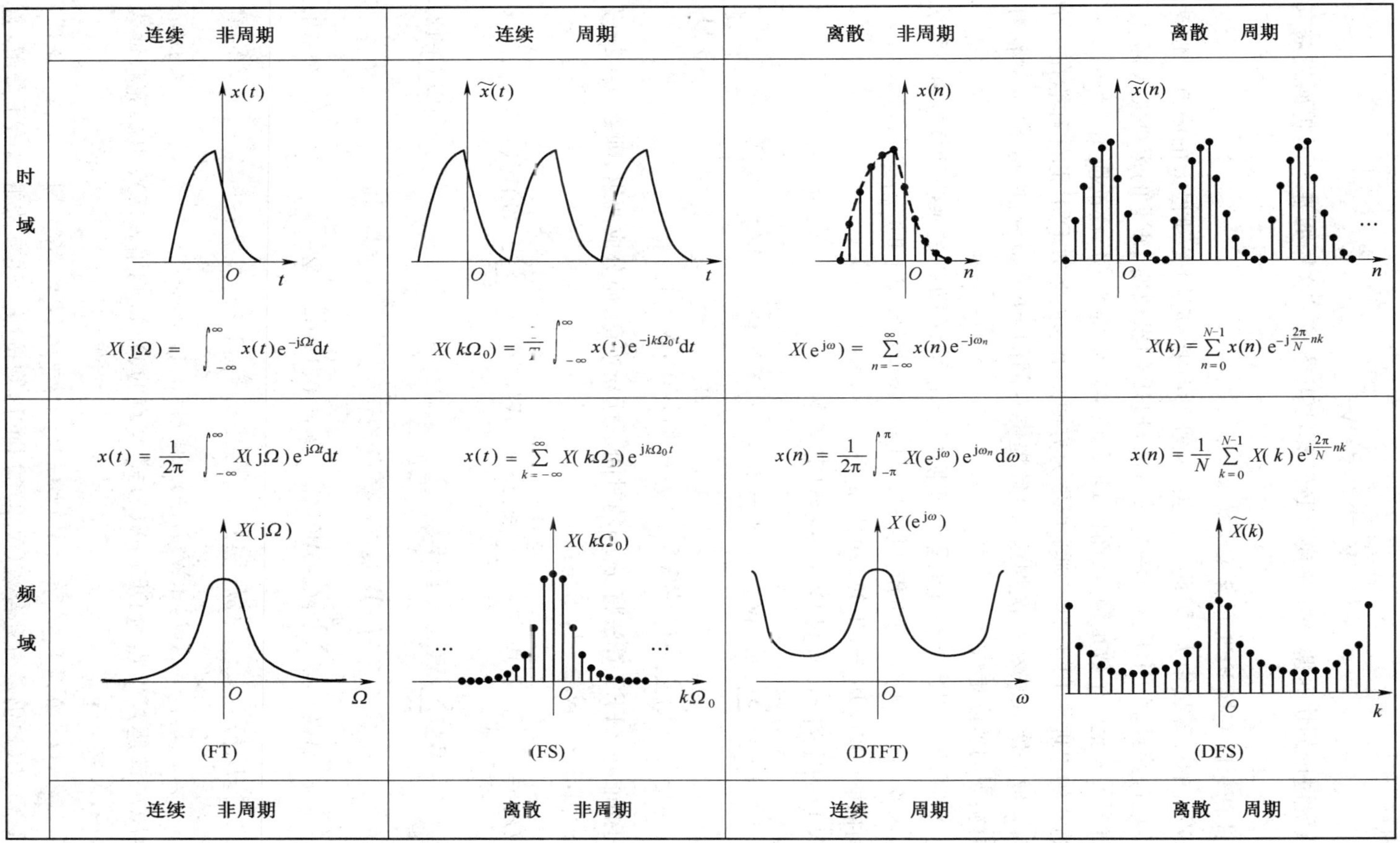

图 3-9 四种形式的傅里叶变换

且是对称的：

$$W_N^{nk+N/2} = -W_N^{nk} \tag{3-10}$$

下面所要讨论的快速傅里叶变换(FFT)算法正是基于这样的基本思想而发展起来的。

(2)快速傅里叶变换 FFT 的定义

由于 DFT 的计算量很大,因此在很长一段时间内其应用受到很大的限制。快速傅里叶变换是快速计算 DFT 的一种高效方法,FFT 的出现使 DFT 的运算大大简化,运算时间缩短了一至两个数量级,从而使 DFT 在实际中得到了广泛的应用。

DSP 芯片的出现是 FFT 的实现变得更为方便。由于大多数 DSP 芯片都能在一个指令周期内完成一次乘法和一次加法,而且提供专门的 FFT 指令,使得 FFT 算法在 DSP 芯片上实现的速度更快。

Cooley 和 Tukey 提出的快速傅里叶变换算法使 N 点 DFT 的乘法计算量由 N^2 次降为 $N\log_2 N$ 次,这一重要发现的问世是数字信号处理发展史上的一个转折点。

1)时间抽取(DIT)基 2FFT 算法的原理

对于 N 点的序列 $x(n)$,其 DFT 变换对定义为：

$$\begin{cases} X(k) = \sum_{n=0}^{N-1} x(n)W_N^{nk} \qquad k = 0,1,\cdots,N-1; \qquad W_N = \mathrm{e}^{-\mathrm{j}\frac{2\pi}{N}} \\ x(n) = \frac{1}{N}\sum_{k=0}^{N-1} X(k)W_N^{-nk} \qquad n = 0,1,\cdots,N-1 \end{cases} \tag{3-11}$$

按时间抽取基 2-FFT 算法将 $x(n)$的时间下标 n 按奇、偶分成两组,即令 $n=2r$ 及 $n=2r+1, r=0,1,\cdots,N/2-1$,于是：

$$X(k) = \sum_{r=0}^{N/2-1} x(2r)W_N^{2rk} + \sum_{r=0}^{N/2-1} x(2r+1)W_N^{(2r+1)k} = \sum_{r=0}^{N/2-1} x(2r)W_{N/2}^{rk} + W_N^k \sum_{r=0}^{N/2-1} x(2r+1)W_{N/2}^{rk} \tag{3-12}$$

式中

$$W_{N/2} = \mathrm{e}^{-\mathrm{j}\frac{2\pi}{(N/2)}} = \mathrm{e}^{-\mathrm{j}4\pi/N}$$

令

$$A(k) = \sum_{r=0}^{N/2-1} x(2r)W_{N/2}^{rk} \qquad k = 0,1,\cdots,N/2-1 \tag{3-13}$$

$$B(k) = \sum_{r=0}^{N/2-1} x(2r+1)W_{N/2}^{rk} \qquad k = 0,1,\cdots,N/2-1 \tag{3-14}$$

则

$$X(k) = A(k) + W_N^k B(k) \qquad k=0,1,\cdots,N/2-1 \tag{3-15}$$

$A(k)$、$B(k)$都是 $N/2$ 点的 DFT,$X(k)$式 N 点的 DFT,则用 $A(k)$、$B(k)$完整地表示 $k=0,1,\cdots,N/2-1$：

$$X(k+N/2) = A(k) - W_N^k B(k) \qquad k=0,1,\cdots,N/2-1 \tag{3-16}$$

这样 $A(k)$、$B(k)$仍是高复合数$(N/2)$的 DFT,则按照上述方法继续给予分解,直到得到两点的 DFT 为止。所以，N 点 DFT 就分为了 $M=\log_2 N$ 级。

2)频域抽取(DIF)基 2FFT 算法的原理

和时间抽取基 2FFT 相对应，频域抽取基 2FFT 是将频域 $X(k)$的序号 k 按奇、偶分开。

对于 DFT 定义：

$$\begin{cases} X(k)=\sum_{n=0}^{N-1}x(n)W_N^{nk} \qquad k=0,1,L,N-1,W_N=\mathrm{e}^{-\mathrm{j}\frac{2\pi}{N}} \\ x(n)=\frac{1}{N}\sum_{k=0}^{N-1}X(k)W_N^{-nk} \qquad n=0,1,L,N-1 \end{cases} \tag{3-17}$$

将 $x(n)$按序号分成上下两部分：

$$\begin{aligned} X(k) &= \sum_{n=0}^{N/2-1}x(n)W_N^{nk}+\sum_{n=N/2}^{N-1}x(n)W_N^{nk} \\ &= \sum_{n=0}^{N/2-1}x(n)W_N^{nk}+\sum_{n=0}^{N/2-1}x(n+N/2)W_N^{nk}W_N^{Nk/2} \\ &= \sum_{n=0}^{N/2-1}[x(n)+W_N^{Nk/2}x(n+N/2)]W_N^{nk} \end{aligned} \tag{3-18}$$

式中，$W_N^{Nk/2}=(-1)^k$，分别令 $k=2r,k=2r+1;r=0,1,\cdots,N/2-1$ 得：

$$X(2r)=\sum_{n=0}^{N/2-1}\left[x(n)+x\left(n+\frac{N}{2}\right)\right]W_{N/2}^{nr} \tag{3-19}$$

$$X(2r+1)=\sum_{n=0}^{N/2-1}\left[r(n)-x\left(n+\frac{N}{2}\right)\right]W_{N/2}^{nr}W_N^{n} \qquad r=0,1,\cdots,\frac{N}{2}-1 \tag{3-20}$$

令
$$g(n)=x(n)+x\left(n+\frac{N}{2}\right) \tag{3-21}$$

$$h(n)=\left[x(n)-x\left(n+\frac{N}{2}\right)\right]W_N^{n} \tag{3-22}$$

则
$$X(2r)=\sum_{n=0}^{N/2-1}g(n)W_{N/2}^{nr} \tag{3-23}$$

$$X(2r+1)=\sum_{n=0}^{N/2-1}h(n)W_{N/2}^{nr} \tag{3-24}$$

这样将一个 N 点的 DFT 分成了两个 $N/2$ 点的 DFT，和按时间抽取的办法一样继续分下去，一直到得到两点的 DFT。

3. FFT 快速傅里叶变换串行算法设计

当采用时间抽取(DIT)基 2FFT 算法时，可用如图 3-10 所示的蝶式计算流图表示(以 8 点 FFT 为例)。

其计算公式为：

$$b_i=\sum_{k=0}^{n-1}\omega^{ik}a_k,0\leqslant i\leqslant(n-1) \tag{3-25}$$

式中，$\omega=e^{2\pi/n}$；$i=\sqrt{-1}$。

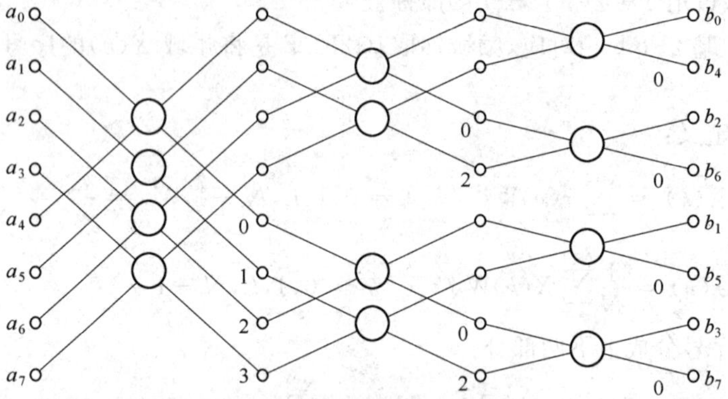

图 3-10　8 点 FFT 蝶形运算图

通过对图 3-10 的分析，n 点 FFT 可以分成 $\log_2 n$ 层进行计算，每层需要运算的次数为 $n/2$ 组，如图 3-10 中的 8 点 FFT 需进行 3 层运算，每层需进行 4 组计算，根据分析可以得出 FFT 的串行算法如下：

首先将输入的序列$(a_0,\cdots,a_{n-1})$依次存入一个中间序列$(c_0,\cdots,c_{n-1})$，此序列用于存放在逐层计算时的中间结果，然后如上图所示依次逐层计算各结点数据，其具体算法流程图如图 3-11 所示。

4. 基于流水线技术的 FFT 快速傅里叶变换算法设计

上图所示的算法流程为普通的串行算法，而我们所使用的 DSP 芯片采用的计算方式与一般不同，如我们在前面所介绍的，它为了提高计算速度采用了流水线技术，因而我们的算法在串行算法的基础上要做一定的并行计算的改进，使程序能与流水线技术相结合更快地获得最终所需的计算结果。

流水线技术的基本思想是将一个计算任务 t 分成一系列子任务 $t_1,t_2,\cdots,t_m$，使得一旦 t_1 完成，后继的子任务就可立即开始，并以同样的速率进行计算。我们根据这一思想对前述的串行算法进行改进。

首先将整个计算任务分成 $h=\log_2 n$ 个子任务，每个任务即计算一层的结果，每层的又可分为 $k=n/2$ 组计算，对于每层中的各组计算，可按 c_k 的序号依次进行计算。在流水线操作中，对各层内的计算时，其数据均来自上一层的计算结果，而同一层内的各组计算结果并不会相互影响，因而在层内进行流水线运算时只要按次序依次由 DSP 芯片进行计算即可。

通常在实际使用中，每次的 FFT 所计算的点数是一致的。如，假设我们在进行数据分析时采用的为 1024 点的 FFT，因而通过计算可得我们需要计算的层数为 $h=\log_2 1024=10$ 层，当 h 确定之后，我们可以事先计算出运算中所需的对应各层的各项参数 p、q、z 等，以及各节点的系数 $\omega^{\frac{q\times(k\bmod p)}{2}}$，并将这些参数存入 DSP 芯片外部的数据

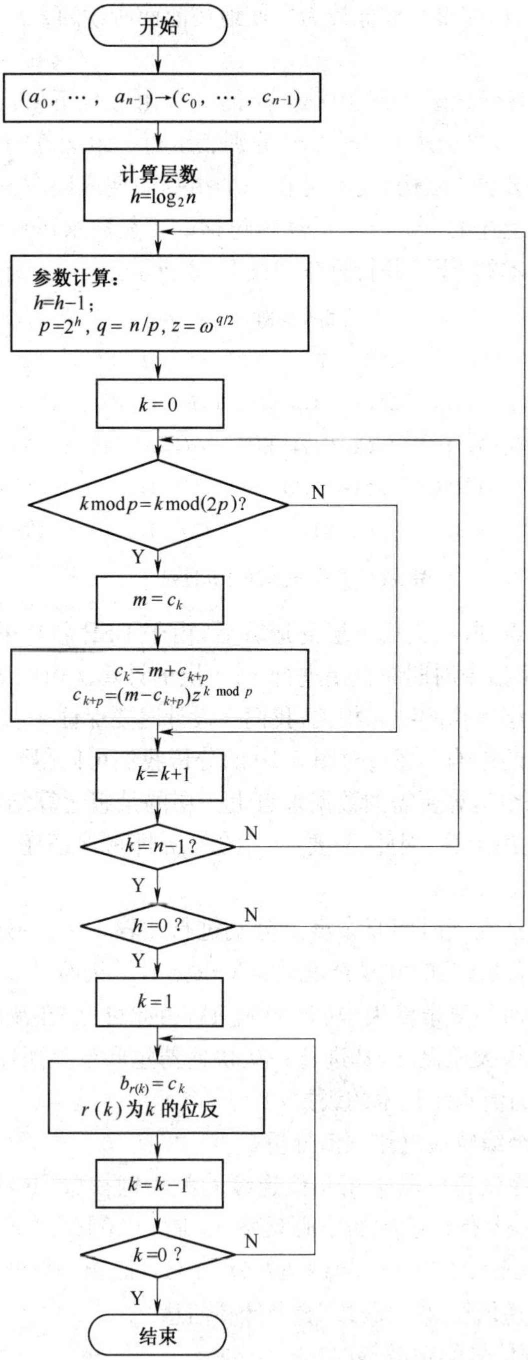

图 3-11　FFT 串行算法流程图

ROM 中，从而可以减少 DSP 的运算工作量以达到减少运算时间的目的。同时，由于不需要对这些参数进行计算，使得我们能较为方便地按前面所述的方法对 FFT 串行算法进行改进。

在 DSP 芯片内部，我们设图 3-10 中第 r 层的运算由上自下依次编号为 $C(r,1)$、$C(r,2)$、$C(r,3)$，…，$C(r,n/2)$，并用"+""－"分别表示每一组运算的复数加法、复数减法，由于 DSP 芯片的特殊硬件结构，使其可在一个指令周期内同时完成一个复数加法及一个复数乘法，因此，上述的"+""－"运算中包括的了复数乘运算，则我们可以画出对于基于四级流水线技术的 FFT 并行算法如图 3-12 所示。

流水线层次	指令周期 T4	T3	T2	T1
N1	$C(r+1,3)-$	$C(r+1,3)+$	$C(r,n/2-1)-$	$C(r,n/2-1)+$
N2	$C(r+1,4)-$	$C(r+1,4)+$	$C(r,n/2)-$	$C(r,n/2)+$
N3	$C(r+1,5)-$	$C(r+1,5)+$	$C(r+1,1)-$	$C(r+1,1)+$
N4	$C(r+1,6)-$	$C(r+1,6)+$	$C(r+1,2)-$	$C(r+1\text{-}2)+$

图 3-12 FFT 流水线计算过程

通过该图我们可以看到，在完成 r 层的运算后，由于 DSP 芯片采用了硬件循环控制技术，可不用占用一个指令周期而直接进行 $r+1$ 层的计算。由图 3-10 可以看到，每层运算的数据都与前一层运算的结果相关，我们在设计时要保证 $r+1$ 的运算不受上一层尚未计算完成的结果的影响。通过对图 3-10 的分析我们可以得到：当流水线级数为 N，FFT 点数为 n 时，每组运算所需的数据来自上一层的某组运算结果，而这两组运算之间的最少相差 $(3/8)n$ 组运算，因此，只要 $N<(3/8)n$ 即可保证任一组运算不会因上一层运算未完成而缺少运算数据。

我们对以上两种算法在其时间复杂度上分别进行比较。在普通的 FFT 串行蝶形算法下，由图 3-10 可以看出，其时间复杂度为：$O(n\log_2 n)$。从而可以得出对于在 N 级流水线技术下该算法的时间复杂度为 $O(n/N\log_2 n)$，由此可见，在流水线技术下，该算法的运算效率可以得到极大地提高，其进行一次快速傅里叶变换所需的时间约为原串行算法时间的 $1/N$（N 为流水线技术的级数）。

5. ZPW-2000 型无绝缘轨道电路频谱分析

ZPW-2000 型无绝缘轨道电路采用相位连续的频移键控（FSK）信号。ZPW-2000 型无绝缘移频轨道电路，上行线载频的中心频率 f_0 是 2 000 Hz、2 600 Hz，下行线载频的中心频率 f_0 是 1 700 Hz、2 300 Hz，频偏 Δf 为 11 Hz，低频调制频率 f_1 从 10.3 Hz 起，按 1.1 Hz 等差级数递增至 29 Hz，共 18 个低频信息。

（1）ZPW-2000 移频信号的频谱特性

由于抗干扰性能与频率参数有密切关系，而频率参数有载频、频偏和调制频率三种。FSK 移频信号在相位特征上存在两种波形。一种是两频率在过渡区的相位是连续的，另一种在过渡区相位是不连续的。为了充分发挥系统的抗干扰能力，ZPW-2000系统采用相位连续式移频信号。这种移频信号可用下式表示：

$$S(t)=A_0\sum_{n=-\infty}^{\infty}a_n\cos(\omega_0+n\,\omega_c)t \tag{3-26}$$

式中，m 为移频系数，其值为：$m=\frac{\Delta f}{f_c}$。将公式展开可以看出，已调波 $S(t)$ 包含着无穷多与中心频率对称分布的边频分量，两相邻边频的间隔是 ω_c，ω_c 是调制角频率。各次边频分量的幅值与载频幅值 A_0 的比值称为相对幅值，可用通式表示如下：

移频中心频率的相对幅值：

$$\frac{2m}{\pi}\frac{\sin\left(\frac{m\pi}{2}\right)}{m^2}=\frac{2}{m\pi}\sin\left(\frac{m\pi}{2}\right)=\frac{\sin\left(\frac{m\pi}{2}\right)}{\frac{m\pi}{2}} \tag{3-27}$$

奇次边频分量的相对幅值：

$$\frac{2m}{\pi(m^2-n^2)}\cos\left(\frac{m\pi}{2}\right) \tag{3-28}$$

偶次边频分量的相对幅值：

$$\frac{2m}{\pi(m^2-n^2)}\sin\left(\frac{m\pi}{2}\right) \tag{3-29}$$

在低频调制频率 f_c 已知的情况下，可以求出移频信号在频域中各次谱线相对能量的分布，见表 3-1。

表 3-1　ZPW-2000 移频信号在频域中各次谱线相对能量的分布

低频调制频率(Hz)	各边频能量值							
	0	1	2	3	4	5	6	7
10.3	0.5927	0.5154	0.2364	0.0092	0.0455	0.0030	0.0194	0.0015
11.4	0.6587	0.4908	0.1998	0.0042	0.0407	0.0014	0.0174	0.0007
12.5	0.7106	0.4653	0.1706	0.0128	0.0361	0.0043	0.0156	0.0022
13.6	0.7519	0.4405	0.1470	0.0183	0.0321	0.0063	0.0139	0.0032
14.7	0.7851	0.4170	0.1278	0.0217	0.0285	0.0075	0.0124	0.0038
15.8	0.8123	0.3950	0.1120	0.0239	0.0254	0.0083	0.0111	0.0042
16.9	0.8347	0.3748	0.0989	0.0252	0.0227	0.0088	0.0099	0.0044
18.0	0.8533	0.3561	0.0878	0.0259	0.0204	0.0091	0.0089	0.0046
19.1	0.8691	0.3390	0.0786	0.0261	0.0184	0.0092	0.0081	0.0047
20.2	0.8824	0.3232	0.0707	0.0261	0.0167	0.0092	0.0073	0.0047
21.3	0.8939	0.3087	0.0639	0.0259	0.0152	0.0092	0.0067	0.0046

续上表

低频调制频率(Hz)	各边频能量值							
	0	1	2	3	4	5	6	7
22.4	0.9037	0.2954	0.0580	0.0256	0.0138	0.0091	0.0061	0.0046
23.5	0.9123	0.2830	0.0529	0.0252	0.0127	0.0089	0.0056	0.0045
24.6	0.9197	0.2716	0.0484	0.0247	0.0116	0.0088	0.0051	0.0045
25.7	0.9263	0.2610	0.0445	0.0242	0.0107	0.0086	0.0047	0.0044
26.8	0.9321	0.2511	0.0410	0.0236	0.0099	0.0084	0.0044	0.0043
27.9	0.9373	0.2420	0.0379	0.0231	0.0092	0.0082	0.0041	0.0042
29.0	0.9419	0.2335	0.0351	0.0226	0.0085	0.0080	0.0038	0.0041

FSK信号的抗干扰能力与载频、频偏、调制频率有关。当调制系数 m 增大时，FSK的频谱中不带信息的载频分量下降，边频分量上升，信号能量向边带扩散，当调制系数 m 减小时，FSK频谱中不带信息的载频分量增大，边频分量减小，信号能量向中心载频靠近。

对于ZPW-2000无绝缘轨道闭塞电路，信号的频偏为±11 Hz，低频调制信息为10.3～29 Hz，其频谱图如图3-13。

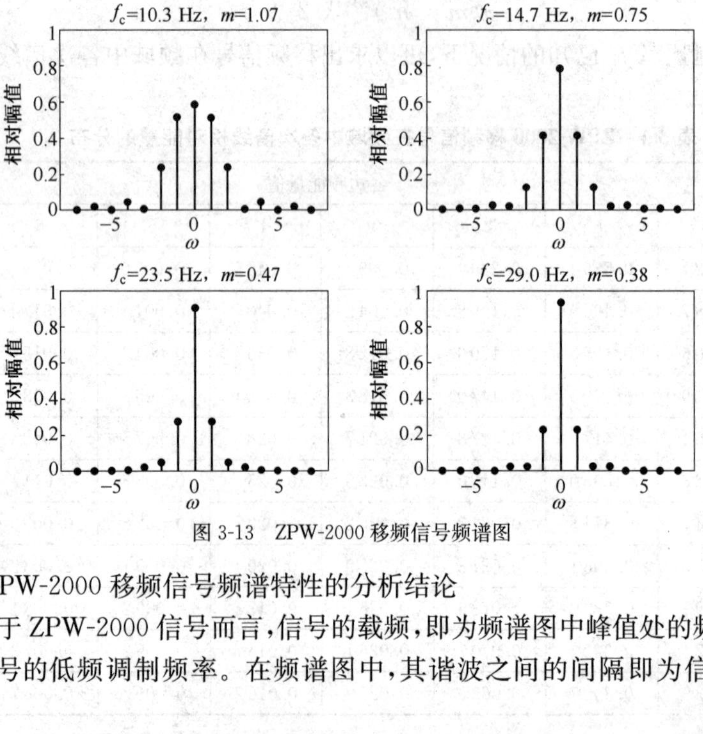

图3-13　ZPW-2000移频信号频谱图

(2)ZPW-2000移频信号频谱特性的分析结论

1)对于ZPW-2000信号而言，信号的载频，即为频谱图中峰值处的频率。

2)信号的低频调制频率。在频谱图中，其谐波之间的间隔即为信号的低频调制频率。

3)各种低频在载频中心频率上都有很高的相对能量幅值,并随着低频信号频率的增高而增高。从10.3～29 Hz,其中心频率相对能量幅值占总能量幅值由0.5927增高至0.9419。该现象表明,中心频率频点特征可用作各低频判断的共同特征。

4)根据原UM71轨道电路低频信号最大频率(29 Hz)频偏值(11 Hz)以及通频带的选取(±40 Hz),表明在±40 Hz范围内,各低频信号均有甚高的总相对能量幅值。从10.3～29 Hz,±40 Hz范围内的低频信号总相对能量幅值为0.9972～0.9981。该现象表明,该频率范围内各低频信号特征可作为各低频判断的有效特征。

5)移频信号能量主要集中在中心频率及两边一次边频分量上,从10.3～29 Hz,三根谱线相对信号幅值占总能量幅值0.9395～0.9981。

在±40 Hz范围内谱线有较高的相对能量幅值,从10.3～29 Hz占总能量幅值的0.9972～0.9981。对于不同的低频除中心频率可作为最强且一致可利用特征外,其余特征均为以中心频率f_0为中心,以低频频率f_c整数倍,左右对称排列。

3.2.3　基于小波变换的移频信号检测简介

1. 小波变换简介

傅里叶变换一直是信号处理领域中应用最广泛的一种手段。傅里叶变换的基本思想是将信号分解成一系列不同频率的连续正弦波的叠加,或者从另一个角度来说是将信号从时间域转换到频率域。对于许多情况,傅里叶变换能够很好地满足分析要求。但是傅里叶变换有一个严重不足,那就是在变换时丢掉了时间信息,无法根据傅里叶变换的结果判断一个特定信号是在什么时候发生的。也就是说傅里叶变换只是一种纯频域的分析方法,它在频域里的定位是完全正确的(即频域分辨率最高),而在时域却无任何定位性(或任何分辨率)。如果要分析的是一种平稳信号,这一点也许不是很重要。然而实际上,大多数信号均含有大量的非稳态成分,例如偏移、趋变、突变、事件的起始与终止等情况,而这些情况往往是相当重要的,反映了信号的重要特征。因此,需要寻求一种具有一定时间和频率分辨率的基函数来分析时变信号。

为了研究信号在局部时间范围内的频域特性,研究的短时傅里叶变换(Short Time Fourier Transform,STFT,又称为加窗傅里叶变换),其基本思路是给信号加一个窗,信号的傅里叶变换主要对小窗内的信号进行傅里叶变换,因此可以反映出信号的局部特性。但由于STFT的定义决定了其窗函数的大小和形状均与时间和频率无关而且保持固定不变,这对于分析时变信号是不利的。高频信号一般持续时间很短,而低频信号持续时间较长。因此,我们期望于高频信号采用小时间窗,对于低频信号采用大时间窗进行分析。在进行信号分析时,这种变时间窗的要求同STFT的固定时窗(窗不随频率而变化)的特性是相矛盾的。这表示STFT在处理这一类问题已无能为力了。此外,在进行数值计算时,人们希望将基函数离散化,以节约时间和存储量,但Gabor基无论怎样离散，都不能构成一组正交基，因而给数值计算带来不便。

以上 Gabor 变换的不足之处，恰恰是小波变换的特长所在。小波变换不但继承和发展了 STFT 的局部化思想，而且克服了窗口大小不随频率变化、缺乏离散正交基的缺点，是一种比较理想的信号处理方法。

(1)小波变换的定义和特点

小波(Wavelet)这一术语，“小波”就是小的波形。它有两个特点：一是“小”，即在时域都具有紧支集或近似紧支集；二是正负交替的“波动性”，也即直流分量为 0。与傅里叶变换相比，小波变换是时间(空间)频率的局部化分析，它通过伸缩平移运算对信号(函数)逐步进行多尺度细化，最终达到高频处时间细分，低频处频率细分，能自动适应时频信号分析的要求，从而可聚焦到信号的任意细节，解决了 Fourier 变换的困难问题，成为继 Fourier 变换以来在科学方法上的重大突破。

利用傅里叶变换，我们可以通过频域信息进行信号分析和处理，但信号的时域与频域信息被傅里叶变换分离，使得我们无法在时域中应用频域信息，也无法在频域中直接利用信号的时域信息。小波变换以傅里叶变换为基础，克服了傅里叶变换在时频域联系上的缺陷，它在高频处窗口高而窄，可以精确定位突变信号的位置；在低频处其窗口矮而宽，适合分析渐变信号。

1)连续小波变换

连续小波变换的基本思想就是用一族同一空间的简单函数去表示或逼近某信号函数，这一族简单函数称之为“小波函数系”，它是通过某个称之为“基本小波函数”的不同尺度平移和伸缩构成的。CWT 的定义为：设 $\psi(t)$ 是给定的一个基本小波函数，对于存在于 $L^2(R)$[平方可积函数空间，$L^2(R)$ 满足定义：$L^2(R)=\{\psi(t)\,|\,S_R\,|\psi(t)^2\mathrm{d}t<\infty\}$]中的任意函数 $f(t)$，它的 CWT 定义为：

$$W_f(a,b)=\langle f,\psi_{a,b}\rangle=|\,a\,|^{\frac{1}{2}}\int_R f(t)\psi^*\left(\frac{t-b}{a}\right)\mathrm{d}t \tag{3-30}$$

式(3-30)的频域形式为：

$$W_f(a,b)=\langle F(f),F(\psi_{a,b})\rangle=|\,a\,|^{\frac{1}{2}}\int_R f(\omega)\psi^*(\alpha\omega)\mathrm{e}^{\mathrm{j}b\omega}\mathrm{d}\omega \tag{3-31}$$

式(3-30)和式(3-31)中，$f(\omega)$ 和 $\psi(\omega)$ 分别为 $f(t)$、$\Psi(t)$ 的傅里叶变换；a 称为伸缩尺度，b 为平移参数；$\{\psi[(t-b)/a]\}$ 称为小波函数。

2)离散小波变换

在实际应用中，小波变换是由数字计算机来实现的，这就需要将 CWT 离散化处理，得到信号的离散小波变换(DWT)。CWT 可以通过伸缩尺度 a 和平移参数 b 的采样而离散化，即在时尺平面上以适当方式采样，只要保证这些采样点仍可以完全表达信号的全部信息即可。一般情况下按如下规律进行离散化处理：

取 $a=a_0^m(a_0>1)$，$b=nb_0a_0^m(b_0>0)$，$(m,n\in\mathbf{Z})$，则由定义式可得 DWT 的表达式为

$$W_f(a,b)=\langle f,\psi_{m,n}\rangle=a_0^{\frac{m}{2}}\int_R f(t)\psi^*(a_0^{-m}t-nb_0)\mathrm{d}t \tag{3-32}$$

式中，$\psi_{m,n}(t)=a_0^{\frac{m}{2}}\psi(a_0^{-m}t-nb_0)$。为了便于比较分析，我们对窗口傅里叶 WFT 也做如下的离散化处理：

取 $P=M\omega_0$，$q=nt_0$，$(\omega_0,t_0\in\mathbf{R};m,m\in\mathbf{Z})$，则可得 WFT 的离散化表达式为：

$$F_g(m,n)=\langle f,g_{m,n}\rangle=\frac{1}{\sqrt{2\pi}}\int_R f(t)g^*(t-nt_0)\mathrm{e}^{-\mathrm{j}m\omega_0 t}\mathrm{d}t \tag{3-33}$$

式中，$g_{m,n}(t)=g(t-nt_0)\mathrm{e}^{\mathrm{i}m\omega_0 t}$。

CWT 离散采样点的分布是非均匀的，在时间方向上，着尺度的增加采样点减少，时域分辨率降低；而在频率方向上，随着尺度的增加采样点增多，频率分辨率增加，因此 DWT 保持了 CWT 所具有的优良时频特性。

3）小波变换的特点

①有多分辨率，也叫多尺度的特点，可以由粗及细的逐步观察信号。

②可以看成用基本频率特性为 $\varphi(w)$ 的带通滤波器在不同尺度下对信号作滤波。由于傅里叶变换的尺度特性可知这组滤波器具有品质因数恒定，即相对带宽（带宽与中心频率之比）恒定的特点。注意，a 越大相当于频率越低。

③适当选择基小波，使在时域上为有限支撑，频域上比较集中就可以使小波在时/频域都具有表征信号局部特征的能力，因此有利于检测信号的瞬态和奇异点。

④小波基函数具有非唯一性，即存在许多不同的小波基函数，而许多其他变换（如傅里叶变换等）的基函数都是唯一的。小波基函数的非唯一性为信号小波分析提供了更好的灵活性，这也是信号的小波分析得到广泛应用的重要因素。

（2）小波的多分辨率分解

1）小波的分解

对于原始信号 $f_0(t)$ 有

$$f_0(t)=f_1(t)+g_1(t) \tag{3-34}$$

式中，$g_1(t)$ 称为第一级小波成分。

$$f_1(t)=f_2(t)+g_2(t) \tag{3-35}$$

$$f_j(t)=\sum_k s_k^j\varphi_{j,k}(t) \tag{3-36}$$

$$g_j(t)=\sum_k w_k^j\psi_{j,k}(t) \tag{3-37}$$

$$f_{J-1}(t)=f_J(t)+g_J(t) \tag{3-38}$$

所以原始信号可以表示为：

$$f_0(t) = \sum_{j=1}^{J} g_j(t) + f_j(t) \tag{3-39}$$

由此可知，原始信号可以用从第 1 级到第 J 级的 J 个分辨率的小波来表示，就实现了小波的多分辨率分析。

利用双尺度关系，尺度系数和小波系数的离散形式可表示为：

$$s_k^j = \langle f(t), \varphi_{j,k}(t) \rangle \tag{3-40}$$

$$w_k^j = \langle f(t), \psi_{j,k}(t) \rangle \tag{3-41}$$

我们可以将尺度函数即近似原始信号分解成低分辨率的尺度系数和小波系数，从而实现信号的多分辨率分解，如图 3-14 所示。

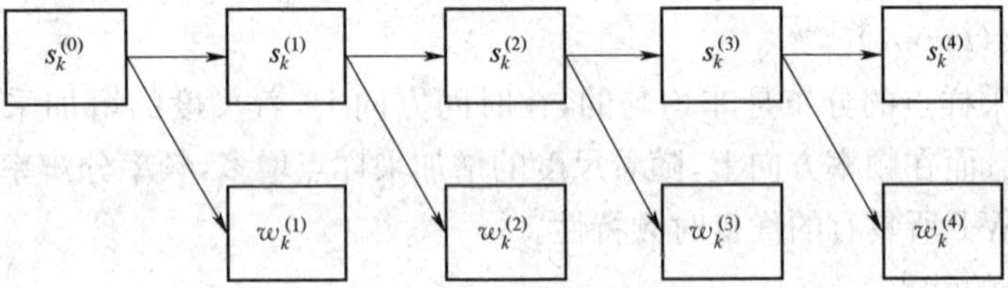

图 3-14　小波多分辨率分解过程

2）小波的重构

依据平移规范正交条件，可由第 j 级小波系数和尺度系数导出第 $j-1$ 级的尺度系数

$$s_n^{j-1} = \sum_k p(n-2k)s_k^j + \sum_k q(n-2k)w_k^j \tag{3-42}$$

式中，$p(k) = \langle \varphi_{1,0}(t), \varphi_{0,k}(t) \rangle$；$q(k) = \langle \psi_{1,0}(t), \psi_{0,k}(t) \rangle$。

由这个式子对信号进行重构，如图 3-15 所示。

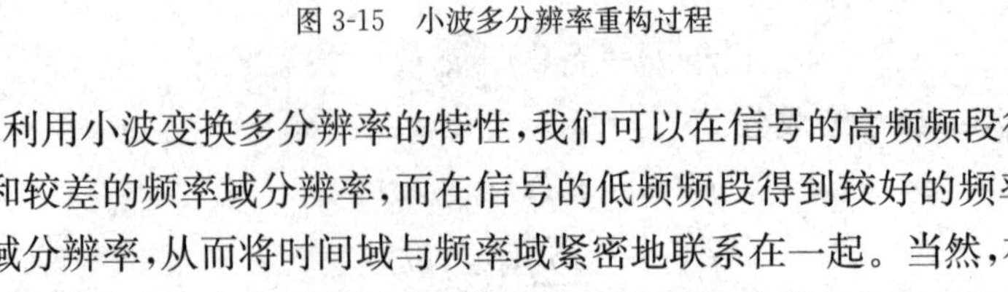

图 3-15　小波多分辨率重构过程

这样，利用小波变换多分辨率的特性，我们可以在信号的高频频段得到较好的时间域分辨率和较差的频率域分辨率，而在信号的低频频段得到较好的频率域分辨率和较差的时间域分辨率，从而将时间域与频率域紧密地联系在一起。当然，在实际应用小波变换时，小波基的选取十分重要，不同的小波基对原始信号的“表达”不同，只有恰当地选取小波基才能较好地进行多分辨率分解和重构。

2. 基于小波变换的铁路移频信号分析

我们运用数字信号处理技术的离散傅里叶变换对信号进行频谱分析，使信号的抗干扰能力有了很大的提高，但是由于傅里叶变换的局限性（傅里叶变换分离了信号的时域与频域信息，使得我们无法在时域中应用频域信息，也无法在频域中直接利用信号的时域信息），使采用这种监测方法的时间效果不明显，难以从直观波形中分析出现问题的原因。

小波变换是一种信号的时间-频率分析方法，它的主要特点是通过变换能够充分突出问题某些方面的特征，具有多分辨率分析的特点。在时域、频域都具有表征信号局部特征的能力。小波变换的基本思想是用一族基函数去表示或逼近所要研究的信号，它是通过一小波函数 $\psi(t)$ 平移 b 和伸缩 a 得到的。与傅里叶变换和短时傅里叶变换相比，小波变换是时间和频率的局域变换，可以更有效地从信号中提取信息，通过伸缩和平移等运算对信号进行多尺度细化分析，解决了许多傅里叶变换不能解决的问题。

基于小波变换的这些优点，我们采用小波变换和 FFT 相结合的方法对铁路信号的移频键控信号进行分析，可以克服运用单一的数字信号处理技术对其进行分析研究时出现的问题，以期取得良好的效果。

(1)铁路移频信号

铁路信号采用的移频键控信号，假设移频键控方波信号 $f(t)$，频率为 f_1，周期为 $T=1/f_1$。其时间表达式为

$$f(t)=\begin{cases}A, 0\leqslant t\leqslant \dfrac{T}{2}\\ -A, \dfrac{T}{2}\leqslant t\leqslant T\end{cases} \tag{3-43}$$

式中，A 为方波信号的振幅。若载频的中心频率为 f_0，频率偏移量为 Δf，经方波信号 $f(t)$调制后，载频频率为

$$f_c(t)=\begin{cases}f_0+\Delta f=f_h, 0\leqslant t\leqslant \dfrac{T}{2}\\ f_0-\Delta f=f_1, \dfrac{T}{2}\leqslant t\leqslant T\end{cases} \tag{3-44}$$

(2)小波变换分析移频信号

将上述移频信号进行小波变换，根据离散小波的定义，并取 $a_0=2, b_0=1$ 时，离散小波成为二进制离散小波变换。若 $\psi_{m,n}(t)$是正交小波，则将 $f(t)$用内积表示

$$f(t)=\sum_{-\infty}^{\infty}\sum_{-\infty}^{\infty}\langle f,\psi_{m,n}\rangle\psi_{m,n}(t)=\sum_{n=-\infty}^{\infty}\langle f,\varphi_{m_0,n}\rangle\varphi_{m_0,n}(t)+\sum_{m=-\infty}^{m_0}\sum_{n=-\infty}^{\infty}\langle f,\psi_{m,n}\rangle\psi_{m,n}(t) \tag{3-45}$$

基函数 $\varphi_{m,n}(t)$定义为

$$\varphi_{m,n}(t)=2^{-m/2}\varphi(2^{-m}t-n) \tag{3-46}$$

它满足

$$\sum_{m=m_0+1}^{\infty}\sum_{n=-\infty}^{\infty}\langle f,\psi_{m,n}\rangle\psi_{m,n}(t)\rightarrow\sum_{n=-\infty}^{\infty}\langle f,\varphi_{m_0,n}\rangle\varphi_{m_0,n}(t) \tag{3-47}$$

式(3-47)说明尺度大于 2^{m_0} 的分解过程，$f(t)$全部的特性可以通过尺度函数 $\varphi(t)$固定标尺 2^{m_0} 对整个 $f(t)$平移形成组合来近似表示。用 p^{m_0} 表示该近似式，即

$$P_{m_0}f(t)=\sum_{n=-\infty}^{\infty}\langle f(t),\varphi_{m_0,n}\rangle \tag{3-48}$$

现定义

$$Q_mf(t)=\sum_{n=-\infty}^{\infty}\langle f,\psi_{m,n}\rangle \tag{3-49}$$

所以

$$f(t)=P_mf(t)+\sum_{m=-\infty}^{m_0}Q_mf(t) \tag{3-50}$$

一般形式

$$P_{m-1}f(t)=P_mf(t)+Q_mf(t) \tag{3-51}$$

式中，$P_mf(t)$为 $f(t)$在分辨率 j 下的平滑逼近，$Q_mf(t)$反映了在 $P_mf(t)$和 $P_{m-1}f(t)$之间的差别。$\psi_{m,n}(t)$和 $\varphi(t)$之间可以互相推出。上面分析也就是将信号分解成在不同尺度上，对不同的小波基，信号在不同尺度上所得的结果也不同，分析时特别注意的是找到合适的小波基。

对于移频信号的分析，需要同时获得信号的时域与频域特性，采用小波分析的方法可以获得移频信号上、下边频的信息，即从频率变换点可以得到原低频信号的周期等信息。

用 DSP 实现频谱及小波分析，是针对 A/D 采样后的数字信号进行处理，所以应用离散小波变换理论。

根据前述离散二进小波变换基函数：

$$\varphi_{m,n}(t)=2^{-\frac{m}{2}}\varphi(2^{-m}t-n) \tag{3-52}$$

二进小波变换则为：

$$c_{m,n}=\int_{-\infty}^{\infty}s(t)\varphi_{m,n}^{*}(t)\mathrm{d}t \tag{3-53}$$

信号重构函数为：

$$s(t)=c\sum_{m}\sum_{n}c_{m,n}\varphi_{m,n}(t) \tag{3-54}$$

基于多分辨分析的理论，Mallat 提出了快速小波变换（FWT）的算法——Mallat 算法（塔形算法）。对于一个多分辨分析$\{V_j\}_j\in\mathbf{Z}$，φ 和 Ψ 分别为相应的尺度函数和小波函数，函数 f 属于由尺度函数 φ 生成的 MRA 的基本子空间 V_0。离散小波变换的分解算法由 $\varphi(t)$的 MRA 方程：

$$\varphi(t)=\sqrt{2}\sum_{k=0}^{N-1}h(k)\varphi(2t-k) \tag{3-55}$$

$\psi(t)$的 MRA 方程：

$$\psi(t)=\sqrt{2}\sum_{k=0}^{N-1}g(k)\psi(2t-k) \tag{3-56}$$

可得，快速正交小波变化及反变换算法：

$$c_{j-1,k}=\sum_{m}h^{*}(m-2k)c_{j,m} \tag{3-57}$$

$$d_{j-1,k}=\sum_{m}g^{*}(m-2k)d_{j,m} \tag{3-58}$$

$$c_{j,k}=\sum_{m}h(m-2k)c_{j-1,m}+\sum_{m}g(m-2k)d_{j-1,m} \tag{3-59}$$

利用上述方法，容易对移频信号进行扩展，实现快速小波变换（FWT）。当移频信号载频频率为 100 Hz，频偏为 11 Hz，低频频率为 10.3 Hz 时，其五层小波变换见下图 3-16 所示，A5 表示第五层近似信号（低频部分），D1、D2 分别表示第一、二层细节信号（高频部分）。

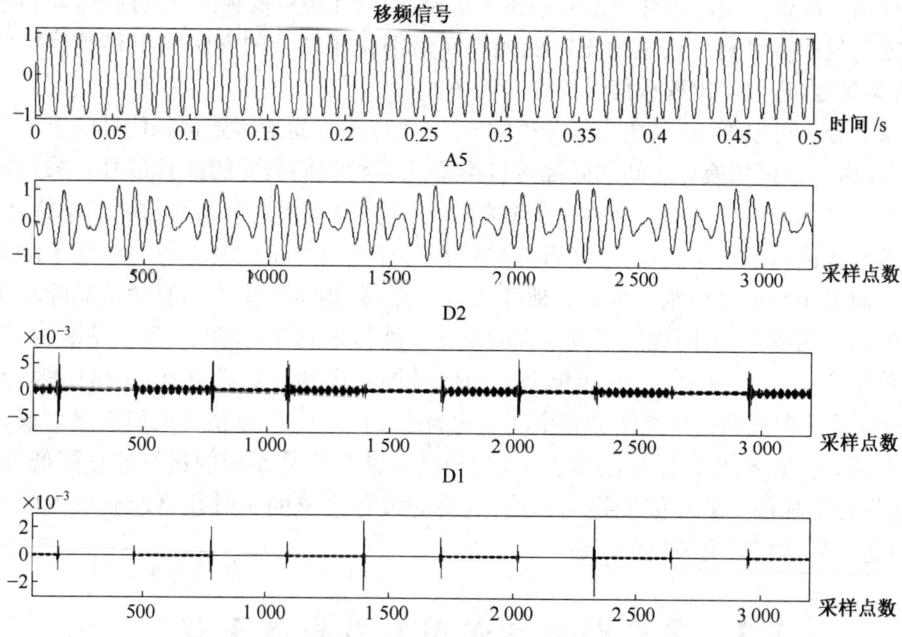

图 3-16　五层小波变换示意图

信号中的奇异点及不规则的突变部分经常带有比较重要的信息，它是信号重要的特征之一。在该信号的小波分解中，第二层（D2）及第一层（D1）高频部分将信号的不连续点显示得相当明显，因为信号的断裂部分包含的是高频部分。而且信号不连续点的时域定位非常准确,即该点的时域中一个非常小的范围之内。

通过以上分析可以知道,由于铁路移频信号是上下边频有规律变化的,在其频率变化点处,其高频分量占很大成分。那么对移频信号的检测思路是:先对移频信号进行二进小波变换,从分解得到的细节信号确定频率变化点。再对 2 个频率变换点之间的信息,作相应的频谱分析,得到信号的上下边频信息,并能对该段信号进行相应的干扰分析。

在对信号进行识别时,以 FFT 频域分析的结果为主要依据,当小波分析与频域分析结果符合时,即能确认信号。当频域分析结果与小波分析结果都不符合时,不能简单认为无码,要降低信号等级,等待下一次的解调结果。

3. 小波变换理论的展望

小波变换理论的研究意义不仅在于为我们提供了一种更加有效的时频分析方法,更重要的是为我们提供了一种高层次的信号处理的思想方法。小波变换作为一种新的优良的时频分析方法,必将不断发展与完善,为数字信号处理等众多学科另辟新径。

基于小波变换的移频信号参数检测法是时域检测法和频域检测法的完美结合。本文首先利用小波变换检测出移频信号的频率切换点,以此确定低频信号的周期,在频率切换点之间我们可以利用快速傅里叶变换和频谱细化相结合的方法测出移频信号的上、下边频参数,进而求出移频信号的中心频率。

由以上分析可以看出,采用小波分析的方法,可以较容易地得到移频信号的上下边频切换点,通过分析切换点之间的间隔可以准确地得到我们需要的低频信号。采用基于傅里叶变换的频谱分析的方法容易受到频率与载波频率相近的高斯白噪声干扰,此时将导致其频谱特征发生变化,从而可能导致在对移频信号做频谱分析时出现不准确的结果。而采用小波分析则可以较好地弥补这一点,采用该方法可以有效地滤除移频信号中的高斯白噪声,同时也能很好地在时域上反映信号的变化情况。通过仿真分析,如采样信号为 6 400 Hz 时,一般在单个低频信号周期内的计算精度在 0.2 Hz 内,而 ZPW-2000 系统中低频信号之间的频率间隔均为 1.1 Hz,因此,该精度已能满足对低频信号的分析。但在系统中加入上述的小波分析的方法后将使系统的运算速度降低,因此,如何设计更加快速的小波变换的算法,这将对改善系统的实时性将起到极大的影响,这也是今后需要研究解决的问题。

3.3 国产移频自动闭塞及电路原理

国产移频自动闭塞主要指国产八信息和十八信息移频自动闭塞,移频自动闭塞是一种选用频率参数作为信息的闭塞制式。它利用调制方法,将低频信息搬移到高频段,形成振幅不变,频率则由高频的上下边频交替变化的信号波形,并利用两条钢轨作为传输通道,达到控制地面信号显示、向车载列控设备提供速度信息进而指挥列车运行的目的。

轨道电路分为有绝缘和无绝缘两种。无绝缘轨道电路，就是在轨道电路间采用电气绝缘构成绝缘节。ZPW-2000A、UM71 和 WG-21A 均采用无绝缘轨道电路。有绝缘轨道电路，就是在轨道电路间采用机械绝缘构成绝缘节，如国产 8 信息移频自动闭塞。下面分别叙述。

3.3.1 频率参数的选择

1. 牵引电流对信号系统的影响

在非电气化区段，当信号电流在钢轨中传输时，会受来自钢轨阻抗和道砟电阻所产生的衰耗和相移的影响；在电力牵引区段，由于牵引电流在钢轨上回流，两种不同性质的电流在同一钢轨线路上传输，牵引电流的干扰将严重影响移频自动闭塞的正常工作。为了使移频信号设备稳定可靠地工作，必须采取一定的防护措施，以消除或减少电气化干扰，对信号设备的影响。

在电力牵引区段，电力机车是电力系统的负载。如图 3-17 所示，从牵引变电所通过接触网供给的牵引电流 I_0，由电力机车的受电弓引入机车的主变压器，经过变压和整流后，供牵引电动机运转。在一般情况下，大约有一半的牵引电流由钢轨返回牵引变电所，其余的由大地漏泄返回。

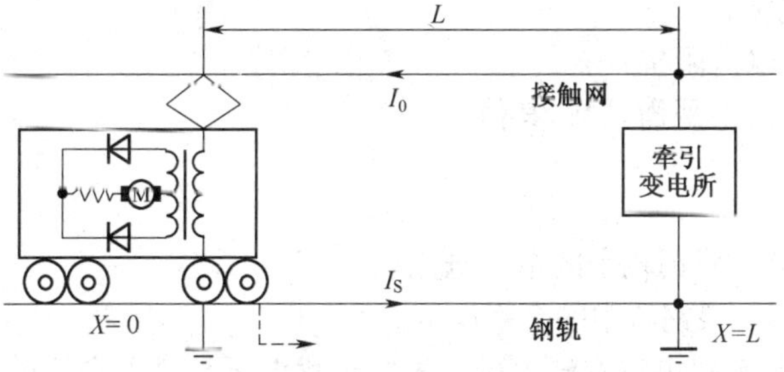

图 3-17　电力牵引区段供电示意图

为了便于返回的牵引电流 I_0 在闭塞分区的钢轨绝缘处流通，采用了双轨条轨道电路。双轨条电路是在钢轨绝缘处装设扼流变压器，移频信号设备通过扼流变压器接向钢轨，如图 3-18 所示。两条钢轨中的牵引电流 $I_{S1}=I_{S2}=1/2I_S$，分别通过扼流变压器的上、下部线圈，再经变压器的中心抽头流向第二个扼流变压器的上、下部线圈，流入相邻区段的两轨条中去。当上部和下部两线圈的匝数相等时，牵引电流在扼流变压器的两个线圈中产生的磁通量相等并且方向相反，所以牵引电流在扼流变压器的总磁通为零，牵引电流对信号设备就没有影响。但是实际上由于两根钢轨对地的漏泄电阻不完全相等，且两根钢轨的阻抗也不相同，因此在两根钢轨中的牵引电流值也不相等，这样

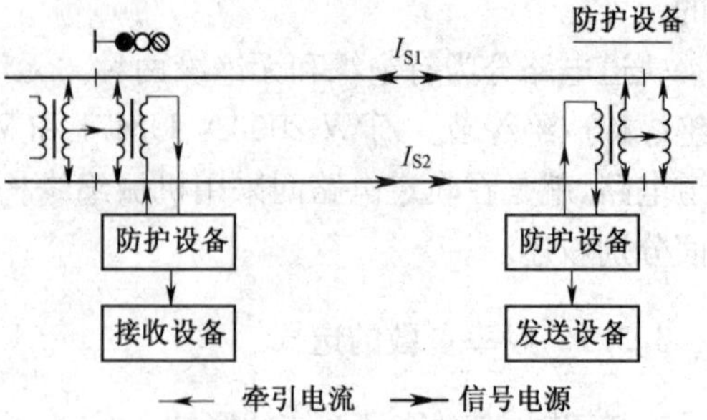

图 3-18 电气化区段移频自动闭塞原理框图

在扼流变压器的两线圈中所产生的磁通就不能抵消，即牵引电流的不平衡而产生了干扰电压。

电力牵引电流在机车中经过晶闸管或引燃管整流后，使牵引电动机转动，经非线性负载由钢轨回归的牵引电流是非正弦波。它的谐波成分除基波50 Hz外，还含有各次谐波分量，而且其能量主要集中在牵引电流的奇次谐波上，所以干扰就大，偶次谐波的能量小，故干扰较小。为使自动闭塞系统稳定可靠地工作，必须采取减小或抑制干扰的措施。为了防止牵引电流谐波干扰，移频自动闭塞除了合理选择载频外，还采取了三条措施：

(1)提高发送设备的功率；

(2)在接收设备的前级增加了带通滤波器，把载频中心频率相邻的奇次谐波滤掉；

(3)在接收设备中还增加一级带阻滤波器，把通带内的载频中心频率及牵引电流的奇次谐波滤掉，以提高信干比。

由牵引电流不平衡所产生的干扰电压为：

$$U_N = 0.5 \cdot K_i \cdot I_S \cdot Z_e \tag{3-60}$$

式中 I_S——牵引电流；

Z_e——接收端输入阻抗；

K_i——牵引电流不平衡系数，其值为：

$$K_i = \frac{|I_{S1} - I_{S2}|}{I_S} \tag{3-61}$$

其中 I_{S1}——第一根钢轨中的牵引电流，

I_{S2}——第二根钢轨中的牵引电流。

由式(3-60)分析，牵引电流在轨道中产生的干扰电压与牵引电流的大小、不平衡系数以及轨道电路设备对牵引电流的输入阻抗成正比。不平衡系数较大时，列车牵引吨数愈大，牵引电流也愈大，对自动闭塞设备的干扰也大。在自动闭塞区段中，追踪列车数愈多，牵引电流也愈大，则干扰也愈大。随着运量不断增长，列车牵引重量也会不断提高，因此牵引电流还会不断地增加。

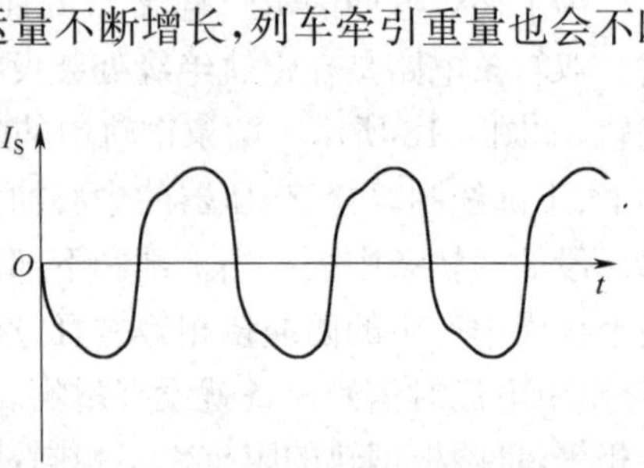

图 3-19 牵引电流波型

交流电力牵引电流在机车中经过晶闸管和引燃管整流后，使牵引电动机转动，牵引电流经非线性负载由钢轨回流的牵引电流是非正弦波，根据实测其波形如图 3-19 所示。把这种非正弦波形按快速傅里叶(FFT)分析后，它的频谱成分除基波 50 Hz 外，还含有各次谐分量。基波及各次谐波百分值的数据见表 3-2 中。由表可见，奇次谐波比偶次谐波的百分比要大得多；谐波的百分比随谐波次数的增大而逐渐下降。

表 3-2 电力牵引区段频谱分析

电流频率(Hz)	奇次谐波分量(%)	电流频率(Hz)	偶次谐波分量(%)
50	97.30	100	0.4479
150	9.8782	200	0.5346
250	9.7433	300	0.4124
350	5.113	400	0.3553
450	2.7618	500	0.3443
550	1.6021	600	0.3426
650	0.9930	700	0.3202
750	0.7419	800	0.3208
850	0.7018	900	0.2742
950	0.7153	1000	0.2441
1050	0.6279	1100	0.1321
1150	0.5606	1200	0.1017
1250	0.4634	1300	0.086
1350	0.3849	1400	0.08
1450	0.5348	1500	0.0985
1550	0.5239	1600	0.0944
1650	0.4758	1700	0.0899
1750	0.3847	1800	0.0753
1850	0.2706	1900	0.0504
1950	0.2009	2000	0.0407
2050	0.1480	2100	0.0427
2150	0.1178	2200	0.0465
2250	0.1054	2300	0.0503
2350	0.1202	2400	0.0537

2. 国产移频自动闭塞频率参数的选择

(1)载频的选择

我们已经知道，移频自动闭塞的载频选在 550 Hz、650 Hz、750 Hz 和 850 Hz。从抗牵引电流干扰的角度看，把载频选得高好，但从轨道电路的极限长度考虑，载频选得低好。综合考虑，在满足轨道电路极限长度 2 km 时，根据计算，应选择在 1000 Hz 以下。

从躲开大的干扰出发，载频必须选在偶次谐波，而实际上移频波的载频却选在干扰大的奇次谐波上。为了说明此问题，首先必须弄清移频波的频谱。移频波的频谱是离散频谱，由许多不同能量的频率组成，参见图 3-20。

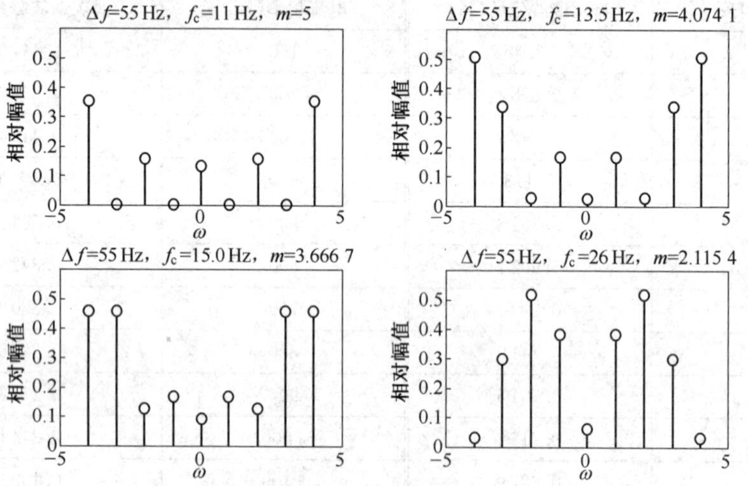

图 3-20　国产移频波的频谱图

从频谱图中可以看出，移频波具有下述三个特点：

· 调频系数增加时，信号频谱中载频的幅度下降，边频幅度则上升。m 越高，信号的能量越往边频上扩散，中心频率的能量减小。

· 边频的相对幅度随其次数不同而不同，一般在相对幅度衰减为 0.1 以下的边频可以忽略，不会引起移频波的失真。对 0.1 以上的边频称为有效边频。

· 当 m 为 2、4、6、8 时，由于 $\sin(m\cdot\pi/2)=0$，载频的相对幅度为零。换句话说，当 m 接近 2、4、6、8 时，移频的载频分量很小，可以忽略。

根据以上三个特点就可以衡量移频波能否不失真地通过滤波设备，为移频自动闭塞的频率选择提供了理论基础。

为了防止电气化区段工频电流奇次谐波的干扰，可以把载频选在干扰量比较小的偶次谐波上，如 500 Hz、600 Hz、700 Hz、800 Hz。为了防止奇次谐波的干扰，在接收设备上设置了带通滤波器，它的衰耗特性如图 3-21 所示。

由图可见，为了不让牵引电流的奇次谐波通过滤波器。滤波器的通带宽度最大不得大于 100 Hz，但实际滤波器的制造工艺只能使通带达到 50 Hz 左右，亦即中心频率的两侧各具有 25 Hz 的通带。因此频偏 Δf 及调制频率 f_c 都不能选得太高，f_c 太高有效边频就不能通过，造成移频波严重失真。例如低频 f_c 选为 26 Hz，$\Delta f=25$ Hz，则 $m=\Delta f/f_c=0.96\approx1$。由图 3-22 可知，它的有效边频为两个，而由于通带的限制只能通过一次边频，移频波失真较严重。实验证实，这样做的结果不但接收设备制作困难，而且抗干扰能力也差，所以载频的中心频率不能选在工频的偶次谐波上。

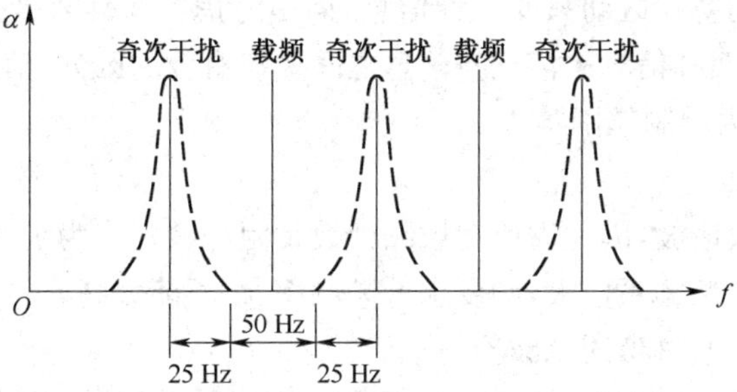

图 3-21 带通滤波器的衰耗特性

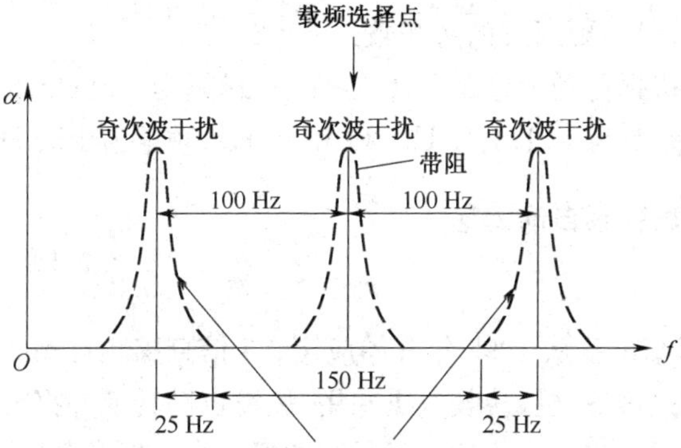

图 3-22 带阻、带通滤波器的衰耗特性

载频的中心频率选在奇次谐波上会造成什么影响呢？例如选在 650 Hz。把相邻的奇次谱波 550 Hz 和 750 Hz 用带通滤波器抑制，这样可以得到 150 Hz 的通带，如图 3-22 所示。在通过移频波各边频的同时，550 Hz 的电气化牵引电流的干扰也通过带通滤波器。如果在 550 Hz 处设置一个带阻滤波器，把移频信号中的载频分量也同时滤掉，也会使移频波失真。

要解决这个问题，只要选用适当的调频系数 m，使调制后的移频波中的中心频率的能量等于零，或很小可以忽略。这样设置带阻滤波器后，既排除了牵引电流奇次谐波干扰，又不会造成移频波的失真。

由移频波的特性可知，当 $m=2$、4、6、8 时，移频波的载频分量为零，能量分散在各次边频上。

综合上述情况，移频自动闭塞的载频只要合理的选择调频系数 $m=\Delta f/f_c$，选在工频牵引电流的奇次谐波上要比偶次谐波好，移频自动闭塞的载频选用了 550 Hz、650 Hz、750 Hz、850 Hz 四种频率。

(2)调制低频的频率选择原则

1)足够的信息量

三显示移频自动闭塞在区间只要二种信息，但是考虑机车信号及站内侧线接车时机车信号显示，则需要四种信息。信息与信息之间要有有效的区分，信息的频率不能太低，太低了 LC 选频放大器制作困难。

2)较大的调频系数

由于载频选在奇次谐波，因此需要在载频处设带阻滤波器。为了使移频波不失真，必须使调频系数增大。调频系数大，则要求低频频率 f_c 不能太高。

3)移频波能顺利地通过带通滤波器

带通滤波器的通带宽度为 2×75 Hz。由图 3-22 可知，当调频系数为 2 时，通过三次边频就能使移频波不失真。这样就可以按下式确定调制低频的最高频率：

$$f_c=\frac{\text{通带}}{\text{要通过的边频数}}=\frac{75\times2}{3\times2}=25(\text{Hz})$$

综上所述，三显示移频自动闭塞的频率参数是：载频为 550 Hz、650 Hz、750 Hz 和 850 Hz，低频调制信号频率为 11 Hz、15 Hz、20 和 26 Hz，频偏为±55 Hz。

3.3.2 国产 8 信息移频自动闭塞

1. 概述

8 信息移频自动闭塞设备从 1995 年开始应用。8 信息移频自动闭塞系统采用双机冗余方式：电源、发送为“热备”机，接收双机并用，故障自动转换并报警。系统具有较高的可靠性。适用于电气化、非电气化的三显示和四显示自动闭塞区段，能满足速差式自动闭塞和机车信号的要求。移频信息特征见表 3-3。

表 3-3 移频信息频率特征

载频频率 f_0(Hz)	550、650、750、850
低频频率 f_c(Hz)	8.0(30.0)、11.0、13.5、15.0、16.5、20.0、26.0(预留 9.5)
载频频偏 Δf(Hz)	±55

移频自动闭塞的移频信号，是利用七种低频调制信号 f_c 分别对四种载频频率 f_0 进行调制后的信号，即 $f_0\pm\Delta f$。每个闭塞分区的轨道中传输的移频信号，是一个下边频 f_l 为(f_0-55) Hz 和上边频 f_h 为(f_0+55) Hz 交替变换的交流信号，即 f_l 和 f_h 每秒内变换 f_c 次。8 信息移频低频频率为七种，可根据需要进行扩展(预留 9.5 Hz)。

2. 8 信息移频自动闭塞区间轨道电路频率配置

(1)移频自动闭塞制式，是将两个站间的大区间划分为若干个小区间。每一个小区间为一个闭塞分区，每个闭塞分区的入口处均设置通过信号机，闭塞分区的轨道上设有移频轨道电路。通过列车运行，可以自动地检查闭塞分区的占用情况。根据轨道电路的占用和空闲，通过信号机可以自动地变换显示，以指示列车运行，参见图 3-23。

(2)在复线区段，为了避免钢轨绝缘破损和邻线干扰造成接收设备错误动作，上行线规定采用 650 Hz 和 850 Hz 两种频率交替配置，下行线规定采用 550 Hz 和 750 Hz 两种频率交替配置。图 3-23 以四显示为例，简要说明移频自动闭塞的工作原理。假设下行线进站信号机显示红灯，使进站信号机的发送设备自动向 1G 发送 26 Hz 的移频信号，a 点的接收设备接收到 26 Hz 的移频信息后，黄灯继电器吸起，a 点信号机显示黄灯。同时向 2G 发送 15 Hz 的移频信号。b 点接收到 15 Hz 的移频信息后，绿黄灯继电器吸起，b 点信号机显示绿黄灯，同时 3G 发送 13.5 Hz 的移频信号。c 点接收到 13.5 Hz 的移频信息后，绿灯继电器吸起，信号机显示绿灯，同时向 4G 发送 11 Hz 调制的移频信号。d 点接收到 11 Hz 的移频信息后，绿灯继电器吸起，信号机显示绿灯，同时向 5G 发送 11 Hz 的移频信号。列车根据信号机的显示，按规定速度行驶，实现了区间自动闭塞。

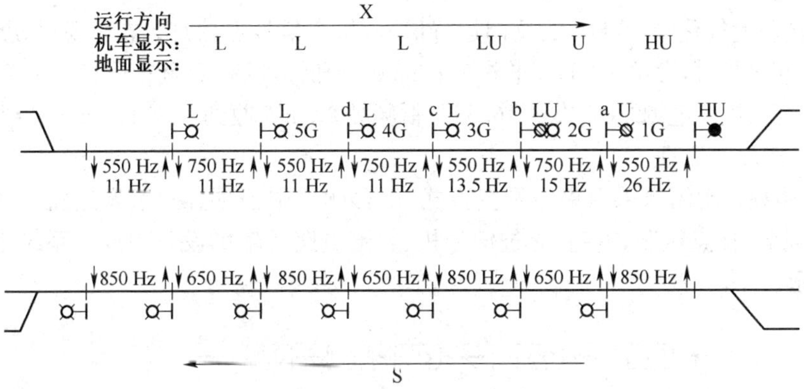

图 3-23 复线双向四显示移频自动闭塞

3. 信号显示制式

移频自动闭塞的信号显示制式，是根据区间通过能力、行车速度和安全的需要确定的。铁路采用的有三显示信号制式和四显示信号制式。当列车运行速度超过 120 km/h 时，应采用四显示自动闭塞。采用三显示信号制式时，区间地面通过信号机有三种显示，机车信号有六种显示：采用四显示信号制式时，区间地面通过信号机有四种显示，机车信号有八种显示。下面以四显示信号制式为例，它们代表的显示意义参见表 3-4 和表 3-5。

表 3-4 地面信号显示意义

发送低频频率	地面显示信号	说　明
11.0 Hz	L	运行信号，表示前方至少有三个以上闭塞分区空闲
13.5 Hz	LU	警惕信号，表示前方有两个闭塞分区空闲
15.0 Hz	U	减速信号，表示只有一个闭塞分区
26.0 Hz	H	停止信号，表示前方闭塞分区正在占用

表 3-5 机车信号显示意义

接收低频频率	机车信号显示	说　明
11.0 Hz	L	预告前方信号机显示 L 灯，按规定速度运行
13.5 Hz	LU	预告前方信号机显示 LU 灯，按规定速度运行
15.0 Hz	U	预告前方信号机显示 U 灯，采取减速措施运行
16.5 Hz	U2	预告前方信号机显示 U 灯，进站信号是 UU 灯。减速信号准备进侧线
20.0 Hz	UU	预告前方信号机显示 UU 灯，减速信号，准备侧线停车
26.0 Hz	HU	预告前方信号机显示 H 灯，采取停止措施
无信号	B	由 11.0 Hz、13.5 Hz、15.0 Hz 进入无码区司机应根据地面显示
无信号	H	由 26.0 Hz 进入无码区

8.0 Hz(非电气化 30.0 Hz)为反向运行信号，机车信号点白灯。在特殊情况下，两站之间大区间运行时，发送 8.0 Hz(非电气化 30.0 Hz)低频频率，区间信号机显示关闭，机车信号点白灯。机车进侧线时，发送 16.5 Hz 低频频率，机车收到 16.5 Hz 显示黄绿。

4. 系统构成及原理

8 信息移频自动闭塞采用集中设置方式，由移频集中柜、电源盘、发送盘、接收盘、检测盘、衰耗盘、接点电路、电缆、通过信号机、轨道电路及辅助设备组成。系统组成如图 3-24 所示。

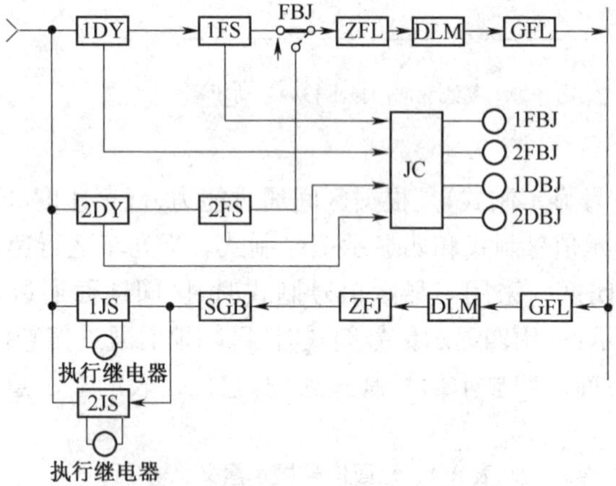

图 3-24　8 信息移频自动闭塞轨道电路原理图

(1)系统构成

DY(电源盘)、FS(发送盒)、JS(接收盒)、SGB(衰耗隔离盘)设在移频柜内。ZFJ(室内防雷)设在防雷柜内。电缆模拟网络 DLM 设在室内，也可设在信号点处的变压器箱内。GFL(轨道防雷)设在信号点处的变压器箱内。

发送盘功出电压经站内防雷单元的变压器 1∶5 升压后，经电缆模拟网络及室外实际电缆到区间信号点的变压器箱内的轨道防雷单元，又经其变压器 5∶1 降压，移频轨道变压器 3∶1 降压后，送至轨面。

轨面来的移频信息经移频轨道变压器 1∶3 升压，轨道防雷单元变压器 1∶5 升压后，经实际电缆和电缆模拟网络送至室内，由站内防雷单元变压器 5∶1 降压后送至衰耗隔离盘，再到接收盘。接收盘解调出低频信息，动作执行继电器，控制通过信号机的显示。

ZP-89 型移频自动闭塞设备由移频柜，防雷柜（或移频防雷电缆网络组匣）、电缆、轨道变压器箱、通过信号机组成。

(2)冗余方式

为提高设备的可靠性，移频自动闭塞系统必须采用冗余手段，以保证区间信号设备不间断地使用，并方便维修。ZP-89 型移频自动闭塞采用接收双机并用，发送热备、故障转换的待机系统，如图 3-24 所示。

主、副接收盘同时并联工作，检查两个执行继电器动作一致，若不一致即进行故障报警。主、副电源盘分别供主、副发送盘使用。

通电时，主发送盘优先投入使用，副发送盘处于热机备用状态，主发送盘故障时，通过检测盘报警，并自动将副发送盘的功出送至轨道。主发送盘修复后，按压复位按钮回复主发送盘工作。副发送盘工作故障时，检测盘报警。

(3)电缆模拟网络

在集中设置区段引入电缆模拟网络，是为了使接收和发送设备有相同的电缆负载，便于轨道电路调整及构成双向自动闭塞。若不设电缆模拟网络，则轨道电路调整同原 4 信息移频自动闭塞。

电缆模拟网络共相当于 9.5 km 电缆，分为 0.5 km、1 km、2 km、2 km、4 km 五个单元，可根据现场实际需要进行调整。设计确定负载为 10 km。若实际使用 4 km，则需加 6 km 模拟电缆。当然实际使用 8 km 电缆时，则不加模拟电缆。电缆模拟网络由电阻、电容和电感组成，如图 3-25 所示。

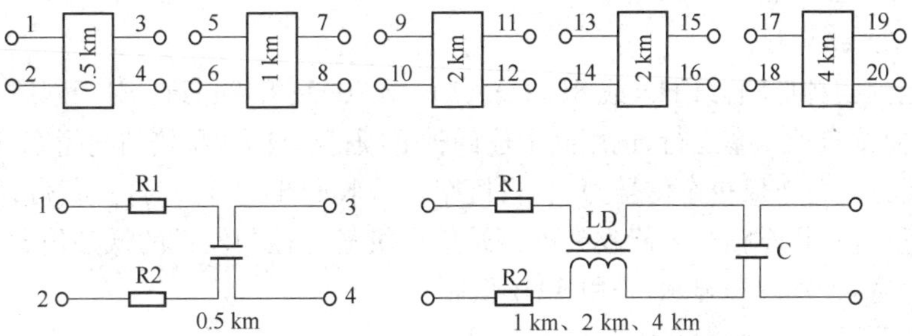

图 3-25　电缆模拟网络

3.3.3　ZP・WI-18 型无绝缘移频自动闭塞

我国铁路正向着重载、高速和高密度方向发展，传统的铁路信号已不适应发展的需要了，即把以地面信号为主体信号转换成以机车信号为主体信号，把以反映列车空间间隔为主的信号转换成以指示列车运行速度为主的速差信号。并要求发展控制列车运行速度的列车超速防护系统。因此，在技术上要求自动闭塞、机车信号和列车超速防护三个功能不同的系统能有机地结合起来配套使用。18 信息移频自动闭塞正是在上述背景下研制的。

18 信息移频自动闭塞同既有的移频自动闭塞设备相类似，仍以钢轨作为传输移频信号的通道，其硬件包括信号发送、接收等组成部分。特点是利用了数字信号处理技术，来处理 18 种低频信号调制的移频信号。这种移频信号具有抗电气化干扰能力强和便于轨道电路传输及便于车载设备接收的优点。

如果以列车运行前方的地面信号机(包括自动闭塞区段的通过信号机、进站信号机和出站信号机)为变速点，列车通过该变速点的允许速度作为入口速度，那么在不同的情况下，列车通过变速点的入口速度是不一样的，于是可以用这 18 种信息代表各种变速点的不同入口速度。

有了多种速度信息，就可以使地面信号机和机车信号的显示具有速差的意义；有了多种速度信息就使列车超速防护系统的控制更精确。

ZP・WI-18 型无绝缘移频自动闭塞，采用电压发送、电流接收、电气隔离和自然衰耗相结合的方式，以一送一受方式构成开放性闭环回路。其载频、频偏、低频均同 18 信息有绝缘移频自动闭塞。该制式没有提前分路的问题，列车接近分界点明确。便于设置地面信号机，系统技术先进、性能优越、投资少，且满足铁路提速、提效以及向长钢轨、电气化发展的急需。

技术参数如下：

传递信息：移频信号(FSK 频移键控信号)。

载频：550 Hz、650 Hz、750 Hz 和 850 Hz。其中 550 Hz 和 750 Hz 用于下行方向，其中 650 Hz 和 850 Hz 用于上行方向。

频偏：($\Delta f \pm 55$) Hz。

三显示用到四种低频：11 Hz(或 8.5 Hz)、15 Hz、20 Hz 和 26 Hz。对于双线双向自动闭塞，反方向按自动闭塞运行，也用到上述四种低频；反方向如果按站间闭塞，则只用 17.5 Hz，且反方向行车以机车信号为主，当机车信号收到 17.5 Hz 时，点黄灯；只有当列车进入接近区段，机车信号才能收到由进站信号机显示控制发送的低频信息。对于四显示自动闭塞，增加绿黄显示，采用 9 Hz 低频。

1. ZP・WI-18 型无绝缘移频自动闭塞的特点

(1)采用无绝缘轨道电路

采用电气隔离与自然衰耗相结合的强制衰耗方式，电压发送，电流接收，即以电流传感器接收移频信息，在接收端并有陷波器，构成无绝缘轨道电路。

(2)采用频标技术

为解决同频越区传输的问题，采用频标技术，和载频叠加使用。

(3)发送盘、接收盘频率通用

发送盘、接收盘为4种频率通用，只要改变有关端子连接，即可得到所需要的载频，减少了设备种类。

(4)发送盘、接收盘自带检测

发送盘、接收盘自带检测电路，并有故障定位灯，故没有检测盘。

(5)采用"$N+1$"和"1+1"冗余方式

为提高系统可靠性，发送盘采用"$N+1$"冗余方式，其主用发送盘故障时，备用发送盘自动替代。接收盘采用双机并用，即"1+1"冗余方式。

(6)移频柜中设有温度监测和调节装置

当柜内环境温度达到调温温度时，调温系统自动动作。

2. 无绝缘移频轨道电路

(1)无绝缘轨道电路的分类

按电路原理分类，无绝缘轨道电路可分为电气隔离式、自然衰耗式和强制衰耗式三种类型。

1)电气隔离式

电气隔离式又称谐振式，它利用谐振槽路，采用不同信号频率，实现相邻轨道电路间的电气隔离。该方式存在死区现象，死区的长度与信号频率有关，频率越低，死区越长。所以一般要求信号频率在1 500 Hz以上。但信号频率越高，传输距离越短。要满足轨道电路传输性能的要求，就必须在钢轨上每隔一定距离并联一个补偿电容，UM71就是采用这种方式。而我国移频自动闭塞载频频率较低，且频偏较大，若采用电气隔离式，不但电气隔离效果不显著，而且还会产生100 m以上的死区，这是绝对不允许的。

2)自然衰耗式

自然衰耗式又称感应式，利用轨道电路的自然衰耗作用和不同的信号特征（频率、相位等），实现轨道电路的互相隔离，由电流传感器接收钢轨中的移频信息。钢轨中的电流可沿正反两个方向自由传输，基本上靠轨道的自然衰耗作用来衰减信号。它不存在死区段，但存在越区传输的问题，会引起轨道电路的互相干扰，也会影响机车信号的可靠工作。如果同载频区段间隔太小，则同载频信号的越区干扰将会导致轨道电路失效。为此，必须增加载频数量，每一线路至少需3个载频。

3)强制衰耗式

强制衰耗式是在自然衰耗式的基础上，吸收电气隔离式的长处（谐振回路的强制性衰耗）而形成的方式。为避免信号越区传输，除采用频标信号外，采取在轨道电路受电端设置陷波器的方法，使信号传输一个轨道电路区段后，就被陷波器强制衰耗掉大部分，使剩余的信号不足以影响其他区段及机车信号的正常工作。与此同时，加强了钢轨中的信号电流，从而提高了系统的信干比，改善了轨道电路的电气隔离效果，也不存在死区段。ZP·WI-18 型无绝缘移频自动闭塞就采用这种方式。

(2)ZP·WI-18 型无绝缘移频自动闭塞轨道电路技术方案

1)一送一受

强制衰耗式无绝缘轨道电路和有绝缘轨道电路一样，采用一送一受方式，即一段轨道电路只有 1 个送电端和 1 个受电端。送电端设在轨道电路的出口处，并作机车信号信息的发送点。由于信号电流可沿钢轨正反向传输，因此电路结构简单，设备少。

2)电流接收

有绝缘轨道电路一般采用电压接收方式来获取信号，若无绝缘轨道电路也采用此种方式，则存在因列车接近而提前分路的问题。提前分路点位置与道砟电阻、列车轮对电阻等因素有关。当天气变化引起道砟电阻变化时，提前分路点的位置也将发生变化。提前分路点的不确定性，使得轨道电路分界不明晰，无法设立通过信号机。而电流接收方式不存在这种问题。电流接收方式是在两个钢轨旁边设置高效率的电流传感器来增强接收信号，同时抵消钢轨中的牵引电流等同模信号的干扰，提高抗干扰能力。图 3-26 所示为一种一送一受、电压发送、电流接收、强制衰耗式无绝缘轨道电路。

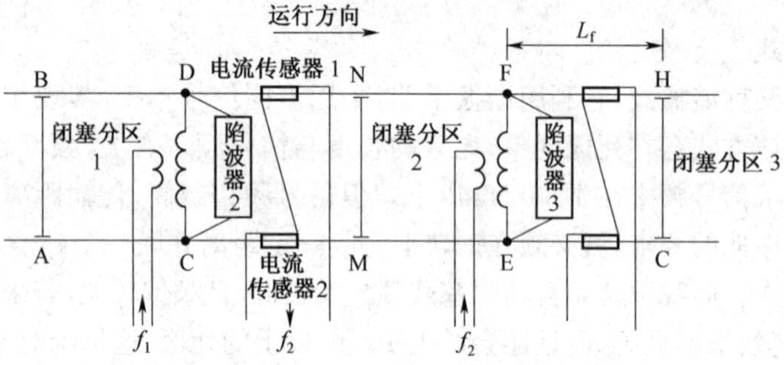

图 3-26　无绝缘轨道电路示意图

C、D 点既是闭塞分区 1 的送电端，也是闭塞分区 2 的受电端，闭塞分区 2 的陷波器 2 和电流传感器 1、2 均设于此处。区间空闲时，陷波器 2 对 f_2 呈低电阻，对 f_1 呈高电阻，不影响闭塞分区 1 的信号传输。而对闭塞分区 2 来说，电流传感器 2 对信号 f_2 能感应出足够高的信号电压，以保证闭塞分区 2 的接收设备可靠动作。当列车由始向 CD 接近时，CD 端阻抗逐渐减少，闭塞分区 2 钢轨中的信号电流逐渐增大，更利于接收。当列车驶过 CD 进入闭塞分区 2 时，因列车轮对分路，电流传感器处的钢轨电流很小，产生的感应电压很低，不能动作接收设备。所以该轨道电路的入口端界限明确，可设置通过信号机。

另外,电流接收方式还有不少优点:

①能真实反映钢轨中的信号电流,提高了系统的抗干扰能力和断轨检查能力。

②当道砟电阻因天气等外界因素变化时,相邻闭塞分区也以同样趋势变化,而且相邻闭塞分区的变化恰好对本闭塞分区的接收信号起补偿作用,即构成一个自适应系统,从而提高了系统的稳定性,有利于轨道电路的一次调整。

(3)有关技术问题

1)同频干扰信号的防护

有绝缘移频自动闭塞的每条线路只需两种载频交替排列,若无绝缘轨道电路也如此,则存在同频信号越区干扰的问题。如图 3-26 中,如果闭塞分区 1、闭塞分区 3 的载频都为 f_1,陷波器 2、3 分别对 f_1 呈高阻和低阻。列车完全驶入闭塞分区 3 后,闭塞分区 3 送电端发送的大部分信号经列车轮对分路,流经其受电端的信号很小,而闭塞分区 1 的信号也可以经过该列车轮对构成回路,并会在闭塞分区 3 的受电端产生较高的同频干扰信号,使闭塞分区 3 的接收设备误动。另外,当陷波器 3 故障或断线时,它就失去减少信号越区传输的作用,则同频信号越区干扰将更突出。

为了防止同频信号越区干扰,采取增加信息特征的办法,即频标信号。对应移频信号的每种载频各设两个频标信号。频标为单频信号,不应在机车信号的接收频带之内,以免影响机车信号的正常工作。每个闭塞分区用一种载频加一种频标信号叠加传输,这样,利用频标就使 4 种载频设备完成 8 种载频的功能,使同载频同频标的闭塞分区之间相隔了三个闭塞分区,就能很好地解决了越区传输的问题。

因此,移频发送设备不仅要发送移频信号,还要发送相应的频标信号,并实时监督这两种信号是否同时输出,是否符合指标的要求。如果输出信号不全或不符合要求,立即切断输出。这样,钢轨中传输的信号肯定包括移频信号和频标信号,机车信号接收移频信号,地面接收设备可只接收对应的频标信号。接收到规定的、完整的、足够大的频标信号后,轨道继电器就吸起。

2)相邻区段的抗干扰防护

由于发送点的信号可沿钢轨双向传输,所以任一闭塞分区的接收信号都会受到相邻闭塞分区发送信号的剧烈干扰,干信比远大于 1。为使接收设备可靠工作,在接收设备前级增加滤波器,以滤除邻频干扰信号;接收设备采用 DSP 数字信号处理技术,用频域分析准确识别有效信号。

3)二次分流及其防护

图 3-28 所示无绝缘轨道电路在列车正常追踪时不存在死区段问题,但在紧急追踪情况下会因二次分流出现死区段。以闭塞分区 2 为例,若前后两列列车分别位于受电端 CD 两侧,而且前行列车轻,MN 点的分路效果差,后续列车重,AH 的分路效果好,当 MN 和加相距 CD 一定距离时,电流传感器 1、2 仍能感应出足够大的信号,使得闭塞分区 2 的接收设备失去监督作用,此即所谓二次分流。

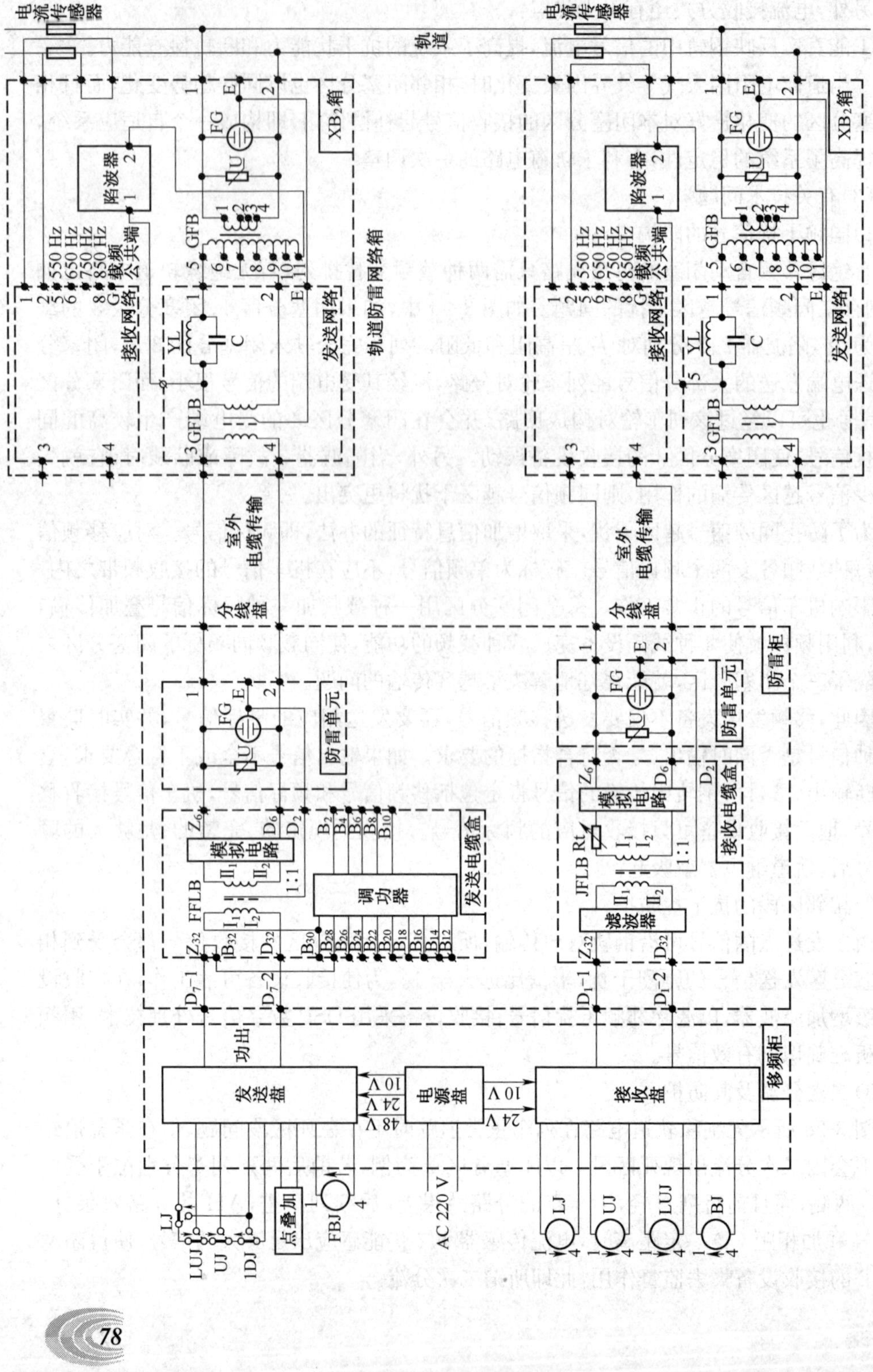

图 3-27 无绝缘移频自动闭塞系统构成

理论计算和实际测试表明，二次分流造成的死区长度远小于滞后恢复(列车离开前一闭塞分区一段距离后，后一闭塞分区才恢复)，由于滞后恢复区有通过信号机红灯防护，所以实际正常运行中并不具备后续列车跟踪形成二次分流的条件。

此外，可通过监督感应电压的高低和相邻轨道电路的状态等手段，将死区段长度控制在一个最短列车长度范围之内，以保证行车安全。

4)电气化的适应性

对工频及其谐波干扰，采取与有绝缘移频自动闭塞相同的方法，即合理选择载频、设滤波器、工频抑制器等。另外，设置两个电流传感器也可解决钢轨中的不平衡牵引电流引起的电气化干扰问题。

对于牵引电流，通过让发送变压器的轨道侧对低频呈低阻抗特性使之畅通，并通过发送变压器轨道侧线圈来平衡两钢轨中的不平衡电流。

3. ZP・WI-18 型无绝缘移频自动闭塞系统构成

ZP・WI-18 型无绝缘移频自动闭塞系统(图 3-27)由移频柜、防雷柜、区间电源屏及轨道防雷网络箱、电流传感器等设备构成。移频柜、防雷柜、区间电源屏设于各站继电器室内，轨道防雷网络箱设于室外轨旁，电流传感器设于室外信号点处钢轨旁。

发送盘根据前方闭塞分区状态编码，移频信号经防雷柜的发送电缆盒、站内防雷单元、电缆、轨道防雷网络箱的发送网络盒送向钢轨。电流传感器接收的移频信号，经轨道防雷网络箱的接收网络盒、电缆、防雷柜的站内防雷单元和接收电缆盒至接收盘，译码后动作 LJ、LUJ 或 UJ。

(1)发送网络由发送网络盒、轨道发送变压器 GFB 和陷波器 XBQ 组成。轨道侵入的雷电，由三极放电管 FG 进行纵向防护，压敏电阻 R 进行横向防护，残余雷电再由轨道发送变压器 GFB 进行纵向防护，从而有效地保护了电缆及其相连接的设备。

(2)接收网络盒

接收网络盒由调谐电容、50 Hz 工频抑制器和轨道接收变压器组成。电容器 C_{401}、C_{402}、C_{403}、C_{404}分别与接收传感器并联，构成谐振槽路，谐振于 550 Hz、650 Hz、750 Hz 或 850 Hz 频点上，使从电流传感器感应来的移频信号电压幅值达到最大。

C_{405}与 L_{401}构成工频抑制器，阻止 50 Hz 电流进入接收设备。

(3)电流传感器

电流传感器用来接收移频信号。电流传感器主要由接收线圈组成。安装在距通过信号机坐标中心 1 m 的钢轨侧，每根钢轨侧设一个。钢轨中流经移频电流时，就在周围产生磁场，接收线圈中就产生感应电压。两个电流传感器相串联，可提高接收的移频信号电压，还可抵消两钢轨中不平衡牵引电流的影响。

4. ZP・WI-18 型无绝缘移频自动闭塞电路原理

无绝缘移频自动闭塞在调整状态下，发送端发送电压信号，并通过钢轨传输，由电流传感器感应出信号电流，再传到接收盘，由接收盘译码，驱动轨道继电器吸起。在调整状态下，此种无绝缘轨道电路的性能比有绝缘轨道电路好，因为轨道电路无绝缘后，钢轨电流的大小，受轨道发送变压器的阻抗和轨道电路漏泄电阻的影响，其中发送变压器阻抗是一个固定值，而漏泄电阻是一个变量。由于电流传感器设在两个闭塞分区的中间，两边轨道电路的漏泄电阻同时受天气的影响，从而使流过电流传感器的钢轨电流变化不大，轨道电路工作更加稳定。

分路状态下，由于列车占用，钢轨中的电流经车轮轮对分路，电流传感器过钢轨中电流减小，感应出的信号电流很小，不足以使轨道继电器吸起。

(1)发送盘

发送盘组成框图，如图 3-28 所示。发送盘分区间发送盘和站内发送盘，它们的四种载频通用。通过连接不同端子，获得四种频率。两种频标(F_1、F_2)也是连接不同端子获得的。区间发送盘电路框图如图 3-28 所示。在由低频控制条件经双 CPU 处理后产生移频信号的同时产生频标信号，两信号合成后经功率放大后输出。发送盘正常工作时驱动发送报警继电器研吸起：当 CPU2 检测不正常时，BJ 落下。

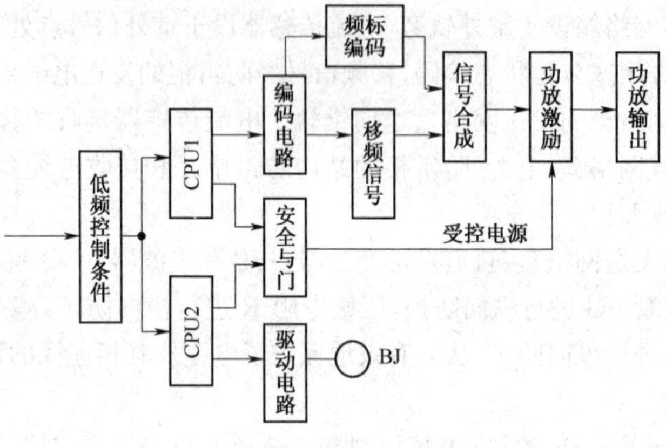

图 3-28　发送盘组成框图

(2)接收盘

接收盘四种载频通用，通过连接不同端子，设定载频频率和频标。其电路方框图如图 3-29 所示。来自衰耗隔离盘的移频信号经过接收盘输入电路进行放大隔离后，分别经两套 A/D 转换器，将模拟信号变为数字信号，送至双 CPU。经过双 CPU 的译码校核处理后，双 CPU 共同控制安全与门输出受控电源 DC 12 V，给继电器驱动电路供电，使相应的执行继电器动作。

但双 CPU 必须对频标予以鉴别。接收盘自带检测，当工作不正常时，CPU 发出指令驱动报警继电器落下。接收盘面板上有主机灯、安全与门灯、载频灯、频标灯、低频灯。

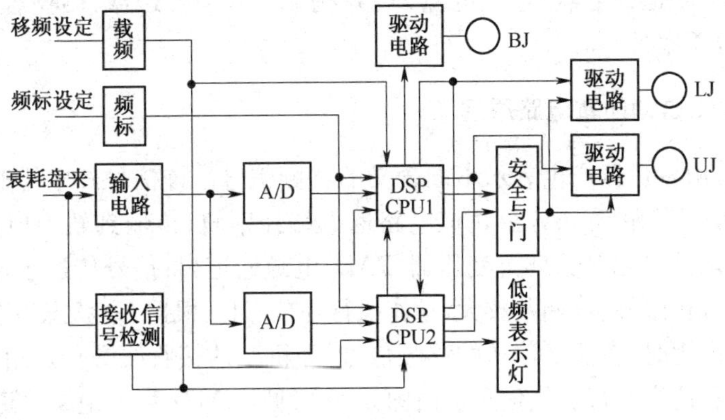

图 3-29 接收盘方框图

(3)冗余设计

ZP·WI-18 型无绝缘移频自动闭塞发送盘采取“$N+1$”冗余方式,接收盘采用“1+1”方式。

3.4 UM71 自动闭塞及电路原理

3.4.1 UM71 系统组成

UM71 型轨道电路是法国铁路为防止交流电气化牵引区段牵引电流谐波干扰于 1971 年研制的移频轨道电路。该轨道电路向轨面发送移频信号,并利用相邻区段 26 m 长调谐区构成电气绝缘节。

为避开电气化区段牵引电流谐波对轨面信号的干扰,UM71 型轨道电路选用四个较高的载频信号(f_0)。这四个 f_0 为 1 700 Hz、2 000 Hz、2 300 Hz 和 2 600 Hz。为防止相邻轨道电路及上下行线轨道电路间的相互干扰,其载频 f_0 使用为:下行线 1 700 Hz、2 300 Hz 交替配置。上行线 2 000 Hz、2 600 Hz 交替配置。由于列车速度控制需要较多的地面信息,UM71 型轨道电路共有 18 种低频信息,这 18 个低频 f_c 信息从 10.3 Hz 开始,按 1.1 Hz 等差数列递增至 29 Hz,即 10.3 Hz、11.4 Hz、12.5 Hz、13.6 Hz、14.7 Hz、15.8 Hz、16.9 Hz、18 Hz、19.1 Hz、20.2 Hz、21.3 Hz、22.4 Hz、23.5 Hz、24.6 Hz、25.7 Hz、26.8 Hz、27.9 Hz、29 Hz 共 18 个。频偏 Δf 为±11 Hz。

轨面上传送的移频信号由载频 f_0、频偏 Δf 和低频调制信号 f_c 三者构成。如某区段载频 f_0 为 1 700 Hz,低频调制信号 f_c 为 10.3 Hz,频偏为 11 Hz,则轨面移频信号为 1 689 Hz($f_0-\Delta f$)、1 711 Hz($f_0+\Delta f$)之间每秒周期移动 10.3 次。UM71 型无绝缘轨道电路构成如图 3-30 所示。

UM71 型轨道电路由空芯线圈 SVA、调谐单元 BA、匹配变压器 TAD、补偿电容 C

和发送器、接收器、轨道继电器 GJ 及电缆 ZCO_3 构成。其中发送器、接收器及 GJ 集中设于室内，其他设于室外。

3.4.2 UM71 自动闭塞电路原理

经编码条件，由发送器产生表示不同含义的移频信号。该信号经电缆通道传给匹配变压器 TAD 及调谐单元 BA，由轨道电路送电端经钢轨，传输到轨道电路受电端。在钢轨接收端经调谐单元 BA、匹配变压器 TAD、电缆通道，将信号传送至接收器。接收器对移频信号进行限幅、解调及放大，动作执行环节 GJ。根据 GJ 状态检查区段的空闲与占用。有车占用时，轨面上传送的移频信号，经机车的接收线圈传送给机车，为机车信号速度显示和速度监督提供信息。由图 3-30 可见，UM71 型无绝缘轨道电路可利用改变方向电路的接点在一条线路上实现双方向运行。当正方向继电器 ZFJ 吸起时右侧为轨道电路发送端，左侧为轨道电路接收端。若 ZFJ 落下，左侧为轨道电路送电端，右侧为轨道电路接收端。可见，UM71 型轨道电路为双向集中式无绝缘移频轨道电路。

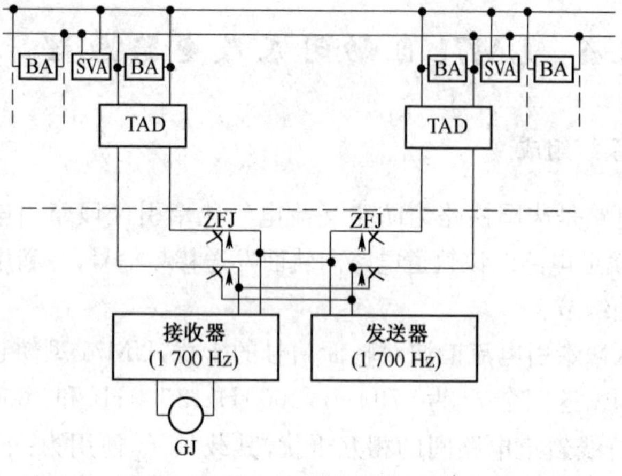

图 3-30 UM71 型无绝缘轨道电路构成

1. 电气绝缘节

UM71 型轨道电路采用电气绝缘节，以取代传统的轨道电路中使用的机械绝缘节来实现相邻轨道电路区段的相互隔离。该电气绝缘节包括两个调谐单元 BA_1 和 BA_2，一个空芯线圈 SVA 和一段 26 m 长钢轨。电气绝缘节原理图如图 3-31 所示。

电气绝缘节是利用空芯线圈 SVA、26 m 长钢轨及其两端分别并联的谐振单元构成。每一个谐振单元对相邻轨道电路的两个频率或是呈现一个容抗，与 26 m 钢轨的电感及空芯线圈配合产生并联谐振，形成较高阻抗以便可靠接收信息。或是呈现串联谐振，形成低阻，以便可靠短路其信息。调谐单元 BA_1 对 3G 的 2 300 Hz 移频信号呈串联谐振，(约数 10mΩ 低阻)，使 2 300 Hz 信号在 BA_1 处被短路，阻止其向 1G 传送。同时，

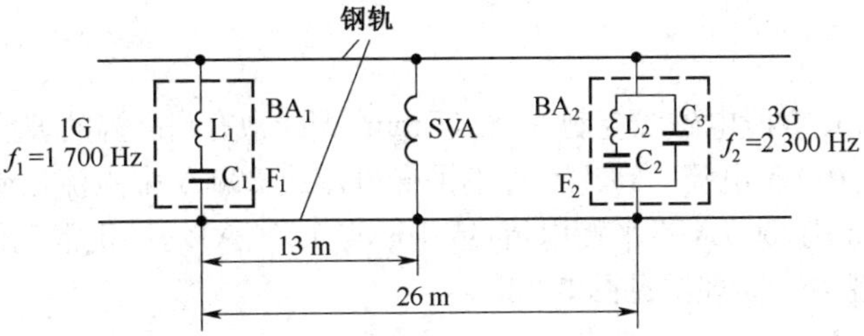

图 3-31　电气绝缘节原理图

BA_1 对 1G 的 1 700 Hz 移频信号呈现容性，并与调谐区钢轨、SVA 的综合电感构成并联谐振，呈现约 2 Ω 欧的高阻，保证了该信号被本区段可靠接收。

同理，调谐单元 BA_2 对 1 700 Hz 移频信号呈串联谐振，阻止其进入 3G，同时对 2 300 Hz 移频信号呈容性，与 26 m 钢轨及 SVA 的综合电感配合发生并联谐振，保证此信号被 3G 可靠接收。就这样，通过 BA_1、BA_2 类型的选择和内部参数的选择及 SVA 和 26 m 钢轨配合，保证了两相邻区段信号的电气绝缘。在这里，调谐区 26 m 钢轨是必不可少的。

调谐单元是由电感和电容组成的两端网络。调谐单元分两种类型，F_1 型和 F_2 型。F_1 型设置 L_1、C_1 两个元件，用于载频较低的 1 700 Hz 和 2 000 Hz 轨道电路。F_2 型由 L_2、C_2、C_3 构成，用于载频较高的 2 300 Hz 和 2 600 Hz 轨道电路。根据上、下行线路轨道电路载频的排列顺序可知，对电气绝缘节而言，空芯线圈 SVA 两侧的调谐单元分别为 F_1 型和 F_2 型。使用中，F_1 型调谐单元 L_1 为 36 μH，C_1 为 133 μF，F_2 型的 L_2 为 88 μH，C_2 为 100 μF，C_3 为 280 μF。

每个调谐单元均装在一个聚酯纤维盒中，通过盒子背面的两个螺栓固定在轨道旁的基础上。调谐单元与钢轨连接采用 70 mm^2 多股铜线，与钢轨焊接，或通过一种特制的塞钉与钢轨连接。

在调谐区中部距两端调谐单元 BA 各 13 m 的地方安装一个空芯线圈 SVA。SVA 由直径 1.53 mm、19 股电磁线绕制，截面积为 35 mm^2。线圈中点有一抽头。

在电力牵引区段，通常在有机械绝缘节的地方使用扼流变压器构成牵引电流回流。扼流变压器也在一定程度上起到平衡两轨条不平衡电流的作用，以减少电气化谐波对轨道电路的干扰。由于要通过较大的牵引回流，扼流变压器具有体积大、重量大、维修工作量也较大等缺点。并且，当两根钢轨存在较大不平衡电流时，或扼流变压器断线时仍会影响轨道电路的正常工作。

UM71 型轨道电路无机械绝缘节，不用扼流变压器，它只采用空芯线圈。空芯线圈起平衡两轨条牵引电流的作用。由于空芯线圈没有铁芯，克服了大电流情况下磁路饱和的问题，使平衡效果更好。

2. 空芯线圈

(1)结构特点

由直径 1.53 mm、19 股电磁线绕制，截面 35 mm² 铜线敷有耐高温的玻璃丝包线构成。

每半圈可通过 100 A 电流。在 100 A 不平衡电流或 200 A 中点流出牵引电流下可长期工作。在 4 min 内，500 A 不平衡电流（或中心点 1 000 A）均可正常工作。因无铁芯存在，所以无饱和现象。原理图见图 3-32。

(2)电气特性

电感 $L=33\,(\mu\text{H})$（频率 1 592 Hz）；直流电阻 $R_0=4.5\,(\text{m}\Omega)$。

(3)主要功能

1)每个轨道电路平衡一次两钢轨中牵引回流，平衡两线路牵引回流；

2)改善电气绝缘节 Q 值，保证工作稳定性。

(4)原理说明

1)牵引电流回流的平衡，见图 3-33。SVA 设置在 26 m 长的两个调谐单元之间，由于它对于 50 Hz 牵引电流呈现甚小的交流阻抗（约 10 mΩ），故可起到平衡牵引电流作用。

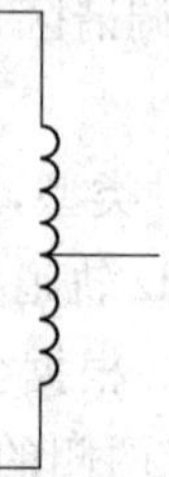

图 3-32　空芯线圈原理图

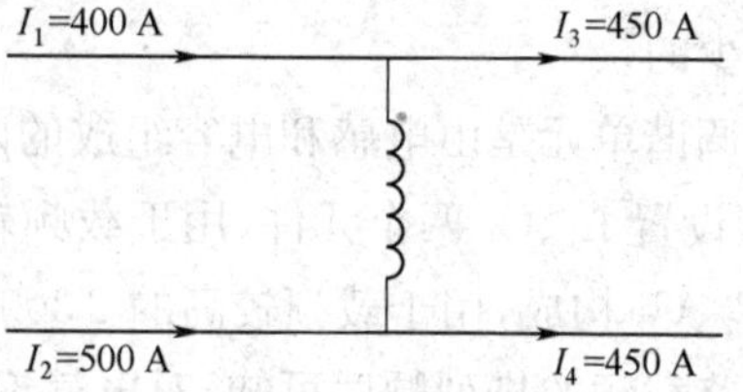

图 3-33　牵引电流回流的平衡

设 I_1、I_2 有 100 A 不平衡电流，可近似将 SVA 视为短路，则有 $I_3=I_4=(I_1+I_2)/2=450\,(\text{A})$。由于 SVA 对牵引电流的平衡作用，减少了工频谐波对轨道电路设备的影响。

2)对于上、下行线路间的两个 SVA 中心线可等电位连接，见图 3-34。一方面平衡线路间牵引电流，一方面可保证维修人员安全。

3)作扼流变压器，见图 3-35。

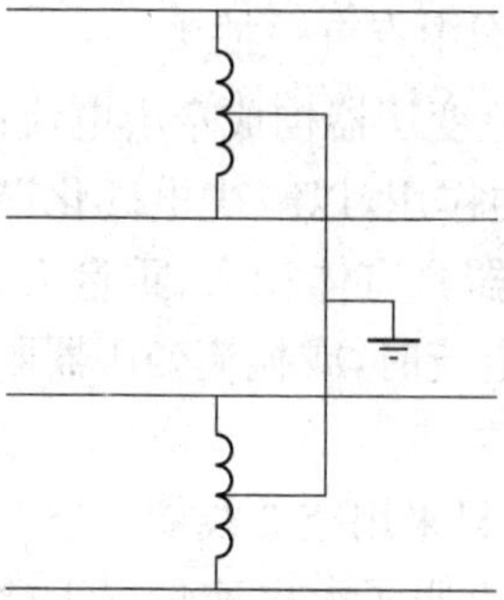

图 3-34　等电位连接

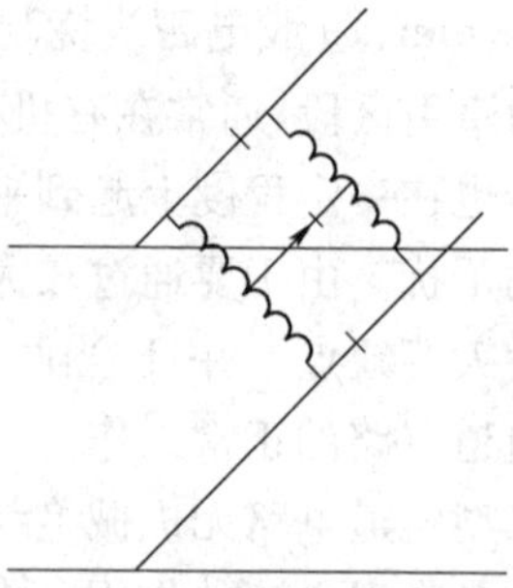

图 3-35　作扼流变压器

在道岔弯股绝缘两侧各安装一台 SVA 时，两中心线连接可作为扼流变压器使用，其总电流不大于 200 A(长时间通电)。

4)SVA 对 1 700～2 600 Hz 感抗值 0.35～0.54 Ω。在调谐区中，它是作为并联谐振槽路的组成部分，而非简单的低阻值分路电抗，因而 SVA 参数的适当选择可改善谐振槽路的 Q 值，保证调谐区工作的稳定性。

(5)空芯线圈 SVA 的 3 个作用

1)平衡牵引电流回流

SVA 对 50 Hz 牵引电流呈现约 15 mΩ 交流阻抗，可视为一条短路线。当两轨条存在不平衡电流时经过 SVA 这些电流将不存在。这对减少电气化区段不平衡电流对轨道电路信息的干扰起到决定作用。

2)保证维修安全

实际使用时，每隔一定距离，上下行线路间的两个 SVA 中心线可做等电位连接，即将上下两个 SVA 的中间抽头接到一起并接地。实行等电位连接后，一方面可平衡线路间牵引电流，同时也可保证维修人员的安全。

3)参与和改善调谐区的工作

在调谐区中，空芯线圈 SVA 与 26 m 钢轨电感一起参与对本区段频率呈现并联谐振。通过选择 SVA 的参数，可为谐振回路提供一个较高的 Q 值，保证调谐区工作的稳定性。

由 BA、SVA 及 26 m 钢轨构成的调谐区内有一小段(10～18 m)为分路不良的死区，该死区的长度随着道砟电阻的变化而变化。当小车停在死区时，轨道电路不能分路。为保证运行安全，正向运行时，距调谐区外方约 1 m 处设有地面通过信号机。逆向运行，在调谐区外方约 1 m 处设有标志牌。标志牌与信号机同侧。规定信号机和标志牌内方 28 m 区域内不允许停有小车。

调谐区处信号机与标志牌设置如图 3-36 所示。

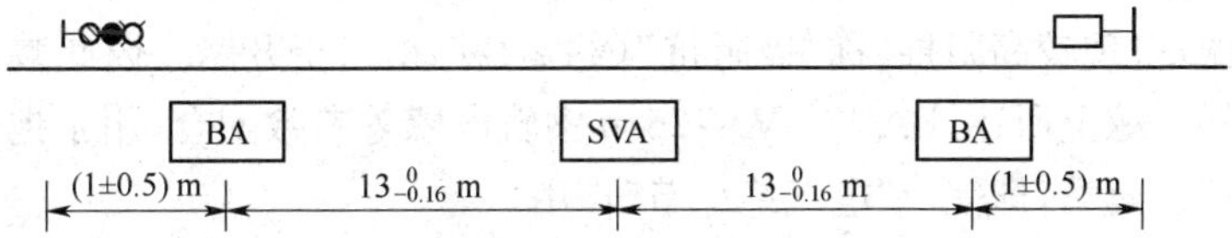

图 3-36　信号机与标志牌设置

3. 调谐单元 BA 作用及原理

电气绝缘节长 26 m，在两端各设一个调谐单元(下称 BA)：对于较低频率轨道电路(1 700、2 000 Hz)，设置 L_1、C_1 两元件的 F_1 型调谐单元，对于较高频率轨道电路(2 300、2 600 Hz)，设置 L_2、C_2、C_3 三元件的 F_2 型调谐单元。见图 3-37。

“f_1”(f_2)端 BA 的 L_1C_1(L_2C_2)对“f_2”(f_1)端的频率为串联谐振，呈现较低阻抗(数十毫欧姆)，称“零阻抗”相当于短路，阻止了相邻区段信号进入本轨道电路区段[见图 3-38(c)左端、图 3-38(b)右端]。

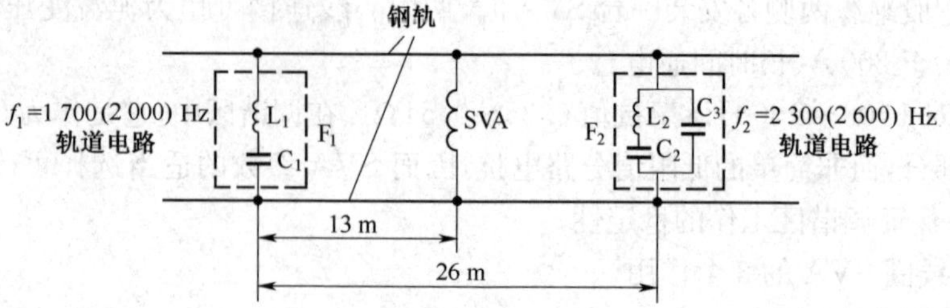

图 3-37　调谐单元原理

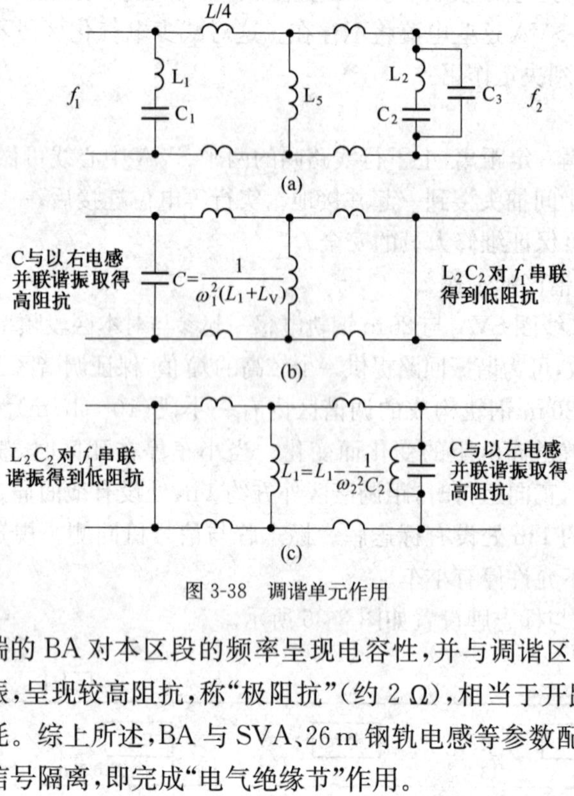

图 3-38　调谐单元作用

“f_1”(f_2)端的 BA 对本区段的频率呈现电容性，并与调谐区钢轨、SVA 的综合电感构成并联谐振，呈现较高阻抗，称“极阻抗”(约 2 Ω)，相当于开路。以此减少了对本区段信号的衰耗。综上所述，BA 与 SVA、26 m 钢轨电感等参数配合，用于把相邻的两个轨道电路段信号隔离，即完成“电气绝缘节”作用。

4. 匹配变压器与补偿电容

(1)匹配变压器 TAD

UM71 型轨道电路的发送器、接收器、轨道继电器集中设于室内，为一种集中式自动闭塞。车站信号集中楼与两侧区间信号点设备采用电缆连接。由于各信号点距车站集中楼的距离不一致，导致使用的电缆长度不一致。这将造成各轨道电路的参数不一致，并给其参数调整带来不便。另外，同一轨道区段的送电端和受电端距车站集中楼的距离也不一致，当改变运行方向时也将影响 UM71 的正常工作。为解决这个问题，保证车站两侧不同信号点及同一信号点的送、受端轨道电路参数一致和实现钢轨侧与室外电缆的匹配连接，UM71 型轨道电路设置了带模拟电缆线的匹配变压器 TAD 带模拟电缆线的匹配变压器电路如图 3-39 所示。

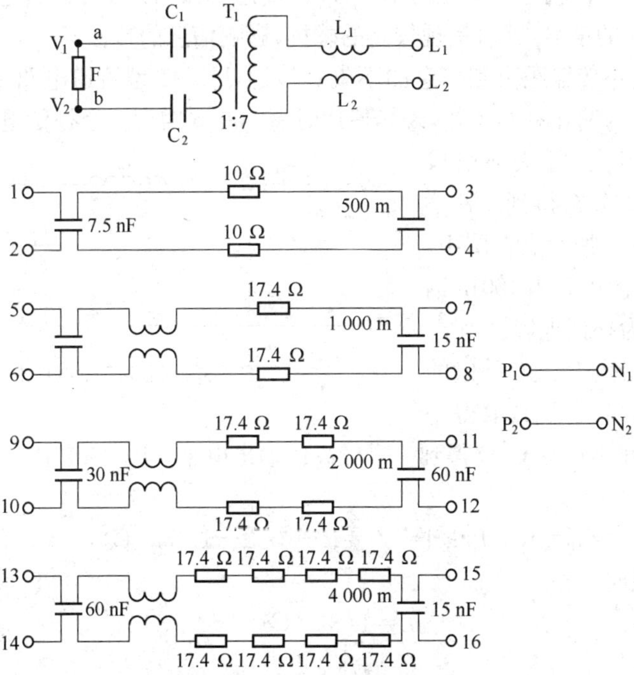

图 3-39　匹配变压器电路图

匹配变压器和模拟电缆线相连，设于调谐单元 BA 和室外电缆之间。匹配变压器钢轨侧与电缆侧变压比为 1∶7，以实现轨道电路阻抗和电缆阻抗的匹配。电路中钢轨侧串联接入两个大容量的电解电容 C_1 和 C_2（电容值均为 4 700 μF，16 V）。两电容按相反极性串接以构成无极性。C_1、C_2 的作用是防止电力牵引区段直流成分对变压器造成磁路饱和。构成室内外通道的连接电缆对移频信号呈现容性。为构成容性补偿，变压器另一侧串接电感 L_1。电感 L_1 的另一个作用是保护变压器及其他设备。当列车运行在调谐区附近时，电感 L_1 呈现一个约 100 Ω 的阻抗，起到限流作用。

对称模拟电缆线为由电阻、电容等器件构成的“假电缆”。通过对模拟电缆线参数（端子）选择可将远端或近端，受端或送端距室内的电缆距离均补充至 7.5 km。模拟电缆线设有 0.5 km、1 km、2 km、4 km 四个选配级，每隔 0.5 km 为一级选配。四个选配级如图 3-40 所示，由上向下排列。使用中 V_1、V_2 接调谐单元 BA 并经 BA 接至轨道，L_1、L_2 接室外电缆。使用时若某信号点距车站集中楼的距离为 5 km，带模拟电缆线匹配变压器应 L_1 接 11，L_2 接 12，9 接 3，10 接 4，1 接 P_1，2 接 P_2，使匹配变压器通过模拟电缆补充了 2.5 km 电缆距离，使其与集中楼的电缆距离为 7.5 km。

(2)补偿电容

UM71 型轨道电路，钢轨传输的是较高频率的移频信号。这种信号对 60 kg/m 重，1 435 mm 轨距的国产钢轨每米呈现约 1.4 μH 的电感和仅为几个 pF 的电容。因此，对于 1 700～2 600 Hz 的信号，钢轨呈现较高的感抗，影响信息的传输。

为保证轨道电路传输距离和信息的不失真传送，UM71 型轨道电路采用分段加装补偿电容的办法。为简化补偿工作，现场使用时每 100 m 增设一个补偿电容。

补偿电容加多大，可从补偿段(100 m)等效电路中分析得到。补偿段等效电路如图 3-40 所示。在图中，R 为 100 m 长钢轨电阻，L 为 100 m 钢轨呈现的电感，C 为补偿电容。

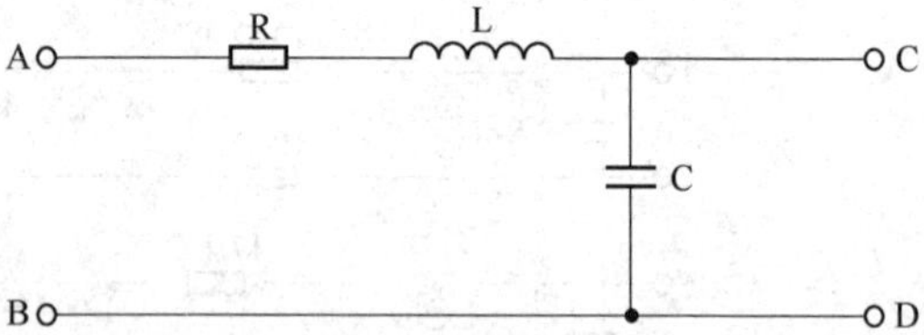

图 3-40　补偿段等效电路图

为了信息的远距离传输，补偿的目的是在补偿段入口端 A、B 取得一个电阻性负载，而在出口端 C、D 得到一个较高的输出电平。图 3-40 中，入口端 A、B 的阻抗为：

$$Z_{AB}=R+J\omega L+J\omega C=R+j(\omega L-1/(\omega\times C))$$

发生串联谐振时

$$\omega L=1/(\omega\times C)$$

即

$$C=1/(\omega^2 L)$$

轨面上信息频率范围为 1689～2611 Hz，兼顾各种因素，计算点频率选为 2341 Hz。

则 $C=1/((2\pi f)^2L)=1/((2\times3.14\times2341)^2\times1.4\times10^{-6}\times100)=33\ (\mu F)$

根据以上分析和计算，UM71 型轨道电路每 100 m 设置一个容量 33 μF 的补偿电容。

5. 发送器

(1)主要功能

1)产生 18 种“TBF”低频信号，四种载频“f_0”的移频信号；上下边频占用时间：TBF/2 周期(注：TBF 指低频调制信号)，输出波形，见图 3-41。

2)输出有足够功率的移频信号；

3)向轨道电路发送上述的信号；

4)从轨道向机车发送上述的信号；

5)调整轨道电路。

(2)原理说明

1)原理框图，见图 3-42。

2)功能的实现

①低频调制信号的产生

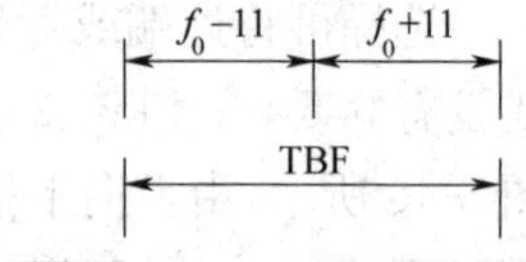

图 3-41　发送器输出波形

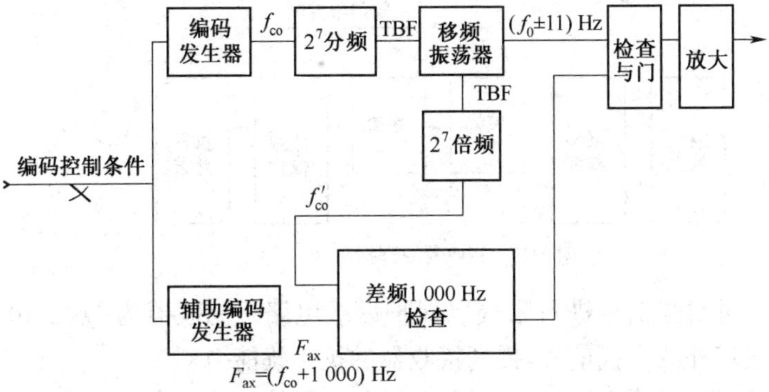

图 3-42 发送器原理框图

由外部的继电器接点条件构成编码控制条件，确定发码种类。经“编码发生器”产生 f_{co}信号。该信号频率范围为 $10.3\times2^7\sim29\times2^7$ Hz(1 318.4～3 712 Hz)。f_{co}信号经 2^7 分频得到 10.3～29 Hz 的低频调制信号 TBF，由它控制“移频振荡器”的键控开关，产生上下边频交替的$(f_0\pm11)$ Hz 移频信号。

②低频调制信号的检查

由同一组外部的继电器接点条件构成编码控制条件，确定“辅助编码发生器”的发码种类，“辅助编码发生器”产生 f_{ax}信号，该信号频率范围为 $f_{co}+1\,000$ Hz(2 318.4～4 712 Hz)。

为了检查移频键控信号频率的正确性，从“移频振荡器”中提取 TBF 低频调制信号，经 2^7 倍频，得到 $f_{TBF}\times2^7=f_{co}$。正常情况时，$f_{co}=f'_{co}$，f_{ax} $f'_{co}-1\,000$(Hz)。

利用“差频 1 000 Hz 检查”单元可实现 Fax 与 f_{co}频率关系正确性检查。当 1 000 Hz 差值偏大，大于 13 Hz 时，在 2.1 s 内，输出信号消失。这是一种“故障 安全”考虑。

③输出信号的产生

低频调制信号 TBF 经校核检查正确，可在“差频 1 000 Hz 检查”输出一个条件电源供给“检查与门”，使得移频信号经过“检查与门”，然后“放大”输出。

6. 接收器

(1)主要功能

1)检查轨道电路空闲、占用；

2)区分载频、检查低频信号存在；

3)调整轨道电路。

(2)原理说明

1)原理框图，见图 3-43。

2)功能实现

①隔离及轨道电路的调整：可稳定接收器输入阻抗，实现电缆的连接及轨道电路的调整。

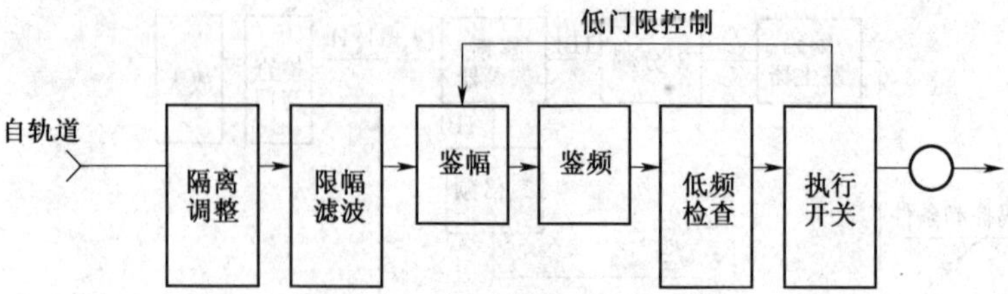

图 3-43　接收器原理框图

②限幅滤波:可对强信号进行限幅以保护后级电路。滤波器为($f_0 \pm 40$) Hz 的带通滤波器,可衰减带外的干扰信号,提高接收器的抗干扰能力。

③鉴幅器:主要用于检查轨道的空闲和占用,以及接收器正常运行后,通过"低门限控制"将执行环节的高频信号接入来降低鉴幅器触发门限,避免在临界值工作,以提高接收器的工作稳定性。

④鉴频器:主要用于检查移频信号上下边频频率以及低频信号存在。

⑤低频检查:对低频信号通过"交流—直流—交流"变换,实现对其频率范围、幅度的检查,是一种"故障—安全"考虑。

⑥执行开关:执行开关为轨道继电器提供电源。轨道空闲时,使之吸起;有车占用时,使之落下。

7. 点式信息发送设备

这是一个以连续方式向点式环线发送有足够功率的点式频率信号源。其设备构成原理见图 3-44。

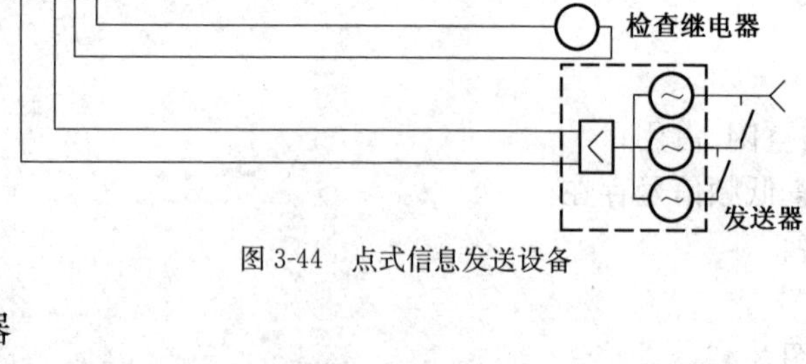

图 3-44　点式信息发送设备

(1)发送器

1)发送器根据继电器接点构成的控制条件,可产生 14 种点式频率信息,即 $f = 1\,318.4 + 1.1 \times 2^7 \times n$(Hz),$n = 0 \sim 17$,共 18 个信息位。其中因 $n = 3,5,7,9$ 时,f 分别接通 1 740.8 Hz、2 022.4 Hz、2 304 Hz、2 585.6 Hz 的信号频率,在点式信息中不予选取。

所以 f 分别为 1 318.4 Hz、1 459.2 Hz、1 600 Hz、1 881.6 Hz、2 163.2 Hz、2 444.8 Hz、2 726.4 Hz、2 867.2 Hz、3 008 Hz、3 148.8 Hz、3 289.6 Hz、3 430.4 Hz、3 571.2 Hz、3 712 Hz 等共 14 个。这些信息用作“改变列车运行方向”“速度控制”“绝对停车”“驶出移频轨道电路区域”的机车信号点式信息。另外也产生对点式环线完整与否的检查信息。

2)在 375 Ω 电阻负载上，可获得 12 W 的点式频率信号。

3)发送器设有 1 km、2 km、4 km 三段模拟电缆线，用来调整电缆长度，保证点式环线的应有电流。

4)每一发送器有三个点式频率信号。频率信号选用可据需要进行。一般，三个信号频率中有一个频率固定用于环线状态的检查。每一信号频率由相应控制继电器接点进行控制。

设备原理框图见图 3-45。

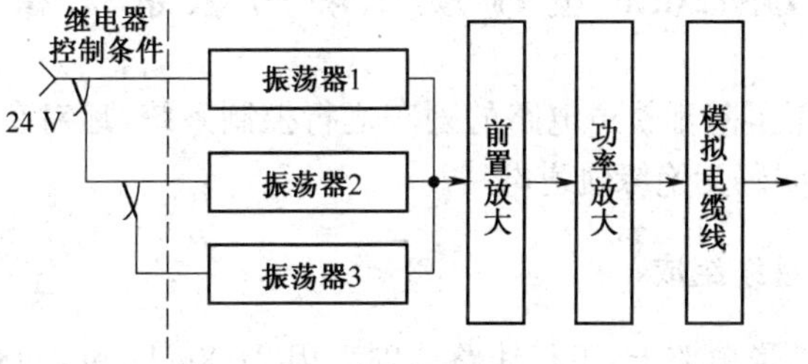

图 3-45 发送器原理框图

(2)匹配变压器

图 3-46 是点式设备的原理图。

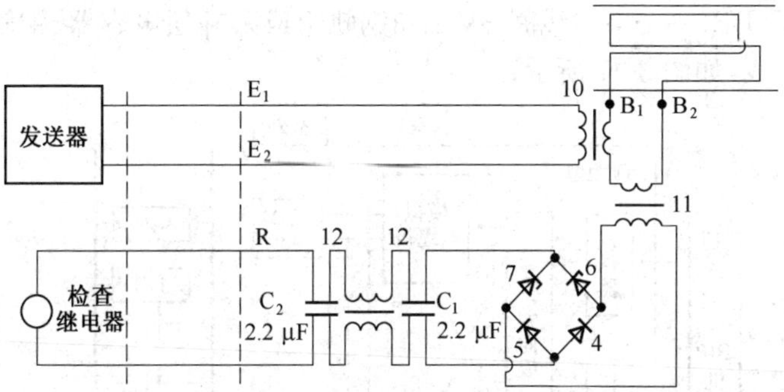

图 3-46 点式设备的原理图

1)为了完成电缆与环线的匹配连接，且在 1318.4～3712 Hz 频率范围内，匹配变压器一次侧有较大的阻抗，“变压器 10”在 1 000 Hz 条件下，次级开路阻抗应满足：$Z_0=j\omega L=1\,000\,(\Omega)$。据此，在点式频率信息为 1 318.4 Hz 时，$Z_0=1\,318.40\,\Omega$。环线阻抗约 2 Ω，反射到一次侧阻抗为：$Z=n^2R_L=200\,(\Omega)\,(n=10:1)$，$Z$ 与 Z_0 相比较低。

2)电流互感器：它的初、次级匝比为 1:180。

3)整流滤波:采用桥式全波整流,为消除二次侧过高电压,二极管 6、7 采用 56 V 齐纳二极管作限幅之用。滤波电容 C_1、C_2 选用 4 端头以保证断线故障得到检查。C_1、C_2 与电感 12 构成对整流信号的滤波。电感 12 按对称方式与电缆连接。它有足够大的电感量,且电感磁路有较大间隙,防止在直流极化电流下磁路饱和。当电缆发生故障,有 50 Hz 干扰信号时,由于电感 12 呈现较大阻抗,50 Hz 交流信号就不会被二极管(4、5、6、7)整流,也就不会造成直流的检查继电器误动。

(3)点式环线:长度要根据最高车速选取。270 km/h 选 9 m,160 km/h 可选 6 m。该环线按"8"字在两轨之间安装。

(4)检查继电器

检查点式环线内有 2 A 的最小电流。该继电器为高阻抗、低功耗继电器。

3.5 UM2000 型移频自动闭塞系统原理

秦沈客运专线采用了基于轨道电路的列车运行控制系统,地对车信息传输通道使用的是 UM2000 数字编码无绝缘轨道电路。

3.5.1 UM2000 系统组成

UM2000 无绝缘轨道电路上、下行线路分别采用 2 000 Hz 和 2 600 Hz,1 700 Hz 和 2 300 Hz,使得本区段的轨道电路与相邻区段有效隔离。这种轨道电路主要由室内设备和室外设备两大部分组成。其中室内部分由发送器、接收器、方向电路板、电源板及模拟电缆板组成;室外部分由电气绝缘节(JES)(一个电气绝缘节由两个调谐单元 BU、两个补偿调谐单元 DB、一个空芯线圈 SVA 和钢轨组成)、补偿电容器、钢轨、电缆及匹配变压器 TAD 组成,如图 3-47 所示。

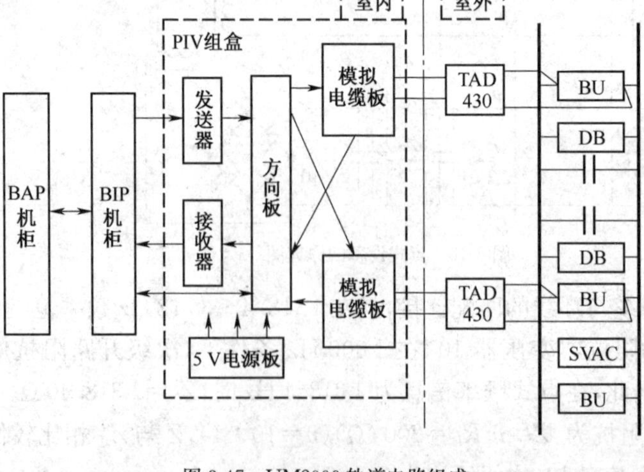

图 3-47　UM2000 轨道电路组成

3.5.2 UM2000 自动闭塞电路原理

1. 电气分隔原理

UM2000 无绝缘轨道电路采用的电气绝缘节(又称为调谐区),主要包括两个通用调谐单元 BU,1 个空芯线圈 SVA 和 1 段钢轨。电气绝缘节的长度根据线路条件而定。秦沈客运专线电气绝缘节的长度有两种,分别为桥面 19.2 m 和非桥面 20.4 m。

通用 BU 有 4 种,分别对应不同的频率。每个 BU 包括 1 个"零阻抗"和 1 个"极阻抗",对本区段的频率呈现极阻抗,对相邻区段的频率呈现零阻抗,既可用于发送,又可用于接收。

对于较低频率轨道电路(1 700 Hz,2 000 Hz),设置由 L、C 二元件组成的 BU;对于较高频率轨道电路(2 300 Hz,2 600 Hz),设置由 L、C、C 三元件组成的 BU。

相邻轨道区段实现电气绝缘的原理如图 3-48 所示。

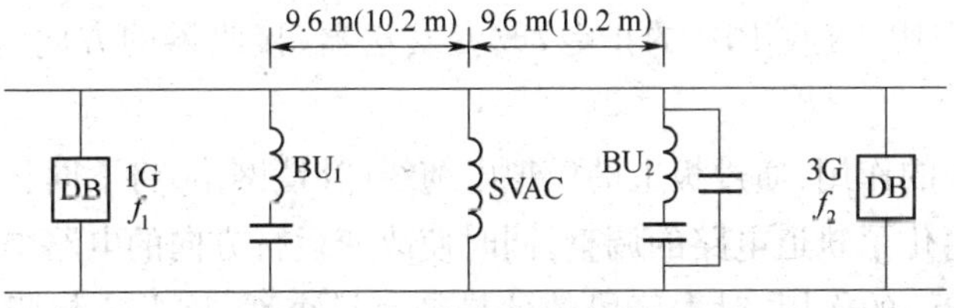

图 3-48　电气绝缘节原理图

"1G"端 BU 对"3G"端的频率 f_2 为串联谐振,呈现较低阻抗,相当于短路,阻止了相邻区段信号进入本轨道电路区段,而"1G"端 BU 对本区段的频率 f_1 呈现电容性,"1G"端频率 f_1 与调谐区钢轨、SVA 的综合电感构成并联谐振,呈现较高阻抗,称"极阻抗",相当于开路,以此减少了对本区段信号的衰耗。同理,"3G"端 BU 对"1G"端的频率 f_1 为串联谐振,呈现较低阻抗,相当于短路,阻止了相邻区段信号进入本轨道电路区段,而"3G"端 BU 对本区段的频率 f_2 呈现电容性,"3G"端频率 f_2 与调谐区钢轨、SVA 的综合电感构成并联谐振,呈现较高阻抗,相当于开路,也减少了对本区段信号的衰耗。

综合上述,通过 BU、SVA 和调谐区钢轨电感等参数间的配合,把相邻的两个轨道电路区段信号隔离,即完成"电气绝缘节"作用。为了保证轨道电路的传输距离,UM2000 无绝缘轨道电路同 UM71 一样,也采用了在钢轨中间加装补偿电容的方法来减弱电感的影响,但补偿电容的节距要根据载频和轨道电路的实际长度计算。

2. 各部分的作用

电路单元包括发送器、接收器、方向板、模拟电缆板、调谐单元 BU、补偿调谐单元、空芯线圈 SVA、匹配变压器、补偿电容器,其作用如下所述。

(1)补偿调谐单元的作用:当调谐单元故障时,代调谐单元工作。当调谐单元正常工作时,起补偿调谐及电容的作用,使系统工作更可靠。

(2)空芯线圈 SVA 的作用,作为谐振回路的电感,提高电气绝缘节(JES)谐振的品质因数;平衡两钢轨中的牵引电流,它的中心点可与相邻相应的空芯线圈的中心点做等电位连接,平衡两钢轨中牵引电流,保证设备及人身安全。

(3)匹配变压器(TAD)的作用:实现电缆与轨道电路的匹配连接。

(4)补偿电容器的作用:补偿钢轨电感对轨道信号传输的影响,延长轨道电路的长度;使钢轨中有足够强度的信号电流,提高信干比,保证机车信号设备及轨道电路可靠工作。

(5)发送器的作用:产生低频信息(TBF)及载频为 f_0 的移频信号,并对信号进行放大。

(6)接收器的作用:检查轨道电路空闲,区分不同载频的移频信号,检查低频信号。通过比较从轨面收到的信号与从发送板回读的信号来判断轨道电路的状态,提高轨道电路工作的可靠性。

(7)方向板的作用:接收 BIP 的指令,改变发送器、接收器的方向,从而实现双向运行。

(8)模拟电缆板的作用:通过板上的模拟电缆线(补偿网络)将不同长度的室外电缆补充至同一长度,简化了轨道电路的调整,同时使改变运行方向的电路得以简化。

(9)调谐单元 BU 的作用:对本区段的信号频率呈容性,该电容与调谐区钢轨和空芯线圈的电感并联谐振,呈现较高的阻抗,可减少对本区段信号的功率损耗。对相邻区段信号频率串联谐振,呈现较低的阻抗,可以阻止相邻区段的信号进入本区段,以此实现两相邻轨道电路的电气隔离。

3. 轨道电路主要技术参数

(1)分路电阻:0.15 Ω;

(2)分路电流:站内道岔区大于 1.6 A、其他区段大于 0.8 A;

(3)道砟电阻:区间 2.0 Ω · km,站内道砟电阻:1.5 Ω · km。

(4)根据上述参数确定轨道电路极限长度,区间轨道电路:两端均为电气绝缘节时极限长度为 1 200 m;一端为电气绝缘节,另一端为机械绝缘节,或两端均为机械绝缘节时为 1 000 m。

站内无岔区段轨道电路:一端为电气绝缘节,另一端为机械绝缘节,或两端均为机械绝缘节时极限长度为 800 m,但是当邻线同频时,轨道电路极限长度缩短为 450 m。

站内道岔区段轨道电路:一端为电气绝缘节,另一端为机械绝缘节,或两端均为机械绝缘节时极限长度为 450 m。

正线特殊轨道区段:为了保证车载设备信息的完整接收,在两端为机械绝缘节时正线轨道电路长度必须大于 155 m。

4. UM2000 与 UM71 的比较

表 3-6 UM2000 与 UM71 的比较

项目		UM71	UM2000
载频(Hz)	上行 下行	2000、2600 1700、2300	2000、2600 1700、2300
调制方式		FSK	数字调频
低频信息	范围(Hz) 间隔(Hz) 低频调制信号数量/个	10.3～29 1.1 18 个	0.88～17.52、25.67 0.64 27 Hz bit
低频信息含义		只有速度信息	包含速度、距离、坡度、地址、校验及路网
调谐分区长度(m)		26	20
分区长度(m)	最短 最长	150 2000	25 1500
补偿电容器	容量(μF) 步长(m)	33 100 均匀分布	22 60(1700,2000/Hz) 80(2300,2600/Hz)
补偿调谐单元		无	有
设备器件		模拟分立元件	DSP 数字处理器

5. 编码规则

UM2000 无绝缘轨道电路地车间的信息传输，采用移频键控 FSK 的调制方式，由 27 位数字编码组成，最前边 6 位为循环冗余校验码(CRC)，最后 3 位为预留信息码位，中间 18 位为实际使用信息位，其中包括坡度信息 4 位、目标距离信息 6 位和速度信息 8 位。

UM2000 用 27 个低频信号 0.88 Hz、1.52 Hz、2.16 Hz、…、17.52 Hz 和一个反映轨道占用/出清的低频信号 25.68 Hz，依次逐位和线性分组码 27 码元相乘，形成一个低频序列，对载频进行调制，形成混合模拟移频信号发送到钢轨，地面接收设备解调出轨道占用与出清信息；车载设备解调出 27 bit 的线性分组码信息指挥行车。

在 27 bit 信息中用 6 bit 冗余码元作校验元，有效信息 21 bit，实际使用 18 bit，3 位预留，信息使用定义如下：

循环冗余校验码(CRC)	坡度码	目标距离信息	速度信息	预留信息
6 bit	4 bit	6 bit	8 bit	3 bit

(1)纠错码占 6 bit，频率为 16.24～17.52 Hz。当信号误读时，纠错码不但能检查出错误，在某种情况下还能纠正错误，纠错码采用 6 位循环冗余校验码。

(2)坡度码占 4 bit，可将坡度划分为 16 个等级，频率为 4.72～6.64 Hz。坡度信息由整个闭塞分区情况平均而得,列车在进行速度计算时要考虑到这一因素。

(3)目标距离信息,共 6 bit,可将目标距离分成 64 种情况;对应频率为 7.28~10.48 Hz。闭塞分区长度可能有多种,对于计算速度十分重要。

(4)速度码占 8 bit,最多可以代表 256 种速度码。频率从 0.88~4.08 Hz。包括本闭塞分区最高安全速度,本闭塞分区末端的目标速度及下一闭塞分区末端的目标速度。其代表的速度值主要有 7 个,在高速线路上分别表示为 200,180,160,140,105,000,RRR。

(5)路网码占 3 bit,频率为 11.12~15.60 Hz。路网码决定列车如何理解速度码,例如,在最高允许速度为 300 km/h 的高速线路上所用的路网码,与在速度限制为 160 km/h 的海峡隧道中所用的路网码就不同,在秦沈客运专线作为预留信息 3 bit。

秦沈客运专线信号系统,在区间和车站内均安装了 UM2000 无绝缘数字轨道电路,实现了区间、站内轨道电路的一体化,与 UM71 相比,信息量由过去的 18 个变为 2^{18} 个,因此其速度监督由过去的阶梯控制方式改为分段连续速度模式曲线控制方式,取消了原 TVM300 系统必需的保护区段,提高了线路通过能力。为在高速铁路区段实现高速安全的行车,创造了良好的技术基础。

6. UM2000 移频信号的特点

UM2000 移频信号是一个多频调制的调频信号,其中调频常数是一个关键的参数。通过分析调频常数对移频信号频谱带宽以及能量分布的影响,给出了调频常数选择的一般原理。调频常数的值越大,移频信号的频谱能量越分散,带宽也就越宽,但边频所含的能量越多,抗干扰性能越强;调频常数的值越小,移频信号的频谱能量越集中,带宽也就越窄,但边频所含的能量越少,抗干扰性能越弱。所以应在保证带宽合适的前提下选择尽可能大的调频常数。

UM2000 移频信号的调制信号是根据要发送的数字信息码选取相应的正弦信号叠加而成。将此调制信号调制在 1 700 Hz、2 000 Hz、2 300 Hz、2 600 Hz 中的一个载频上得到相应移频信号,称为 UM2000 移频信号。

调频常数 K_{FM} 选择的一般原理:

UM2000 移频信号表达式如下

$$e(t) = U\cos[\omega_0 t + K_{FM}\int_0^1 \sum_{n=1}^{28} s_n A_n \sin(\Omega_n t + \Phi_n)\,dt] \tag{3-62}$$

式中,U 为移频信号的幅值;$\omega_0 = 2\pi f_0$ 为载频;K_{FM} 为调频常数;$\Omega_1 \sim \Omega_{28}$、$A_1 \sim A_{28}$、$\varphi_1 \sim \varphi_{28}$ 分别为 28 位正弦信息各自对应的频率、幅度、相位;$s_n = 0$ 或 1,表示第 n 位信息码。

式(3-62)可化简为

$$e(t) = U\cos\{\omega_0 t + \Phi - [\sum_{n=1}^{28} s_n m_n \sin(\Omega_n t + \Phi_n)]\} \tag{3-63}$$

式中，$m_n=K_{FM}\dfrac{A_n}{\Omega_n}$为调频指数；$\Phi=\sum\limits_{n=1}^{28}s_n m_n\cos\Phi_n$ 为附加相位。

通过三角函数和贝塞尔函数运算，式(3-63)可以展开为三角函数之和的形式。以调制信号为两个正弦信号叠加的情况为例作具体说明。

根据式(3-63)得到调制信号为两个正弦信号叠加时的移频信号表达式如下

$$e(t)=U\cos\{\omega_0 t+\Phi-[m_1\cos(\Omega_1 t+\Phi_1)+m_2\cos(\Omega_2 t+\Phi_2)]\} \quad (3\text{-}64)$$

式(3-64)展开后的时域表达式反映了移频信号频谱特性。

由于调频指数 $m_{28}=K_{FM}\dfrac{A_{28}}{\Omega_{28}}m=K_{FM}\dfrac{A}{\Omega}$，而 A 与 Ω 的值一定，所以调频指数 m 的大小完全由调频常数 K_{FM}决定，且它们成正比关系。所以应在保证带宽合适的前提下选取尽可能大的 K_{FM}。

3.6 ZPW-2000A型移频自动闭塞系统原理

3.6.1 系统技术指标

1. 发送器频率参数

(1)低频频率

$$10.3+n\times1.1\,(\text{Hz}),\ n=0\sim17。$$

即：10.3 Hz、11.4 Hz、12.5 Hz、13.6 Hz、14.7 Hz、15.8 Hz、16.9 Hz、18 Hz、19.1 Hz、20.2 Hz、21.3 Hz、22.4 Hz、23.5 Hz、24.6 Hz、25.7 Hz、26.8 Hz、27.9 Hz、29 Hz。

(2)载频频率

下行：1700-1　1701.4 Hz
　　　1700-2　1698.7 Hz
　　　2300-1　2301.4 Hz
　　　2300-2　2298.7 Hz

上行：2000-1　2001.4 Hz
　　　2000-2　1998.7 Hz
　　　2600-1　2601.4 Hz
　　　2600-2　2598.7 Hz

(3)频偏

±11 Hz。

2. 接收器

轨道电路调整状态下：

(1)主轨道接收电压不小于 240 mV;

(2)主轨道继电器电压不小于 20 V(1700 Ω 负载,无并机接入状态下);

(3)小轨道接收电压不小于 33.3 mV(考虑到上下边频幅度差,运用中,33~38 mV);

(4)小轨道继电器或执行条件电压不小于 20 V(1700 Ω 负载,无并机接入状态下)。

3. 轨道电路

(1)主轨道电路工作值 240 mV;

(2)小轨道电路工作值 33.3 mV;

(3)分路灵敏度为 0.15 Ω;

(4)主轨道电路分路残压为 140 mV(带内);

(5)ZPW-2000 在 10 km SPT 电缆及不同道砟电阻条件,轨道电路传输长度见表 3-7。

表 3-7 轨道电路传输长度表

道砟电阻(Ω·km) \ 轨道电路长度(m) \ 载频(Hz)	1700	2000	2300	2600
1.5	1950	1900	1850	1800
1.2	1750	1700	1650	1600
1.0	1500	1500	1500	1500
0.9	1200	1150	1150	1150
0.8	1050	1050	1050	1050
0.7	950	900	900	900
0.6	800	800	800	800
0.5	700	650	650	650
0.4	600	550	550	550
0.3	450	450	420	450
0.28	400	400	400	400
0.25	350	350	350	350

轨道电路长度规定:

JES-JES(电气绝缘节—电气绝缘节):由 SVA-SVA;

JES-BA//SVA′(电气绝缘节—机械绝缘节):由 SVA-机械绝缘节;

BA//SVA′-BA//SVA′(机械绝缘节—机械绝缘节):由 SVA′-SVA′。

(6)ZPW-2000 在 10 km、12.5 km、15 km SPT 电缆及 1.0 Ω·km、1.2 Ω·km、1.5 Ω·km 道砟电阻下,轨道电路传输长度,参见表 3-8。

表 3-8　不同道砟电阻与轨道电路长度

序号	道砟电阻（Ω·km）	传输电缆长度（km）	轨道电路长度(m)			
			1700 Hz	2000 Hz	2300 Hz	2600 Hz
1	1.0	10	1500	1500	1500	1500
		12.5	1500	1400	1400	1500
		15	1400	1400	1350	1300
2	1.2	10	1750	1700	1650	1600
		12.5	1650	1600	1600	1550
		15	1550	1500	1450	1400
3	1.5	10	1950	1900	1850	1800
		12.5	1850	1800	1750	1700
		15	1700	1650	1600	1550

注:传输电缆长度表示为发送或接收传输电缆长度。站间电缆长度为传输电缆长度 2 倍。即,传输电缆长度为 10 km、12.5 km、15 km 表示站间电缆长度为 20 km、25 km、30 km。

(7)主轨道无分路死区,调谐区分路死区不大于 5 m。

(8)有分离式断轨检查性能。

轨道电路全程(含主轨及小轨)断轨,有关轨道继电器可靠失磁。

(9)机械—机械、机械—电气、电气—电气三种方式绝缘轨道电路具有相同传输长度。

(10)系统冗余。

1)发送器采用"$N+1$"冗余,实行故障检测转换;

2)接收器采用成对双机并联运用,故障报警。

3.6.2　系统构成

ZPW-2000 主要由室内设备和室外设备组成,如图 3-49 所示。

1. 室外部分

(1)调谐区(JES-JES):按 29 m 设计,实现两相邻轨道电路电气隔绝。

(2)机械绝缘节:由"机械绝缘节空芯线圈"与调谐单元并接而成,其节特性与电气绝缘节相同。

(3)匹配变压器:一般条件下,按 0.25～1.0 Ω·km 道砟电阻设计,实现轨道电路与 SPT 传输电缆的匹配连接。

(4)补偿电容:根据通道参数兼顾低道砟电阻道床传输,考虑容量。使传输通道趋于阻性,保证轨道电路良好传输性能。

(5)传输电缆:SPT 型铁路信号数字电缆,ϕ1.0 mm,一般条件下,电缆长度按 10 km 考虑。根据工程需要,传输电缆长度可按 12.5 km、15 km 考虑。

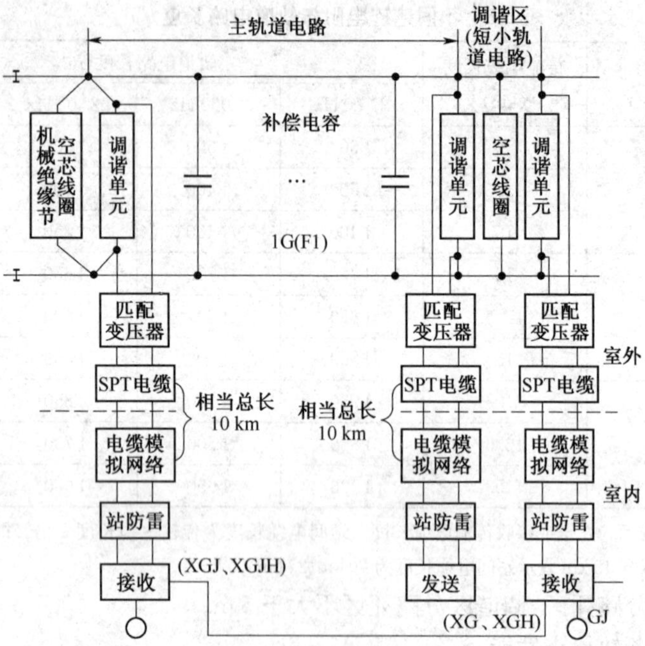

图 3-49　ZPW-2000A 系统构成

(6)调谐区设备引接线：

采用 3 600 mm、1 600 mm 钢包铜引接线构成，用于 BA、SVA、SVA′等设备与钢轨间的连接。

2. 室内部分

(1)发送器

用于产生高精度、高稳定移频信号源。系统采用“$N+1$”冗余设计。故障时，通过 FBJ 接点转至“+1”FS。

(2)接收器

ZPW-2000A 型无绝缘轨道电路将轨道电路分为主轨道电路和调谐区短小轨道电路两个部分，并将短小轨道电路视为列车运行前方主轨道电路的所属“延续段”。

接收器除接收本主轨道电路频率信号外，还同时接收相邻区段小轨道电路的频率信号。接收器采用 DSP 数字信号处理技术，将接收到的两种频率信号进行快速傅氏变换(FFT)，获得两种信号能量谱的分布，并进行判决。

上述“延续段”信号由运行前方相邻轨道电路接收器处理，并将处理结果形成小轨道电路轨道继电器执行条件(XG、XGH)送至本轨道电路接收器，作为轨道继电器(GJ)励磁的必要检查条件(XGJ、XGJH)之一，见图 3-50。

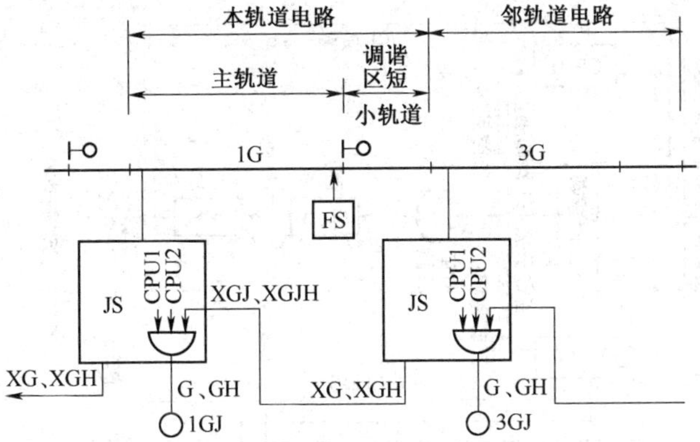

图 3-50 主轨道与小轨道检查

综上，接收器用于接收主轨道电路信号，并在检查所属调谐区短小轨道电路状态（XGJ、XGJH）条件下，动作本轨道电路的轨道继电器（GJ）。另外，接收器还同时接收邻段所属调谐区小轨道电路信号，向相邻区段提供小轨道电路状态（XG、XGH）条件。系统采用成对双机并联运用方式。

（3）衰耗

用于实现主轨道电路、小轨道电路的调整。给出发送接收故障、轨道占用表示及发送、接收用＋24 V 电源电压、发送功出电压、接收 GJ、XGJ 测试条件。

（4）电缆模拟网络

设在室内，按 0.5 km、0.5 km、1 km、2 km、2 km、2×2 km 六段设计，用于对 SPT 电缆的补偿，总补偿距离为 10 km。

ZPW-2000A 无绝缘移频自动闭塞系统原理框图参见附图 1（见书末插页）。

3.6.3 发送器作用及工作原理

1. 作用

（1）产生 18 种低频信号 8 种载频（上下行各四种）的高精度、高稳定的移频信号。

（2）产生足够功率的输出信号。

（3）调整轨道电路。

（4）对移频信号特征的自检测，故障时给出报警及“$N+1$”冗余运用的转换条件。

2. 原理框图及电原理说明

（1）原理框图（如图 3-51）。

同一载频编码条件、低频编码条件源，以反码形式分别送入两套微处理器 CPU1、CPU2 中，其中 CPU1 控制“移频发生器”产生低频控制信号为 f_c 的移频信号。移频键控信号 FSK 分别送至 CPU1、CPU2 进行频率检测。检测结果符合规定后，即产生控制输出信号，经“控制与门”使“FSK”信号送至“滤波”环节，实现方波—正弦波变换。功放输

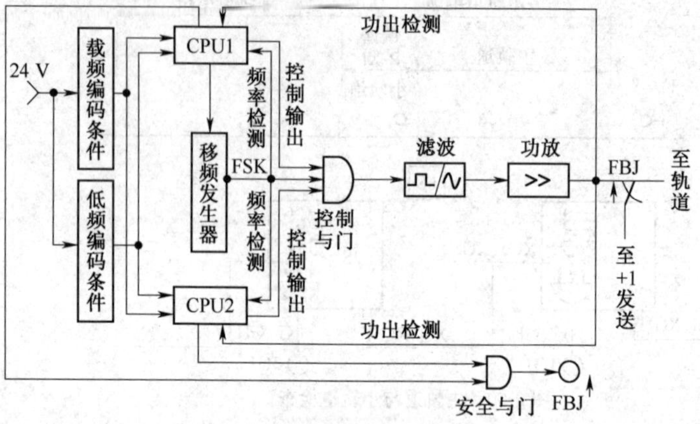

图 3-51 通用型发送器原理框

出的 FSK 信号，送至两 CPU 进行功出电压检测。两 CPU 对 FSK 信号的低频、载频和幅度特征检测符合要求后，使发送报警继电器 FBJ 励磁，并使经过功放的 FSK 信号输出至轨道。当发送输出端短路时，经检测使“控制与门”有 10 s 的关闭(装死或称休眠保护)。

(2)微处理器、可编程逻辑器件及作用

1)采用双 CPU、双软件、双套检测电路、闭环检查。

2)CPU 采用 80C196，其中 CPU1 控制产生移频信号。CPU1、CPU2 还担负着移频输出信号的低频、载频及幅度特征的检测等功能。

3)FPGA 可编程逻辑器件，由它构成移频发生器，并行 I/O 扩展接口、频率计数器等。

(3)低频和载频编码条件的读取

低频和载频编码条件读取时，为了消除配线干扰采用“功率型”电路。考虑到“故障—安全”原则，应将 24 V 直流电源变换成交流，呈动态检测方式，并将外部编码控制电路与 CPU 等数字电路有效隔离，如图 3-52 所示。

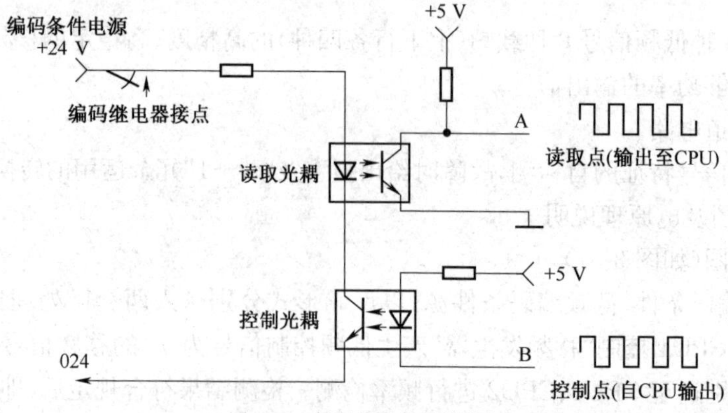

图 3-52 低频编码条件的读取

图 3-52 所示为 CPU 对 18 路低频或 8 路载频编码条件的读取电路。依“编码继电器接点”接入“编码条件电源”(＋24 V)为消除配线干扰，采用＋24 V 电源及电阻 R 构成“功率型”电路。考虑“故障—安全”，电路中设置了读取光耦、控制光耦。由 B 点送入方波信号，当＋24 V 编码条件电源构通时，即可从“读取光耦”受光器 A 点获得与 B 点相位相同的方波信号，送至 CPU，实现编码条件的读取。

“控制光耦”与“读取光耦”的设置，实现了对电路元件故障的动态检查。任一光耦的发光源，受光器发生短线或击穿等故障时，“读取光耦”A 点都得不到动态的交流信号。以此实现“故障—安全”，电路详细分析略。另外，采用光电耦合器也实现了外部编码控制电路与 CPU 数字电路的隔离。对于 18 路低频选择电路，该电路分别设置，共 18 个。

(4)移频信号产生

低频、载频编码条件通过并行 I/O 接口分别送到两个 CPU 后，首先判断该条件是否有，且仅有一路。满足条件后，CPU1 通过查表得到该编码条件所对应的上下边频数值，控制移频发生器，产生相应 FSK 信号。并由 CPU1 进行自检，由 CPU2 进行互检，条件不满足，将由两个 CPU 构成故障报警。

为保证“故障—安全”，CPU1、CPU2 及用于“移频发生器”的“可编程逻辑器件”分别采用各自独立的时钟源。经检测后，两 CPU 各产生一个控制信号，经过“控制与门”，将 FSK 信号送至方波正弦变换器。

方波正弦变换器：该变换器是由可编程低通滤波器 260 集成芯片构成其截止频率，同时满足对 1 700 Hz、2 600 Hz 三次及以上谐波的有效衰减。

(5)激励放大器

为满足“故障—安全”要求，激励放大器采用射极输出器。为提高输入阻抗，提高射极输出器信号的直线性，减少波形失真，免除静态工作点的调整以及电源电压对放大器工作状态的影响，激励放大器采用运算放大器。

(6)功率放大器

从故障—安全及提高功出电压稳定性考虑，功率放大器采用射极输出器，其简化电路如图 3-53 所示。

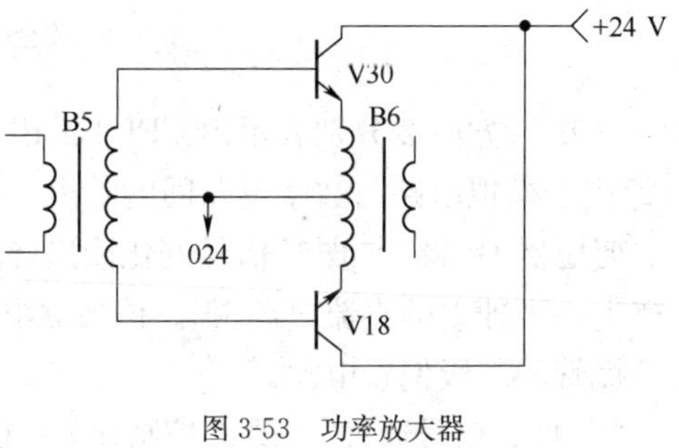

图 3-53 功率放大器

FSK 信号经过 B5 输入至共集电极乙类推挽放大器，V30、V18 分别对输入信号正负半波进行放大。

(7)安全与门电路

数字电路中，为保证“故障—安全”，往往采用相互独立的两路非“故障—安全”数字电路，该电路由统一外控条件控制，每路数字电路对信息执行结果判断符合要求后，各自送出一组连续方波动态信号。另外，专门设计一个有两个分立元件构成的具有“故障—安全”保证的“安全与门”，对两组连续方波动态信号进行检查。

“安全与门”在确认两组动态信号同时存在条件下，方可驱动执行继电器，其原理框图如图 3-54 所示。

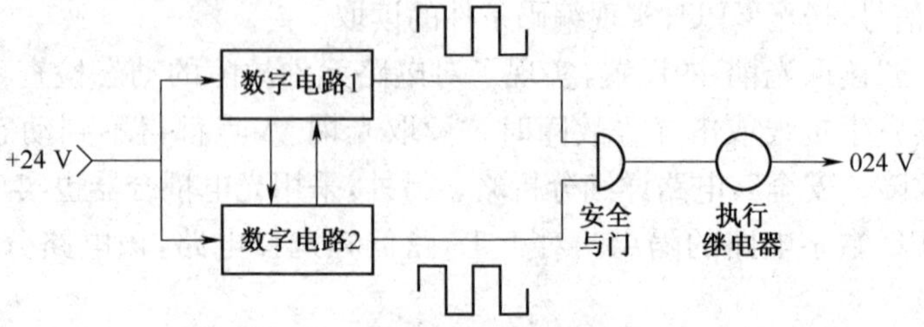

图 3-54　安全与门原理框图

两数字电路间的联系为数字交换或自检、互检及闭环检查等。发送器“安全与门”电路如图 3-55 所示。

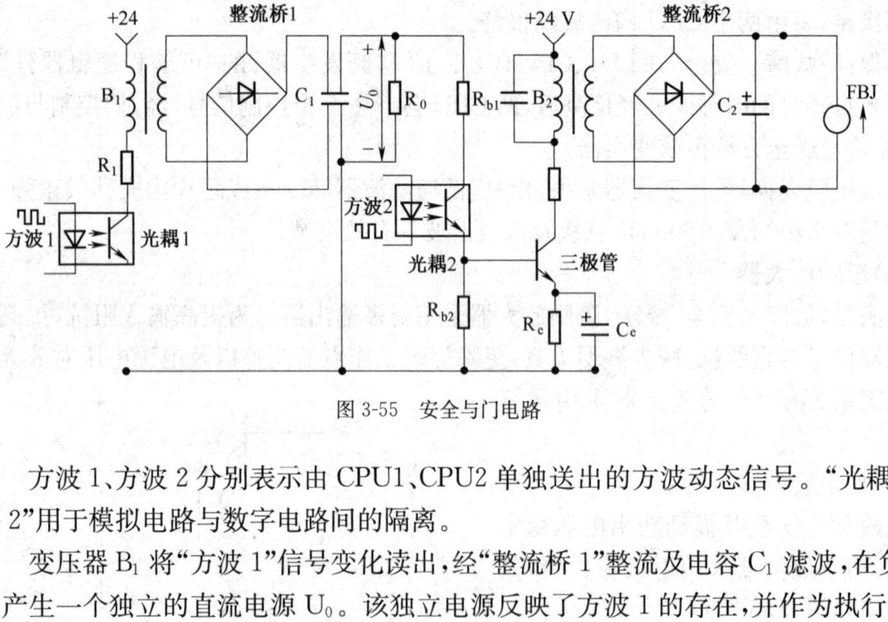

图 3-55　安全与门电路

方波 1、方波 2 分别表示由 CPU1、CPU2 单独送出的方波动态信号。“光耦 1”“光耦 2”用于模拟电路与数字电路间的隔离。

变压器 B_1 将“方波 1”信号变化读出，经“整流桥 1”整流及电容 C_1 滤波，在负载 R_0 上产生一个独立的直流电源 U_0。该独立电源反映了方波 1 的存在，并作为执行电路开关三极管的基级偏置电源。

“方波 2”信号通过“光耦 2”控制开关三极管偏置电路。在“方波 1”“方波 2”同时存在的条件下，通过变压器 B_2，“整流桥 2”整流及电容滤波使发送报警继电器(FBJ)励磁。

由以上分析可以看出，FBJ↑反映“方波 1”“方波 2”的同时存在。电路中，R_1 用于限流。C_1 采用四端头，为检查电容断线，防止独立电源 U_0 出现较大的交流纹波。R_{b1} 为上偏置电阻，R_{b2} 作为漏泄电阻，保证无“方波 2”信号时，三极管的可靠关闭。R_e 作为

“光耦 2”长期固定导通时的恒流保护，同时作为 FBJ 继电器电压的调整。C_e 为交流旁路电容。采用 B_1、B_2 变压器耦合提取交流信号、都为了保证电路的“故障—安全”。

发送器“$N+1$”冗余系统原理接线图参见附图 2(见书末插页)。

3.6.4 接收器作用及工作原理

1. 作用

接收器接收端及输出端均按双机并联运用设计，与另一台接收器构成相互热机并联运用系统(或称 0.5+0.5)，保证接收系统的高可靠运用。

(1)用于对主轨道电路移频信号的解调，并配合与送电端相连接调谐区短小轨道电路的检查条件，动作轨道继电器。

(2)实现对与受电端相连接调谐区短小轨道电路移频信号的解调，给出短小轨道电路执行条件，送至相邻轨道电路接收器。

(3)检查轨道电路完好，减少分路死区长度，还用接收门限控制实现对 BA 断线的检查。

2. 原理框图及原理说明

(1)接收器双机并联运用原理框图

接收器由本接收“主机”及另一接收“并机”两部分构成(图 3-56)。

ZPW-2000A 系统中 A、B 两台接收器构成成对双机并联运用，即：A 主机输入接至 A 主机，且并连接至 B 并机；B 主机输入接至 B 主机，且并连接至 A 并机。A 主机输出与 B 并机输出并联，动作 A 主机相应执行对象(AGJ)；B 主机输出与 A 并机输出并联，动作 B 主机相应执行对象(BGJ)。

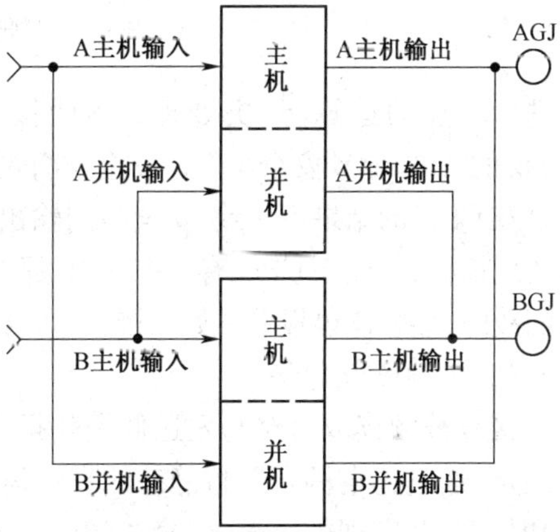

图 3-56 双机并联运用原理框图

(2)接收器原理框图(图 3-57)

主轨道 A/D、小轨道 A/D：模数转换器，将主机、并机输入的模拟信号转换成计算机能处理的数字信号。CPU1、CPU2：是计算机系统，完成主机、并机载频判决、信号采样、信息判决和输出驱动等功能。

安全与门 1～4：将两路 CPU 输出的动态信号变成驱动继电器(或执行条件)的直流输出。

载频选择电路：根据要求，利用外部的接点，设定主机、并机载频信号，由 CPU 进行判决，确定接收盒的接收频率。接收盒根据外部所确定载频条件，送至两 CPU，通过各自识别，并通信、比较确认一致，视为正常，不一致时，视为故障并报警。外部送进来的信号，分别经过主机、并机两路模数转换器转换成数字信号。两套 CPU 对外部四路信

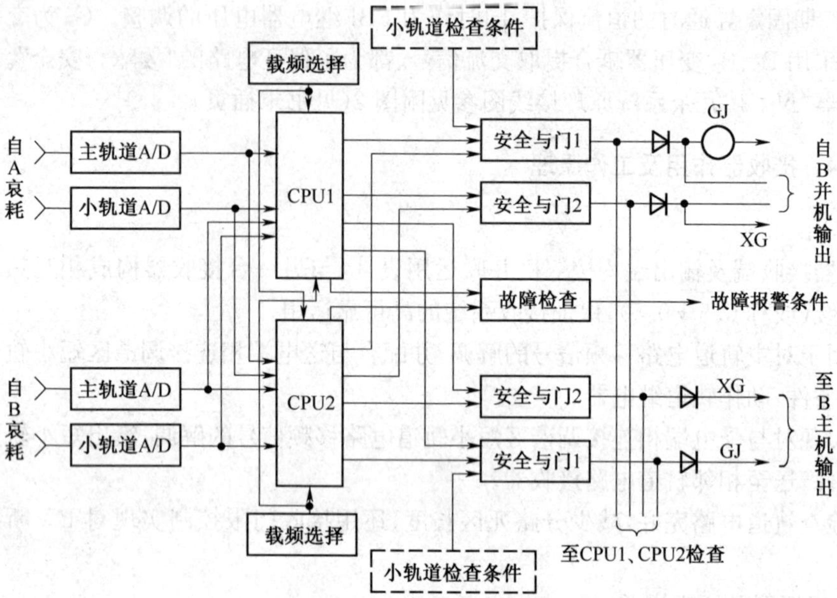

图 3-57　接收器原理框图

号进行单独的运算，判决处理。表明接收信号符合幅度、载频、低频要求时，就输出 3 kHz 的方波，驱动安全与门。安全与门收到两路方波后，就转换成直流电压带动继电器。如果双 CPU 的结果不一致，安全与门输出不能构成，且同时报警。电路中增加了安全与门的反馈检查，如果 CPU 有动态输出，那么安全与门就应该有直流输出，否则就认为安全与门故障，接收盒也报警。如果接收盒收到的信号电压过低，就认为是列车分路。

(3)载频读取电路

接收载频读取电路与发送低频载频读取电路类似，载频通过相应端子接通 24 V 电源确定，通过光电耦合器将静态的直流信号转换成动态的交流信号，由双 CPU 进行识别和处理，并实现外界电路与数字电路的隔离，载频读取电路参见图 3-58。

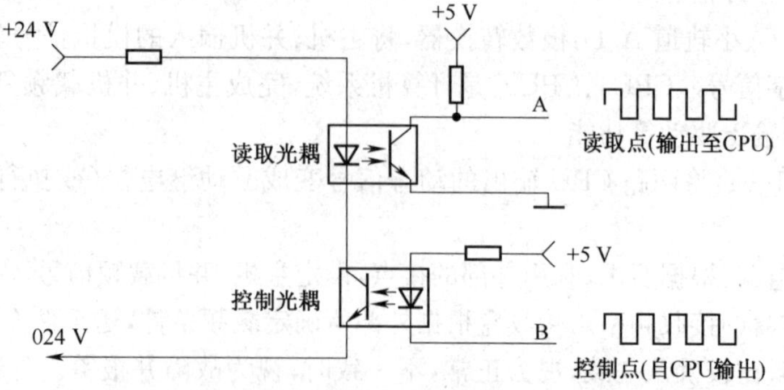

图 3-58　载频选择电路

(4)微处理器电路

微处理器电路采用双 CPU、双软件。两套软件硬件对信号单独处理,把结果相互校核,实现“故障—安全”。其原理框图见图 3-59。CPU 采用数字信号处理器 TMS320C32。

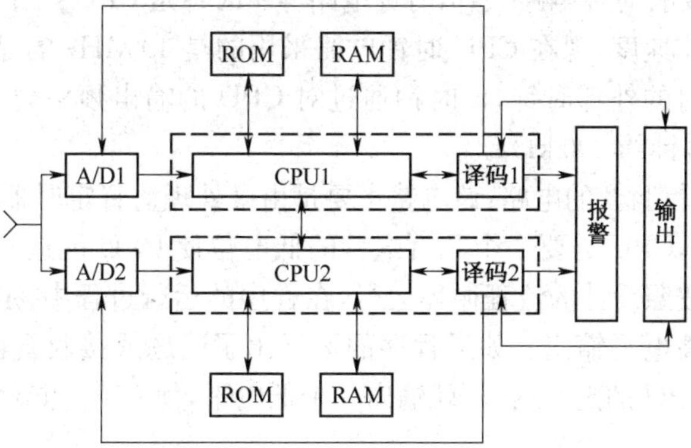

图 3-59 微处理器电路

1)CPU 完成信号的采样、运算判决和控制功能。该 CPU 每秒钟能完成 1 千万次浮点加法、减法或乘法运算。

2)数据存储器(RAM):用于存放采集的数据和运算的结果。数据存储器供电后可以对其进行读写处理,断电后其内部数据就消失不保存。

3)程序存储器(EPROM):是程序的载体,CPU 执行的指令和运算需要的常数存储在其中。ROM 中的信息通过编程写入,断电后数据仍能保持。如果需要擦除其中的信息,可通过紫外线照射擦除。可反复使用。

4)译码器:完成 CPU 与 EPROM、RAM、A/D 及输入输出接口(I/O)等之间的逻辑关系。

5)输出电路:根据 CPU 对输入信号分析的结果,经过通信相互校核后,输出动作相应的继电器。

6)报警电路:CPU 定时对 RAM、EPROM 和 CPU 中的存储器进行检查,也对载频电路和安全与门电路进行检查,根据检查的结果和双 CPU 进行通信相互校核的结果,决定给出相应报警条件,如图 3-60 所示。

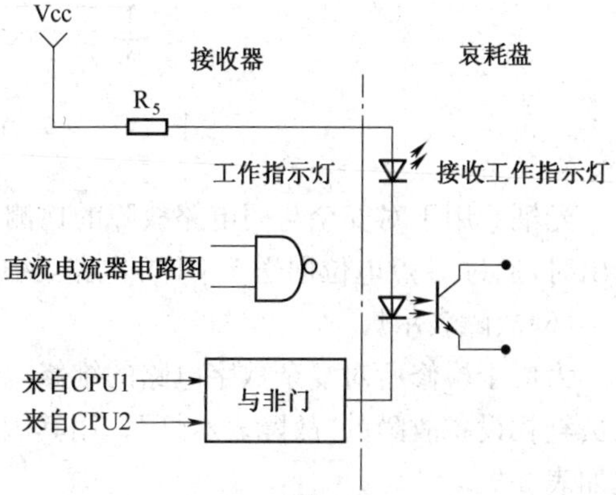

图 3-60 报警电路

来自两个 CPU 的信号,经过一个与非门后,控制报警电路。如果正常,CPU 就输出一个高电平 1,与非门输出一个低电平 0，这时衰耗盘接收工作表示灯点亮，光耦导通。给外部提供一个导通的条件，构成总移频报警电路。如果发现故障，CPU 就输出低电平 0，与非门输出高电平，工作表示灯灭，光耦断开，构成报警电路。

7）辅助电路：主要有时钟电路、通信时钟电路等。时钟是 CPU 工作的动力，其大小也反映了 CPU 的工作速度，现在 CPU 时钟电路采用的是 40 MHz 的晶振。通信时钟电路是双 CPU 通信时的外部时钟，该时钟通过对 CPU 的输出频率分频后，再提供给 CPU 通信用。通信时钟约 200 kHz。

8）上电复位及“看门狗”的电路：该电路主要是由微处理监督定时器 MAX705 和与非门组成。刚开机时，CPU 需要一个几百毫秒的低电位使 CPU 能进行复位。正常工作后，为了保证程序按照设计的流程循环运行，在程序的运行过程中，定时给 MAX705 一个信号，使其保持高电平输出。如果程序的运行出了问题或接收盒出现了“死机”，MAX705 没有收到 CPU 的定时信号，就输出一个低电平，使 CPU 重新复位，使其重新开始执行。

(5)安全与门电路

安全与门电路有四个，分别带动主机轨道继电器，并机轨道继电器以及提供主机小轨道继电器、并机小轨道继电器的执行条件。其电路原理与发送器 FBJ 电路类似，故不详述，如 3-61 图所示。

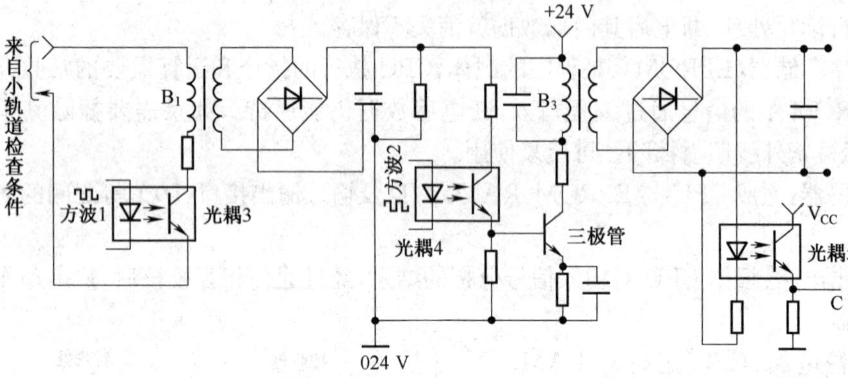

图 3-61　安全与门电路

光耦 5 用于对安全与门电路故障的检测。当“方波 1”“方波 2”存在，安全与门没有输出时，通过 C 点电位回送至 CPU 电路，构成报警。

(6)故障表示灯

为便于检修所对复杂数字电路的维修，盒内针对每一套 CPU 设置了一个指导维修人员查找设备故障的“故障表示灯”。用其闪动状况表示它可能出现故障的点，具体情况如表 3-9。

表 3-9 故障表示灯含义

G 闪动次数(N)	含 义	可能的故障点
1	CPU 故障	RAM 故障 CPU 内部 RAM 故障
2	主机载频故障	载频输入条件没有或有两个及以上； 相应的光耦被击穿
3	备机载频故障	载频输入条件没有或有两个及以上； 相应的光耦被击穿
4	通信故障	CPLD 故障或另一 CPU 故障
5	安全与门 1 故障	安全与门 1 输出电路故障
6	安全与门 2 故障	安全与门 2 输出电路故障
7	安全与门 3 故障	安全与门 3 输出电路故障
8	安全与门 4 故障	安全与门 4 输出电路故障
9	EPROM 故障	

接收器双机并联运用原理接线图参见附图 3(见书末插页)，接收器外线连接示意图和端子代号及用途说明见附录 2。

3.6.5 衰 耗 盘

1. 作用

(1)用砟对主轨道电路的接收端输入电平调整。

(2)对小轨道电路的调整含正反向。

(3)给出有关发送、接收用电源电压、发送功出电压、轨道输入输出、GJ 和 XGJ 测试条件。

(4)给出发送、接收故障报警和轨道占用指示灯等。

(5)在“N+1”冗余运用中实现接收器故障转换时主轨道继电器和小轨道继电器的落下延时。

2. 电原理说明

(1)轨道输入电路

衰耗盘的电路原理图参见图 3-62 所示。主轨道信号 V1、V2 自 c1、c2 变压器 B1 输入，B1 变压器其阻抗为 36～55 Ω(1 700～2 600 Hz)，以稳定接收器输入阻抗，该阻抗选择较低，以利于抗干扰。

变压器 B1 其匝比为 116∶(1～146)。次级通过变压器抽头连接，可构成 1～146 共 146 级变化，按调整表调整接收电平。

(2)小轨道电路输入电路

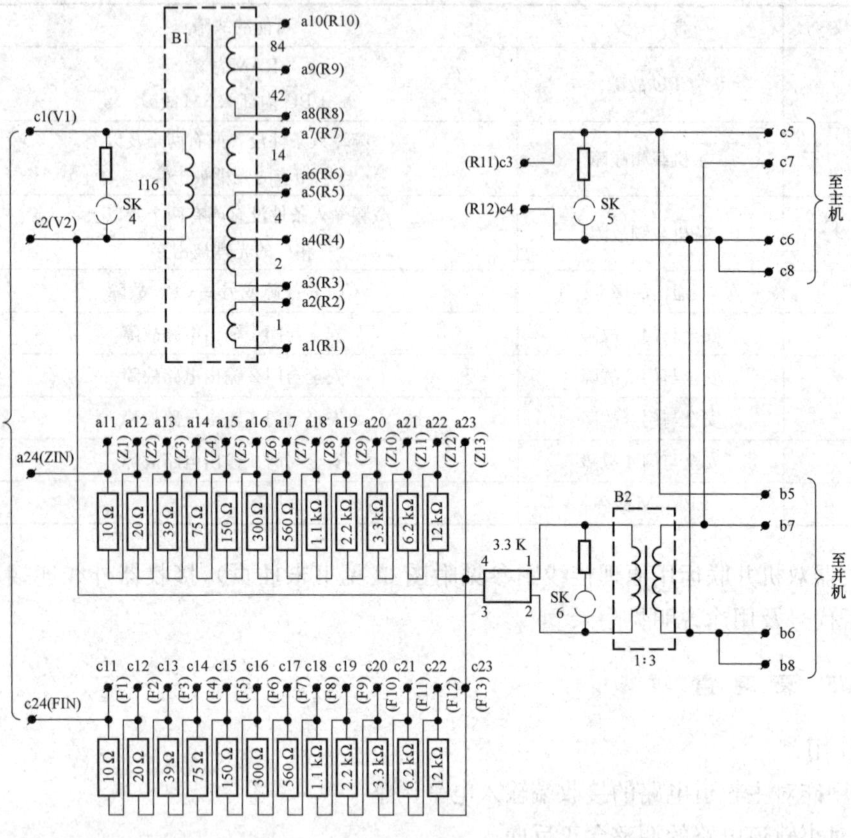

图 3-62　衰耗盘原理图

根据方向电路变化，接收端将接至不同的两端短小轨道电路。故短小轨道电路的调整按正、反两方向进行。正方向调整用 a11～a23 端子，反方向调整用 c11～c23 端子，负载阻抗为 3.3 kΩ。为提高 A/D 模数转换器的采样精度，短小轨道电路信号经过 1∶3 升压变压器 B2 输出至接收器。衰耗器端子代号及用途说明见附录 3。

3. 移频总报警继电器（YBJ）

YBJ 控制电路仅在移频柜第一位置设置。在衰耗盘设“光耦 5”。FS＋24 电流通过对本段轨道电路发送故障条件（BJ-1、BJ-2）、接收故障条件（BJ-2、BJ-3）以及其他段轨道电路有关检查条件串联检查，系统设备均正常时，使“光耦 5”受光器导通控制三极管 V7 导通，并使 YBJ 励磁。参见图 3-63。

电容 c1 起到缓放作用，防止各报警条件瞬间中断，造成 YBJ 跳动。在站内电码化及“＋1 发送”只有发送没有接收设备时仅接入 BJ-1、BJ-2 条件。在车站接收设置总数为奇数，单独设置并机备用时，仅接入 BJ-2、BJ-3 条件。衰耗盘外线连接参见图 3-64。

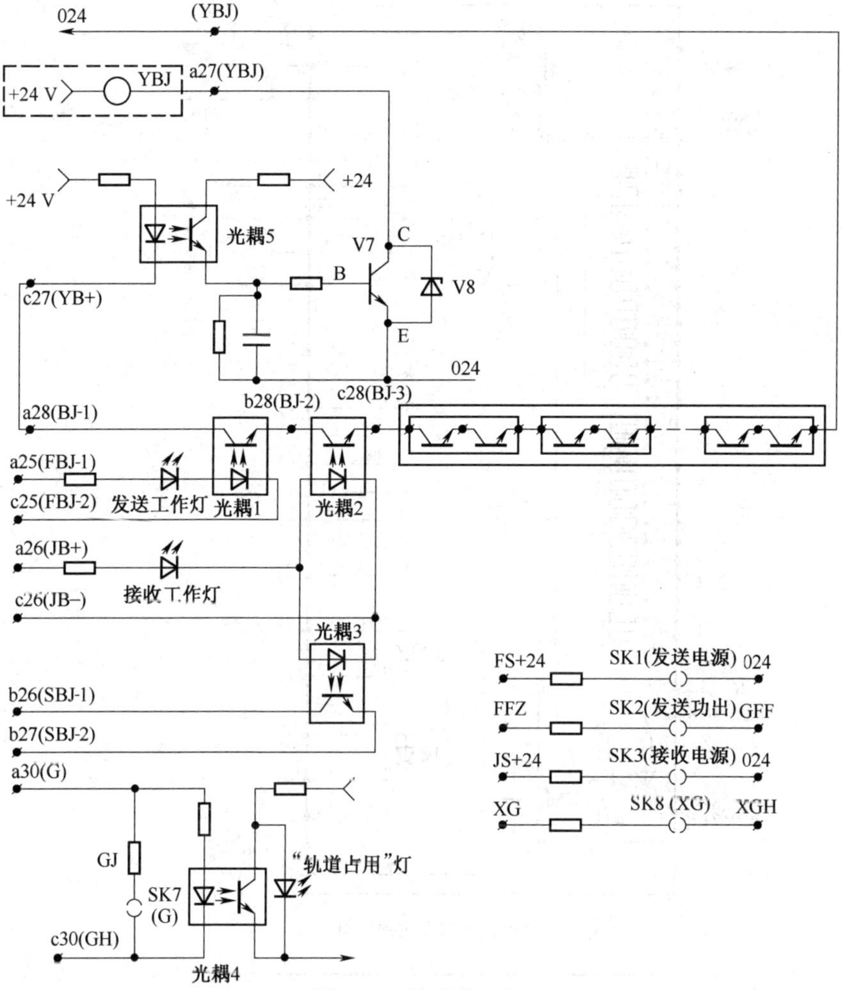

图 3-63　移频报警电路

3.6.6　站防雷及电缆模拟网络

1. 作用

用作对通过传输电缆引入室内雷电冲击的防护(横向、纵向)。通过 0.5 km、0.5 km、1 km、2 km、2 km、2×2 km 六节电缆模拟网络,补偿实际 SPT 数字信号电缆,使补偿电缆和实际电缆总距离为 10 km,以便于轨道电路的调整和构成改变列车运行方向电路。

2. 原理框图

参见图 3-65 所示。

3. 站防雷电路原理简要说明

在其上有室外电缆带来的雷电冲击信号,为保护模拟网络及室内发送、接收设备,

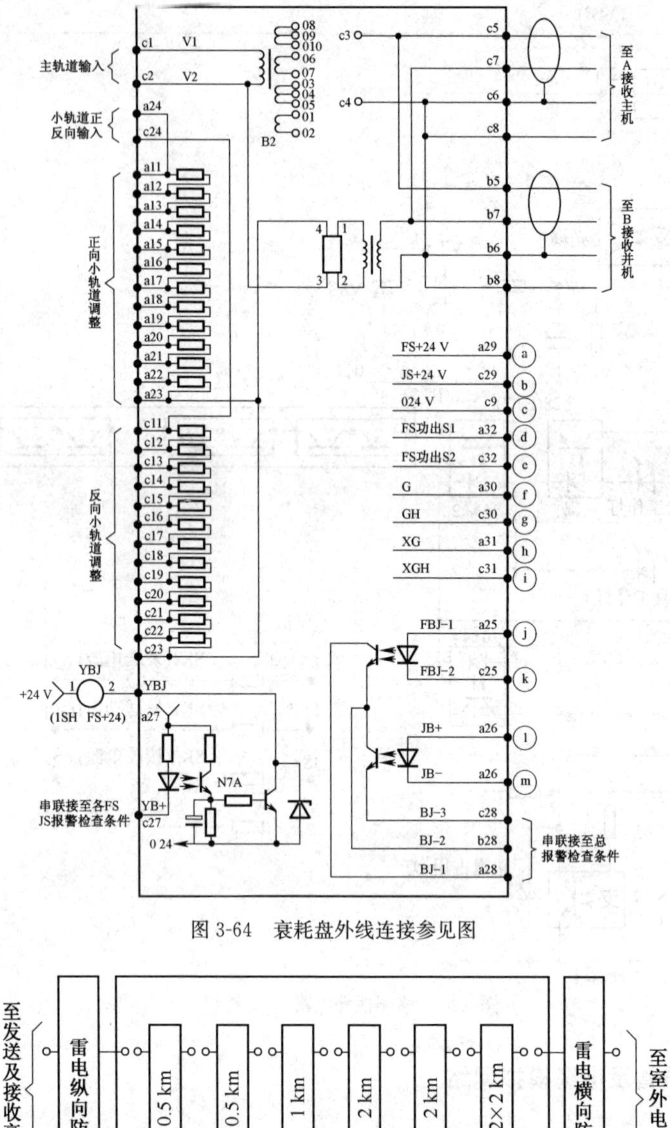

图 3-64　衰耗盘外线连接参见图

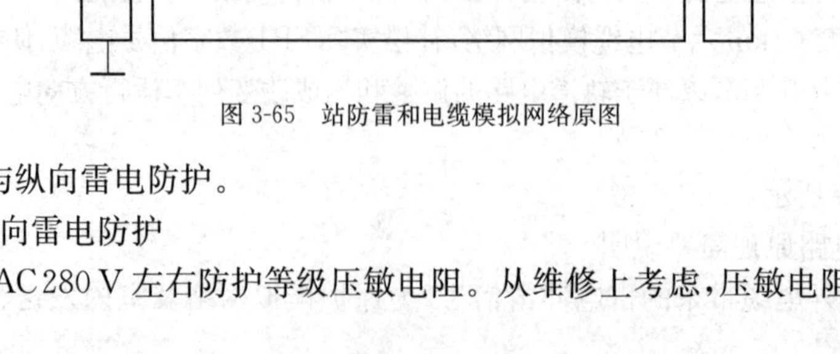

图 3-65　站防雷和电缆模拟网络原图

采用横向与纵向雷电防护。

(1)横向雷电防护

采用 AC280 V 左右防护等级压敏电阻。从维修上考虑,压敏电阻应具有模块化、阻燃、有劣化指示、可带电插拔及可靠性较高的特点。

(2)纵向雷电防护

对于线对地间的纵向雷电信号可采用以下方式：

1)加低转移系数防雷变压器防护

采用低转移系数防雷变压器，其原理图如下：室外侧 A 与室内侧 C 为相互“环抱”缠绕，中间有加厚隔离层 B，以减少线圈间耦合电容 C_B，线圈 C 被非封口的金属铂 D 包裹，工艺中加大之间的耦合电容 C_D，并将 D 接至地线 E，如图 3-66 所示。

对纵向雷电信号的等效电路如图 3-67 所示。

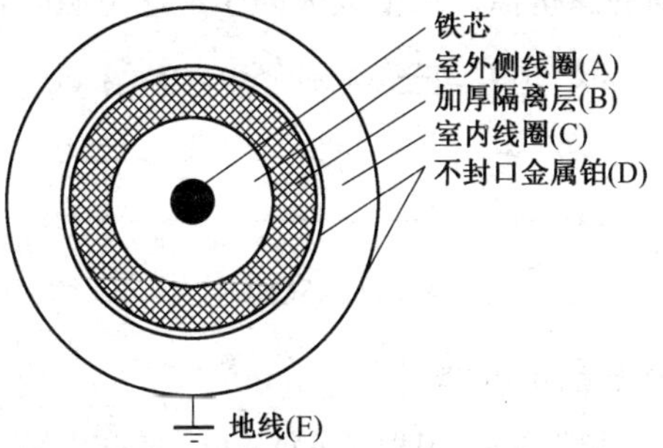

图 3-66　低转移系数防雷变压器结构图

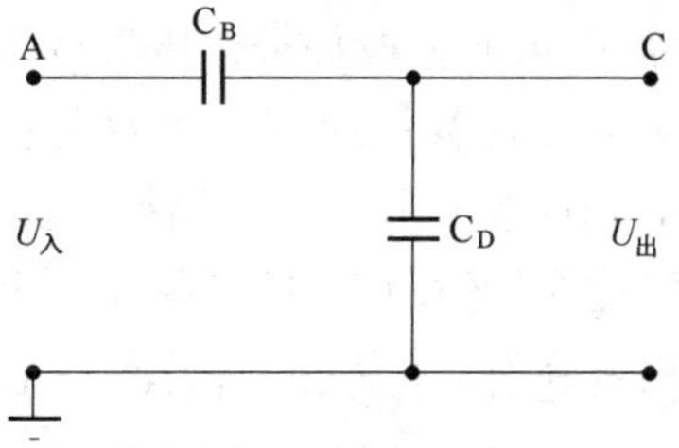

图 3-67　等效电路

$$U_出=U_入\times\frac{C_B}{C_B+C_D}$$

当 C_B 较 C_D 足够小时，$U_出 \ll U_入$。

设 $C_B=\frac{1}{200}C_D$，则有 $U_出=\frac{1}{201}U_入$。

以此达到较好的纵向防雷的效果。图 3-66 结构在工艺上难以获得较低的转移系数，但是，该结构漏磁小，效率高，产品性能一致性好，工作稳定。在转移系数满足实用要求的条件下，一般采取此结构。

钢轨线路旁没有设置贯通地线条件下，该防雷变压器对纵向雷电防护有显著作用。

由于该变压器原理是尽量减小轨道侧与室内侧线圈间耦合电容的数值，所以在模拟网络设备内部以及外部，对轨道侧“线对”与室内侧“线对”间要尽量远离。

2)室外加站间贯通地线防护

室外采用贯通地线作为钢轨对地不平衡的良好泄流线，如图 3-68。

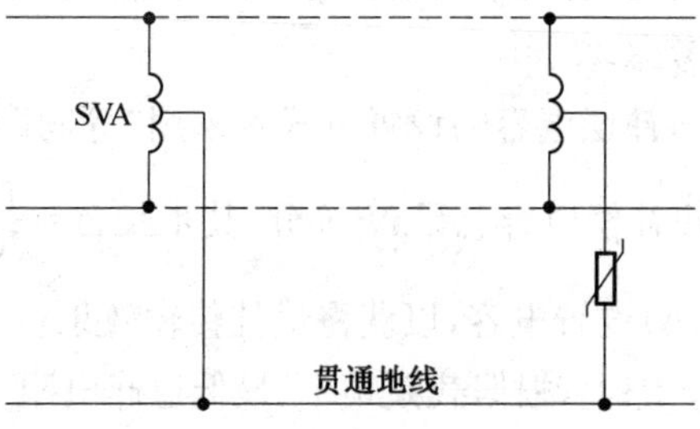

图 3-68　贯通地线及连接

在复线区段上下行线路为完全横向连

接时，可将 SVA 中心线直接接地，简单横向连接时，可通过防雷元件接地，室内电缆模拟网络不再考虑纵向防护。

该方式防雷效果最佳，特别在山区，地线电阻难以达到标准的地区。在有条件的情况下，该方式为设计首选方式。

3.6.7 补偿电容

1. 保证轨道电路传输距离

由于 60 kg 重 1435 mm 轨距的钢轨电感为 1.3 μH/m。同时每 m 有几个 pf 电容。对于 1700～2300 Hz 的移频信号，钢轨呈现较高的感抗值。该值大大高于道床电阻时，对轨道电路信号的传输产生较大的影响。

为此，采取分段加补偿电容的方法减弱电感的影响。其补偿原理可理解为将每补偿段钢轨 L 与电容 C 视为串联谐振，见图 3-69。

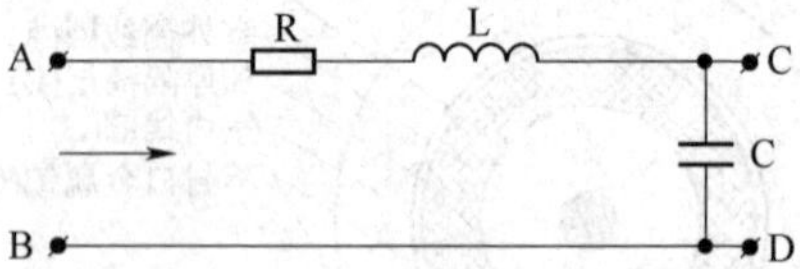

图 3-69 补偿原理

以此在补偿段入口端（A、B）取得一个趋于电阻性负载 R。并在出口端（C、D）取得一个较高的输出电平。

过去，为使“补偿”工作简化，曾采取每 100 m 补偿一次，根据 1.5 Ω·km 道砟电阻、兼顾 1700～2600 Hz 载频，选取补偿电容容量为 33 μF，轨道电路两端电容设置采用“半截距法”。以上方式对保证 UM71 无绝缘轨道电路传输长度有一定的效果。

我国轨道电路道砟电阻标准已改为 1.0 Ω·km，而且南方隧道及特殊线路都存在低道砟电阻的情况，一般认为补偿电容容量与载频频率、道砟电阻低端数值、电容设置方式、设置密度、轨道电路传输作用要求等有关。

一般载频频率低，补偿电容容量大；最小道砟电阻低，补偿电容容量大；轨道电路只考虑加大机车信号入口电流，不考虑列车分路状态时，电容容量大。

为保证轨道电路电容调整、分路及机车信号同时满足一定要求时，补偿电容容量应有一个优选范围。

补偿电容设置密度加大，有利于改善列车分路，减少轨道电路中列车分路电流的波动范围，有利于延长轨道电路传输长度，过密设置又增加了成本，带来维修的不便，要适当考虑。

补偿电容的设置方式宜采用“等间距法”，即将无绝缘轨道电路两端 BA 间的距离 L 按补偿电容总量 N 等分，其步长 $\Delta=\frac{L}{N}$。轨道电路两端按半步长$\left(\frac{\Delta}{2}\right)$，中间按全步长（Δ）设置电容，以获得最佳传输效果。

综上，根据载频频率、最低道砟电阻数值、轨道电路传输状态的要求、电容容量、数量、设置方法得当，将大大改善轨道电路的传输，加大轨道电路传输长度。

2. 保证接收端信号有效信干比

由于轨道电路加补偿电容后趋于阻性，改善了轨道电路信号传输，加大了轨道入口端短路电流，减小了送受电端钢轨电流比，从而保证了轨道电路入口端信号、干扰比，改善了接收器和机车信号的工作。

由以上分析可以看出，加装补偿电容是保证轨道电路有较高技术性能的有效和必要的措施。

3.6.8 ZPW-2000无绝缘移频轨道电路传输安全性分析

1. 调谐区短小轨道电路安全性的一般分析

(1)对小轨道电路"零阻抗""极阻抗"的分析

如图3-70所示，对 f_2 而言，L_1、C_1 构成"零阻抗"；对 f_1 而言，L_2、C_2 构成"零阻抗"。当构成"零阻抗"的元件故障时，均会造成"零阻抗"值的升高，降低两相邻轨道电路信号间的隔离性能，构成信号的越界传输。

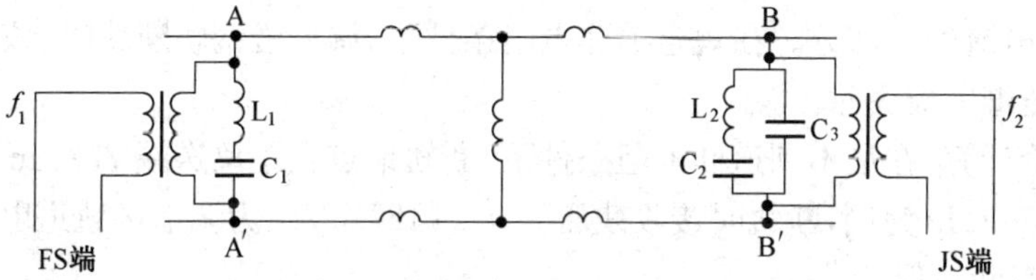

图3-70　小轨道电路"零阻抗""极阻抗"的分析

对 f_1 而言，L_1、C_1 与 L_v 构成"极阻抗"；对 f_2 而言，L_2、C_2、C_3 与 L_v 构成"极阻抗"。当构成极阻抗回路元件故障时，一般均会构成并联谐振电路工作的破坏，使"极阻抗"值降低。极阻抗降低一般在发送端造成送端轨面电压降低，同时也在接收端造成受端轨面电压降低及室内接收电压的降低，使故障导向安全。

(2)小轨道电路接收能量

接收端对于主轨道电路频率信号呈现高的"极阻抗"，阻抗高，但信号电流较小。接收端对于小轨道电路频率信号则呈现低的"零阻抗"，阻抗低，但信号电流较大。对于略呈容性的BA两端，接收器可以获得一定程度的能量。

(3)小轨道电路工作稳定性及与故障检测判断的关系

1)轨道电路阻抗变化的影响

主轨道电路发送器信号通过处于"极阻抗"的BA将信号送至主轨道电路和小轨道电路，轨道电路端阻抗由主轨道电路及小轨道电路的阻抗构成。

其中，主轨道电路的阻抗由于补偿电容的作用受道砟电阻 r_d 的变化影响较小，1 Ω左右，小轨道电路阻抗受道砟电阻 r_d 的变化影响更小。这样送到轨面的送端信号电压基本处于恒定状态，小轨道电路工作较为稳定。

2)小轨道电路工作的温度稳定性

考虑到构成零阻抗的电感为较小的正温度系数，电容为较小的负温度系数，在温度升高时感抗升高容抗亦升高，在温度降低时，感抗降低容抗亦降低，二者差值大体保持恒定，使小轨道电路接收信号较为稳定。

3)小轨道电路工作值的储备系数

在小轨道电路参数及送端轨面电压稳定的条件下，接收端工作值设定为 1.4×灵敏度，使轨道电路正常工作有较大的裕度。

4)小轨道电路的接收端

由于将调谐区视为一个短小轨道电路，接收器同时接收从主轨道电路及相邻区段小轨道电路来的两种不同频率的信号，并同时进行 FFT 频谱分析及对分析结果的判断。以上两信号，主轨道电路信号幅度随道砟电阻变化而变化，小轨道电路信号幅度在道砟电阻变化时基本保持恒定。

以上条件对保证小轨道电路故障检测判断创造了较好的条件。

2. 调谐区断轨检查

(1)将调谐区作为一段仅 29 m 长的短小轨道电路，正常工作时，接收端电流属于并联谐振槽路大电流的一部分。在规定道砟电阻条件下，调谐区钢轨断轨时，该电流大幅度下降，使轨道继电器失磁。

(2)经理论计算：在最不利道砟电阻条件下，断轨地点在距离送端 7.25 m 处断轨残压最高。以 2 600 Hz 为例，断轨时接收残压为 0.04 127 mV。为调谐区轨道电路落下值的 1/508.84，有断轨保证。

(3)现场四种载频调谐区断轨试验均得以检查验证。

3. 减小调谐区 0.15 Ω 分路死区

(1)0.15 Ω 分路对本频率信号的分路死区

发送设备为恒压源，轨道电路特性阻抗较低，且受道砟电阻变化影响甚小，该调谐区工作较为稳定，便于做调整处理。由于接收端阻抗较低，充分考虑该轨道电路工作稳定性，将造成一段 0.15 Ω 的分路“死区”。

该“死区”长度与接收端工作电压值的设定有关。当工作值储备系数$\left(\text{指}\dfrac{(\text{工作值}-\text{灵敏度})\times 100\%}{\text{灵敏度}}\right)$大时，分路死区长。见图 3-71。

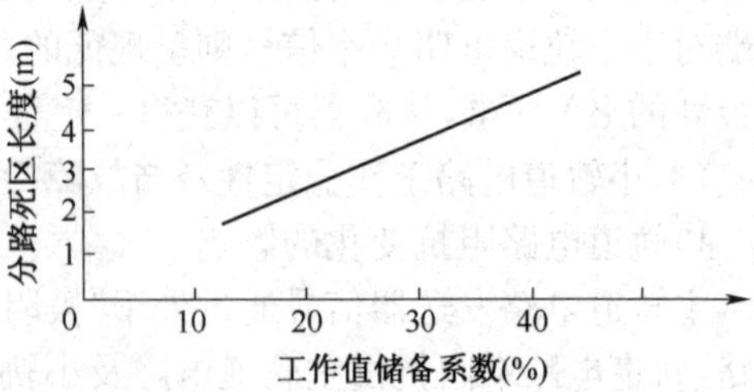

图 3-71　工作值储备系数与分路死区长度关系

在工作值储备系数为 40% 的条件下（即灵敏度 71.4 mV，工作值 100 mV），分路死区＜5 m，系数 30%，死区约 3 m。

(2)0.15 Ω 分路对相邻主轨道电路的提前分路

0.15 Ω 分路逐渐接近接收端时，将逐渐加剧降低相邻主轨道电路接收端的总阻抗，造成主轨道接收端信号 V_{R1R2} 逐渐下降，直至主轨道继电器失磁。在最不利的条件下，0.15 Ω 分路使相邻主 GJ↓点距 BA 2～3 m。该分路性质为对相邻轨道电路的提前分路。

(3)0.15 Ω 分路死区长度

系统中，调谐区为两主轨道电路构成电气绝缘节。0.15 Ω 分路时，只要使调谐区本身接收轨道继电器，两相邻主轨道电路轨道继电器三者其中之一失磁(1G、1XG、3G)，即表示对 0.15 Ω 有分路。

故系统中 0.15 Ω 分路死区长度应为上述(1)、(2)两项长度之差。从室内室外试验可看出该死区长度为：－6～＋2 m(负值为重叠分路)。

(4)经理论计算，2 600 Hz、1 300 m 轨道电路的分路死区

1)在∞ Ω·km 条件下，若不设置短小轨道电路，29 m 内，0.15 Ω 分路死区长 21.5 m(距送端 4 m，距受端 3.5 m)。

2)设置短小轨道电路条件下，分路死区 5 m。

4. 调谐单元 BA 断线的检查

调谐区轨道电路工作较为稳定。利用 BA 断线对本区段频率信号绝缘节阻抗降低，对相邻区段频率信号绝缘节阻抗升高的原理，用调谐区轨道电路工作门限值即可实现对 BA 断线的检测。

经计算和试验表明：

(1)送端 BA 断线，接收端电压降低约 50%；

(2)受端 BA 断线，接收端电压升高 500%～700%。

接收器据 1、2 两项变化设置接收门限进行检测。

5. 轨道电路全程断轨检查

轨道电路全程断轨检查包括主轨道电路及与发送端相连的调谐区轨道电路两部分。调谐区断轨检查的原理、方法及其效果前已叙及，以下仅就主轨道电路进行分析。

(1)钢轨断轨分析的理论依照关于由于钢轨断轨，两轨电流不平衡，形成两轨间互感的理论进行。

(2)在直接用数学方法不能完成计算的前提下，根据关于轨道电路的室内断轨试验电路，按照 ZPW-2000 轨道电路一次参数布置轨道模拟盘。

(3)依影响“断轨检查”效果的诸因素，如：载频频率、轨道电路长度、断轨地点、道砟电阻、补偿电容、钢轨对地不平衡(两端同侧接地)等，并按照既有 ZPW-2000 参数及仿真计算软件优选的参数进行试验，其结论如下：

1)主轨道电路在不利的断轨条件下，具有断轨检查保证，且有足够余量(断轨的接收器残压约为可靠落下值的 50%以下)。

2)主轨道电路在较长的传输长度条件下，具有断轨检查，其中补偿电容的设置起到关键的作用。

3)在不设置补偿电容条件下,ZPW-2000 载频频率满足断轨检查的轨道电路长度仅约 700 m。

4)ZPW-2000 轨道电路在钢轨同侧两端接地条件下,仍具有断轨检查及 0.15 Ω 的分路。

6. 钢轨对地不平衡对传输安全的影响及防护

钢轨对地不平衡系指轨道电路钢轨同侧两端部接地或与其他金属物相通形成第三轨的情况。在实际运营中,现场已出现多次钢轨通过送受电端引接线、金属机箱外壳与地线相通,亦出现过与线路旁待更换长轨相碰形成第三轨的情况。

在 ZPW-2000 轨道电路中两运用钢轨由于电容补偿,已近似呈阻性传输状态。“第三轨”的出现因与原二运用钢轨无补偿作用,对高频信号均呈感性线路(含两长运用钢轨及“第三轨”)。故“第三轨”对 ZPW-2000 轨道电路传输调整、分路、甚至断轨检查,机车信号入口电流等均无显著影响。ZPW-2000 轨道电路在钢轨对地不平衡条件下,仍具有较高的安全性。

7. 补偿电容断线故障

钢轨呈现感性,在 1 700～2 600 Hz 有着甚高的感抗值,阻碍了信息的传输。为此,在钢轨上一段距离内加装有补偿电容,见图 3-72。

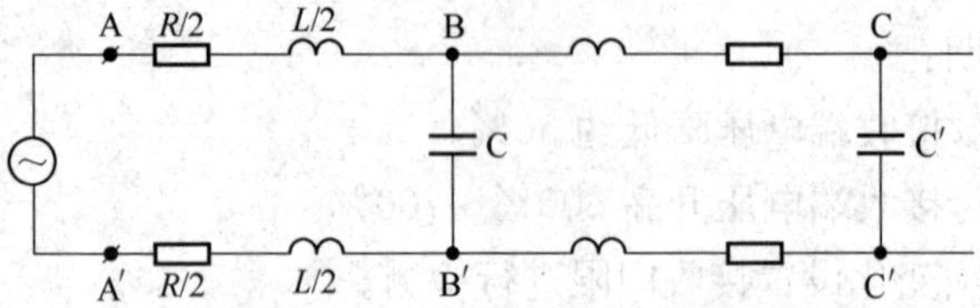

图 3-72　加装有补偿电容的等效电路

该补偿电容根据载频频率 f_0 进行选择,其等效电路可简单理解为图 3-73。

由于 L 与 C 的补偿,抵消了钢轨电感。使 AB、A′B′、BC、B′C′均呈现阻性,并在 BB′、CC′呈现较高的阻抗和较高的电压。

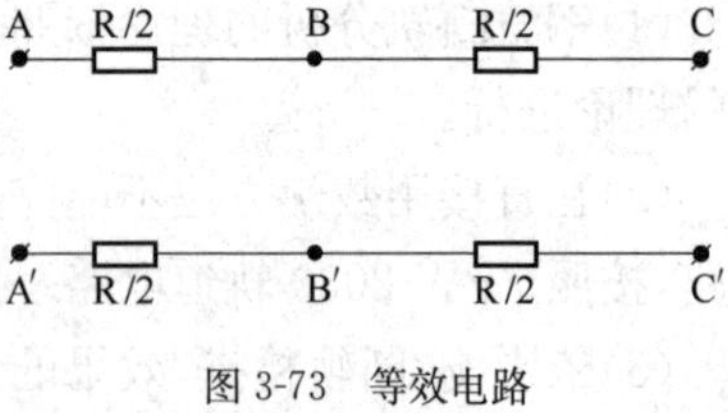

图 3-73　等效电路

当电容断线故障时,由于补偿作用的消失,钢轨感性的作用,使信号在钢轨上产生较大的衰减,从而降低了接收端电压,使系统导向安全。

8. ZPW 无绝缘轨道电路机械绝缘节的安全性

进站口、出站口机械绝缘节处,按照电气绝缘节参数设置 ZPW 的机械绝缘节时,用特制的 SVA′替代 29 m 调谐区参数 L_v,与 BA 并联构成极阻抗。

当 BA 及 SVA′任一环节发生故障时,均会造成“极阻抗”值的下降。对于进站口,将造成发送端轨面电压下降,从而使接收器输入信号下降,对于出站口,则造成受端轨面电压下降。使故障导向安全。

3.6.9 计轴加环线式自动闭塞

1. 概述

在我国长大隧道及南方潮湿高温地段，由于道床漏泄过大，电阻太低，轨道电路经常发生“红光带”故障，严重影响运输安全及效率。尽管可以采取如：道床清筛(洗)、轨道电路区段分割、加装补偿电容等措施，但不能解决根本问题。如何让轨道占用、机车信号传输脱离钢轨成为解决问题的关键。计轴加环线式自动闭塞是在每个闭塞分区设置计轴设备，替代轨道电路检查该区段是否空闲或占用，并以沿钢轨敷设的环线电缆替代钢轨向机车传递连续式机车信号。这样就彻底摆脱和解决了依赖钢轨完成列车占用检查和传输机车信号的问题。

2. 国内外应用及本系统概况

近些成年来计轴设备以其高可靠性、高稳定性与轨道电路一样，已成为铁路信号的重要基础设备。因为它比传统的轨道电路相比有许多突出的优点，主要是：

(1)不受道砟电阻变化影响，与钢轨表面洁净度、线路条件无关。

(2)不需在钢轨上加装绝缘节，不受轨距杆绝缘节破损影响，安装简单方便。

(3)不受电气化干扰，适用于电气化、非电气化区段。

(4)具备检测功能，并可和其他计算机网络交换信息。

这些特点也正是轨道电路所无法比拟的。在超速防护 LZB 系统中，应用环线技术传送地面和列车之间所需的大量行车控制信息，可见应用环线传输信息已属于成熟技术，系统构成参见图 3-74。

3. 主要工程设计内容

(1)计轴工程

以计轴设备代替区间轨道电路，并与既有设备结合实现灯光转移；在两站信号机械室各设计轴主机(ACE)一台(可根据系统方案决定 ACE 数量)，在二站之间的每架通过信号机处各设一组计轴室外单元(EAK 含安装在钢轨的磁头)。当车轮通过信号机处的磁头时，EAK 将自动统计出来的轴数通过计轴电缆传送到信号机械室的 ACE，ACE 对相邻区段的两个 EAK 传来的轴数进行比较，如果轴数相同 QGJ 吸起表示区间空闲；如果不一致，QGJ 落下则表示区间有车占用。

计轴工程主要包括区间轨道继电器 QGJ、计轴轨道继电器 JGJ、计出继电器 JCJ，监督环和复零电路。

1)区间轨道继电器电路和计出继电器电路，QGJ 是表示区间有车占用和空闲的继电器，直接由 ACE 的输出 GF 接点控制，但 ACE 的输出 GF 是非安全型继电器，只有一组接点，因此，需要增加安全型复示继电器，每个计轴区段设 QGJ_1 和 QGJ_2 一对轨道继电器，与 ACE 相对应。

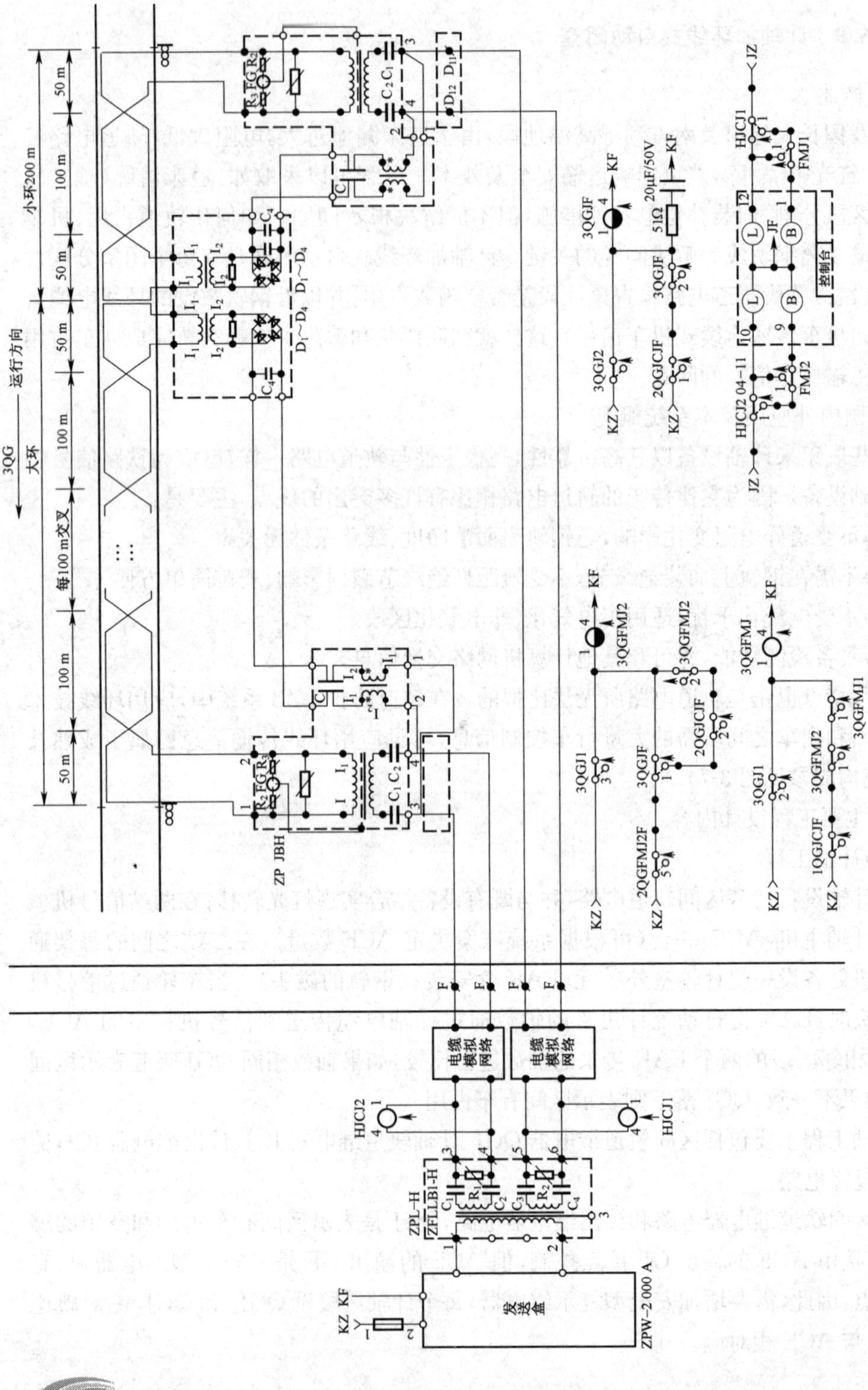

图 3-74 环线及切码电路

2)计轴轨道继电器 JGJ 在开机按压预复零(YFLA)∶故障复零按钮(GFLA)后即自动吸起,只要 ACE 工作正常,JGJ 则一直保持在吸起状态,使轨道复示继电器 QGJ1 和 QGJ2 随 AGE 的输出吸起或落下。

3)计出继电器 JCJ 是反应列车从区段开始驶出而设的,该继电器与 QGJ 一样,正常情况下保持吸起状态,当列车从本区段开始驶出时落下,完全出清后吸起,电路与 QGJ 完全一样。

4)监督环电路。由于计算机的输出属非安全电路,即 QGJ1 和 QGJ2 可能粘接点或驱动芯片有击穿情况时,轨道继电器和计出继电器可能错误吸起。为此,利用每对复示继电器的接点状态回送到计算机内加以检查,如果一旦发现两个 QGJ1 和 QGJ2 的状态不一致,监督环电路中断立刻动作使看门狗 HKUE 落下,切断所有轨道继电器和计出继电器的电源。

为了恢复正常工作,故障排除后,利用接通按钮 JTA 使监督回路重新工作。

5)复零电路。计轴区段的复位方式包括二种。一种是预复位方式,即通过车站值班员按下相应的预复零按钮(YFLA),并在该区段走过一趟车正确计轴后复位,轨道继电器才能吸起;另一种是直接复位,这需要同时按下故障复零按钮(GFLA),和预复零按钮(YFLA)。预复零只有轴数小于 1 或等于 1 时才能生效。

预复零按钮按压时间不许超过 5 s,也不允许连续按压二次(偶数次不允许,奇数次可以)。

(2)机车信号环线工程

以环线代替钢轨向机车传递机车信号信息;主要包括:环线工程、发码电路、切码电路和环线检测四部分。

1)环线工程

采用环线方式后,钢轨不在向机车上传递机车信号所需的信息,环线设计分为,小环线和大环线两种,在列车运行的入口处设有一段小环线 200 m。除小环之外的部分均铺设大环线,环线应采用固定架固定在钢轨的底部,为了提高抗干扰性能,环线在铺设时,需进行交叉,大环、小环各在头尾部 50 m 交叉,中间部分交叉的距离在 100 m,其交叉处应采取防护措施。环线上的电流值不小于 0.6 A。

2)发码电路

环线的发码设备是利用 ZPW-2000A 发送盒,通过室内一带二匹配压器和电缆模拟网络,经电缆到室外大、小环变压器分别接入大、小环线,向环线发送相应信号。

3)切码电路

采用环线后,由于机车不能将沿环线传输的机车信号分路掉,这样就可能使后续冒进信号的列车错误的接收,本来属于前方列车的机车信号,这将导致极其危险的后果,为此,我们设计了一套切码电路,也就是说,一旦出现上述危险情况,切码电路将被切断,使后续列车不能错误的接收这种信号。

切码电路包括小环的切码电路 FMJ1 和大环的切码电路 FMJ2 以及相应的轨道辅

助继电器 GFJ;GFJ 是为区分列车进入某一区段时,是本次列车初次占用,还是后续列车冒进重复占用而设的。小环的切码时机是在后续列车越过黄灯时,就将其前方有车区段的小环线提前切断而变成无码区,这样当后续列车一旦冒进红灯进入有车区段时,机车信号由红黄码变成无码而显示红灯,运行记录器将发生作用。环线的大环的切码时机是在列车真正冒进红灯进入有车区段时切断发码,使其变为无码区,前行列车的机车信号因接收不到信号而变成白灯或红灯,后续列车机车信号仍保持红灯。

4)环线检测电路

为了检测环线的完整性,并在发生环线断线、环线短路时能报警,故在大、小环线设有检测电路。检测电路在环线尾部通过电流互感器整流后经环线的电缆接通室内的环线检测继电器 HJCJ,环线检测继电器 HJCJ 平时励磁,如果环线一旦发生断线,HJCJ 即落下接通表示灯。L 灯表示正常,B 灯表示故障。

5)计轴设备远程诊断功能。为电务的集中监测、集中维护服务。

工程对电务部门来讲只是一个器材的替代而自动闭塞的技术条件和标准不变。对车务部门来讲,车站办理列车进路和闭塞的办法和手续不变,只是在控制台盘面上增加了几个与计轴和环线有关的按钮和表示灯。对机务部门,机车信号的显示方式和内容不变,机车上的运行记录器可继续使用。

4. 结束语

计轴加环线自动闭塞在解决低阻道床和用环线传输机车信号是一个成功的模式。它适用于:隧道、盐碱地带、低洼潮湿地带、金属矿区等,在这些地区就有广泛的应用价值。它对提高铁路运输的安全和运输效率具有重要的意义,同时也为计轴设备在我国的应用开阔了新的市场,为中国铁路运输生产发挥出更大作用。

3.6.10 闭塞分区编号及移频柜设备位置的排列

1. 闭塞分区编号

为便于维修,对闭塞分区编号必须要有简单明确的规定。对设备位置排列亦应考虑与线路状态相对应,以便于根据设备表示及测试数据,分析设备运用及故障状态。分区编号如图 3-75 所示。

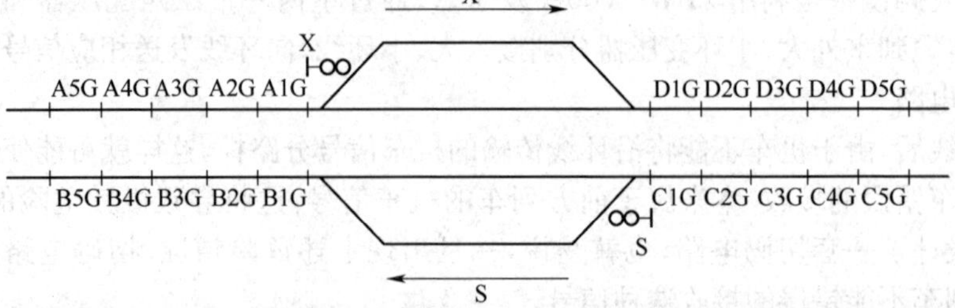

图 3-75 闭塞分区编号

以车站为中心：下行接车方向为 A 端；上行发车为 B 端；上行接车方向为 C 端；下行发车为 D 端。编号均以车站为中心由近及远顺序编号。

2. 移频柜(架)设备位置排列

由于轨道占用灯设置在衰耗盘上，只要将移频柜(架)设备按照线路闭塞分区顺序在移频柜(架)上布置，通过衰耗盘轨道占用红灯指示及可反映列车在线路上的行进情况，如可将上行端 A1G～A5G、B1G～B5G 共计 10 套设备放在第一个移频架上，则其顺序为：1—A5G、3—A4G、5—A3G、7—A2G、9—A1G、2—B5G、4—B4G、6—B3G、8—B2G、10—B1G；参见图 3-76。

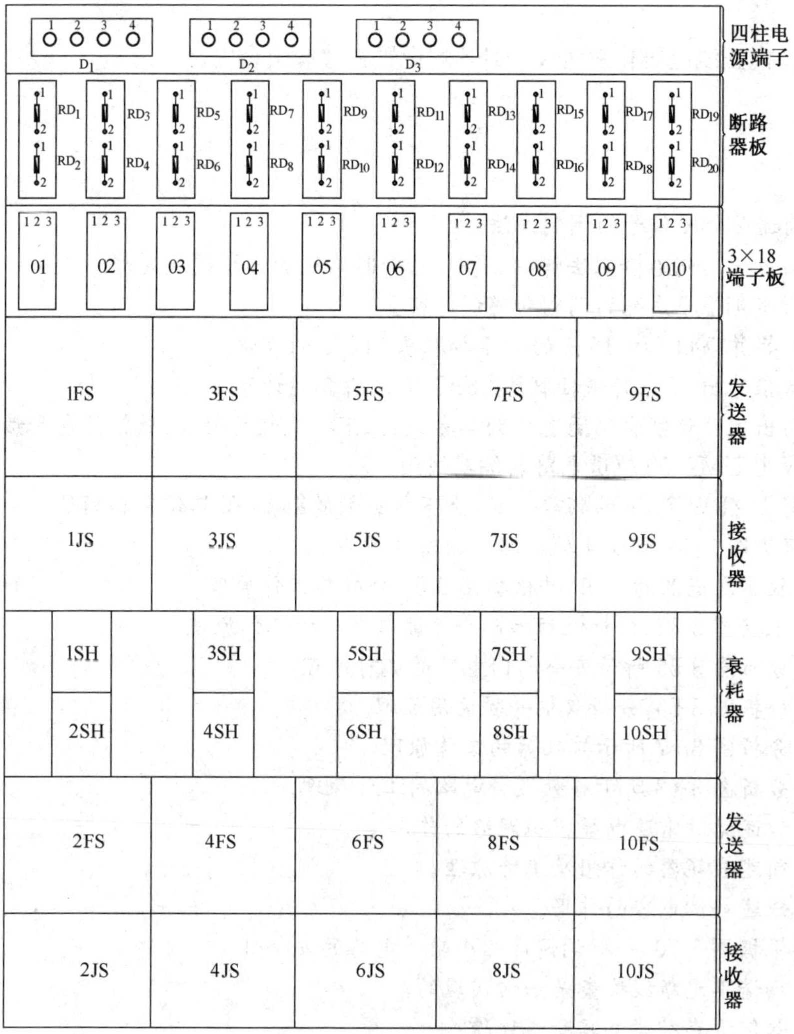

注：FS—发送器；JS—接收器；SH—衰耗器；RD—熔断器

图 3-76 移频柜布置图

3. 说明

(1)该移频架含10套ZPW-2000A型轨道电路设备。每套设备含有发送、接收、衰耗各一台及相应零层端子板、熔断器板、按组合方式配备,每架五个组合。四柱电源端子板用于外电源电缆与架内设备联结。

(2)移频架纵向设置有5条合金铝导轨,用于安装发送、接收设备。

(3)接收设备按1、2,3、4,5、6,7、8,9、10五对形成双机并联运用的结构。双机并用不由工程设计完成,在机柜内自行构成。

(4)为减少柜内配线:YBJ引出接线,固定设置在位置1衰耗盘,1SH线条引至01端子板。

(5)站内正线电码化发送及+1FS均设置在移频组合内。

思考题

1. 简述2FSK信号的调制方法。
2. 画出采用包络检测法解调2FSK信号时系统的方框图及波形。
3. 简述4FSK系统的调制和解调过程。
4. 推导并画出$N=16$点的频率抽取基2FFT的算法。
5. 试推导出N点时域抽取基2FFT算法所需的计算量。
6. 写出国产移频自动闭塞的频率参数:上下行载频的配置、低频信息和频偏。
7. 叙述UM2000轨道电路的编码规则。
8. 写出ZPW-2000的频率参数:上下行载频的配置、低频信息和频偏。
9. 根据图3-50,叙述主轨道与小轨道的关系。
10. 叙述发送器的作用,并根据图3-51分析其工作原理。
11. 根据图3-52,分析低频编码条件读取电路的工作原理。
12. 分析图3-55所示安全与门电路的工作原理。
13. 根据图3-56,分析双机并联运用原理。
14. 分析图3-57所示接收器的工作原理。
15. 分析图3-63所示移频报警电路的工作原理。
16. 叙述站防雷及电缆模拟网络的作用。
17. 简述衰耗器的作用及工作原理。
18. 叙述补偿电容的作用。
19. 根据图3-70,分析调谐区短小轨道电路的安全性。
20. 调谐单元断线检查是如何实现的?
21. 如何检查补偿电容断线故障?
22. 分析图3-74环线及切码电路的工作原理。
23. 分析附图2所示发送器“$N+1$”冗余系统原理。

4 机车信号与站内电码化

机车信号是保障铁路行车安全,提高列车运行效率的重要设备之一。自20世纪80年代起机车信号在我国铁路迅速普及,对行车安全起到了显著作用,特别是在当前列车运行速度不断提高的情况下,它的作用尤显重要。通常将机车信号、无线列调和自动停车设备一起并称为"机车三大件"。本章主要针对国内普遍使用的几种机车信号,着重介绍结构组成、工作原理以及实现站内电码化的原理与方法。

4.1 机车信号概述

4.1.1 机车信号的功能和作用

机车信号是一种能够自动复示列车运行前方地面信号机显示的机车车载系统,它可以反映列车的运行条件,通过对接收到的地面信号进行处理,得到列车运行前方信号机的显示信息,并将该信息通过相应的显示机构显示出来。

由于我国地形和气候条件比较复杂,尤其是在山区、林区、隧道以及多雾、雨雪等恶劣的地形气候条件下,司机往往不能在规定的距离内确认前方信号机的显示,进而产生冒进信号的危险。特别是在当前,由于列车运行速度和载重量的不断提高,要求的制动距离更长,这种冒进信号的危险性也就更大。采用机车信号设备后由于其可以复示列车运行前方地面信号机的显示,所以也就能够相应地避免自然条件的影响,提高司机瞭望确认信号的可靠性。

同时,机车信号还可以为其他的列车运行监控设备(如自动停车、列车超速防护等)提供所需的一些必要信息,例如可以为自动停车装置提供相应的信号点灯信息等。进而也就进一步提高了列车运行的安全性。安装机车信号和列车运行超速防护系统后大大提高了列车运行的安全程度,其效果十分显著。可见,机车信号在保障行车安全、提高铁路运输效率以及改善机车乘务员的劳动强度等方面具有十分重要的意义。

随着机车信号可靠性的不断提高,机车信号已具备了从辅助信号转为主体信号的要求,并且随着列车速度的不断提高也要求机车信号作为主体信号。如在双线双向自动闭塞区段，反方向不设通过信号机，仅在分界点处设停车标志，以机车信号作为主体信号指挥列车安全运行。在准高速铁路上，列车运行速度在 160 km/h 以上，这是司机能确认地面信号机显示的临界速度，故虽然在其正方向仍设地面信号机，但在正常情况下以机车信号为主，当列车运行速度超过 200 km/h 时，司机确认地面信号已不可能，此时地面信号将被取消，只能凭机车信号显示行车。

4.1.2 机车信号的构成

机车信号是单方向的控制设备，只能从地面向车上传递信息，而不能反向传递，无论是何种类型的机车信号，其系统构成是基本相同的，如图 4-1 所示。一般可分为信息源、信息接收、信息处理、信息显示和机车电源等几个部分。

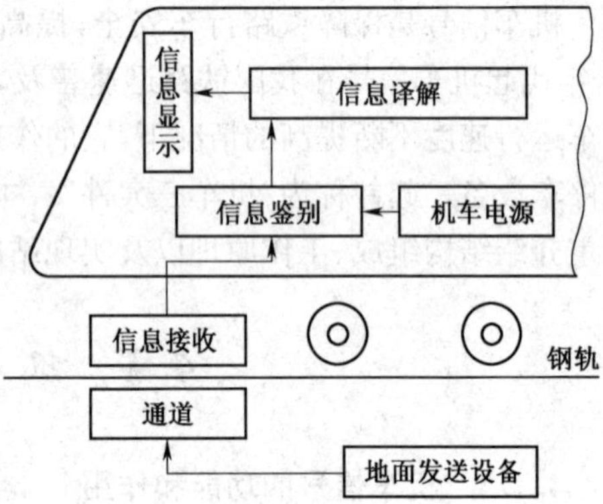

图 4-1 机车信号系统框图

1. 信息源

主要是指地面信息发送设备，也就是各种自动闭塞系统的地面信号发码设备。它的主要功能是根据地面自动闭塞条件的要求，将地面信号的显示信息变换为可以进行传递的电信号，发送到相应的轨道电路中，再通过机车上的接收设备传递到机车上。

2. 信息接收

主要用来接收地面钢轨中传输的信号，是机车信号系统的重要组成部分。目前我国铁路一般采用电磁感应方式进行地面信号的接收，利用安装在机车前导轮前方相应高度上的一对串联感应器，与钢轨中的信息电流发生电磁感应，使得在感应器中产生了与地面轨道电路信号的信息特征完全相同的感应电动势，进而达到了接收地面信号的目的，实现了地面信号向机车的传递，这种传递方式在机车可能达到的速度范围内，具有动作可靠，性能稳定，维修和调整简便的特点，因此得到了广泛的应用。

3. 信息处理

主要是对感应器接收到的地面信号进行处理。它是机车信号系统的核心部分，是系统能稳定、准确、有效地进行信息接收的关键环节。它主要包括信息鉴别和信息译解两部分。信息鉴别就是要求对接收到的信号通过判断分析，鉴别出信号本身所包含的信息特征；而信息译解就是将信息鉴别所得到的信息特征按照相应闭塞制式的设计规定，译解成机车信号显示机构所对应的显示。

4. 信息显示

主要是将信息处理的结果通过机车信号显示机构显示出来。我国的机车信号系统广泛采用预告式的信号显示方式，即预告列车运行前方信号机的显示，指示列车接近前方信号机的速度。

5. 机车电源

一般采用机车发电机和机车蓄电池浮充方式来提供直流 50 V 电源，供机车信号设备使用。

4.1.3 机车信号的基本技术要求

不论何种机车信号，都应满足以下基本技术要求：

(1)在规定的气候条件和列车振动的环境中，设备应稳定可靠地工作。

(2)应装有足够显示数目的机车信号机，以直观地反映地面信号机的显示。

(3)配合有音响信号，在机车信号变换为较限制显示时鸣响，促使司机更加注意。

(4)能满足"故障—安全"原则的要求，在设备发生故障时，不应出现较允许的信号显示，并在机车信号设备停止使用时有所表示。

(5)设备应安装在规定的机车车辆限界和建筑限界的范围以内。

(6)在列车必须停车和降低其速度的情况下，如果司机在接到报警信息后未能及时采取制动措施，应使自动停车装置对列车进行制动。

(7)在机车信号变换为较限制显示并发出音响信号时，利用按一下警惕按钮的操作证明司机已注意到机车信号显示的变换。

4.1.4 我国机车信号的分类

从我国机车信号的发展过程来看，主要可分为点式、接近连续式和连续式三个阶段。

点式机车信号就是在铁路线路固定点上设置相应的地面设备，机车在通过时利用地面设备的无源谐振回路与机车上的有源谐振回路之间的互感作用来接收信号，并对信号进行处理而得到前方信号机的显示信息。点式机车信号有双频点式和变频点式两种，主要用在铁路非自动闭塞区段，用来预告进站信号机的显示。近年来，我国铁路非自动闭塞区段的点式机车信号设备已经逐步被接近连续式机车信号设备所取代，但由于点式设备具有结构简单、易于安装、施工快等优点，所以主要将其与连续式机车信号设备配合使用。

接近连续式机车信号就是在进站信号机和线路所的通过信号机前方 1 200 m 范围内，设置一段轨道电路及相应的机车信号发送设备，使得列车在进入接近区段时可以连续地接收地面信号，复示进站信号机的显示。接近连续式机车信号主要用于铁路非自动闭塞区段。

连续式机车信号主要用于铁路自动闭塞区段，在铁路的各个自动闭塞分区都设置有相应的轨道电路及机车信号发送设备，使得地面通过信号机的显示信息可以不间断地传递到机车上。连续式机车信号可以使是司机随时获得前方信号机的显示信息，便于司机对机车进行操作控制，有利于铁路的行车安全。我国铁路主要使用的连续式机车信号，有移频机车信号、微电子交流计数电码机车信号、通用式机车信号、主体化机车信号和一体化机车信号等。其中，移频机车信号和微电子交流计数电码机车信号分别是适用于移频自动闭塞和微电子交流计数自动闭塞的专用机车信号设备，而通用式机车信号和主体式机车信号则具有广泛的通用性，可以适用于我国多种自动闭塞制式，避免了由于各种自动闭塞制式下机车信号的不兼容而使机车不适应长运行交路等不足。

4.2 主体化机车信号

以前各种制式的机车信号普遍存在的主要问题是安全性、可靠性较差；时有断码现象发生，甚至偶有信号升级现象；抗干扰能力差，显示正确率低；信息量少；多种制式互不通用，不适应机车长交路等。机车信号与自动停车装置结合使用时，受功能所限，仍然依靠司机确认和干预，人机关系处理得不好，冒进信号、超速行驶等各种事故时有发生，因此一直不敢确定机车信号作为主体信号。主体机车信号系统有关技术条件规定了主体机车信号系统的定义术语、总则、地面设备、车载设备、可靠性和安全性等技术条件，使研究、设计、评价主体机车信号系统有了一个准则。主体机车信号系统有了明确的标准，这表明：由于列车运行速度的不断提高，对主体机车信号系统的需求提到紧迫的日程；主体机车信号的概念正式确立并具体化。

主体化机车信号正是为运用于提速区段为满足车载列控系统要求而研制的，目前主要应用的是JT1-CZ2000型主体化机车信号车载设备。

JT1-CZ2000型主体化机车信号车载系统主要是在系统的安全性、可靠性、可维护性方面有较大改善，同时增加串口可以进行双向大容量信息交换。至2005年底推广应用1 600台，主要用于长交路提速列车。

JT1-CZ2000型机车信号研制的目的是要更好地解决提速区段机车信号主体化的问题。机车信号作为行车凭证时，由车载信号和地面信号设备共同构成，必须符合故障导向安全的原则。车载信号设备应具有运行数据记录的功能；地面信号设备应具有闭环检查功能，提供正确信息。机车信号的主体化是一个系统工程。

JT1-CZ2000型主体化机车信号车载系统，是在JT1-A/B通用式机车信号的成熟技术基础上，采用多项先进技术和系统化的安全设计方案，满足铁路信号“故障—安全”设计原则，在地面信号具备条件时可作为主体化机车信号应用。该系统更好地为提速区段机车信号的主体化提供条件，并且具有“二乘二取二”的安全结构，系统化的双套冗余，具有功能完善的记录器等优点，技术更为先进、完善。该系统在解决通用性的同时又达到主体化的要求，系统可以多制式并行接收处理，动态控制安全点灯电源，双路线圈同时解决冗余及闭环测试，用CF闪存卡可记录信号原始波形及可实现无线远程检测的记录器，记录器地面数据处理软件，可进行丰富的信号及状态分析。

JT1-CZ2000型主体化机车信号具有如下主要技术特点：

(1)采用“二乘二取二”的容错安全结构。

(2)采用32位浮点高速DSP运算，频域处理和时域处理相结合技术。

(3)具备UM2000数字编码信息接收功能。

(4)采用主机双套设备、双套电源、双路接收线圈接收等冗余技术和LED机车信号显示器。

(5)采用带有动态控制点灯电源的“故障—安全”电源，进一步提高了系统的安全性。

(6)具有机车信号数据记录功能，可记录接收的信号波形及有关数据，为故障分析、查找及维护管理创造了良好条件。

(7)在传统的并行输出基础上，预留了串行输出，可支持大信息量及双向传输。

(8)可采用便携式机车信号测试仪对机车信号主机设备进行闭环自动测试。

4.2.1 主体化机车信号的结构

JT1-CZ2000型主体化机车信号车载系统由主体化机车信号主机(含机车信号记录器)、机车信号带电源接线盒(一体化主机包含在主机内)、机车信号双路接收线圈、机车信号显示器构成，机车信号显示器可选用LED机车信号显示器或点阵式机车信号显示器，其设备构成如图4-2所示。

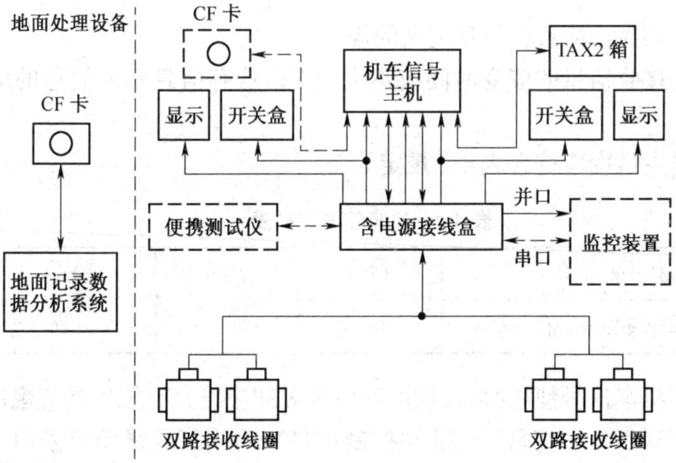

图4-2 JT1-CZ2000型主体化机车信号车载系统构成框图

JT1-CZ2000 型机车信号系统车载设备，通过安装在机车第一轮对前面的接收线圈，接收钢轨信号，通过含电源的接线盒送入机车信号主机进行处理、解调、译码得到机车信号信息，再把该信息通过接线盒输出控制机车信号机显示，指导司机行车，同时把机车信号信息输出到监控装置作为控车基本条件。

机车信号记录板可对机车信号运行状态及地面信息进行记录，并可通过地面处理系统对机车信号运行过程中采集的有关动态信息进行读取分析。

单台机车信号车载设备组成如表 4-1 所示。

表 4-1　JT1-CZ2000 型主体化机车信号车载系统组成及型号

序号	名　称	型　号	数　量
1	主体化机车信号主机	JT1・ZZ-B	1 台
2	机车信号接线盒	J・HJ-28	1 台
3	双面点阵式显示器	J・XDS1-8	2 台，二者选一
4	双面八显示机车信号机	J・XS6-8	
5	机车信号双路接收线圈	JT1・JS1	4 台
6	通机开关盒	JT1・HK	2 台，三者选一
7	通机开关盒	JT1・HK1	
8	通机上下行开关盒	JT1・HK-SX	
9	双路接收线圈接线盒	JT1・HJ	4 台

4.2.2　主体化机车信号车载系统技术条件

1. 总则

(1)机车信号的显示应符合信息定义的规定。

(2)机车信号接收信息的应变时间应不大于 2 s，从有信息到无信息的应变时间应不大于 4 s。

(3)机车信号灵敏度应符合表 4-2 规定。

表 4-2　机车信号灵敏度

载　频(Hz)	1 700	2 000	2 300	2 600
机车信号灵敏度(钢轨短路电流值)(mA)	310±31	275±28	255±26	235±24

(4)作为通用机车信号使用时，灵敏度和应变时间应符合有关标准的规定。

(5)根据机车运行方向信息(Ⅰ、Ⅱ端控制信息)，两端接收线圈应采用双断方式自动切换。

(6)车载设备在地面提供载频切换信息码时，应自动实现载频锁定或切换。

(7)任何信息掉码大于 10 s，只接收载频切换信息码(25.7 Hz)，其他信息停止接收。

(8)收到 UU/UUS 码后如果接收不到信息，在点白灯前，只接收 HU/HUS 码；在点白灯后，只接收载频切换信息码。

(9)车载设备应设置载频切换装置，切换装置应设载频指示灯，指示切换后的载频组(1 700 Hz 和 2 300 Hz 为 1 组载频，2 000 Hz 和 2 600 Hz 为 2 组载频)。

(10)在下述条件下需要操作载频切换装置进行人工介入：

1)主机上电后或故障复位后；

2)机车连挂后始发；

3)接收载频切换信息码失效后；

4)非主体机车信号区段。

(11)载频指示灯在主机上电或故障复位后显示灭灯；人工操作后用稳定灯光指示载频组切换结果，自动切换载频后用闪烁灯光指示载频切换结果。

(12)车载设备应具有良好的可测试性，通过便携式测试设备，在车上可实现对车载系统进行功能测试。

(13)车载设备应在标准规定的环境条件下应可靠工作。

2. 接收线圈

(1)接收线圈的安装位置应符合有关标准的要求，即结构牢固，能抗最高允许车速下冰雪、飞石等冲击，具有良好的防水防潮性能。

(2)接收线圈内部应具有冗余线圈或测试线圈，测试设备可通过冗余线圈或测试线圈对车载信号设备进行闭环测试。

(3)冗余线圈或测试线圈回路开路时，应不影响主机正常工作。

(4)接收线圈可接收 ZPW-2000 系列、交流计数、移频信号。

(5)当接收线圈每一路线圈与 4 kΩ 电阻相连时，在表 4-3 所示的钢轨短路电流和频率下，各接收线圈应达到规定的电压。在上述条件下，当一路接收线圈开路时，另一路的接收电压变化不大于 15%。

表 4-3 接收线圈的频率响应

频率(Hz)	25	550	650	750	850	1 700	2 000	2 300	2 600
钢轨短路电流(mA)	1 050	113	90	69	50	310	275	255	235
接收电压(mV)	9.3×(1±7.5%)	15.9×(1±7.5%)	14.6×(1±7.5%)	12.4×(1±7.5%)	10.0×(1±7.5%)	100×(1±7.5%)	100×(1±7.5%)	100×(1±7.5%)	100×(1±7.5%)

(6)接收线圈每路开路下测试，线圈直流电阻值误差应不大于标称值±5%；在 1 000 Hz 条件下测试，电感量误差应不大于标称值±5%。

3. 机车信号主机

(1)车载设备主机应采用冗余结构。当采用 2×2 取 2 结构时，工作机故障自动切换到备用机，切换时间应不大于 0.5 s。工作机和备用机都应有工作正常或故障表示。当主机采用 3 取 2 表决冗余结构时，比较结果不一致时，主机应有相应表示。

(2)主机应有开机自检功能，自检正常后进入工作状态并给出工作正常表示。

(3)主机对外应具用并行和串行接口。与列车运行监控装置采用并行接口时，并行输出信息定义应符合机车信号定义规定；串行接口可采用 RS-485 或 CAN 总线。

(4)主机应具有良好的可测试性，在检修时可自动测试各项功能及指标。

(5)主机应安装在机车内便于检测的地方。

4. 显示器

(1)显示器可采用点阵式 LED 显示方式。

(2)显示方式可采用模拟色灯的图形方式或字符方式。

(3)点阵式显示器的控制电路应采有冗余措施，应符合“故障—安全”原则。

(4)显示器与主机间接口应采用既有 8 色灯显示器兼容方式。

5. 机车信号记录板

(1)记录器应记录以下信息：

1)从接收线圈收到的机车信号信息的信号波形；

2)机车载频切换装置状态、机车运行方向信息；

3)机车信号输出信息；

4)主机工作状态；

5)机车电源工作电压状态；

6)来自 TAX2 箱通信接口的时刻、线路公里标、车站编号、信号机编号等定位信息。

(2)记录器应以独立插板的形式嵌入主机箱，记录器故障后不影响主机正常工作。

(3)记录器存储容量应满足记录长大机车交路所需信息的要求。

(4)开关量采集接口输入阻抗应大于或等于 30 kΩ。

(5)接入接收线圈的输入阻抗应大于或等于 200 kΩ。

(6)地面处理分析系统应具用故障分析和统计功能。

(7)记录数据应读取方便，采用移动存储器时应有防止丢失的措施。

(8)应具用通信接口扩展功能。

6. 电源

(1)电源应采用双套电源，一套故障时另一套能保证系统正常工作。

(2)额定输入电压 DC110 V。机车电源电压在有关标准规定的变化范围内，系统应正常工作。

(3)电源过流保护宜采用断路器。

4.2.3 主体式机车信号的显示与地面信号显示关系

主体化机车信号除预告前方地面信号机显示外,还指示列车运行前方空闲的闭塞分区数目,并有预告列车直向还是侧线进站及侧线进站通过的道岔号大小的功能。按照机车信号信息的定义标准,ZPW-2000 系列轨道电路低频信息分配及机车信号显示与地面信号显示如表 4-4 所示。

表 4-4 ZPW-2000 系列轨道电路低频信息分配及机车信号与地面信号显示

序 号	1	2	3	4	5	6	7	8	9	10
信息名称	L3 码	L2 码	L 码	LU 码	LU2 码	U 码	U2S 码	U2 码	U3 码	UUS 码
低频频率(Hz)	10.3	12.5	11.4	13.6	15.8	16.9	20.2	14.7	22.4	19.1
机车信号显示	L 绿	L 绿	L 绿	LU 绿黄	U 黄	U 黄	U2S 黄 2 闪	U2 黄 2	U 黄	UUS 双黄闪
前方地面信号显示	L	L	L	LU	U	U	U	U	U	UU
速度等级输出	110	101	001	001	101	010	101	001	001	101
序 号	11	12	13	14	15					
信息名称	UU 码	HB 码	HU 码	H 码	载频切换					
低频频率(Hz)	18	24.6	26.8	29	25.7	无码	无码			
机车信号显示	UU 双黄	HUS 红黄闪	HU 红黄	H 红		H 红	B 白			
前方地面信号显示	UU	HU	HU							
速度等级输出	001	101	001	100		100	001			

4.2.4 主体化机车信号主要设备工作原理

1. 机车信号主机

机车信号主机把从两路接收电路同时接收到的轨面信息由隔离放大器进行隔离,经 A/D 转换,由 DSP 芯片进行处理、译码,控制相应的输出显示。

JT1-CZ2000 型机车信号主机采用 4 槽机箱结构,自左至右分别为记录板插板、主机板 A、主机板 B、连接板。而 JT1-Z 型机车信号主机采用 6 槽机箱结构,自左至右分别为记录板插板、主机板 A、主机板 B、连接板、电源板一、电源板二。主机板完成信号的接收及输出工作,两块主机板,两块电源板、双路接收线圈构成双套热备冗余系统。连接板实现电源分配、主机状态显示、并口输出的双套切换等功能。两块电源板中,各含一块电源模块,电源模块每路输入为 110 V,输出为双路 50 V。一路为接收主机电路提供 50 V 工作电源,另一路为动态控制安全点灯电路提供 50 V 点灯电源。点灯电源由主机输出的动态信号来激励,动态消失时点灯电源关闭,其电路为安全性设计。记录板实现在机车运行过程中的有关动态信息的采集.记录,并通过 U 盘作为转存介质进行读取。

主机原理框图

JT1-CZ2000 型主机的结构原理框图如图 4-3。双路接收线圈的一路接主机板 A,另一路接主机板 B,主机输出除原来并行输出外,预留了 CAN 总线输出或 RS-485 输出,可支持双向信息传输。

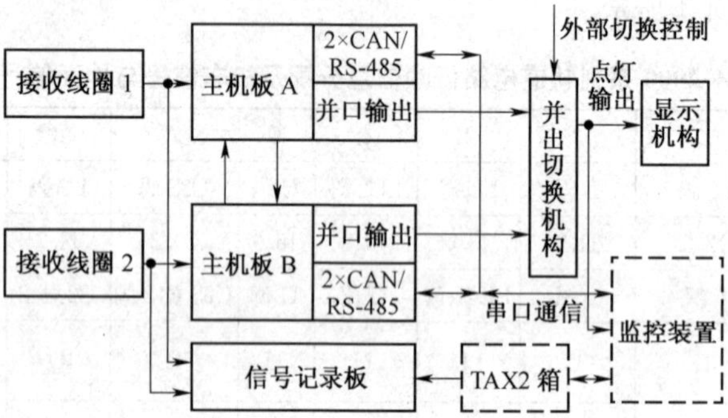

图 4-3　接收主机结构原理框图

(2)主机板原理

主机板采用底板加小插板的嵌入式结构,即分成主机板底板和 CPU 板。其中底板主要是电源转换、点灯输出与反馈、设置线等部分,而译码处理、输出控制等主要电路都集中到了 CPU 板上,便于设备维护及软件升级。

主机的每块主机板采用二取二容错安全结构,即每块主机板中有 2 路独立接收译码通道,2 路的译码输出结果进行比较,比较一致才有有效输出。原理如图 4-4 所示。

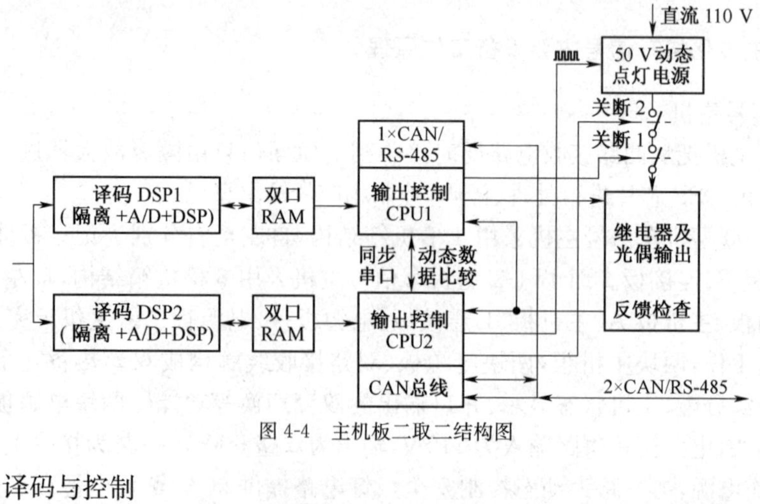

图 4-4　主机板二取二结构图

1)译码与控制

每块主机板对应一路接收线圈绕组,信号输入部分由以往的变压器隔离改为隔离放大器，避免了原来变压器的离散性及不可靠因素。主机板内两路 DSP 同时从各自的 A/D 电路接收信号，译码结果通过双口 RAM 与输出控制部分进行数据交换。

输出控制部分通过同步串口同时对译码结果进行比较，当比较结果一致时控制输出。如果输出结果不一致，则禁止输出并立即进入设备复位自检模式。在开机时，程序以 UM71 系列、移频、交流计数、UM2000 的顺序检查是否有译码输出，某制式有输出则确定该制式为输出制式，当该制式无译码输出时，程序重新按以上次序检查。

主机板保留 JT1-A/B 型原有的并口输出，在原有并口电路上进行改进，由双 CPU 共同控制并增加动态受控点灯电源。其中 CPU1 完成点灯信息输出，控制关断 1（光电开关），并进行输出的反馈检查；CPU2 控制关断 2（大接点继电器），控制动态受控点灯电源，并进行输出的反馈检查。动态受控电源位于电源板内，由 CPU2 的动态方波控制。如果无动态输出或者动态输出的频率较低，都无法满足动态点灯电源的工作要求，造成点灯电源关闭。

2）信息输出

主机板预留有 CAN 总线或 RS-485 输出，可与监控设备进行大容量信息传输。当采用 RS-485 总线时，每个主机电路板上都有一发一收两个 RS-485 驱动芯片，可以支持全双工通信，但需依据后级设备的要求确定具体的通信方式。

由于现有的 LKJ-2000 监控装置的内部采用 CAN 总线，对外部设备只预留 RS-485 接口，对机车信号只分配一路 RS-485 接口，信息传输是单向的，连接方式如图 4-5 所示。机车信号的两路 RS-485 只有工作主机对应的那路发送信息，而做备机时不发送信息。主机转换时，发送会有不大于 350 ms 的延时。机车信号每块主机板只有 CPU1 输出一路 RS-485 信号，而 CPU2 接收 CPU1 的串口输出，当 CPU2 接收的 CPU1 串口输出与 CPU2 自行运算得到的串口输出不一致时，CPU2 关断 CPU1 的串口输出，关断 4 s 后，重新开设串口输出。此种模式由于采用单路通信，对于双机热备系统来说在可靠性上是不理想的。

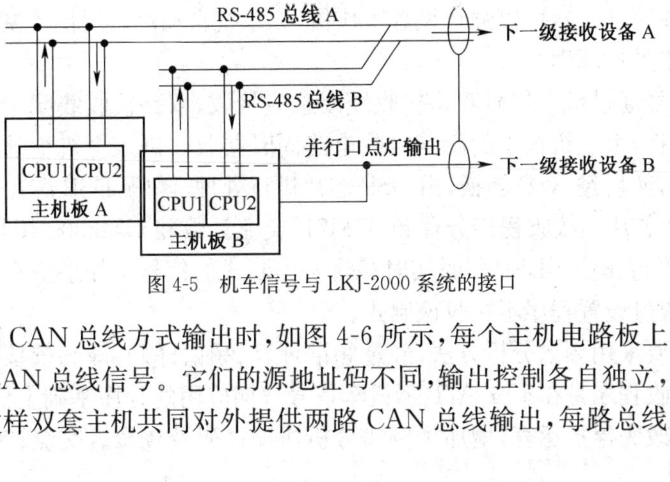

图 4-5　机车信号与 LKJ-2000 系统的接口

当采用 CAN 总线方式输出时，如图 4-6 所示，每个主机电路板上 CPU1、CPU2 各输出一路 CAN 总线信号。它们的源地址码不同，输出控制各自独立，共同并联在一路总线上。这样双套主机共同对外提供两路 CAN 总线输出，每路总线上的信息是同一套主机的两个CPU发出的。下一级接收设备在接收后对两个CPU信息进行比较,如果完全一致则采用,否则认为出错。如果下一级设备也是双机热备的,则应采用图4-6的方式与下一级设备连接,既保证系统的安全性,又保证系统的可靠性。

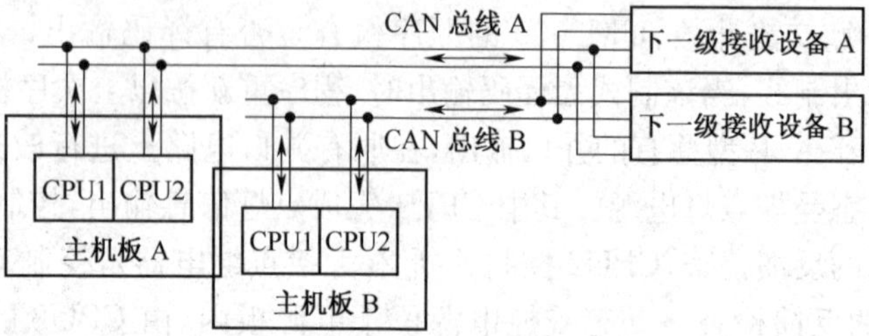

图4-6　主机板CAN总线输出示意图

(3)双套热备冗余方式

JT1-CZ2000机车信号系统设备的双套热备是指由机车信号主机内双套主机板、接线盒中的双路电源、双路接收线圈共同组成的双套热备系统。主机完成双套热备输出的切换。

JT1-CZ2000型机车信号主机的双套切换继承了JT1-B型机车信号主机切换电路,即主机上电后随机由双套主机板中的一套占据输出位置,即处于工作状态,另外一套处于备用状态。当占据输出位置的主机故障时,将自动关断点灯电源失去输出位置状态,而由备机获得输出位置状态,从而实现双机的自动切换。然而对于JT1-B型机车信号主机而言,当工作主机的接收线圈信号输入部分、前级放大部分故障时,机车信号主机误以为线路无码而"掉灯",并不切换到正常工作的备机,造成双套热备份不起作用的情况。JT1-CZ2000型主机双套主机板之间有动态方波信号进行信息交换,当工作主机前级故障"掉灯"时,备机正常,"有码"信息会传递到工作主机,工作主机会短时自动切掉输出,使得系统自动转到备机工作。实现完全双套热备份的功能。另外,通过外部切换控制(来自面板或测试仪),可以强行设置工作机,为系统自动测试提供了基础。

(4)信号接收处理原理

轨道电路信号通过机车信号双路接收线圈感应接收,双路接收线圈中的每路信号各对应一个主机板,由主机板中的两路接收电路同时接收。进入主机板的信号由隔离放大器进行隔离,然后经A/D转换,由DSP芯片进行处理、译码,DSP芯片采用高速32位浮点运算DSP芯片。接收程序分移频、UM71、交流计数和UM2000接收模块,采用DSP循环运算,平行作业。DSP同时实时接收4类制式的信号。如果机车运行交路没有某种制式,可通过设置程序不接收该制式。

移频接收主要采用频谱分析方法,经过频谱计算、频谱译码、译码校核等过程接收信息。UM71接收程序是在JT1-A/B型机车信号长期应用的程序基础上优化而成,将原来的定点运算改为浮点运算,增加了频谱分析协助译码及校核。交流计数接收程序是将 JT1-A/B 型机车信号的程序进行移植，改为浮点运算并进行了局部优化，抗干扰能力有所提高。UM2000 数字编码轨道电路的信号接收主要经过数字滤波、数字解调、低频频谱分析、频谱分析译码、CRC 校验等过程。UM2000 轨道电路数字编码信号采用 27 个低频同时调制，代表 27 位数字信息，其中 6 位为 CRC 校验码，接收时对结果进行 CRC 校验，确保接收信息的正确。接收指标参照 TVM430 指标，机车信号接收灵敏度为钢轨短路电流 400 mA；应变时间在无信号到有信号或载频切换后小于 2.6 s，在载频不变的情况下新消息出现后小于 4.1 s；在大于 2.6 s 没有检测到载频或大于 4.7 s 不能正确接收时给出无码或错误信息。

2. 机车信号记录板

机车信号记录板采用与机车信号主机一体化的设计方式，记录板以插件形式插在机车信号主机箱内，对机车信号的输入输出信息进行直接的采集，有利于简化整体结构及保持整个系统的电磁兼容特性，避免因外部连线对机车信号整体系统的电气特性和可靠性造成不利的影响。记录板采用大容量的 CF 卡保存数据。机车信号记录板由两大部分组成。一是车载部分，主要功能是对机车信号运行过程中的有关动态信息进行采集。二是地面数据处理部分，通过 U 盘作为转存介质，通过 USB 接口进行读取、转换、显示、回放、分析，以文本及图形方式提供友好的人机界面，并提供自动统计、分析列表、打印输出等功能。

(1)车载部分

记录板车载部分由 12 个模块组成，电路原理框图如图 4-7 所示。

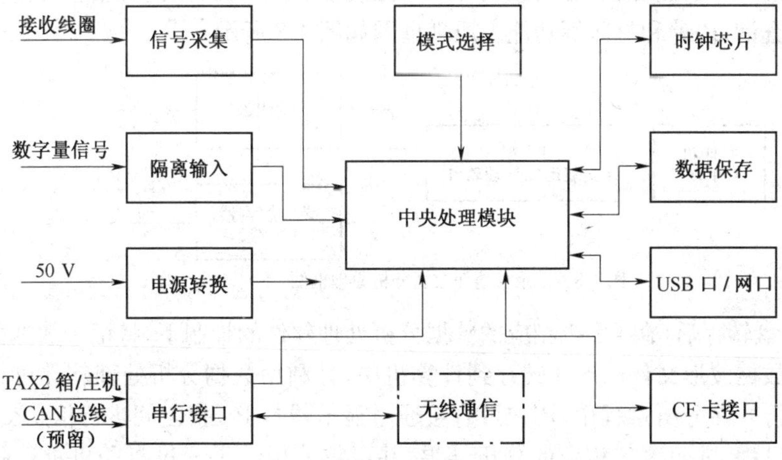

图 4-7　记录板电路原理框图

中央处理模块由中央处理器、数据存储器、温度传感器、总线驱动器构成，中央处理器采用 16 位 DSP，具有同步及异步串口，功耗小、速度高，中央处理模块贴装温度传感器测量主机内温度。信号采集模块完成对接收线圈信号波形的采集和模数变换，主要由光电隔离输入接口、A/D 转换电路组成。记录板通过串行 RS-485 接口接收记录这些辅助信息。隔离输入模块用于开关量的采集，采用高阻的光电隔离电路。时钟芯片采用工业级 DS17487 芯片为记录数据提供时间坐标。数据保存模块为保存记录板断电和上电时间、故障代码、记录板非法操作等关键数据，记录板采用容量 32 KB 非易失性存储芯片，具有掉电不失的特性。失电过程中数据可以自动保护，失电后数据可长时间保持。记录板应用大容量 CF 卡存储技术，CF 卡内置在记录板背面的卡座上，使用者需要取得基本状态信息时，可以利用 USB 接口将数据转存。要获取详细信息数据需通过拔取 CF 卡送至地面处理系统实现。通过 U 盘读取 USB 接口可获得基本状态信息，不建议经常拔取 CF 卡读取数据。USB 口存储速度平均为 200 Kbit/s 左右，预留网口。CF 卡接口及无线信息接口用可编程逻辑器件实现 CPU 与 CF 卡及无线通信模块的接口。记录板设计了监督复位电路，可对系统运行异常、死机及电源电压过低进行复位。模式选择模块使用户根据需要，通过调整电路板上的设置端子 J203、J701，实现对不同记录功能的设置。记录板电源输入 50 V，第一级隔离变换模块输出 5 V 供记录板作为主电源使用，第二级隔离模块输出 ±5 V 供接收线圈信号采集的光电隔离输入接口使用。转换电路设计了相应的防护电路，可对电源输入的过压及过流防护。CPU 采用低功耗设计，CPU 模块工作电源为 3.3 V 和 1.9 V。

(2)记录板的地面处理系统

记录板的地面处理部分是记录板系统的一个重要组成部分。主要由 PC 机、CF 卡及其读卡器、打印机和调制解调器等设备组成。其主要功能是转储车载记录板所记录的数据信息，并形成相应的状态信息文件和数据波形文件，同时提供对相应文件数据的显示、分析、查询、统计和打印等功能。原理框图如图 4-8 所示。

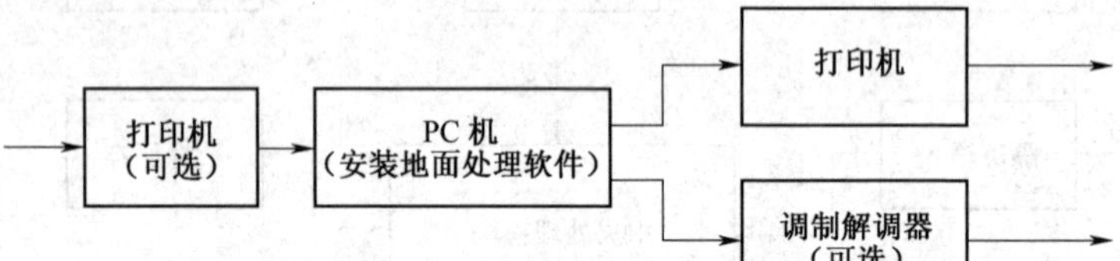

图 4-8　记录板地面数据分析原理框图

通过 U 盘转存后，在 PC 机相应的数据分析处理软件的控制下，将记录数据分别以状态文件和数据波形文件的形式转存到计算机中，并利用数据分析处理软件对相应的文件进行分析。在分析过程中，用户可直接通过显示器与 PC 机之间进行信息交互，直观操作分析过程，进而得到相应的分析结果，并可将分析结果通过打印机进行打印输出。此外，用户还可以通过调制解调器，将相应的文件通过网络进行上传，进而得到相应的技术支持。

(3)记录板数据地面分析处理系统的软件功能

记录板数据地面分析处理系统软件主要由文件管理与数据转存、数据波形文件操作、数据波形文件频谱分析和状态信息文件分析等四部分组成，每一部分又由多个功能模块组成。如图 4-9 所示。

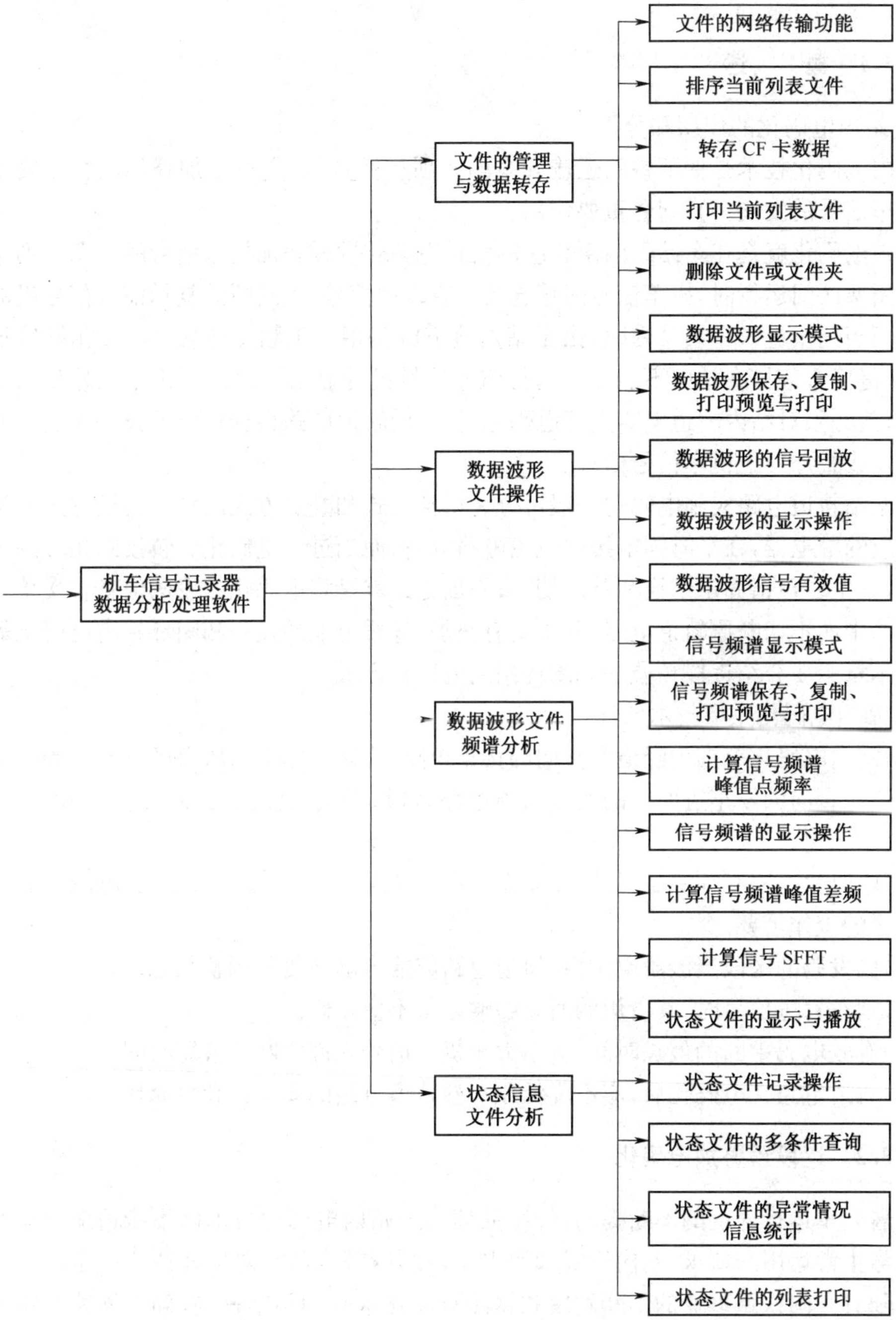

图 4-9　记录板数据地面分析处理系统的软件构成

4.3 站内电码化

4.3.1 概　　述

1. 站内电码化的作用和分类

站内电码化技术是保证铁路运输安全的一项重要技术,它对于加强站内行车安全以及机车信号的发展一直起着重要作用。

站内电码化就是在车站站内由相应的轨道电路转发或叠加机车信号的信息。列车在自动闭塞区间运行时,机车信号能够连续接收地面信号,不间断的复示前方信号机的显示。而当列车进入车站站内时,由于站内轨道电路多为工频交流或 25 Hz 相敏轨道电路,使得机车信号在站内不能复示运行前方信号机的显示。为保持机车信号显示的连续性,就必须对站内轨道电路实行电码化,使站内轨道电路根据相应的条件在适当的时机转发或叠加发送机车信号信息。

对车站轨道电路实施电码化一般可分为切换方式和叠加方式两种。切换方式就是利用相应的继电器,在平时固定接向轨道电路设备,而当进行电码化时转接到相应的发码设备,其主要包括固定切换和脉动切换;叠加方式就是将电码化的发码信息直接接入轨道电路中而不切断原轨道电路,其主要有叠加、逐段叠加预发码和闭环站内电码化等方式。本章主要介绍逐段预叠加和闭环站内电码化方式。

2. 站内电码化主要技术条件

(1)站内电码化范围为经道岔直向的接车进路,为该进路中的所有区段和自动闭塞区段经道岔直向的发车进路中的所有轨道电路区段,经道岔侧向的接车进路中的股道区段。

(2)电码化电路必须满足"故障—安全"原则,在最不利条件下,其入口电流应满足机车信号的工作需要。

(3)已发码的区段当区段空闲后,轨道电路应能自动恢复到调整状态。

(4)列车冒进信号时,其占用的所有咽喉区段不应发码。

(5)有效电码中断的最长时间,应不大于机车信号允许中断的最短时间。

(6)轨道电路在电码化后,应不降低原车站轨道电路的安全性和可靠性。

4.3.2 逐段预叠加电码化

随着列车运行速度的不断提高,传统的切换式站内电码化技术已不能适应列车对机车信号正常运用的要求,站内正线掉码严重,尤其在短区段,对提速造成一定的安全隐患。随着我国铁路事业的不断发展和铁路自动化水平的不断提高,确保铁路运输安全的列车速度控制(如列车超速防护)技术,在铁路中的应用已势在必行。这就要求机车在运行过程中必须连续不断地接收到地面发送的机车信号信息，要求电码化信息不能有任何中断，使得原有的脉动切换发码和列车压入发码方式，不能满足这一要求，为此开发了“逐段预叠加电码化”技术。因此，预叠加电码化势在必行，有着广阔的应用前景。“逐段”就是一个区段接着一个区段地发送信息；“预”就是当列车占用某一区段时，其列车运行前方与该区段相邻的下一个区段也开始发码；“叠加”就是轨道电路信息与机车信号信息在传输通道内同时存在。

1994 年“京九”工程站内正线采用预叠加 18 信息移频电码化、到发线股道采用叠加 18 信息移频电码化。几年来运用效果良好，特别是上层逻辑控制电路为今后各类预叠加电码化的控制电路广泛采用，成为一套标准电路。

1. 主要技术指标

(1)用于单、双线自动闭塞和半自动闭塞区段的正线接发车进路。

(2)在正线运行时，保证连续不断地向机车发送电码化信息。

(3)电码化轨道电路除新增的接口设备外，原轨道电路不增减设备。

(4)电码化设备应符合铁路信号的“故障—安全”原则。

(5)电码化轨道电路不降低原有轨道电路的基本技术性能。

(6)当道砟电阻为 0.6 Ω·km(UM71、WG-21A、ZPW-2000A 为 1.0 Ω·km)，传输电缆长度小于 2 km，采用焊接式轨端接续线时，电码化轨道电路的极限长度达 1 200 m。

(7)电码化轨道电路的发码电流应满足机车信号入口电流的要求。

(8)适用于电气化和非电气化区段的各种站内轨道电路的各种移频(UM71、WG-21A、ZPW-2000A)电码化设备。

(9)预发码时，发送设备均保证在任何瞬间仅向机车头部所在的一个区段发送。

(10)采用双功出发送设备，实现电码化预发码技术；钢轨绝缘处采用钢丝绳单根迂回装置，保证电码化信息空间连续；加装室内外隔离设备以保证电码化信息与轨道电路信息互不影响，实现一对电缆芯线传输。

2. 关于空间连续

铁路提速后列车超速防护系统要求列车在正线区段内行驶时，能从地面连续不断地接收到电码化信息。采用逐段预先发码技术只能解决时间上的不间断，但在过绝缘节时由于受钢丝绳和机车信号接收线圈的安装位置所限，在绝缘节两边均有一小段实际上机车线圈根本收不到或收不到足够的电码化信息，造成接收上的盲区，称为空间不连续。如图 4-10 所示。

轨道电路的钢丝绳向钢轨上连接时需躲开鱼尾板(接头夹板)一定的距离，如图 4-10 所示，距轨缝约 0.6～0.8 m，而机车接收线圈距第一轮对的距离最大可达 1 m。不难看出，机车第一轮对从 A 点开始至轨缝相当于接收线圈自 B 点至 C 点的范围内，当线圈

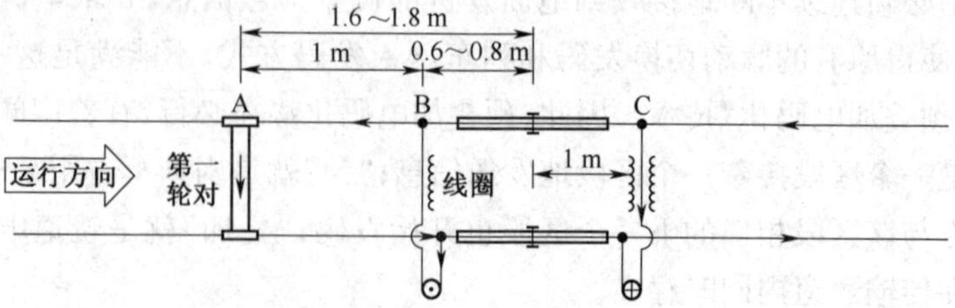

图 4-10　绝缘节处发码盲区示意图

在 B～C 间,因钢轨内无电流造成信息中断。只有当线圈已越过轨缝 1 m 或第一轮对已过轨缝时,前方区段被分路,钢轨内的电流大于或等于规定的入口电流值,线圈重新可靠接收。这一接收盲区为 1.6～1.8 m。解决的措施是对钢丝绳的安装方式进行特殊处理,如图 4-11 所示。

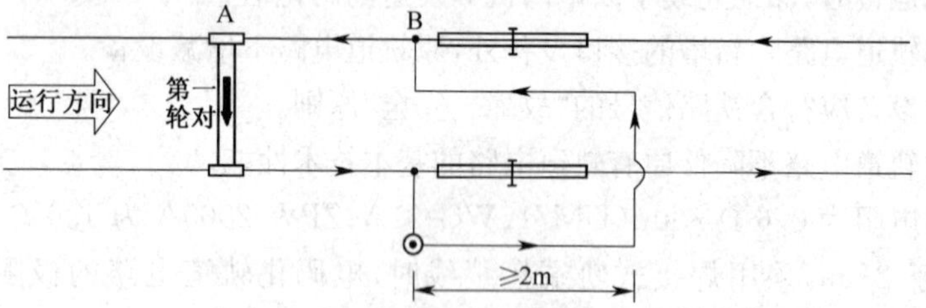

图 4-11　绝缘节处钢丝绳的安装方式

原跨轨的钢丝绳先在轨道外侧沿轨条方向迂回 2 m 再接向钢轨。当列车第一轮对分路轨缝左侧的区段时,迂回的钢丝绳内的电流大于等于入口电流。而当临近轨缝时钢丝绳内的电流大于等于 2 倍入口电流,此时机车只有一个接收线圈收到钢丝绳内的电码化电流,形成单轨条接收。如以 $I_入$ 代表本制式需保证的最小入口电流值,双轨条接收时机车收到的电码化信息感应电动势 ε 为两个线圈的感应电动势之和,因每个线圈的感应电动势为 $j\omega MI_入$,故 $\varepsilon = j\omega MI_入$($M$ 为互感)。而从钢丝绳内收到的总电动势为 $\varepsilon' = j\omega MI_S$,因为 $I_S = 2I_入$,所以 $\varepsilon' > \varepsilon$ 足够动作机车信号。

钢丝绳之所以采取单根迂回方式,是为了克服出现钢丝绳与相邻轨道的轨条因故相混时,改变原轨道电路的相位交叉,故防止了因破坏原有轨道电路的相位交叉防护性能致使失去分路检查的危险后果。

3. 逐段预叠加电码化原理

如图 4-12 所示为逐段预叠加电码化原理示意图。图中,正线接车进路共有 WG、ADG、BDG、CDG、G 五段轨道电路,发送盒的两路独立输出,分别通过各自的传输继电器 CJ 条件向 WG、ADG、BDG、CDG、G 进行叠加。而 CJ 的供电始于上一轨道区段占用,止于下一段轨道区段占用,在任一瞬间均有相邻的两个 CJ 吸起,一个是本区段的,另一个是下一区段的。分别由发送盒的两路输出通过相应的 CJ 发往轨道,对于下一个区段实现了预先叠加发码。

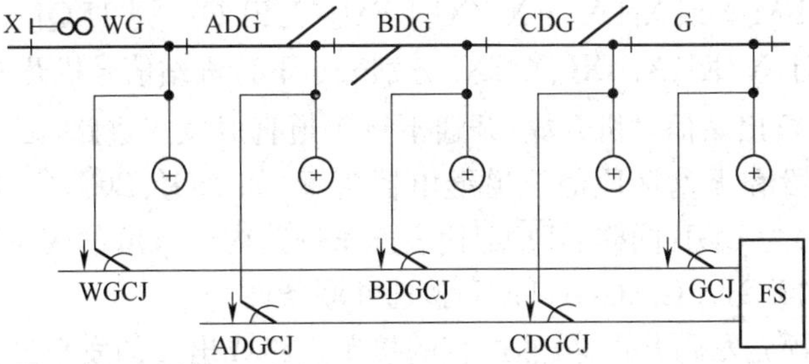

图 4-12 逐段预叠加电码化原理图

4. 逐段预叠加电码化控制电路

(1)正线区段

正线区段的控制电路包括进直的接车进路和出直的发车进路内各区段(正线股道除外),按铁路车站电码化的有关技术条件的规定执行,当列车冒进信号时,内方区段不得发码的要求,每一进路需设置一个允许发码的控制继电器(JMJ 或 FMJ),只有开放相应信号(排除冒进信号)时才具备发码的条件,它的工作直接区分列车进入内方后能否发码,涉及安全,借助超速防护装置确保防止冒进信号,故该发码的控制继电器应采用"肯定"的逻辑关系,即它励磁吸起时才发码。

继电器的供电电路应按"故障—安全"原则设计,即构成供电的必备条件也均采用"肯定"的逻辑关系,即前接点接通。而继电器开通的时机条件(非安全性)可做成与必备条件相同,也可以做成"列车接近时"两种方式。

控制继电器的恢复条件和时机,即它供电电路的切断,按接点电路设计的一般原理可知,当它的任务完成时即为它的恢复时机。不难看出,当列车进入不由它控制发码的区段时,例如接车进路列车驶入股道或发车进路列车驶入区间时,即可切断它的供电电路。

另外要保证区段瞬间分路后,由于信号已关闭,为保证不使后续的列车冒进后能错误收到码,此时也应使 JMJ 或 FMJ 恢复到落下位置。由于它的"开放信号"的必备条件当列车进入内方后将自动关闭,故它的必备条件应是"曾开放信号",同时应有自闭电路。

下面以图 4-13 所示的进路示意图为例来说明。

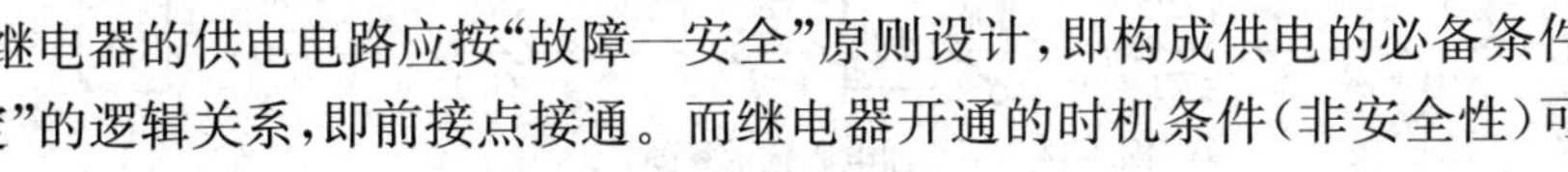

图 4-13 进路示意图

控制 JMJ 和 FMJ 供电电路的接通公式分别为:

$$F(\text{JMJ})=[\text{XLXJ}\cdot\text{XZXJ}+\text{JMJ}(\sum\overline{\text{JDGJ}})]\cdot\text{GJ}$$

$$F(\text{FMJ})=[\text{X}_1\text{LXJ}\cdot\text{X}_1\text{ZXJ}+\text{FMJ}(\sum\overline{\text{FDGJ}})]\cdot 1\text{LQJ}$$

上式中的 XLXJ、XZXJ、X_1LXJ、X_1ZXJ 分别表示下行进站信号机开放、开通下行正线接车进路、1 道下行出站信号机开放、开通下行 1 道直股发车进路，$\sum\overline{\text{JDGJ}}$代表接通进路内所有道岔区段和无岔区段的轨道继电器落下（如 AGJ、BGJ、CGJ）接通并联条件，GJ（股道继电器）为 DGJ，同样$\sum\overline{\text{FDGJ}}$代表发车进路内所有道岔区段和无岔区段的轨道继电器落下（如 EGJ、FGJ、GGJ、HGJ）接通并联条件。

由于采用逐段预先发码方式，虽然进直的接车进路或出直的发车进路已具备发码的条件，JMJ 或 FMJ 吸起，但发送盒能适时地接到轨道区段，是由每个区段的传输继电器 CJ 的动作来实现的，如图 4-14 所示。

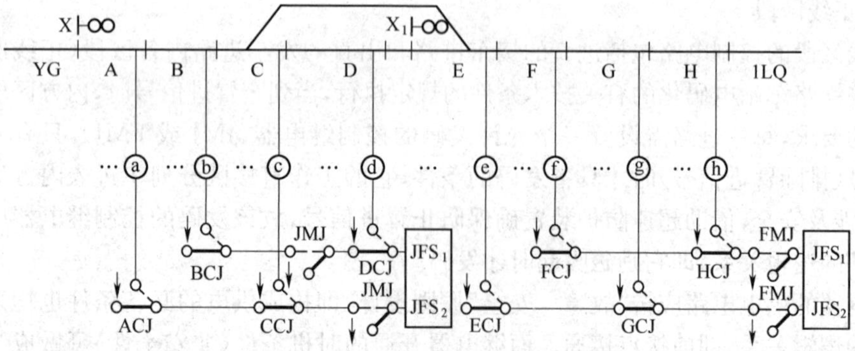

图 4-14　预叠加电码化示意图

正线进路内除股道外的所有轨道区段的 CJ 的接通公式为：

接车进路：

$$F(n\text{CJ})=\text{JMJ}\cdot\text{ZGJ}\cdot[\overline{\text{GJ}(n-1)}\cdot\text{GJ}(n)+\overline{\text{GJ}(n)}]\cdot\text{GJ}(n+1)\cdot\text{GJ}(n+2)\cdots$$

发车进路：

$$F(n\text{CJ})=\text{FMJ}\cdot\text{ZGJ}\cdot[\overline{\text{GJ}(n-1)}\cdot\text{GJ}(n)+\overline{\text{GJ}(n)}]\cdot\text{GJ}(n+1)\cdot\text{GJ}(n+2)\cdots$$

对应上图，ZGJ 接车时为 DGJ，发车时为 1LQJ。

例如若 n 为 AG 时，则

$$F(\text{ACJ})=\text{JMJ}\cdot\text{DGJ}\cdot[\overline{\text{YGJ}}\cdot\text{AGJ}+\overline{\text{AGJ}}]\cdot\text{BGJ}\cdot\text{CGJ}$$

为了防止电路相混，电路的并联条件（$\overline{\text{YGJ}}\cdot\text{AGJ}+\overline{\text{AGJ}}$）分别接通 CJ 的两个线圈，构成独立的励磁支路。

由上可知，任一瞬间只有相邻的两个 CJ 吸起，例如列车驶入 BG，此时 BCJ 的$\overline{\text{BGJ}}$和 CCJ 的$\overline{\text{BGJ}}$条件具备从而使 BCJ 和 CCJ 均励磁吸起。而 ACJ 由于$\overline{\text{BGJ}}$而切断供电电路失磁落下。如果使相邻的两个区段分别由不同的发送盒发送，则既能保证相邻的轨道电路的送、受电端不相混又能保证发送盒任一瞬间只向一个区段发送，从而保证了入口电流和能正确选定发送盒应有的最小发送功率要求。

(2)正线股道和到发线股道区段

由于这些区段的发码不需必备条件只需控制发码时机，故不设MJ仅设CJ，它们的接通公式为：

$$F(\mathrm{CJ})=\overline{\mathrm{GJ}}$$

正线股道由于考虑预先发码，故有所变化，对本例DCJ，其接通公式为：

$$F(\mathrm{DGJ})=\overline{\mathrm{DGJ}}+\mathrm{JMJ}\cdot\overline{\mathrm{CGJ}}$$

如图4-15所示为正线股道及到发线股道叠加电码化示意图。图中包含在送端和受端分别叠加的情况。

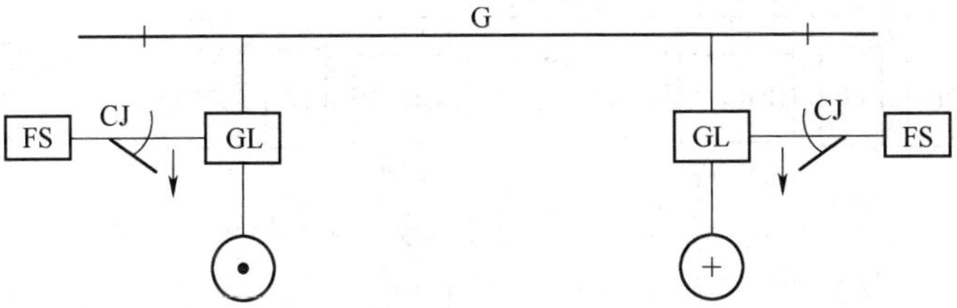

图4-15　正线股道及到发线股道叠加电码化示意图

5. 逐段预叠加电码化主要类型

(1)非电气化区段480轨道电路预叠加8、18信息移频电码化

非电气化区段480轨道电路预叠加8、18信息移频电码化，采用叠加技术完成预发码，克服了切换发码的缺点，保证机车信号在站内的连续性。在480轨道电路的基础上，新增设备包括送受电端隔离器、电码化匹配防雷单元、电码化移频电源、发送和检测设备完成叠加预发码。如图4-16所示。

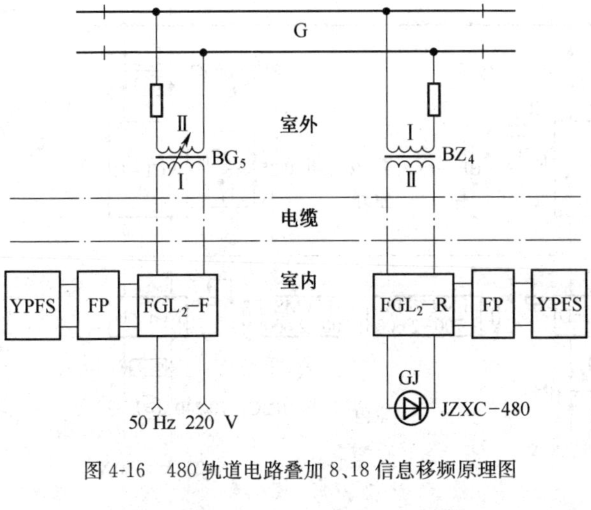

图4-16　480轨道电路叠加8、18信息移频原理图

(2)电气化区段25 Hz相敏轨道电路预叠加8、18信息移频电码化

电气化区段 25 Hz 相敏轨道电路预叠加 8、18 信息移频电码化，在 25 Hz 相敏轨道电路的基础上，新增设备包括送受电端隔离器、电码化匹配防雷单元、电码化移频电源、发送和检测设备完成叠加预发码。如图 4-17 所示。

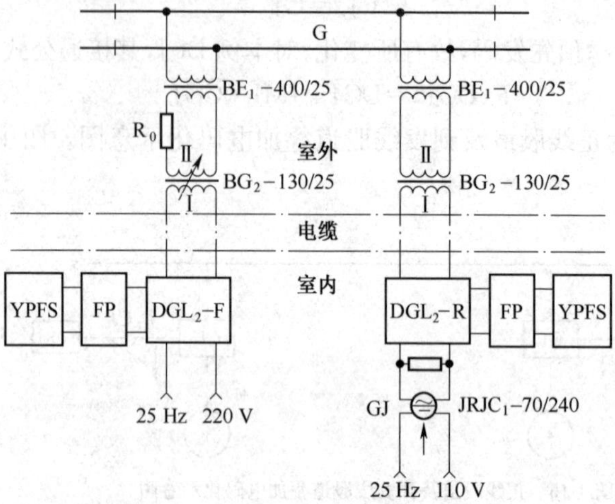

图 4-17 25 Hz 相敏轨道电路叠加 8、18 信息移频原理图

(3)电气化区段 25 Hz 相敏轨道电路预叠加 UM71、ZPW-2000 系列电码化

电气化区段 25 Hz 相敏轨道电路预叠加 UM71、ZPW-2000 系列电码化在不增加电缆芯线的基础上，新增设室内外隔离器等设备完成叠加预发码。采用轨道电路室内调整，便于现场施工、使用。如图 4-18 所示。

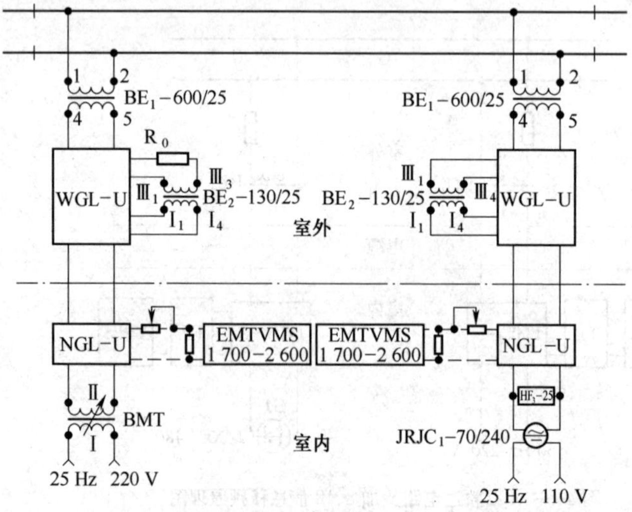

图 4-18 25 Hz 相敏轨道电路叠加 UM71 电码化原理图

电气化区段预叠加电码化设备由电源盒、发送盘、正线双机检测盘、发送检测盘、室内匹配防雷单元、送电端隔离设备、受电端隔离设备、轨道变压器、扼流变压器等构成。

非电气化区段预叠加电码化设备由电源盒、发送盘、正线双机检测盘、发送检测盘、室内匹配防雷单元、送电端隔离设备、受电端隔离设备、轨道变压器等构成。

(4)四线制预叠加 ZPW-2000 系列(UM71 系列)电码化

由于预叠加电码化是开环的,所以四线制预叠加电码化常态下不能检查电码化传输线路的完好,当室外电码化信息传输电缆断线时,可能造成邻线干扰,致使机车信号升级,因此不建议采用。

四线制预叠加 ZPW-2000 系列(UM71 系列)电码化根据原轨道电路的不同主要有四线制电气化区段 25 Hz 相敏轨道电路预叠加 ZPW-2000 系列(或 UM1 系列)电码化,四线制非电气化区段 25 Hz 相敏轨道电路预叠加 ZPW-2000 系列(或 UM1 系列)电码化,四线制非电气化区段 480 轨道电路预叠加 ZPW-2000 系列(或 UM1 系列)电码化。图 4-19、4-20 分别给出四线制电气化区段 25 Hz 相敏轨道电路预叠加 ZPW-2000 系列电码化和四线制非电气化区段 480 轨道电路预叠加 ZPW-2000 系列电码化示意图。

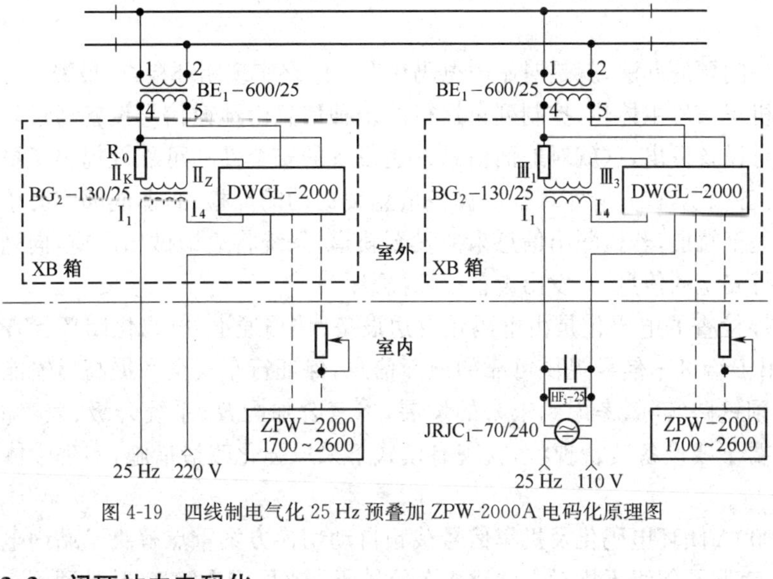

图 4-19　四线制电气化 25 Hz 预叠加 ZPW-2000A 电码化原理图

4.3.3　闭环站内电码化

闭环站内电码化就是具有闭环检查功能的站内电码化。现有的站内电码化由于是两个技术叠加合成,存在两层皮问题,系统发出的机车信号信息仅仅是叠加在轨道电路上,而其信息是否确实发送到了轨道上,并未得到有效的检测(现有的检测报警

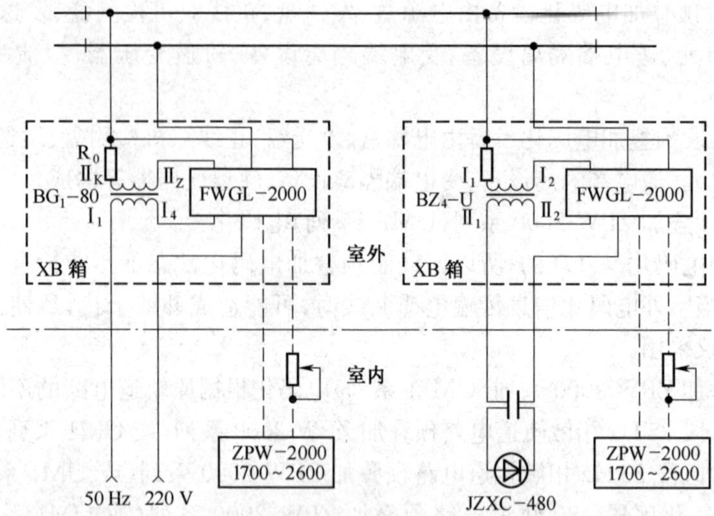

图 4-20　四线制非电气化 480 预叠加 ZPW-2000A 电码化原理图

电路只是检测发送设备本身是否正常工作，而不能检测整个系统的工作是否完好）。随着列车运行速度进一步提高，靠地面信号机的显示已不足以保证行车安全，装备主体机车信号已势在必行的情况下，现有车站电码化技术将不能保证列车在站内的行车安全。

解决这一问题的办法，就是对站内电码化发码电路实现闭环检查(报警)。

要实现机车信号主体化，控制列车运行的多种信息由地面信号设备通过轨道向列车的车载信号设备发出，这就对地面信息发送设备的安全性和可靠性提出了更高的要求，对地面设备来说，首先应实现地面设备信息发送的闭环检测，即能够实时检测信息是否确实发送至轨道，若检测出信息未能发至轨道，系统将立即做出反应，向列车发出足以保证运行安全的信息，并发出设备故障报警。

具有闭环检查的电码化是由电码化发送设备、传输通道、电码化闭环检查设备等设备构成，用于给机车信号提供可靠的地面信息，保证行车安全和提高运输能力的系统。结合中国铁路实际，考虑到未来的发展，本着叠加配置、系统升级、兼容的原则。针对我国主要干线设备装备现状，在现有模式下采取强化改造措施，实现主体化机车信号。

ZPW-2000A 闭环电码化及机车信号载频自动切换方案重点解决了站内电码化闭环检查功能；克服了邻线干扰对主体化机车信号所带来的安全隐患；从地面到车载设备提出了系统解决机车信号载频自动切换方案。该方案为实施机车信号主体化奠定了重要技术基础。

1. 系统总体设计方案

既有线实现主体化机车信号电码化控制系统的基本构成如图 4-21 所示。

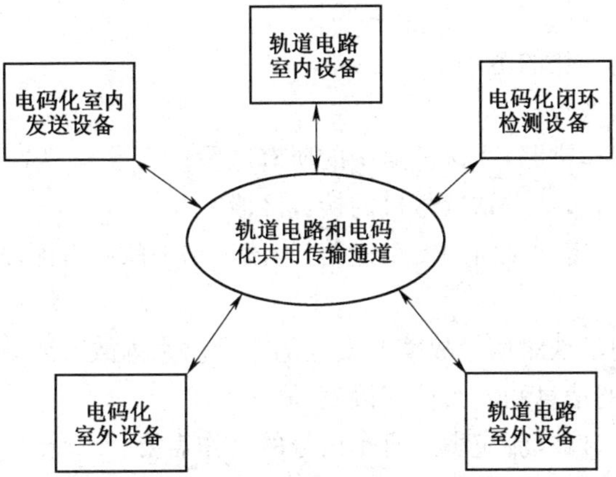

图 4-21 闭环电码化系统框图

系统主要由五大部分设备构成:电码化发送设备;电码化闭环检测设备;轨道电路设备;电码化和轨道电路接口设备;电码化和轨道电路信息传输媒介。利用轨道电路检查车列的占用,利用闭环检查的电码化通过信息传输媒介——轨道电路、点式信息传送给安装在列车上的车载设备,自动监控列车,确保列车安全、高效地运行。

2. 系统功能描述

(1)为主体化机车信号提供安全信息传输设备。

(2)地对车安全信息传输设备是实现主体化机车信号的关键设备,设备除满足信息传输的功能需求外,还必须符合信号“故障—安全”的设计原则,达到可靠性、可用性和稳定性。

(3)实现监测、故障报警的功能。

(4)系统设置维护终端,可实现对系统设备状态的监测、故障报警功能。根据需要,还可为集中监测系统提供必要的监测信息。

3. 闭环电码化主要技术条件

(1)总则

1)闭环电码化系统是由闭环电码化设备和载频自动切换锁定设备构成的系统。设备的研究、设计应按系统考虑。

2)闭环电码化系统应满足铁路信号“故障—安全”原则。

3)闭环电码化发码设备应与区间自动闭塞制式一致。

4)闭环电码化是主体机车信号系统的地面设备,钢轨内应提供正确的机车信号信息。

5)闭环电码化应采取邻线干扰防护措施。

6)电气化牵引区段,在钢轨回流为 1 000 A、不平衡系数 10%的电气化区段,闭环电码化设备应正常工作。对于特殊区段,抗电气化干扰的能力应根据实际要求确定。

(2)技术要求

1)实施车站闭环电码化的范围

①列车占用的股道区段。

②经道岔直向的接车进路,为该进路中的所有区段。

③半自动闭塞区段,包括进站信号机的接近区段。

④自动闭塞区段,经道岔直向的发车进路,为该进路中的所有区段。

2)设计原则

①电路设计必须满足铁路信号故障—安全的原则。室内故障或室外电缆一处混线时,不应发送晋级显示的信息和向其他区段发码。

在最不利条件下,入口电流应满足机车信号的工作需要。

在最不利条件下,出口电流不损坏电码化轨道电路设备。

相邻线路的电码化可采用不同的 ZPW-2000 信号发送载频,由车载设备锁定接收本线载频来防止邻线干扰;当与邻线载频相同或车载设备不能锁定某一载频时,电码化设计时应保证邻线干扰不会造成机车信号错误显示。

电码化不应降低原有轨道电路的基本技术性能。

已发码的区段,当区段空闲后,轨道电路应能自动恢复到调整状态。

列车冒进信号时,至少其内方第一区段发禁止码或不发码。

股道占用时,不终止发码。

有效电码中断的最长时间,应不大于机车信号允许中断的最短时间。

闭环电码化的发码及检测设备应采用冗余设计。

闭环检测设备未收到检测信息时,系统报警,条件具备时应关闭防护该进路的列车信号机。

ZPW-2000 系列闭环电码化,在最不利条件下,入口电流值应满足表 4-5 的规定。

表 4-5　ZPW-2000 系列电码化入口电流

载频频率(Hz)	1 700	2 000	2 300	2 600
入口电流(mA)	500	500	500	450

ZPW-2000 系列闭环电码化,在最不利条件下,出口电流值不大于 6 A。

闭环电码化轨道电路机械绝缘节处信号发送设备的连接线应交叉铺设以保证机车信号接收连续。连接线应采用绝缘护套防护,同时不影响轨道电路的正常工作。

闭环电码化主要设备应采用冗余结构。主机和备用机都应有工作正常或故障表示。

应具有通信接口扩展功能。

电源应采用双套电源,一套故障时另一套能保证系统正常工作。

电码化设计应满足防雷和电磁兼容要求。

4. 站内叠加 ZPW-2000 闭环电码化补偿电容

根据通道参数并兼顾低道砟电阻道床传输，选择电容器容量。使 ZPW-2000 电码化传输通道趋于阻性，保证 ZPW-2000 电码化具有良好传输性能，同时尽可能降低对原有站内轨道电路影响。

(1)设置原则

当电码化轨道电路长度超过 300 m 时，须设置电容补偿。

(2)电容选择

1 700 Hz、2 000 Hz(含-1、-2 型)区段，电容容量：80 μF；2 300 Hz、2 600 Hz(含-1、-2 型)区段，电容容量：60 μF。

(3)设置方法

补偿电容按照等间距设置，其具体方法如下：

$$\Delta=\frac{L(\text{轨道电路长度})}{\Sigma(\text{电容个数})}$$

式中 Σ——数量，$\Sigma=N+A$；

其中 N——百米位数，

A——个位、十位数为 0 时为 0，个位、十位数不为 0 时为 1；

Δ——等间距长度，轨道电路两端与第一个电容距离为 $\Delta/2$，安装允许误差±0.5 m。

5. 机车信号载频自动切换系统

该系统采用轨道电路发送载频切换信息的方式实现机车信号载频的自动切换，最终达到锁定载频的目的，这样可以大大提高机车信号的抗干扰能力，防止邻线干扰。

(1)机车信号设备

1)载频自动切换的时机

①接车时切换的时机

列车仅在经道岔侧向接车或发车时进行载频的切换，直向通过车站时不进行载频切换。

列车在防护经道岔侧向的进路的信号机外方时，接收 UU 码。

列车压入信号机内方时，UU 码结束(在信号机接近区段取消进路 UU 码将变为 HU 码不在自动切换逻辑内)，此时机车信号将搜索任意载频上叠加的 25.7 Hz 的低频信息，若收不到 25.7 Hz 的信息将不能接收任何正常码。

列车经道岔侧向进入股道时，将接收到 25.7 Hz 调制该股道规定的 1 型载频(如 1700-1 载频)的移频信息，并将接收载频锁定于仅接收调制该载频(如 1700-1)的低频信息。

②发车时的切换时机

当列车由侧线经道岔侧向出站时，UU 码结束后，机车信号开始搜索任意载频上叠加的 25.7 Hz 信息。

当列车收到 2 型载频(如 1700-2 载频)所叠加的 25.7 Hz 信息后,将接收载频打开接收相应区间的载频(如 1 700 Hz/2 300 Hz)。

2)载频自动切换逻辑

①机车信号接收 UU 码结束后未收到其他低频码(如 HU 码),开始搜索 1 型载频+25.7 Hz 低频。

当接收到 1700-1+25.7 Hz 时,机车信号自动切换至仅接收 1 700 Hz 载频。

当接收到 2300-1+25.7 Hz 时,机车信号自动切换至仅接收 2 300 Hz 载频。

当接收到 2000-1+25.7 Hz 时,机车信号自动切换至仅接收 2 000 Hz 载频。

当接收到 2600-1+25.7 Hz 时,机车信号自动切换至仅接收 2 600 Hz 载频。

②未找到 1 型载频+25.7 Hz 时,机车信号将一直搜索,并不能接收其他正常低频信号。

当接收到 1700-2+25.7 Hz 或 2300-2+25.7 Hz 时,机车信号自动切换至接收 1 700 Hz/2 300 Hz 载频。

当接收到 2000-2+25.7 Hz 或 2600-2+25.7 Hz 时,机车信号自动切换至接收 2 000 Hz/2 600 Hz 载频。

③机车信号载频切换时,除 1 700 Hz/2 300 Hz、2 000 Hz/2 600 Hz 进行自动切换外,接收移频 550 Hz/750 Hz、650 Hz/850 Hz 的载频也同时切换。

④机车信号无法自动切换时,由司机进行人工切换。

(2)地面切换频率的发送

1)载频频谱的排列

在机车信号实现自动切换的前提下,由于机车信号接收的载频具有唯一性,车站电码化载频的排列便可按防止邻线干扰的原则进行排列,如图 4-22 所示。

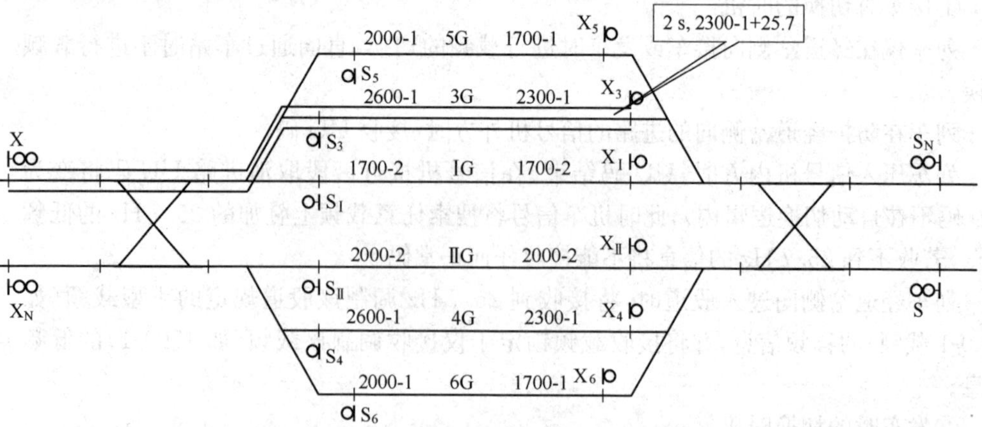

图 4-22 载频排列示意图

①下行正线，咽喉区正向接车、发车进路的载频为1700-2载频，正线股道的载频为1700-2。上行正线，咽喉区正向接车、发车进路的载频为2000-2载频，正线股道的载频为2000-2。为防止进、出站处钢轨绝缘节破损，-1、-2载频应与区间ZPW-2000轨道电路的载频交错。

②各股道按下行方向载频2300-1 Hz、1700-1 Hz交错排列，上行方向2600-1 Hz、2000-1 Hz交错排列。相邻侧线股道的两端，应以1700-1 Hz/ 2000-1 Hz、2300-1 Hz/ 2600-1 Hz载频交错配置。

③经道岔直向的正线接发车进路均不需发送切换载频信息，经道岔侧向进入股道时才需发送载频切换信息。

2)自动切换信息的发送

①接车时

以图4-22由下行进站信号机向3G接车为例说明。列车压入3G时，由X_3处发送盒向该股道发送2 s、2300-1＋25.7 Hz信息，之后恢复发送2300-1＋26.8 Hz(HU码)信息，机车信号自动切换为仅接收2300-1载频的机车信号码。

②发车时

以图4-23为例说明。

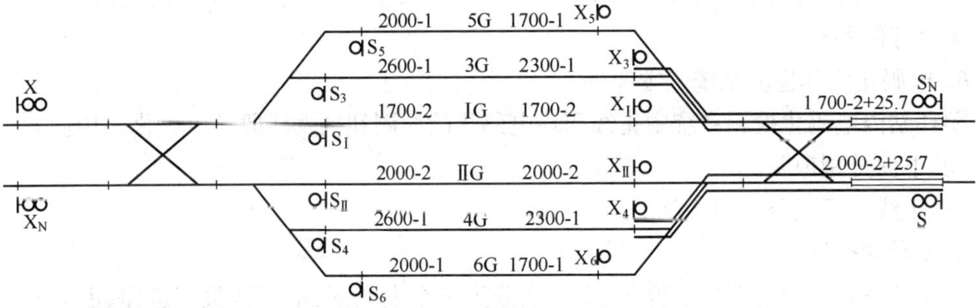

图4-23 发车时载频切换示意图

向单数载频(1 700 Hz/2 300 Hz)区间发车时，发车进路的最后一个区段固定发送1700-2＋25.7 Hz机车收到此信息后，自动切换为接收1 700 Hz/2 300 Hz载频。

向双数载频(2 000 Hz/2 600 Hz)区间发车时，发车进路的最后一个区段固定发送2 000-2＋25.7 Hz机车收到此信息后，自动切换为接收2 000 Hz/2 600 Hz载频。

③直向通过并有载频变化时的切换

当车站两端区间线路有上下行的变化时，如进站为下行，出站后为上行区间，如图4-24所示，载频的切换在区间第一离去区段进行。

车站正线的载频宜与接近车站区间载频相同(如1700-2)。

在列车压入区间时，在第一离去区段发送2 s、2000-2＋25.7 Hz后恢复正常上行频率码。

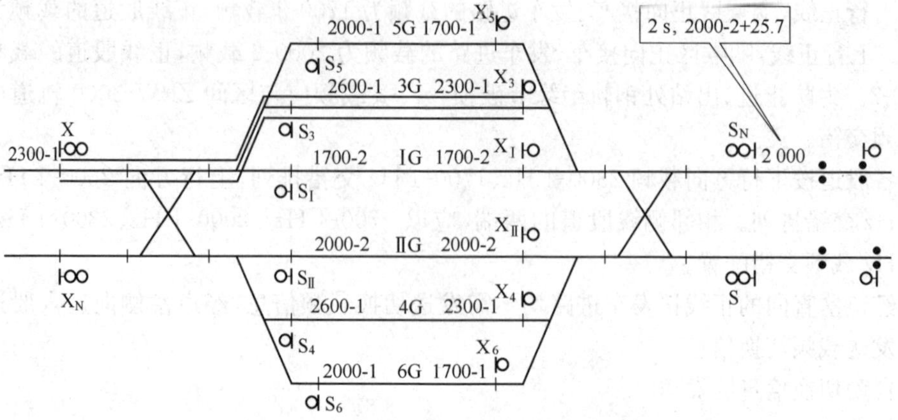

图 4-24　直向通过并有载频变化的切换示意图

机车在进入区间收到此信息时，即可使机车信号切换为接收上行 2 000 Hz/2 600 Hz 载频的移频信息。

综上所述，机车信号载频自动切换系统，解决了列车在上下行线间转线运行时由人工进行切换所存在的手续烦琐、切换地点不明确、切换时机难以掌握等问题。由于载频自动切换的实现，解决了机车信号载频邻线同频干扰的问题，为机车信号主体化的实现打下了良好的基础。

6. 电码化闭环检测系统基本原理

闭环站内电码化检测系统中正线闭环电码化的检测和到发线股道电码化的检测有所不同，下面分别说明。

(1)正线闭环电码化的检测

1)发码和检测

以车站下行正线为例加以说明：将正线分为三个发码区：咽喉区接车进路、股道和发车进路分别由三个 ZPW-2000 发送盒发送信息，如图 4-25(a)所示。

发送盒 FS 对本发码区内各区段同时发码，当防护该进路的信号机(图 4-25 中为 X 或 X_{I})开放后，由发送盒 FS 向其各区段同时发码。

在发码的同时，新设的车站正线电码化检测盒 JC 在各轨道电路区段的始端的室内隔离器处检测电码化信息，若某区段未收到发码信息时，检测盒所控制的检测报警继电器 JBJ 落下，向故障检测系统报警，必要时可关闭防护该进路的信号机。

发送装置不断向各区段发码，不过在该信号机关闭接车进路未建立时，发送与机车信号无关的检测信息 27.9 Hz，用以实时检测电码化系统的完整性。

发送盒 FS 可通过 ZPW · TFD 道岔发送调整器同时向咽喉区的 7 个道岔(或无岔)区段的电码化轨道电路发码，若车站接车或发车进路多于 7 个区段时，可通过增加发送设备和匹配变压器来解决。

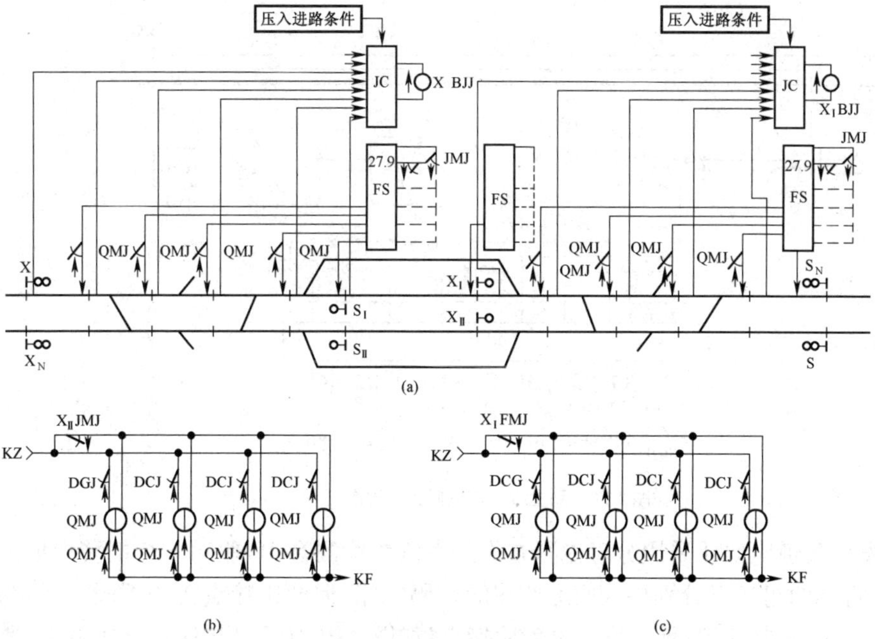

图 4-25　正线闭环电码化原理图

检测盒 JC 有 8 路输入，可检测 8 个轨道区段。

当列车进入正线接车进路或发车进路时，通过条件将检测盒 JC 的报警切断，当进路解锁后，发送盒 FS 恢复向各区段发送 27.9 Hz 的检测信息并由检测盒 JC 进行检测。

2)发码的切断

由于闭环检测系统采用了各区段同时发码的方式，列车出清以后的区段，向轨道上发送的信息应及时切断，以防后续列车的冒进，因此，需设一套发码切断系统，如图 4-25(b)、(c)图所示。

相对于每个发码区段设一切断发码继电器 QMJ，平时在吸起状态，在每区段的发码电路中，接入 QMJ 前接点。当列车驶出压入下一区段时，本区段切断发码继电器 QMJ 落下，切断该区段的发码。

3)正线电码化闭环检测方向的切换

本系统设了三个发送盒，在工程设计中可按正方向分别称为接车进路发送 JFS，发车进路发送 FFS 和正线股道发送 GFS。当办理了正线反方向运行的接车或发车进路，通过条件将发码电路和检测电路在本发码段内反转。

(2)到发线股道电码化的检测

到发线股道电码化的设置方式与正线不同，列车进入到发线股道时，两端同时发码，因此，每股道设两个发送盒，由此导致到发线股道电码化的方式与正线不同，如图 4-26 所示。

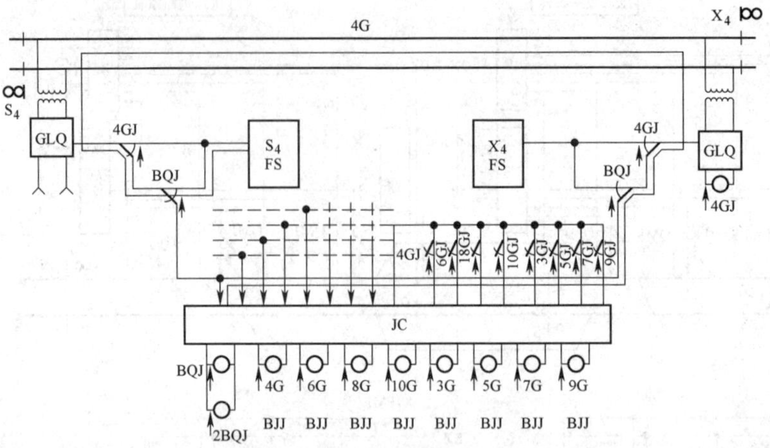

图 4-26 到发线股道电码化原理图

到发线股道电码化采用分时检测方式。由侧线检测盒 JC 驱动一个报警切换继电器 BQJ,将其两组接点分别接入股道两端的发码电路,但两组接点接法不同,一组为前接点(如图 4-26 中 S_4FS 处),另一组为后接点(如图 4-26 中 X_4FS 处),BQJ 由 JC 驱动循环吸起落下(间隔时间可定为 1 min),在列车压入该股道之前,可实现电码化的分时检测。

到发线股道检测时,可不发 27.9 Hz 的码,而直接发送正常码(如 HU 码)。针对该股道(图 4-26 中为 4G),检测盒驱动一个检测报警继电器如 4GJBJ,当检测盒 JC 收不到码时,4GJBJ 落下发出报警,必要时可关闭向该股道接车的进站信号机。

侧线检测盒也有 8 路输入,可检测 8 个到发线股道。对应每一股道设一个检测报警继电器 JBJ,由于每股道需两组报警切换继电器 BQJ 接点,8 股道需 16 组 BQJ 接点,因此,检测盒亦需驱动两台报警切换继电器具 BQJ、2BQJ。

当列车压入某一股道时,由该股道的轨道继电器 GJ 条件切断该股道的报警检测。

综上所述,该电码化系统形成了一种具有闭环检测功能的车站电码化系统,由于总的发码区为数个轨道区段之和,其长度取决于车站正线咽喉区的长度,将能满足各种速度下车载设备的反应时间。

7. 电码化闭环检测主要设备

闭环电码化发码设备与逐段预叠加电码化发码设备类似,这里不再介绍。ZPW-2000 闭环电码化检测主设备包括:ZPW · GJMB 型闭环电码化检测柜、ZPW · PJZ 正线检测盘、ZPW · PJC 侧线检测盘、ZPW · TJD 单频检测调整器、ZPW · TJS 双频检测调整器、ZPW · XJ 检测组匣、ZPW · XTJ 检测调整组匣等设备。

(1)技术原则

1)检测设备在检测允许的时间内对接、发车进路上各区段(除股道)叠加的移频信号分别按闭环方式进行实时检测,对股道按闭环方式进行两端分时检测。

2)检测结果用闭环检测继电器 BJJ 动作表示,该条件可加入车站联锁中使用。

3)检测电路的构成应力求简单、可靠。

4)检测设备应具有较高的抗干扰性。

5)满足检测电路设计要求,检测电路故障应不影响主设备正常工作。

6)检测设备应考虑冗余设计。

7)检测设备具有报警功能,同时具备与信号集中监测等设备通信的数据接口。

8)根据用户需要,可设计上位机管理系统,其内容包括站场平面布置图,保存及追忆各区段实时测试数据,故障的时间、地点、性质等。

9)系统应具有防雷功能。

10)系统应满足铁路信号系统电磁兼容的要求。

11)每块检测板应有灯光显示各区段的状态及检测设备状态。

(2)正线接、发车进路检测板原理框图及说明

1)各站设有接发车进路检测板 8 块(每 2 块形成双机热备)。

2)各检测板可检测 8 个区段以内的对象。

3)用 DSP 技术对 8 组信号进行实时解调处理,以提高系统的抗干扰能力。

4)"载频选择"用于对 8 组信号分别进行载频型号选择。

5)"检测控制"用于控制闭环检测的时机,只有在允许检测的时间内才对各区段进行检测。

6)"CAN 总线"用于与信号集中监测等设备进行信息交换。

原理框图如图 4-27 所示。

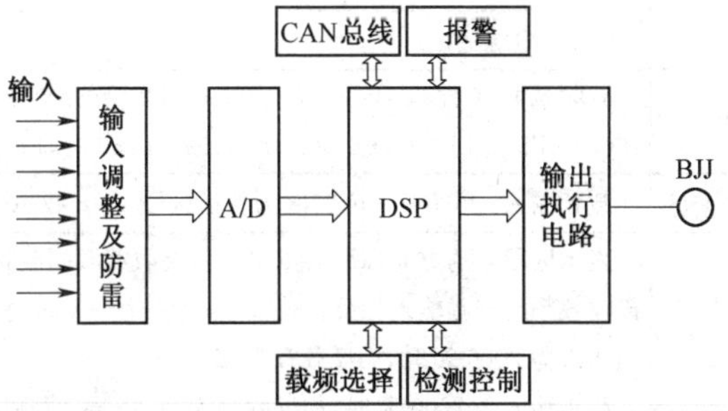

图 4-27　正线检测板原理框图

(3)股道检测板原理框图及说明

1)每个站设有股道检测板两块(双机热备)。

2)该板可检测 8 个区段以内对象。

3)股道两端可通过报警切换继电器(BQJ)接点条件构成分时发送。

4)其他部分与正线检测板类同。

原理框图如图 4-28 所示。

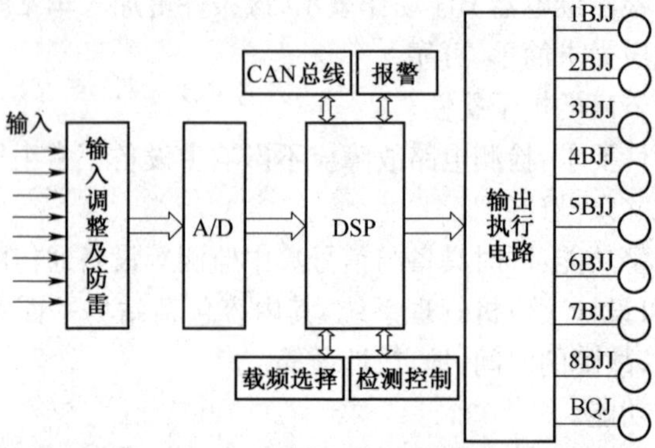

图 4-28 股道检测板原理框图

(4)电码化闭环检测盘

电码化闭环检测设备分为正线检测板和侧线检测板。

1)正线检测盘

正线检测盘底座为 96 芯端子,其端子定义如表 4-6 所示。

表 4-6 正线检测盘端子定义

端子号	端子名称	说　明
a1	＋24	＋24 V 电源输入
a2	024	024 V 电源输入
a31	＋24C	＋24 V 电源输出
a32	024C	024 V 电源输出
a3～a10	F1～F8	载频选择条件输出;F1 为 1700-1,F2 为 1700-2,F3 为 2000-1,F4 为 2000-2,F5 为 2300-1,F6 为 2300-2,F7 为 2600-1,F8 为 2600-2
a11～a18	FCIN1～FCIN8	载频输入;FCIN1～FCIN8 为轨道区段 1～8 载频输入
a21～a22	ZJ2～FJ2	表示区段 8 的方向,a21 接 24 V 时,接收载频同载频输入,a22 接 24 V 时,接收载频与载频输入相反。载频输入为 1700-X 时,相反载频为 2000-X;载频输入为 2000-X 时,相反载频为 1700-X; 载频输入为 2300-X 时,相反载频为 2600-X;载频输入为 2600-X 时,相反载频为 2300-X
a25	JBJ＋	检测故障报警条件＋
a26	JBJ－	检测故障报警条件－
a29	YBJ＋	闭环报警检测电源
a30	YBJ	闭环检测报警继电器,与＋24 间可接 1700 设备报警继电器
a27	1CANH	1CAN 总线高位输出

续上表

端子号	端子名称	说明
a28	1CANL	1CAN 总线低位输出
b1、b2～b15、b16	SIG1、GND～SIG8、GND	检测信号输入 SIG1～SIG8 为轨道区段 1～8 信号输入 GND 为信号输入回线
b17～b24	G1～G8	检测允许控制条件；G1～G8 为轨道区段 1～8 检测允许控制条件
b25～b31	ADR1～ADR7	CAN 地址选择
b32	VCC	5 V 电源，用于 CAN 地址选择
c1、c2	1G 1GH	轨道区段 1 闭环检查继电器输出线； 轨道区段 1 闭环检查继电器输出回线
c5、c6	2G 2GH	轨道区段 2 闭环检查继电器输出线； 轨道区段 2 闭环检查继电器输出回线
c9、c10	3G 3GH	轨道区段 3 闭环检查继电器输出线； 轨道区段 3 闭环检查继电器输出回线
c13、c14	4G 4GH	轨道区段 4 闭环检查继电器输出线； 轨道区段 4 闭环检查继电器输出回线
c17、c18	5G 5GH	轨道区段 5 闭环检查继电器输出线； 轨道区段 5 闭环检查继电器输出回线
c21、c22	6G 6GH	轨道区段 4 闭环检查继电器输出线； 轨道区段 4 闭环检查继电器输出回线
c25、c26	7G 7GH	轨道区段 4 闭环检查继电器输出线； 轨道区段 4 闭环检查继电器输出回线
c29、c30	8G 8GH	轨道区段 8 闭环检查继电器输出线； 轨道区段 8 闭环检查继电器输出回线
c3、c4	2J、2JH	轨道区段 2 检查输入；轨道区段 2 检查输入回线
c7、c8	3J、3JH	轨道区段 3 检查输入；轨道区段 3 检查输入回线
c11、c12	4J、4JH	轨道区段 4 检查输入；轨道区段 4 检查输入回线
c15、c16	5J、5JH	轨道区段 5 检查输入；轨道区段 5 检查输入回线
c19、c20	6J、6JH	轨道区段 6 检查输入；轨道区段 6 检查输入回线
c23、c24	7J、7JH	轨道区段 7 检查输入；轨道区段 7 检查输入回线
c27、c28	8J、8JH	轨道区段 8 检查输入；轨道区段 8 检查输入回线
c31	＋24	＋24 V 电源输出
c32	024	024 V 电源输出

使用说明：

①载频选择

F1～F8 为由检测设备输出的八种载频，轨道区段 1～轨道区段 8 的载频选择使用 FCIN1～FCIN8，将各个轨道区段载频输入端子直接连接到相应的载频输出端子上。

②检测允许条件控制

G1～G8 为 8 个区段的检测允许控制条件，由工程配线通过接点引入＋24 V 条件来控制检测允许时机，检测允许时机的定义如下：当＋24 V 条件断开时，为允许检测；当＋24 V 条件接通时为不允许检测。

JBJ＋、JBJ－为检测板报警条件，根据实际应用可将多块检测板的报警条件串接起来接入检测总报警。

③轨道区段闭环检测输出

2J、2JH～8J、8JH 为咽喉区段输入检查条件，可根据需要将几路输出串接起来，给出总的闭环检测继电器条件，例如：当正线接车进路只有 4 个区段，给出总的闭环检测继电器条件，需将 1G—2J，1GH—2JH，2G—3J，2GH—3JH，3G、3GH 输出闭环检测继电器条件，正线股道单独给出一路 BJJ。

2)侧线检测盘

侧线检测盘底座也为 96 芯端子，其端子定义如表 4-7 所示。

表 4-7　侧线检测盘端子定义

端子号	端子名称	说　明
a1	＋24	＋24 V 电源输入
a2	024	024 V 电源输入
a31	＋24C	＋24 V 电源输出
a32	024C	024 V 电源输出
a3～a10	F1～F8	载频选择条件输出；F1 为 1700-1，F2 为 1700-2，F3 为 2000-1，F4 为 2000-2，F5 为 2300-1，F6 为 2300-2，F7 为 2600-1，F8 为 2600-2
a11～a18	FCIN1～FCIN8	载频输入；FCIN1～FCIN8 为轨道区段 1～8 载频输入
a19	（＋24）	检测板＋24 V 直流电源
a20	BQJ	闭环切换继电器条件
a21	MASKZ	屏蔽备机 BQJ 输出
a22	MASKF	屏蔽备机 BQJ 输出回线
a23	MASKIN	屏蔽备机 BQJ 输入
a24	（024）	检测板 024 V 直流电源
a25	JBJ＋	检测故障报警条件＋
a26	JBJ－	检测故障报警条件－
a27	1CANH	1CAN 总线高位输出
a28	1CANL	1CAN 总线低位输出

续上表

端子号	端子名称	说　明
b1、b2～b15、b16	SIG1、GND～SIG8、GND	检测信号输入； SIG1～SIG8 为轨道区段 1～8 信号输入，GND 为信号输入回线
b17～b24	G1～G8	检测允许控制条件；G1～G8 为轨道区段 1～8 检测允许控制条件
b25	G9	到发线股道发码方式选择条件，当 G9 接通＋24 V 条件时，到发线股道为单端发码方式，当 G9 断开＋24 V 条件时，到发线股道为双端发码方式
b26～b31	ADR1～ADR6	CAN 地址选择
b32	VCC	5 V 电源，用于 CAN 地址选择
c1、c2	1G 1GH	轨道区段 1 闭环检查继电器输出线； 轨道区段 1 闭环检查继电器输出回线
c3、c4	2G 2GH	轨道区段 2 闭环检查继电器输出线； 轨道区段 2 闭环检查继电器输出回线
c5、c6	3G 3GH	轨道区段 3 闭环检查继电器输出线； 轨道区段 3 闭环检查继电器输出回线
c7、c8	4G 4GH	轨道区段 4 闭环检查继电器输出线； 轨道区段 4 闭环检查继电器输出回线
c9、c10	5G 5GH	轨道区段 5 闭环检查继电器输出线； 轨道区段 5 闭环检查继电器输出回线
c11、c12	6G 6GH	轨道区段 6 闭环检查继电器输出线； 轨道区段 6 闭环检查继电器输出回线
c13、c14	7G 7GH	轨道区段 7 闭环检查继电器输出线； 轨道区段 7 闭环检查继电器输出回线
c15、c16	8G 8GH	轨道区段 8 闭环检查继电器输出线； 轨道区段 8 闭环检查继电器输出回线
c17 c18	1ZJ 1FJ	到发线股道 1 正向输入控制条件 到发线股道 1 反向输入控制条件
c19 c20	2ZJ 2FJ	到发线股道 2 正向输入控制条件 到发线股道 2 反向输入控制条件
c21 c22	3ZJ 3FJ	到发线股道 3 正向输入控制条件 到发线股道 3 反向输入控制条件
c23 c24	4ZJ 4FJ	到发线股道 4 正向输入控制条件 到发线股道 4 反向输入控制条件
c25 c26	5ZJ 5FJ	到发线股道 5 正向输入控制条件 到发线股道 5 反向输入控制条件
c27 c28	6ZJ 6FJ	到发线股道 6 正向输入控制条件 到发线股道 6 反向输入控制条件

续上表

端子号	端子名称	说　明
c29	7ZJ	到发线股道 7 正向输入控制条件
c30	7FJ	到发线股道 7 反向输入控制条件
c31	8ZJ	到发线股道 8 正向输入控制条件
c32	8FJ	到发线股道 8 反向输入控制条件

使用说明：

①载频选择：

F1～F8 为由检测设备输出的八种载频，轨道区段 1～轨道区段 8 的载频选择使用 FCIN1～FCIN8，将各个轨道区段载频输入端子直接连接到相应的载频输出端子上。

②检测允许条件控制

G1～G8 为 8 个区段的检测允许控制条件，由工程配线通过接点引入＋24 V 条件来控制检测允许时机，检测允许时机的定义如下：当＋24 V 条件断开时，为允许检测；当＋24 V 条件接通时为不允许检测。

③轨道区段闭环检测输出

1G、1GH～8G、8GH 分别输出 8 路闭环检测继电器条件，来驱动各股道对应的闭环检测继电器(BJJ)。

④JBJ＋、JBJ－为检测板报警条件

根据实际应用可将多块检测板的报警条件串接起来接入检测总报警。

1ZJ、1FJ～8ZJ、8FJ 为到发线股道方向控制条件，当到发线股道为单端发码时，通过 1ZJ、1FJ～8ZJ、8FJ 来改变检测信号的频率，例如当端子 1ZJ 有＋24 V 时，固定股道 1 检测信号的频率为 1700-1，当端子 1ZJ 断开＋24 V，端子 1FJ 有＋24 V 时，股道 1 检测信号的频率为 2000-1。

BQJ、(＋24)作为 BQJ 的励磁电源，BQJ 继电器线圈并联使用。

MASKZ、MASKF 为主备机切换条件输出端子，即：当检测板作为主机时使用 MASKZ、MASKF 两个端子，通过 MASKZ、MASKF 来控制 QHJ 继电器，当 QHJ 吸起时由主机来控制 BQJ，当 QHJ 落下时由备机来控制 BQJ。

(5)检测调整器

调整器用于站内闭环检测设备输入信号的防雷、移频轨道电路调整，每块调整器包括四路信号输入的调整，调整器分单频检测调整器和双频检测调整器。

4.4 自动停车装置

4.4.1 自动停车装置概述

随着铁路牵引动力、线路条件、信号技术及自动化程度的不断提高，使行车密度和速度也相应地得到了提高。对运行在铁路线上的机车装设机车信号，当地形及气候等条件不良时，能提高司机接收信号的可靠性。但在司机超劳或疏忽大意以及出现操作不当等人为因素时，仍会使机车信号失去作用而发生机车冒进信号的事故。这就要求在机车上加装自动停车装置，以辅助司机确认信号。当司机疏忽大意时，自动停车装置立即发出音响报警，以提醒司机，并在司机未采取有效措施时，强迫列车停车，以防止列车冒进信号事故的发生。

1. 我国列车自动停车装置的发展

我国于1960年首次在交流计数电码自动闭塞区段上，安装使用了自动停车装置，采用150型电空阀，为“失电制动”方式。这种自动停车装置的缺点是体积笨重，结构复杂，安装、使用和维修均不方便。

20世纪70年代，我国的电力机车和内燃机车的自动停车装置均采用“得电制动”方式，其特点是故障较少，操作简便，安装和维修比较方便。

20世纪80年代初，我国研制的ZDF型自动停车装置先后安装在交流计数电码、移频、JPZ型接近连续式机车信号上使用，采用一次性报警方式。音响报警采用晶体管和喇叭组成的电子音响电路。与此同时，还研制了“带有周期性报警的自动停车装置”，该装置能与各种制式的机车信号结合使用，具有通用性强的特点。

在上述自动停车装置的基础上，又研制了“ZTL-1”型自动停车装置，采用ZDF型电空阀，在使用中取得较好的效果。随着自动停车装置的大量安装、使用，其技术性能、工艺水平得到不断完善和提高，从ZTL-1型、ZTL-2型发展到ZTL-3型。

2. ZTL型自动停车装置的特点

ZTL型自动停车装置，具有通用性强的特点，它既适用于安装在各种牵引类型的机车上，又适用于与各种制式的连续式、接近连续式的机车信号结合使用；采用周期性报警、得电制动的方式，克服了因自动停车装置本身故障而导致全列车紧急制动的失电制动方式的缺点；具有侧线报警的功能，使机车不冒进侧线的出站信号机，从而保证行车的安全；采用电子控制电路，其工作可靠、寿命长、维修量少；采用双套电子音响报警器，当第一套音响报警电路故障时，第二套音响报警电路仍将继续发出音响报警，以保证行车安全。

3. 自动停车装置的报警方式

我国早期使用的自动停车装置采用一次性报警方式。当自动停车装置音响报警时，司机在7～8 s钟内按压警惕按钮，自动停车装置将缓解，不实行自动停车。这种报警方式的缺点是，当司机的思想不集中或处于不清醒的状态下听到音响报警后，会随意或机械地按下警惕按钮，但并未采取有效减速或制动措施，就完全解除了自动停车装置的自动停车作用，这显然是不安全的。

为了克服一次性报警方式的缺点，我国自行设计的ZTL型自动停车装置，采用了周期性报警方式。这种报警方式的特点是，当司机听到音响报警后，在7～8 s内按下警惕按钮后，音响报警中止 3～5 s，如司机未及时采取有效制动措施，它将再次鸣响，进行周期性地报警，直至司机采取有效措施为止。在周期性报警过程中，自动停车的作用始终保持着，从而克服了一次性报警方式的缺点。

4.4.2　自动停车电空阀的形式

随着铁路行车密度和速度的不断提高，为了防止司机由于冒进信号而造成危及行车安全，越来越迫切要求在机车上加装自动停车装置。目前我国对在干线上运行的机车都要求装设自动停车装置。

电空阀就是把机车信号系统中的信息译解后与列车制动执行部件联系起来的一个中间设备，通过对电空阀的电能控制，使之转变为机械的具体操作，以便控制列车制动。电空阀的种类很多，从供电与制动方式上分，有“得电制动”和“失电制动”两种形式。

“得电制动”就是电空阀经常无电，需要列车制动时给电空阀送电，使制动系统动作，列车制动。得电制动的电空阀结构简单，操纵方便，断电后不会导致不必要的停车。但是，得电制动的电空阀不符合信号设计的“故障—安全”原则。

“失电制动”就是列车在运行时电空阀有电，需要列车制动时切断电空阀的供电，使列车制动系统动作，失电制动的主要优点是符合信号设计的“故障—安全”原则，正因为该项优点的存在，却又会导致任何断电的故障都将造成停车，特别是在长大坡道上，列车因不易启动而造成中途停车事故。

总的来看，“得电”与“失电”这两种方式各有优缺点。经综合考虑，“得电”制动方式虽然在技术上不符故障—安全的设计原则，是一个非安全系统，但是，只要加强对设备的管理、维修并且采取由乘务员与设备共同来确保运行安全，弥补了“得电”制动的缺点。经过运行试验，采用“得电”制动方式的 ZDF 型得电制动电空阀和 ZTL 型控制盒，统一了全路列车控制系统和报警的方式。

4.4.3　ZTL 型自动停车装置的组成

ZTL 型自动停车装置由控制盒、报警盒、按钮盒、电空阀、速度压力接点、停车继电器和接线盒等设备组成，其框图如图 4-29 所示。

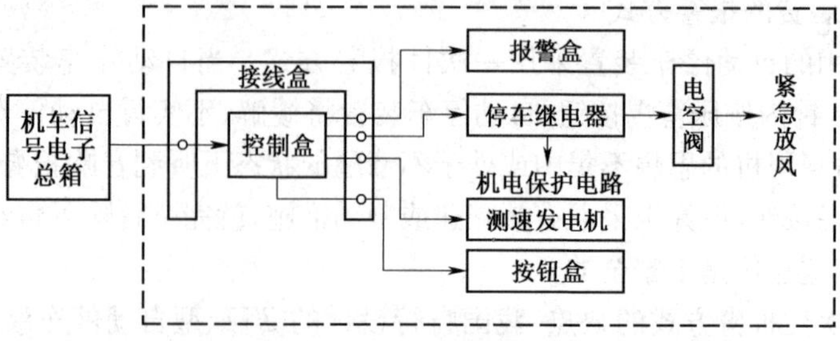

图 4-29　ZTL 型自动停车装置组成框图

1. 控制盒

控制盒是控制自动停车和周期性报警用的，它由启动电路、一延时、二延时电路和自动复原电路组成。

在控制盒的面板上设有解锁按钮(JSA)、速度开关(K)、计数器、电源熔丝座及与外部设备联系的防水型接插件等。

解锁按钮的作用是在自动停车装置实施自动强迫制动后，为防止列车中途缓解，电路自动进入锁闭状态，只有按压解锁按钮，才能使电路复原。在解锁的同时，计数器自动累计一次。

速度开关是起接通或切断速度、压力接点的作用。自动停车装置在报警 7s 期间内，如果司机采取有效的制动措施，或列车低速运行时，用速度和压力接点的作用，自动解除周期性报警和自动停车作用。

2. 报警盒

报警盒是在控制盒的控制下，向司机发出变调的周期性警报音响。

报警盒内设有两套变调音响电路。在蒸汽机车上使用时，报警盒内装有一个低音喇叭，外接一个高音喇叭；在内燃、电力机车上使用时，其盒内装有两个低音喇叭，它们由两套音响电路分别予以驱动。在报警时两个喇叭同时放音。

3. 按钮盒

按钮盒是自动停车装置通过检查司机是否按要求按压警惕按钮(JA)来辨别司机是否失去警惕，从而决定是否实施强迫停车的人机联系设备。

在按钮盒上设有警惕按钮(JA)，紧急停车按钮(JTA)和一个绿色指示灯(LD)。

当自动停车设备处于定位状态时，绿色指示灯点亮，音响报警时绿灯熄灭。按压报警按钮 JA 并松开后，音响报警暂停，间隔 4 s 后，音响报警重新开始，要求再次按压 JA 并松开，这样周期性地人机联系，直至绿灯 LD 点亮，设备恢复定位为止。

当列车在运行中遇到紧急情况时，司机可按压紧急停车按钮 JTA，利用自动停车设备的紧急放风阀和机电保护电路，使列车紧急制动，防止意外事故的发生。

4. 停车继电器

停车继电器是一个中功率的电磁继电器，自动停车装置在发生强迫停车时，通过其接点的转换，实现机电保护，如自动撒砂、卸载和切断排风扇等。

5. 电空阀

电空阀是自动停车装置的执行部件，它由电磁阀、紧急放风阀和延时风缸三部分组成。电空阀受控制盒的控制，当电磁阀得电励磁后，打开紧急放风阀的排气阀门，使列车管向大气排风，引起全列车紧急制动。在电磁阀失电以后，延时风缸仍能使紧急放风阀的排气阀门继续开放 45～60 s 的时间，用以防护紧急制动后，由于设备故障或人为非法操纵而使电磁阀错误失磁，造成列车中途缓解。

4.4.4 自动停车装置的动作原理

在正常情况下，机车信号点绿灯，按钮盒上的绿色指示灯点亮，表示自动停车装置的电源已接通，报警盒不发出音响，设备处于守候状态。

当机车信号显示半黄半红灯时，半黄半红灯的＋50 V 点灯电源加至控制盒中的启动电路，使其直接启动，并切断绿色指示灯电路，使其熄灭，将正电源接至报警电路，发出音响报警，自动停车装置处于启动状态。

当机车冒进地面信号，机车由半黄半红灯变为红灯显示时，由红灯的点灯条件使启动电路继续启动，自动停车继续处于启动状态，报警盒发出音响报警。司机听到报警后按压警惕按钮，报警盒继续报警，松开警惕按钮后，报警电路被切断，音响报警停止。经延时电路延时 3～5 s 后，重新接通报警盒供电电路，再次发出音响报警，司机再次按压警惕按钮，松开后停止报警，如此循环，构成周期性报警，直到机车信号变成允许显示或列车速度降至 20 km/h 以下。

如果发出音响报警后，司机未采取措施，在音响报警的 7～8 s 内未按压警惕按钮，则延时电路将接通紧急停车电路，电空阀的电磁阀得电励磁，放风阀开启，列车管迅速向大气排风，风压迅速下降，引起全列车制动。而且在自动停车过程中，电空阀一直有电，不会中途缓解。停车后必须经过人工解锁方可恢复运行。列车在紧急制动过程中，报警盒一直发出音响报警，直到按压解锁按钮才停止鸣响。

列车若进入站内侧线停车，机车信号显示双半黄灯，这时由双半黄灯点灯条件正电源引入启动电路，但报警盒此时不报警。列车进入站内侧线，若无电码化，则机车信号变为白灯显示，白灯点灯条件正电源再次引入启动电路，自动停车装置处于启动状态，报警盒发出音响报警。周期性报警 22 s 或 40 s 后自动解除警惕状态。

在列车正常运行过程中，司机发现紧急情况，需要立即人工实施紧急制动时，可以直接按压按钮盒上的紧急停车按钮，打开紧急放风阀，使列车制动管迅速减压，引起全列车紧急制动。

思　考　题

1. 机车信号的作用是什么？其系统构成可分为哪几部分？
2. 简述 JT1-CZ2000 型主体化机车信号车载系统设备的构成。
3. 简述 JT1-CZ2000 型主体化机车信号双套热备系统的组成及原理。
4. 简述 JT1-CZ2000 型主体化机车信号二乘二取二的工作原理。
5. JT1-CZ2000 型主体化机车信号记录板记录的主要信息有哪些？
6. 为什么要实行站内电码化？站内电码化主要技术条件是什么？
7. 画图说明逐段预叠加站内电码化的工作原理。

8. 站内电码化如何解决绝缘节处的发码盲区?
9. 车站实施闭环站内电码化的范围有哪些?
10. 简述闭环站内电码化系统中载频自动切换频率及功能。
11. 举例说明闭环站内电码化补偿电容的设置方法。
12. 以图 4-25 为例说明正线闭环站内电码化原理。
13. 以图 4-26 为例说明到发线股道闭环站内电码化原理。
14. 简述正线接、发车进路检测板原理。
15. 简述股道检测板原理。
16. 举例说明正线检测板如何进行载频选择?

第二篇　列车运行控制系统

5　列车运行控制系统原理

5.1　列控系统概述

5.1.1　高速铁路的定义

高速铁路是一种营运速度较普速铁路更快的铁路运输方式新建铁路设计速度达每小时 250 km 以上，改建铁路设计速度达每小时 200 km 以上的铁路系统可定义为高速铁路。

5.1.2　高速铁路采用列控系统的必要性

列车速度提高后，列车通过闭塞分区的时间缩短，当列车速度达到 200 km/h 时，通过 1.2 km 的闭塞分区只有不到 22 s。这意味着司机每 20 s 多就要辨认一次信号。这么频繁地瞭望信号会使司机疲劳，出现辨认错误。一些国家在经过大量辨认试验后认为列车速度超过 200 km/h 后再依赖地面信号行车是不安全的。因此高速铁路必须以机车信号作为行车凭证。这样高速铁路再设置地面信号机就没有必要了。

司机按照地面信号驾驶列车，这种传统的行车方式列车安全要靠司机保证。司机首先要正确地识别信号，正确地理解信号，然后还要及时正确地执行。这三个环节只要有一个不正确就会出现险情。为防止司机失误影响行车安全，需要使车载信号设备把地面传送上来的信号命令直接转变为对列车制动系统的控制。

列控系统具备了高速铁路行车所需要的以速度信号代替色灯信号，以车载信号作为行车凭证，车载信号设备直接控制列车减速或停车这三大安全要求。因此高速铁路必须采用列控系统。

列车运行控制系统简称为列控系统，它是铁道智能化的重要组成部分。它根据与先行列车之间的距离及进路条件，在车内连续地显示出容许的运行速度，列车按该速度的显示自动或人工控制其运行，具有这种功能的信号系统称为列车运行控制系统。在该系统中，车载信号成为主体信号，直接指示列车应遵守的速度，可靠地防止由于人为因素所造成的事故。列控系统已普遍应用于高速铁道、既有铁道及城市轨道交通。

随着铁路运输速度的不断提高，促使铁路通信信号技术发生了重大变化。车站、区间和列车控制的一体化，通信信号技术的融合，行车调度指挥自动化等技术，使过去功能单一、控制分散、通信信号相对独立的传统技术被彻底地取代，促使铁道信号技术向数字化、智能化、网络化和综合化方向的发展。欧盟各国为解决跨国运行时 ATP 的兼容问题，联合制定了 ETCS(European Train Control System，欧洲列车运行控制系统）技术规范和适合铁路应用的 GSM-R 系统技术标准，使原有独立、分散、业务单一的模拟无线通信改变为具有综合功能、数字化的移动通信系统，为列控系统跨国运行，建立了可靠的搭载平台。

5.1.3 列控系统的现状

国外列车运行控制系统应用比较普遍，各种速度的铁路都有运用。高速铁路已在欧洲和亚洲快速发展，目前投入使用的列控系统主要有法国 TVM300 和 TVM430、日本铁路 ATC 和数字 ATC、德国 LZB80、欧洲 ETCS 等系统设备。

1. 法国 U/T 系统

法国高速铁路的列控系统，车载信号设备采用 TVM300 或 TVM430，地对车的信息传输以无绝缘轨道电路 UM71/UM2000 为基础，该列控系统简称 U/T 系统，从功能上看，该系统属于 ATP 系统。

TVM300 系统在 1981 年于巴黎—里昂首先投入使用，系统构成简单，造价较低。采用无绝缘轨道电路 UM71，地对车的信息传输容量仅有 18 个，速度监控是滞后阶梯式的。UM71 无绝缘轨道电路是法国 1971 年研制的一种防电气化谐波干扰的移频轨道电路，它的载频分为 1 700 Hz、2 000 Hz、2 300 Hz、2 600 Hz 四种，两个相邻轨道电路间采用电气分隔接头，实现了无轨缝无机械绝缘的电气隔离，但有 26 m 死区段。配合 TVM300 系统，UM71 无绝缘轨道电路向机车发出 18 种 TBF 低频调制信息。

滞后阶梯式速度监控(TVM300)，只检查列车进入轨道区段的入口速度，为确保安全，它需要有一个保护区段，这对线路的通过能力有一定影响，运行间隔一般为 4～5 min。

TVM430 系统在 1993 年于法国第三条北方线高速铁路首先投入使用。随着列车速度不断提高，时速已达 320 km/h，法国 CS 公司对模拟电路构成的 U/T 系统进行了数字化改造：数字电路技术使设备结构小型化、模块化；采用无绝缘轨道电路 UM2000，数字通信技术使车-地间的信息传输数字编码化；其速度监控方式改为分级速度曲线控制模式。

为配合 TVM430 系统，对 UM71 无绝缘轨道电路进行了数字化改造，发展成为 UM2000，低频信号增加到 28 种，其中一种低频信号为轨道占用信息，将 27 种低频信号进行编码处理，使信息传输量由 18 个增加为 227 个，其中传输防护码 6 位，有效信息量为 221 个。

分级速度曲线控制模式的速度监控(TVM430)，是按速度等级分段制动的，其列车追踪间隔主要与闭塞分区的划分和列车速度有关，而闭塞分区长度的确定是以线路上运行的最坏性能的列车为依据，对高中速列车混合运行的线路采用这种模式能力是要受到较大的影响，运行间隔一般为 3 min。

近年来，法国 CS 公司又开发了计算机联锁(SEI)和列控(ATC)一体化的系统，在地中海线、海峡—伦敦线和我国的秦沈客运专线采用了该系统。

2. 日本 ATC 系统

日本在 1964 年开通了世界上第一条高速铁路——东海道新干线。日本新干线现有的 ATC 系统普遍采用超前阶梯式速度监控，它的制动方式是设备优先的模式，即列控车载设备根据轨道电路传送来的速度信息，对列车进行减速或缓解控制，使列车出口速度达到本区段的要求，它没有滞后控制所需的保护区段，在线路能力上较滞后控制有所提高。

(1)ATC 的功能

ATC 系统是一个完备的列车速度监督系统，根据与前行列车的间隔以及进路的状况，从地面向车上传送容许驾驶速度信息的同时，在车上连续地对列车速度进行照查，当其超过容许速度，系统就自动地进行减速控制，确保列车的行车速度不超过容许速度。这时，从 ATC 的应用方向来说，有两种方式：①减速控制实行人控优先，驾驶方式中把 ATC 始终作为后援设备发挥功能，被应用在自动闭塞制式的地面信号机设置区间。这种方式在驾驶员疏忽大意时会动作 ATC 制动装置。②驾驶方式中实行设备优先的减速控制，被应用在车载信号区间。日本采用这种方式的区段很多。

(2)ATC 的定义

是集加速、减速、定位停车等驾驶控制为一体，减速控制使用趋于自动化的装置；根据与前行列车的间隔以及曲线、分歧器等进路的条件，在车内连续地显示对列车容许速度的指示信号。

(3)ATC 的应用范围

应用在原有线的电气化(直流以及交流)区段，而要在非电气化区段范围内也实现 ATC 的应用则正在被关注。

(4)ATC 的信息传送方式

对于轨道电路，根据前行列车与进路条件等送出 AF 信号，由此信号检知在地面有无列车，在车上进行 ATC 信号的接收。再者，在联锁站内从轨道电路等处进行列车检知，对于向车上信号传送用的 AF 信号需要重叠起来。

(5)ATC的系统构成

ATC系统是由ATC地面装置、ATC车上装置、轨道电路、信号传送线路(电力线路)、电源装置等构成。ATC地面装置被容纳在ATC机械室内。

从1991年日本铁路方面开始试验数字式ATC,亦称I-ATC。数字式ATC采用目标距离一次制动模式曲线方式,车载设备根据地面轨道电路传送来的信息和各开通区间的长度,求取与前方列车所占用区间的距离,综合线路数据、制动性能和允许速度等计算出列车运行速度,若列车接近前方减速点时,即刻生成目标距离一次制动模式曲线。目标距离一次制动模式曲线缩短了制动距离,并可根据列车性能给出不同的模式曲线,提高了运输效率。

3. ETCS系统

随着欧洲铁路的发展,欧盟各国都面临如何解决跨国运行时ATP的兼容问题。为此,20世纪90年代中期欧洲各信号公司联合制订了ETCS技术规范。ETCS在装备形式上主要分为三级。

(1)ETCS一级

地面信号+查询应答器+轨道电路。采用固定追踪间隔形式;司机依靠地面信号行车,地面信号机前设备产生速度监控;依靠轨道电路或计轴设备检查列车占用和完整性;利用查询应答器覆盖各国现有信号系统,并用于列车定位和传送控制命令。该系统是典型的点式ATP。

(2)ETCS二级

轨道电路+查询应答器+GSM-R。与一级相比,司机完全依靠车载信号设备行车(可取消地面信号机);通过GSM-R连续传送列车运行控制命令,车—地间可双向通信;在点式设备的配合下,车载设备对列车运行速度进行连续监控;依靠轨道电路或计轴设备检查列车占用和完整性;建有无线移动闭塞中心。该系统是基于移动通信的连续式ATP。

(3)ETCS三级

查询应答器+GSM-R。与二级相比是靠车载设备来检查列车完整性,不需要轨道电路;点式设备、GSM-R是系统的主要设备。取消地面信号机和轨道电路后,室外线路上的信号设备减少到最低程度;列车追踪间隔依靠点式设备和无线移动闭塞中心实现,具有明显的移动自动闭塞特征。

4. 德国LZB系统

德国LZB系统是基于轨道电缆传输的列控系统,是世界上首次实现连续速度控制模式的列控系统。1965年在慕尼黑—奥斯堡间首次运用,德国已装备了2 000 km铁路线,1992年开通了西班牙马德里—塞维利亚471 km高速线。

LZB是1965年以前开发的系统。它利用轨道电缆作为车—地间双向信息传输的通道,另要轨道电路来检查列车占用,轨旁设备较多,给维修带来不便。LZB以地面控制中心为主计算制动曲线，车载信号设备智能化不够，与其他列控系统兼容比较困难。

5. 中国高速铁路

结合我国既有信号技术装备，我国对铁路列车运行控制系统 CTCS(Chinese Train Control System)的总体技术框架、技术体系进行了长期深入的研究、论证，提出了符合本国国情的列控系统实施方案 CTCS-0～CTCS-4 级。

到 2022 年底，全国铁路运营里程达 15.5 万 km，其中，高速铁路达 1.2 万 km。

已开通的客运专线有：

(1)京津城际

北京至天津的京津城际铁路全长 120 km，设计时速 350 km。

(2)合宁客运专线、合武客运专线

合肥至南京的合宁铁路全长 166 km，自合肥枢纽引出，至江苏南京，设计时速 250 km。

合肥至武汉的合武客运专线全线 356 km。该线东起合肥站，西至汉口站，设计时速 250 km。

合武铁路与合宁铁路都属于沪汉蓉高速铁路的重要部分，沪汉蓉高速铁路是国家规划建设的上海一武汉一成都的东西向铁路大动脉。

(3)石太客运专线

石太铁路客运专线，从石家庄北站至太原站。正线线路全长 189.93 km 设计时速 250 km。

(4)胶济客运专线

胶济客运专线正线全长 393(362) km，自西向东由济南经淄博、潍坊至青岛，设计行车时速 250 km。

(5)武广客运专线

武广客运专线从武汉站至新广州站，全长 995 km，设计行车时速 350 km。

(6)郑西客运专线

郑州到西安的郑西客运专线全长 485 km，设计行车时速 350 km。

(7)沪宁城际

从上海到南京的沪宁城际高铁全长 301km，设计行车时速 300 km。

(8)沪杭高铁

从上海虹桥站到杭州南站，正线全长 168 km，设计行车时速 350 km。

通过对国外先进列控系统的研究，可以得到以下结论：

(1)当列车运行速度超过 160 km/h 后，再由司机依靠地面信号行车已无法保证行车安全(160 km/h 时常用制动距离为 1 949 m)，必须把对列车的开环控制变为闭环控制。因此，当列车速度大于 160 km/h 后，列控系统成为行车安全不可缺少的重要技术装备。

(2)列控系统是由地面信号设备和车载设备共同组成的闭环高安全系统,是地面联锁向车载设备的延伸,在此基础上实现了以车载设备为主的行车方式。各国铁路在实施列车运行控制过程中,都是以故障安全作为最重要的技术条件,将地面和车载设备按一个系统统一设计,同步进行技术更新或强化改造,以保证整个系统的高安全、高可靠性。

(3)通信信号一体化是现代铁路信号的重要发展趋势。实现对移动体的控制,移动通信是最便捷的手段。因此,基于通信特别是基于无线移动通信的列控系统是今后的重要发展方向。

5.1.4 CTCS 系统描述

CTCS 定义:是为了保证列车安全运行,并以分级形式满足不同线路运输需求的列车运行控制系统。

(1)安全防护

在任何情况下防止列车无行车许可运行。

防止列车超速运行。包括:列车超过进路允许速度;列车超过线路结构规定的速度;列车超过机车车辆构造速度;列车超过临时限速及紧急限速;列车超过铁路有关运行设备的限速;防止列车溜逸。

(2)人机界面

为机车乘务员提供的必需的显示、数据输入及操作装置。

①能够以字符、数字及图形等方式显示列车运行速度、允许速度、目标速度和目标距离。

②能够实时给出列车超速、制动、允许缓解等表示以及设备故障状态的报警。

③机车乘务员输入装置应配置必要的开关、按钮和有关数据输入装置。

④标准的列车数据输入界面,可根据运营和安全控制要求对输入数据进行有效性检查。

(3)检测功能

①具有开机自检和动态检查功能。

②具有关键数据和关键动作的记录功能及监测接口。

(4)可靠性和安全性

①按照信号故障导向安全原则进行系统设计。

②采用冗余结构。

③满足电磁兼容性相关标准。

5.1.5 CTCS 系统分级

CTCS 体系的构建原则是以地面设备为基础,车载与地面设备统一设计。系统结构如图 5-1 所示。列车运行控制系统包括地面设备和车载设备,根据系统配置按功能划分为5级。

(1)CTCS-0级

CTCS-0级为既有线的现状,由通用机车信号+运行监控装置构成。

(2)CTCS-1级

由主体机车信号+安全型运行监控装置组成。面向160 km/h以下的区段,在既有设备基础上强化改造,达到机车信号主体化要求,增加点式设备,实现列车运行安全监控功能。

1)地面子系统组成

①轨道电路:完成列车占用检测及列车完整性检查,连续向列车传送控制信息。车站正线采用与区间同制式的轨道电路,侧线采用与区间同制式的叠加电码化设备。

②点式信息设备:设置在车站附近,主要用于向车载设备传输定位信息。

2)车载子系统组成

①主体机车信号:完成轨道电路信息的接收与处理。

②点式信息接收模块:完成点式信息的接收与处理。

③安全型运行监控装置:实时检测列车运行速度,对列车运行控制信息进行综合处理,控制列车按命令运行。

(3)CTCS-2级

CTCS-2级是基于轨道传输信息的列车运行控制系统;CTCS-2级面向提速干线和高速新线,采用车—地一体化设计;CTCS-2级适用于各种限速区段,地面可不设通过信号机,机车乘务员凭车载信号行车。

1)地面子系统组成

①列控中心:根据列车占用情况及进路状态计算行车许可及静态列车速度曲线并传送给列车。

②轨道电路:完成列车占用检测及列车完整性检查,连续向列车传送控制信息。车站与区间采用同制式的轨道电路。

③点式信息设备:用于向车载设备传输定位信息、选路参数、线路参数、限速和停车信息等。

2)车载子系统组成

①连续信息接收模块:完成轨道电路信息的接收与处理。

②点式信息接收模块:完成点式信息的接收与处理。

③测速模块:实时检测列车运行速度并计算列车走行距离。

④设备维护记录单元:对接收信息、系统状态和控制动作进行记录。

⑤车载安全计算机:对列车运行控制信息进行综合处理,生成控制速度与目标距离模式曲线,控制列车按命令运行。

⑥人机界面:车载设备与机车乘务员交互的设备。

⑦运行管理记录单元:规范机车乘务员驾驶,记录与运行管理相关的数据。

⑧预留无线通信接口。

(4)CTCS-3 级

CTCS-3 级是基于无线传输信息并采用轨道电路等方式检查列车占用的列车运行控制系统;CTCS-3 级面向提速干线、高速新线或特殊线路,基于无线通信的固定闭塞或虚拟自动闭塞;CTCS-3 级适用于各种限速区段,地面可不设通过信号机,机车乘务员凭车载信号行车。

1)地面子系统组成

①无线闭塞中心(RBC):使用无线通信手段的地面列车间隔控制系统。它根据列车占用情况及进路状态向所管辖列车发出行车许可和列车控制信息。所使用的安全数据通道不能用于话音通信。

②无线通信(GSM-R)地面设备:作为系统信息传输平台完成地—车间大容量的信息交换。

③点式设备:主要提供列车定位信息。

④轨道电路:主要用于列车占用检测及列车完整性检查。

2)车载子系统组成

①无线通信(GSM-R)车载设备:作为系统信息传输平台完成车—地间大容量的信息交换。

②点式信息接收模块:完成点式信息的接收与处理。

③测速模块:实时检测列车运行速度并计算列车走行距离。

④设备维护记录单元:对接收信息、系统状态和控制动作进行记录。

⑤车载安全计算机:对列车运行控制信息进行综合处理,生成目标距离模式曲线,控制列车按命令运行。

⑥人机接口:车载设备与机车乘务员交互的接口。

⑦运行管理记录单元:规范机车乘务员驾驶,记录与运行管理相关的数据。

(5)CTCS-4 级

CTCS-4 级是基于无线传输信息的列车运行控制系统;CTCS-4 级面向高速新线或特殊线路,基于无线通信传输平台,可实现虚拟闭塞或移动闭塞;CTCS-4 级由 RBC 和车载验证系统共同完成列车定位和列车完整性检查;CTCS-4 级地面不设通过信号机,机车乘务员凭车载信号行车。

1)地面子系统组成

①无线闭塞中心(RBC):使用无线通信手段的地面列车间隔控制系统。它根据列车占用情况及进路状态向所管辖列车发出行车许可和列车控制信息。所使用的安全数据通道不能用于话音通信。

②无线通信(GSM-R)地面设备:作为系统信息传输平台完成地—车间大容量的信

息交换。

2)车载子系统组成

①无线通信(GSM-R)车载设备:作为系统信息传输平台完成车—地间大容量的信息交换。

②测速模块:需要时,实时检测列车运行速度并计算列车走行距离。

③设备维护记录单元:对接收信息、系统状态和控制动作进行记录。

④车载安全计算机:对列车运行控制信息进行综合处理,生成目标距离模式曲线,控制列车按命令运行。

⑤人机接口:车载设备与机车乘务员交互的接口。

⑥全球卫星定位或其他设备提供列车定位及列车速度信息。

⑦列车完整性检查设备。

⑧运行管理记录单元

⑨规范机车乘务员驾驶,记录与运行管理相关的数据。

(6)CTCS级间关系

符合CTCS规范的列车超速防护系统应能满足一套车载设备全程控制的运用要求。

1)系统车载设备向下兼容。

2)系统级间转换应自动完成。

3)系统地面、车载配置如具备条件,在系统故障条件下应允许降级使用。

4)系统级间转换应不影响列车正常运行。

5)系统各级状态应有清晰的表示。

(7)CTCS与ETCS比对

CTCS与ETCS对比,如表5-1所示。

表5-1　CTCS与ETCS对比

级	ETCS	CTCS
0	欧洲既有线现状	中国既有线现状;通用式机车信号+监控装置
1	基于点式传输的列车控制系统;列车占用及完整性检查由轨道电路完成;设置地面信号机	面向160 km/h以下区段;主体机车信号+加强型监控装置
2	基于GSM-R传输的列车控制系统;列车检测和列车完整性检查由轨道电路完成;可以取消地面信号机	面向提速干线和客运专线;基于轨道电路+点式应答器进行信息传输的列控系统;可以取消地面通过信号机
3	基于GSM-R传输的列车控制系统;取消轨道电路和地面信号机;无线闭塞中心与车载验证系统共同完成列车定位和完整性检查;可实现移动闭塞	面向提速干线、客运专线和特殊线路;基本参照ETCS2级
4	未定义	面向客运专线和特殊线路;基本参照ETCS3级

5.2 列控系统基本原理

5.2.1 列控系统的构成

列控系统通常是由地面列控中心或无线闭塞中心、轨道电路、地面点式信号设备、车地传输设备和车载速度控制设备构成，用于控制列车运行速度保证行车安全和提高运输能力的控制系统。

地面设备一般应具有如下功能：(1)检测列车的位置。(2)根据前行列车的位置和进路的情况确定列车的限制速度。(3)向列车传递限制速度信息、线路信息等。

车载设备完成的功能有：(1)接收限制速度信息并显示。(2)对列车运行速度进行监督，超过限制速度自动制动减速，以保证列车在限速点前速度降到限速值以下。

列控系统设备构成示意图见图 5-1。

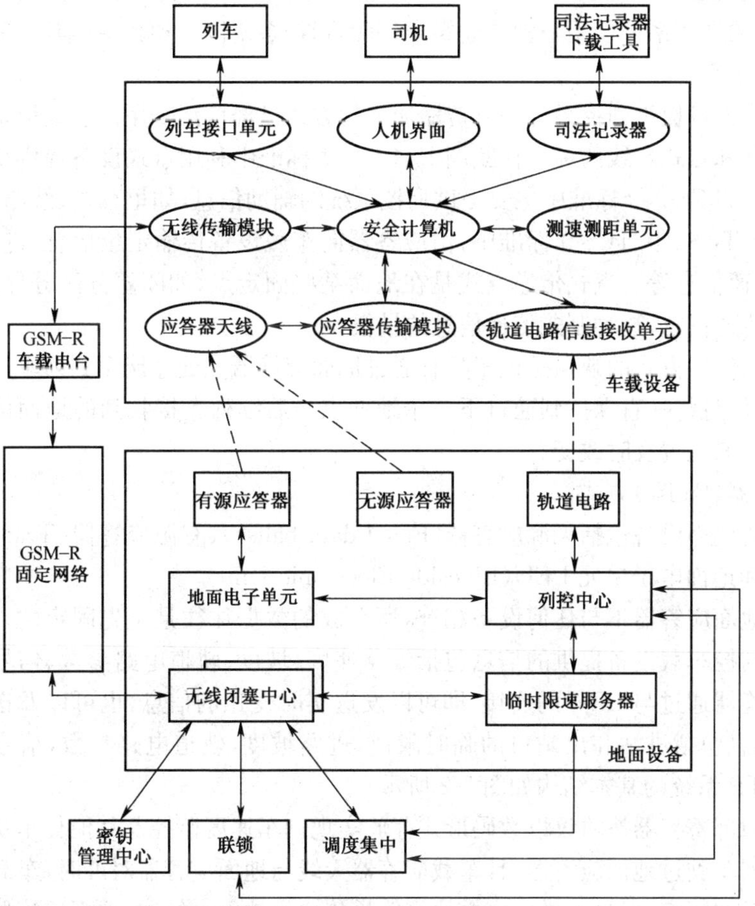

图 5-1 列控系统设备构成示意图

地面列控中心是列车运行控制系统的核心，列控中心根据列车的运行位置，前后列车之间的运行间隔距离产生列控车载系统所需的地面信息，包括列车的目标速度、列车到目标点的距离、线路的坡度和线路的允许速度等。地面信息传输通道根据列控中心的信息进行编码，并通过地面传输通道发送给机车上的车载设备。

列控车载设备接收点式、轨道或无线传输的信息，根据预先输入的列车参数（总重量、制动力、换长）实时计算列车当前运行允许速度，生成速度控制曲线，在司机显示器显示，列控车载设备实时检测列车当前运行速度并在司机室显示器显示，司机根据显示器上的目标速度、目标距离、允许速度和实际速度控制列车运行。当列车的实际速度超过允许速度，列控车载设备自动控制制动装置，列车制动减速，保证列车在停车点前停车或在限速点前速度降低到限速值以下。

5.2.2 列控系统信息传递方式

根据上述典型的列控系统介绍中看出，列控系统车—地间传输媒介主要包括以下几种方式，有的列控系统仅用一种传输媒介，有的列控系统以一种为主，辅以其他方式。

1. 点式设备

利用点式设备提供列控系统信息传输通道的方式已经广泛采用。点式设备主要包括点式应答器和点式环线两种。在欧洲 ETCS-1 级标准中利用点式设备提供全部控车信息，在欧洲 ETCS-2 级标准中主要提供列控系统的辅助信息，如里程标、线路数据、切换点等。在 CTCS-2、CTCS-3 标准中，由应答器向车载设备传输定位信息、进路参数、线路参数、限速信息等。点式传递方式是在地面某些固定点，如闭塞分区分界点处，从地面向车上传递信息，这种制式传递信息的量很大。

点式传递信息方式的缺点是机车只有通过地面应答器点处才能得到列车运行前方的信息，这一信息将一直保持到通过下一个地面点。后续列车接收到的地面信息不能随着前行列车的位置及时改变。

(1)应答器(Balise)方式

应答器的地面设备包括无源应答器(Fixed-data balise)、有源应答器(Transparent-data balise)和地面电子单元 LEU(Lineside Electronic Unit)。

1)无源地面应答器不与任何设备相连，所存放的数据往往是预先固定的。无源应答器通常向列控车载设备提供的信息包括线路速度、坡度、轨道电路参数、信号点类型等。有源应答器通过与 LEU 的连接，即可以发送实时变化的信息，也可以发送固定的信息，这些信息包括进站和出站口的临时限速，进路坡度，轨道电路参数，信号点类型等。点式 ATP 系统的基本结构如图 5-2 所示。

应答器内部寄存器按协议以数码形式存放实现列车速度监控及其他行车功能必须的数据。当列车驶过地面应答器，且车载应答器天线与地面应答器对准时，车载应答器首先应以一定的频率，通过电磁感应方式将能量传递给地面应答器；地面应答器的内部

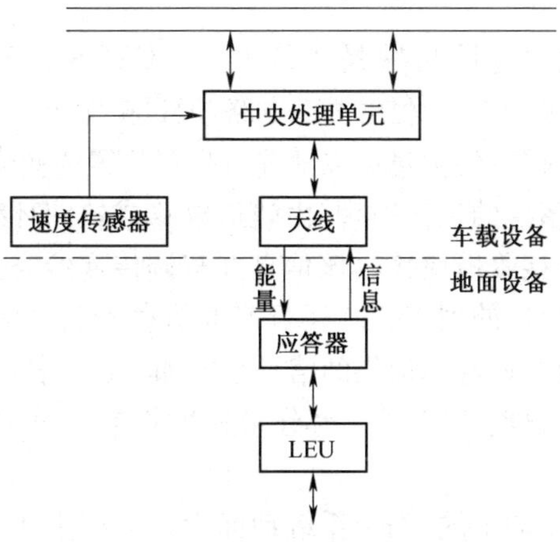

图 5-2 点式 ATP 系统的基本结构

电路在接受到来自车上的能量后即开始工作，将所存储的数据以某种调制方式（通常用频移键控 FSK 方式）仍通过电磁感应传至车上。

2)地面电子单元 LEU

地面电子单元 LEU 是有源应答器与列控中心之间的电子接口设备，其任务是接收外部发送的应答器报文或控制命令，并连续向应答器发送。

3)车载设备

车载天线是一个双工的收发天线，既要向地面发送激活地面应答器的功率载波，还要接收地面应答器发送的数据报文。

(2) 点式环线

1)与 TVM-300 系统相配套的点式环线发送与接收原理详见本书 3.4.2 内容（UM71 自动闭塞电路原理）。

2)点式信息接收器

点式接收器为连续式机车信号的辅助设备。其用途：①为连续式机车信号的自动接通及接收上、下行载频的自动转换；②连续式机车信号的自动切断；③设置限速点；④设置绝对停车点。

点式信息的电路板装在点式组匣（IPTRC）内，主要有 AP_{12} 和 FHFD 两块电路板，信息继电器放在继电器板或其他电路板内。点式接收系统其框图见图 5-3，CAP 为点式传感器，AP_{12} 为宽带放大器，FHFD 为选频滤波器。

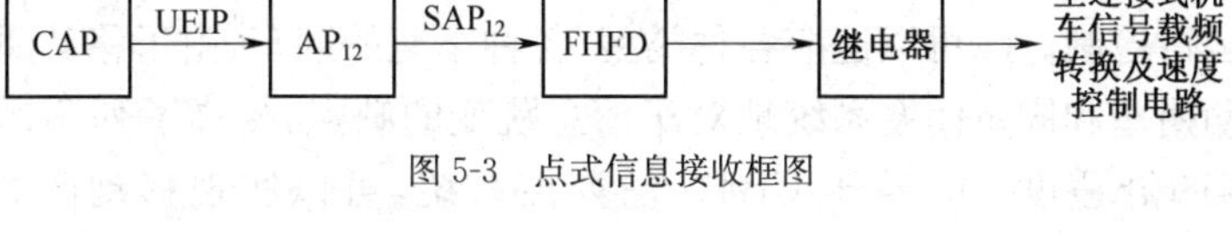

图 5-3 点式信息接收框图

2. 轨道电路

列控系统信息基于轨道电路传输是传统方式。CTCS-2 标准、U/T 系统、日本 ATC 系统等均采用轨道电路传输。利用轨道电路，通过机车上安装的传感器可以连续地接收到地面传递的信息，接收的信息可以随前行列车位置的变化及时改变。

连续式列车运行控制系统的工作原理：由轨道电路或轨间环线向车载设备连续传递限速信息，车载连续信息接收模块接收该信息并解调传递给安全计算机；同时，安全计算机根据测速测距模块提供的列车实际运行速度信息和定位信息，生成制动模式曲线，来监督列车的运行。根据地对车提供的信息不同和车载设备的不同工作模式，列控系统对列车运行速度的控制模式又可分为分级速度控制模式和目标距离速度控制模式。

根据列车速度控制方式的不同，列控系统地面设备向车上所要传递的信息是不同的。对于分级速度控制方式，只需要从地面向车上传递目标速度信息，信息量较少，目前使用的 ZPW-2000A(UM)自动闭塞的轨道电路就可以满足要求。

对于目标距离控制方式，从地面向车上传递的信息量要大量增加，信息包括目标速度、分区长度、坡度等。因此需要采用数字轨道电路或在原有自动闭塞轨道电路上叠加数字信息或点式信息。

(1)模拟轨道电路 ZPW-2000A(UM)

车载设备中的轨道电路信息接收模块(Specific Transmission Module，STM)用于接收轨道电路信息，采用冗余结构。STM 具有同时接收不同载频的功能，可根据应答器信息或司机操作锁定上下行载频或单载频。STM 将接收的载频、解调后的信息发送给安全计算机(VC)。

(2)数字编码轨道电路

UM2000 的原理请参考本书第 3.5 节(UM-2000 型移频自动闭塞系统)。

3. 无线传输

基于通信技术的列车控制(Communication Based Train Control，CBTC)系统是一种采用先进的通信和计算机技术，连续控制、监测列车运行的移动闭塞方式。它摆脱了用轨道电路判别对闭塞分区占用与否，突破了固定(或准移动)闭塞的局限性，较以往系统具有更大的技术优越性，特点如下：①实现车载设备与地面设备之间的实时双向通信，信息量大；可构成闭环系统，提高了列车运行的安全性。②可减少轨旁设备，便于安装维修，有利于紧急状态下利用线路作为人员疏散的通道，有利于降低系统全生命周期内的运营成本。③实现线路列车双向运行而不增加地面设备，有利于线路故障或特殊需要时的反向运行控制。④可以适应各种类型、各种车速的列车，由于移动闭塞系统基本克服了准移动闭塞和固定闭塞系统地对车信息跳变的缺点，提高了列车运行的平稳性，增加了乘客的舒适度。⑤基于 CBTC 的列控系统，可以实现移动闭塞(Moving Automatic block System，MAS)，以及节能控制、优化列车运行统计处理、缩短运行时分等多目标控制。⑥确立“信号通过通信”的新理念，使列车与地面(轨旁)紧密结合、整体处理，改变以往车—地相互隔离、以车为主的状态，这意味着车—地通信采用统一标准协议后，就有可能实现不同线路间不同类型列车的联通联运。对于信号系统而言，联通联运主要是指某系统的地面设备可以与另一系统的地面设备互联、系统的车载设备可以与另一系统的地面设备协同工作，同一列车首尾的不同厂家的车载设备可以在同一线路上实施列车运行控制。

(1)CBTC 系统结构

CBTC 系统的基本特性包括：①不依赖轨道电路的高精度列车定位；②连续的车对地和地对车之间的数据通信网，比传统系统能够传输更多的控制和状态信息；③轨旁和车载核心处理器处理列车的状态和控制数据，并提供列车超速防护 ATP(Automatic Train Protection)；根据具体应用的需要，也可提供列车自动驾驶 ATO(Automatic Train Operation)和列车运行监督 ATS(Automatic Train Supervision)功能。

ATC(Automatic Train Control)：系统自动控制列车的移动，确保列车的安全，指挥列车运行。ATC 必须包括 ATP，也可能包括 ATO 和(或)ATS。

ATP：该系统是隶属于 ATC 系统的子系统，严格遵守故障—安全原则，通过综合列车检测、列车间隔和联锁，防止出现碰撞，超速和其他危险情况。

ATO：该系统是隶属于 ATC 系统的子系统，可执行速度调整、停车、门控制、运行等级调整或其他功能，否则交由司机控车。

ATS：该系统是隶属于 ATC 系统的子系统，可实现列车监控，按照时刻表调整个别列车运行情况，并且为调整服务提供数据，以减少违规行为所造成的不便。

典型的基于通信的列车控制(CBTC)系统结构框图如图5-4所示。

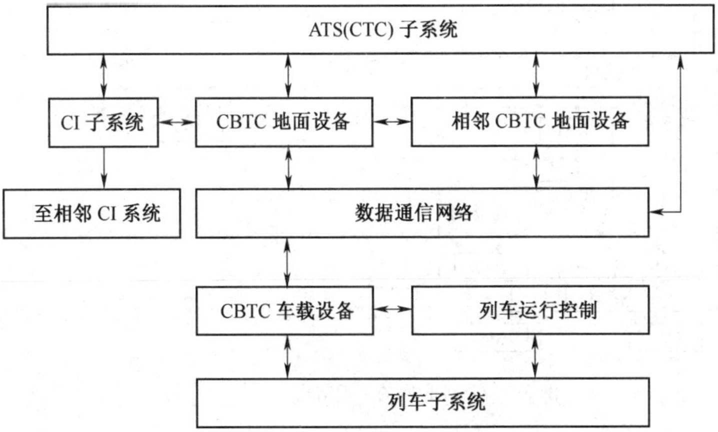

图 5-4 典型的基于通信的列车控制(CBTC)系统结构框图

ATS—列车自动监控系统；CI—微机联锁系统

由上图可见:整个 CBTC 系统包括“CBTC 地面设备”和“CBTC 车载设备”,地面设备和车载设备通过“数据通信网络”连接起来,构成系统的核心。CBTC 设备和 ATS(CTC)设备共同构成基于通信的列车自动控制系统(CBTC)。功能框图中还单独列出了“联锁”功能模块,该功能模块与 CBTC 地面设备连接。考虑到不同的线路长度可能需要多套的 CBTC 地面设备,所以在典型框图中还列出了“相邻的 CBTC 地面设备”模块。最后,在 CBTC 设备的基础上,增加 ATS(CTC)模块,用于实现系统的 ATS(CTC)功能。

CBTC 地面设备(含联锁)通过数据通信网络向 CBTC 车载设备传输控制信息,控制列车运行;CBTC 车载设备也通过数据通信网络向 CBTC 地面设备(含联锁)传送列车信息,形成闭环信息传输及控制。这里数据通信网络可由多种通信方式组成,如无线电台、裂缝波导管、漏泄同轴电缆、微波和 GSM-R 等方式。

以上列举的是 CBTC 系统的典型结构,实际的系统可能由于不同的设备提供商、不同的工程需要而有所差异。但是,所有 CBTC 系统均采用数据通信网络,连接 CBTC 地面和车载设备,实现 ATP 功能,控制列车安全运行的核心是一致的。

(2)GSM-R 移动通信原理

我国 CTCS-3 及 CTCS-4 标准明确采用 GSM-R 无线系统完成列控信息车—地间的双向传输。

GSM-R 网的原理结构,参见图 5-5。

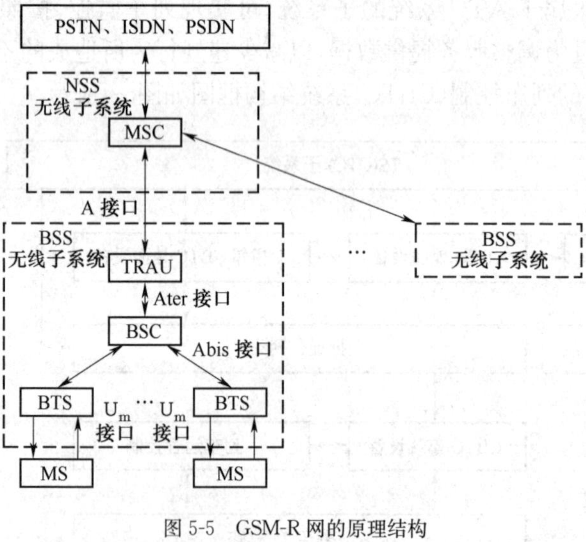

图 5-5　GSM-R 网的原理结构

现在的无线通信系统是有线网络和无线网络的结合体。基站与移动台之间是无线连接,基站与交换机之间、交换机之间都是有线连接。移动网络与固定网络之间的互联实现了用户在任何时间、任何地点与任何移动/固定用户进行通信。

我国 GSM-R 采用的频段是上行(移动台 MS 到基站 BTS)885～889 MHz,下行(BTS 到 MS)930～934 MHz。可用频带都是 4 MHz,有 20 个可用频点。

组成 GSM-R 网络的各子系统之间、无线子系统(BSS)与移动台之间、与固定网络之间的互联都提供了标准接口。GSM-R 网络的信令系统采用 No.7 信令网传送呼叫控制信息和其他信令信息。

典型的基于 GSM/GSM-R 的铁路通信网与公网的主要区别在于由铁路网特殊需求引起的网络结构和规划上的区别。比如,典型的 GSM-R 网络是在沿路轨方向安装定向天线,以形成沿轨的椭圆形小区。在话务量较大但对速度的要求较低的车站内采用扇形小区覆盖。人口密度不高的低速路段采用全向小区覆盖。每个小区有一个或几个基站收发信机,数目的多少由通信密度决定,一个基站控制器一般负责管理多个小区。

1)无线子系统 BSS

BSS 由一个基站控制器 BSC 和若干个基站收发信机 BTS 组成,BTS 主要负责与一定覆盖区域内的移动台 MS 进行通信,BTS 与 MS 间的通信接口是 Um 接口,其物理连接通过无线链路实现,BTS 对空中接口进行管理。BSC 用来管理 BTS 与移动交换中心 MSC 之间的信息流,BTS 与 BSC 之间通过 Abis 接口通信;BSS 中还可能存在编码速率适配单元 TRAU,它实现了 GSM-R 编码速率向标准的公共交换电话网 PSTN 或综合业务数字网 ISDN 速率的转换,TRAU 与 BSC 通过 Ater 接口连接。

2)网络子系统 NSS

NSS 建立在 MSC 上,负责端到端的呼叫、用户数据管理、移动性管理和与固定网络的连接。NSS 通过 A 接口连接 BSS,与固定网络的接口决定于互联网络的类型。

(3)适用于 GSM-R 的列控系统

当采用 GSM-R 系统来实现列控系统车—地之间信息传输时,其相应的组成框图参见图 5-6。

在 RBC 控制中心存放有整个控制区段及站场拓扑图,由 RBC 形成数据码发送至无线通信站 BTS。经无线通信站 BTS 转发,将数据信息传递给机车。这些数据包括各种速度数据、线路的最大允许速度、目标速度、目标距离、线路坡度、缓行段数据等。列车收到这些信息后,由车载计算机计算出当前的最大允许速度,在驾驶台上显示出来,并对列车运行速度进行监控,同时对列车重新定位。如果列车位置与收到的电码一致,则予以确认,否则进行修改。回执信息以不同频率,从机车向 BTS 传递。回执信息包括列车位置确认及其他列车数据信息。

地面控制中心 RBC 收到回执信息后,重新确定整个控制区段上所有运行列车的精确位置,给出新的命令信息。

(4)采用 GSM-R 无线传输信息的优点

1)在各种列车混跑的区间,由于轨道电路信息量的局限,无法向列车传递轨道电路长度信息。因此,由轨道电路限定的闭塞分区通常设计成固定长度,从而根据两列车相

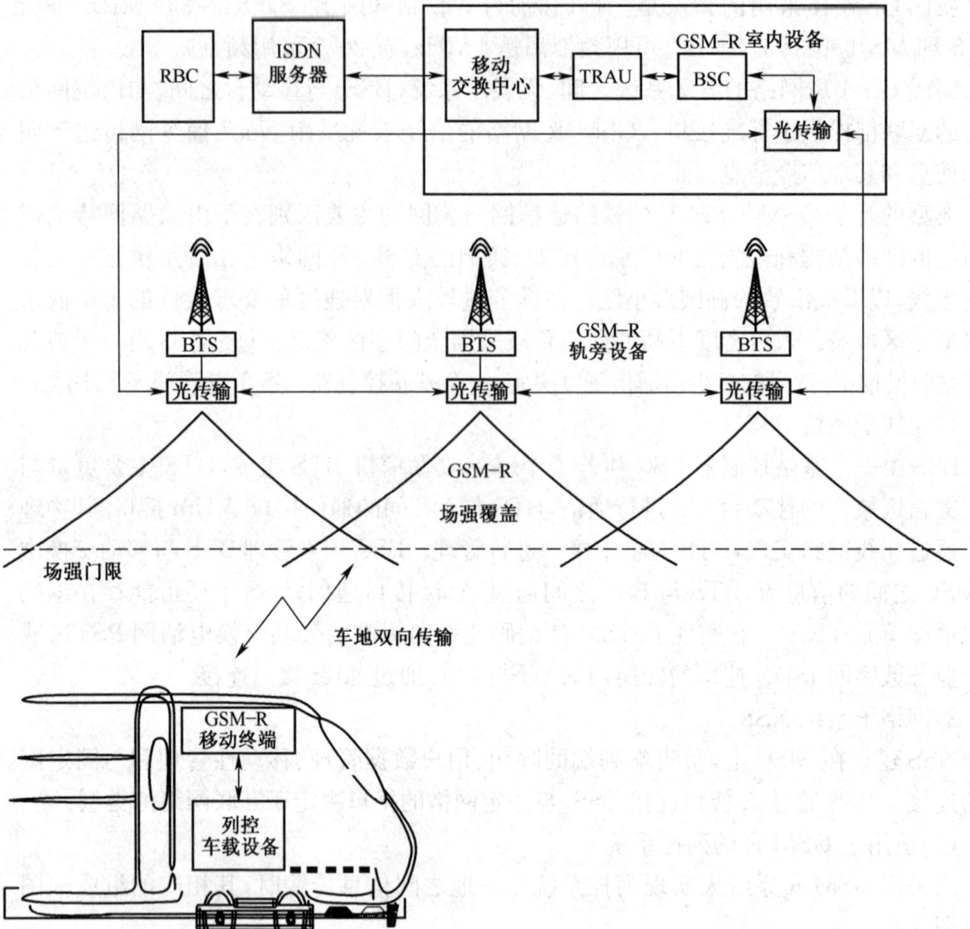

图 5-6　GSM-R 的系统构成框图

隔几个闭塞分区获得列车间的距离。而 GSM-R 的信息量大，足以传送前方列车的距离信息，可以构成随列车速度、线路参数改变的优化列车间隔。

2）在使用轨道电路时，闭塞分区的长度与该区段列车的最大运行速度有关。随着列车运行速度的提高或制动性能的改善，固定长度的闭塞分区限制了运输能力的进一步提高。对于无线控制系统来说，列车速度提高或制动性能的改善，对应的仅是程序参数的改变，系统发展、完善十分简单。

3）无线列车运行自动控制系统由于无固定的闭塞分区长度，所以对于任何类型的列车都可以提高运行速度。

4）GSM-R 的应用可以取消地面固定信号机及轨道电路，可以节省大量的安装、维护费用。

5.2.3 速度监控原理

1. 影响列车运行的因素

(1) 列车牵引力

列车牵引力是使列车产生前进运动，并可以由司机根据需要来控制的外力。它是由机车产生，依靠机车动轮与钢轨的黏着作用在机车动轮踏面上的外力。无论是电力机车，还是内燃机车，都是由原动机使机车动轮产生旋转力矩 M，再通过动轮轮缘与钢轨表面的黏着作用，产生一个使列车向前运动的力，称为牵引力。牵引力可由各种机车的牵引力—速度特性曲线来表示。

(2)列车阻力

在列车运行中产生的、始终存在的、与列车运行方向相反、阻止列车运行且不能被操纵的外力叫列车运行阻力，简称列车阻力，以字母 W 表示。作用在机车和车辆上的阻力，分别叫作机车阻力 W' 和车辆阻力 W''，因此，列车阻力 $W=W'+W''$。

按引起阻力的原因分类，列车阻力可分为基本阻力和附加阻力两类。基本阻力是指列车在任何线路(平直道、坡道或曲线等)上运行都存在的阻力。基本阻力主要来自机车、车辆轴颈与轴承之间的摩擦阻力；车轮在钢轨上滚动产生的阻力；车轮与钢轨间的滑动摩擦阻力；冲击振动产生的阻力；空气阻力等。附加阻力是指列车在某些特殊线路上运行时，除基本阻力外所增加的阻力，如列车在坡道上运行时的坡道附加阻力 W_i；通过曲线时的曲线附加阻力 W_r；列车起动时的起动附加阻力 W_q；通过隧道时的隧道空气附加阻力 W_s 等等。列车在平直道上运行时只有基本阻力，没有附加阻力。由于影响阻力的因素极为复杂，很难用理论公式进行计算，往往根据大量试验数据，综合得出经验公式进行计算。

试验表明，作用在机车、车辆上的阻力都与其重力成正比，所以在牵引计算中常用单位重力的阻力来计算，它称为单位阻力，以字母 ω 表示，单位为 N/kN。于是：

1)机车单位阻力

$$\omega'=\frac{W'}{P}\quad(\text{N/kN})\tag{5-1}$$

2)车辆单位阻力

$$\omega''=\frac{W''}{G}\quad(\text{N/kN})\tag{5-2}$$

根据具体计算内容，可以从列车牵引的有关计算规程中查得各型电力机车、内燃机车、客车和货车的单位基本阻力计算公式。

3)列车单位阻力

$$\omega=\frac{W}{P+G}=\frac{W'+W''}{P+G}\quad(\text{N/kN})\tag{5-3}$$

4)单位加算附加阻力 ω_i

①单位坡道附加阻力：单位坡道的附加阻力 ω_i 的数值等于坡道坡度的千分数，即

$$\omega_i = i \quad (\mathrm{N/kN}) \tag{5-4}$$

式中，i 为坡道坡度，‰；上坡为正，下坡为负值。

②单位曲线附加阻力：机车、车辆的单位曲线附加阻力 ω_r，按下列公式计算：

列车长度小于或等于曲线长度时

$$\omega_r = \frac{600}{R} \quad (\mathrm{N/kN}) \tag{5-5}$$

列车长度大于曲线长度时

$$\omega_r = \frac{600}{R} \cdot \frac{l_r}{l_l} \quad (\mathrm{N/kN}) \tag{5-6}$$

或

$$\omega_r = \frac{10.5\alpha}{l_r} \quad (\mathrm{N/kN}) \tag{5-7}$$

式中，α 为曲线中心角，(°)；R 为曲线半径，m；l_r 为曲线长度，m；l_l 为列车长度，m。

③单位隧道空气附加阻力：机车、车辆在隧道内运行的单位空气附加阻力 ω_s，由试验确定。

④单位加算附加阻力 ω_j 表示因线路条件产生的各单位附加阻力之和，按下式计算

$$\omega_j = \omega_i + \omega_r + \omega_s \tag{5-8}$$

由于加算附加阻力 ω_j 的数值等于坡道的坡度 i_j，故 ω_j 又可表示为

$$\omega_j = i_j = i + i_r + i_s \tag{5-9}$$

(3) 列车制动力

1)制动力的产生

由司机操纵制动装置而产生的可以控制的阻止列车运行的外力，称为制动力。制动力是人为施加的、根据需要大小可调节的、与列车运行方向相反的列车阻力。列车制动的目的是调节列车速度或使列车停车。

就机车而言，制动力可以由机械制动装置或电气制动装置两种方式来产生；至于车辆制动力，普遍是由机械制动来产生。产生列车制动力的方法很多，除了广泛使用的闸瓦制动以外，还有盘形制动、电阻制动、再生制动、液力制动、磁轨制动、涡流制动等。由于闸瓦制动及盘形制动较易控制，而且能够产生巨大的制动力，故我国机车、车辆上使用的主要是闸瓦制动及盘形制动，即以压缩空气做原动力，推动制动缸使其产生推力，再经杠杆系统放大后传至闸瓦或闸片，闸瓦或闸片压紧车轮踏面或与车轴固定连接的圆盘，由车轮与闸瓦的摩擦或圆盘与闸片的摩擦将列车的动能转化成热能，从而产生制动作用。高速客车为了增大高速时的制动力，较多采用盘形制动方式。对内燃、电力机车而言，还有一种电制动力，它是利用牵引电动机可以正向或逆向运转的机理，在牵引时作为电动机产生动力，而在制动时将电动机改接为发电机使用，将动能转变为电能，或者消耗在制动电阻上（电阻制动）或者返送到电网上（再

生制动)。

2)制动力的形式

列车制动力和牵引力形成的基本原理是相同的,都是依靠轮轨间的黏着作用。形成牵引力时必须有由动力装置作用于轮对的力矩 M_F,该力矩通过钢轨与动轮的静摩擦力产生向前的推进力 F,与列车运行方向相同。形成制动力时,轮对在滚动的情况下,依靠闸瓦压力的作用产生一个阻止轮对正向转动的反力矩 M_B,钢轨作用于动轮的静摩擦力 B,其与列车运行方向相反。牵引力、制动力的形成如图 5-7 所示。

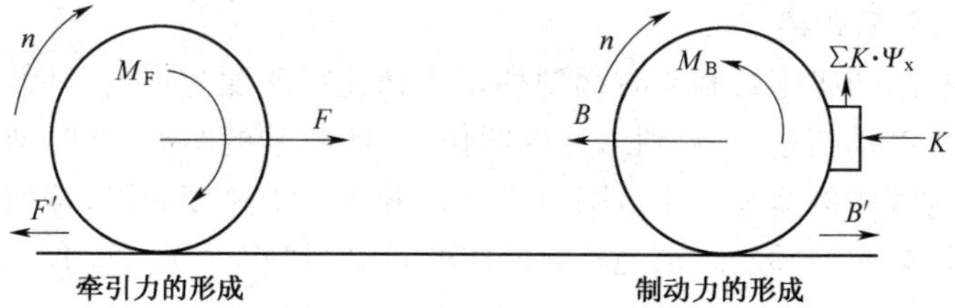

图 5-7 牵引力、制动力的形成

机车、车辆的牵引力和制动力均不能超过轮轨的黏着能力。否则,就会出现“空转”或“抱死滑行”的现象而丧失牵引力和制动力。

3)列车制动分类

依其作用条件和性质的不同,列车制动作用方式可分为常用制动和紧急制动两种。常用制动是指列车在正常运行的情况下,依调速需要而随时可以使用的一种制动方式。紧急制动只是在某些偶然遇到的特殊情况下,要求列车在最短的距离内立即停车时才使用的制动方式,也称为非常制动。

(4) 列车运行状态与外力的关系

牵引力、阻力、制动力一般并非同时作用在列车上,其组合情况将随线路状态和机车工况的变化而不同。如以 C 表示列车所受到的合力(以牵引力方向为正值),则:

1)牵引运行时,机车牵引力 F 和列车运行阻力 W 同时作用于列车,列车合力为

$$C=F-W=F-(W_0+W_j)\quad(\text{kN})\tag{5-10}$$

式中,W_0 为列车牵引运行时列车基本阻力

$$W_0=W_0'+W_0''\tag{5-11}$$

W_0'为机车基本阻力,W_0''为车辆基本阻力;

W_j 为列车牵引运行时列车附加阻力。

2)惰力运行时,列车只受到运行阻力 W 的作用,其合力即为运行阻力

$$C=-W=-(W_{0d}+W_j)\quad(\text{kN})\tag{5-12}$$

式中,W_{0d}为机车惰行运行时列车基本阻力:

$$W_{0d}=W_{0d}'+W_{0d}''$$

W_{0d}'是机车惰行时基本阻力;W_{0d}''为车辆惰行时基本阻力。

3)制动运行时,列车制动力 B 和列车运行阻力 W 同时作用于列车,列车合力为

$$C=-(W+B)=-(W_{0d}+W_j+B)\quad(\text{kN})\tag{5-13}$$

由于牵引力 F、列车运行阻力 W、列车制动力 B 都是随着列车运行速度而变化的，故其合力 C 也随速度而变。列车的运行速度决定于合力的大小和方向。

当合力 $C>0$ 时，即合力作用方向与列车运行方向相同，列车加速运行；

当合力 $C<0$ 时，即合力作用方向与列车运行方向相反，列车减速运行；

当合力 $C=0$ 时，列车匀速运行。

2. 列车制动距离的计算

(1) 列车制动有效距离

制动距离是指从司机施行制动时起到列车达到预定速度为止列车所运行的距离。制动有效距离是从制动初速度 v_0 到末速度叫作 v_m 所行驶的距离，这时列车作非匀减速运动。将制动过程中的速度变化范围($v_0\sim v_m$)分成若干速度间隔，按列车运动方程式求出各速度间隔列车行驶的距离 Δs，则各速度间隔行驶距离的总和，即为列车制动有效距离 S_e，则有：

$$S_e=\sum\frac{4.17\times(v_1^2-v_2^2)}{1\,000\varphi_h\vartheta_h\beta_c+\omega_0+i_j}\quad(\text{m})\tag{5-14}$$

式中 v_1,v_2 ——速度间隔的初速和末速，km/h；

φ_h ——换算摩擦系数；

ϑ_h ——列车换算制动率；

β_c ——常用制动系数，紧急制动时 $\beta_c=1$，常用制动时根据减压量查表；

ω_0 ——列车单位基本阻力，N/kN，ω_0 可以只按车辆基本阻力计算；

i_j ——制动地段的加算坡度千分数。

用公式计算有效制动距离时，要分成若干个速度间隔，通常每个速度间隔不超过 10 km/h。换算摩擦系数和单位基本阻力 ω_0 均按速度间隔的平均速度取值。

(2) 减速度计算

在确定列车超速防护系统中列车运行速度等级的计算中，列车制动距离可由下式估算：

$$S_b=v_1t_k+\frac{v_1^2-v_2^2}{2a}\tag{5-15}$$

式中 S_b ——列车制动距离，m；

t_k ——制动空走时间，s；

V_1、V_2——速度间隔的初速和终速，km/h；

a ——减速度，m/s^2。

由式(5-15)，可求得减速度 a：

$$a=\frac{v^2}{2\times\left(S_b-\frac{1}{2}t_sv\right)}\tag{5-16}$$

式中 v——列车常用制动(或紧急制动)时的速度,km/h;

S_b——常用制动(或紧急制动)的停车距离,m;

t_s——列车制动机动作时间,s。

式(5-16)中制动空走时间可近似用下式表示:$t_k = t_s/2$。根据式(5-16)和参数表,可以分别计算出客车和货车在常用制动和紧急制动时的减速度。

3. 速度监控的基本原理

(1) 分级速度控制

分级速度控制,以一个闭塞分区为单位,根据列车运行的速度分级,在一个闭塞分区内只控制一个速度等级并且只按照一种速度判断列车是否超速,对列车进行速度控制。分级速度控制系统的列车追踪间隔主要与闭塞分区的划分、列车性能和速度有关,而闭塞分区的长度是以最坏性能的列车为依据并结合线路参数来确定的,所以不同速度列车混合运行的线路采用这种模式能力是要受到较大的影响。分级速度控制又分为阶梯式和分段曲线式。

1)阶梯式分级速度控制

阶梯式分级速度控制又分为超前式和滞后式。一个闭塞分区的进入速度称为入口速度,驶离速度称为出口速度。超前速度控制方式又称为出口速度控制方式,给出列车的出口速度值,控制列车不超过出口速度。日本新干线 ATC 采取超前式速度控制方式,采用设备控制优先的方法。如图 5-8 所示,列车在闭塞分区入口处接收到目标速度信号后立即以此速度进行检查,一旦列车超速,则进行制动使列车速度降低到目标速度以下。这种方式在遇上停车信号时,列车在闭塞分区入口处立即制动,对许多列车来说

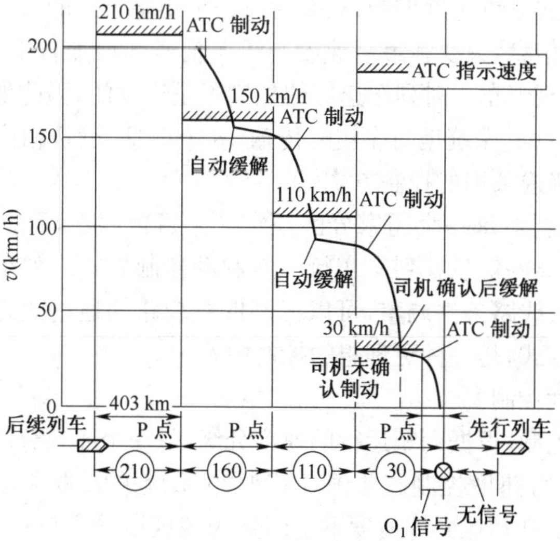

图 5-9 阶梯式分级速度控制之超前速度控制

会过早地停车,因此日本新干线采用了停车信号前再装 P 点的方式,轨道电路发送 30 信号,只在列车收到 30 信号且又经过 P 点时车上才会形成停车信号。

滞后速度控制方式要求司机(人控优先)在闭塞分区内将列车速度降低到目标速度,设备在闭塞分区出口进行检查。如果列车实际速度未达到目标速度以下则设备自动进行制动。这种方式由于要在列车到达停车信号处(目标速度为零)才检查列车速度是否为零,如果列车速度不是零,设备才进行制动。由于制动后列车要走行一段距离才能停车,因此停车信号后方要有一段防护区。如图 5-9 所示。

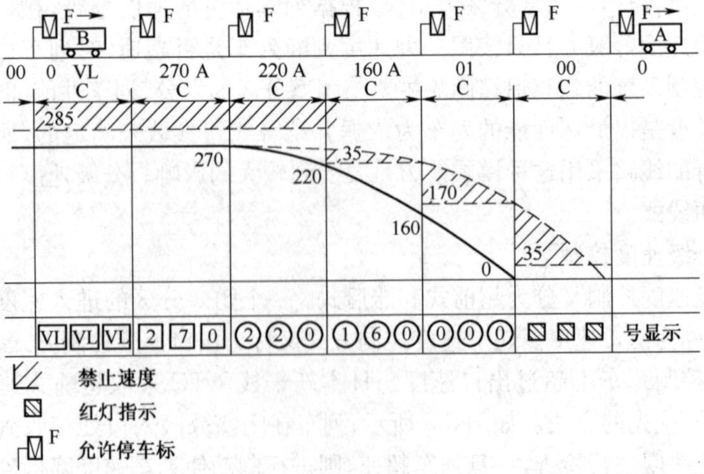

图 5-10　阶梯式分级速度控制之滞后速度控制

从上述可知,阶梯式分级速度控制,只是对每一个闭塞分区的入口速度或出口速度进行控制,不需要距离信息,只要在最高速度与停车信号间增加若干速度等级,列车从最高速度分段降速,直至停车。对列车速度的控制不是连续的,因此地对车载所需要的信息量是较少的,TVM300 系统地对车实时传输 18 个信息,设备相应简单些。这种控制方式是高速铁路最普遍采用的控制方式。

数字 ATC 系统不再对每一个闭塞分区规定一个目标速度,而是向列车传送目标速度、列车距目标的距离的信息。列车实行一次制动控制方式。列车追踪间隔可以根据列车制动性能、车速、线路条件调整,可以提高混跑线路的通过能力。这种方式称为目标—距离模式曲线方式,是一种更理想的控制模式。

2)曲线式分级速度控制

曲线式分级速度控制,根据列车运行的速度分级,每一个闭塞分区给出一段速度控制曲线,对列车运行进行速度控制。法国 TVM430 系统采取曲线式分级速度控制方式,TVM430 和 TVM300 相比允许速度不是固定为该区段的入口速度(上一区段的出口速度),而是随着列车的移动而变化,在出口处达到目标速度,如图 5-10 所示。实线为曲线式分级速度控制线,从最高速至零速的列车控制减速线为分段曲线组成的一条不连贯曲线组合，列车实际减速运行线只要在控制线以下就可以了，万一超速碰撞了速度控制线，设备自动引发紧急制动，因为速度控制是连续的，所以不会超速太多，紧急制动的停车点不会冒出闭塞分区，可以不需增加一个闭塞分区作为安全防护区段，设计时当然要考虑留有适当的安全距离。

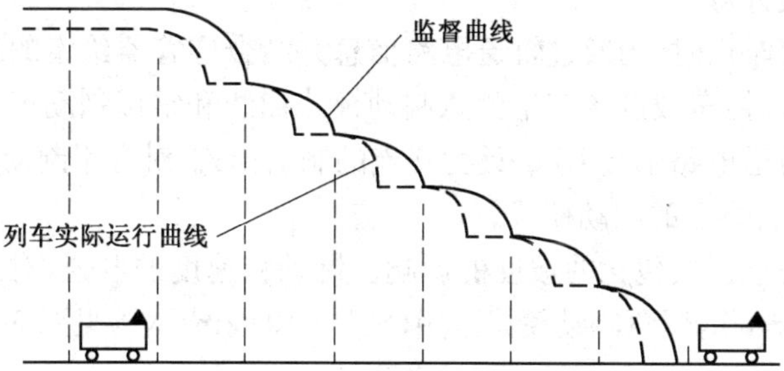

图 5-10　曲线式分级速度控制

列控设备给出的分段的制动速度控制曲线，是根据每一个闭塞分区的线路参数和列车自身的性能计算而定，闭塞分区的线路参数可以通过地对车信息实时传输，也可以事先在车载信号设备中存储通过核对取得。因为制动速度控制曲线是分段给出的，每次只需一个闭塞分区线路参数，TVM430 系统就是通过地对车信息实时传输的，其信息量为 27 bit。

(2) 目标距离模式曲线

目标距离模式曲线是根据目标速度、线路参数、列车参数、制动性能等确定的反映列车允许速度与目标距离间关系的曲线。目标距离模式曲线反映了列车在各个位置的允许速度值。列控车载设备根据目标距离模式曲线实时给出列车当前的允许速度，当列车实际速度超过当前允许速度时，自动实施常用制动或紧急制动，确保列车在停车点前停车。目标距离速度控制其采取的制动模式为连续式一次制动速度控制的方式，不设定每个闭塞分区速度等级。连续式一次速度控制模式若以前方列车占用的闭塞分区入口为追踪目标点，则为准移动闭塞；若以前方列车的尾部为追踪目标点，则为移动闭塞。

1)制动模式曲线的计算基于以下三方面的数据

①列车制动性能参数

列车的制动性能参数由车辆供应商以制动减速度的方式提供，制动减速度数据至少包含紧急制动减速度参数和最大常用制动减速度参数。

②线路坡度数据

线路坡度数据来自地面应答器的数据信息包【ETCS-21】。

③LMA 的位置和限速信息

LMA 的位置和限速的起点确定了制动模式曲线的主要部分(下降部分，TSM 区)，制动模式曲线从LMA前一定距离开始到降速起点(起模点)之间,根据列车制动性能进行计算。在此之外的制动模式曲线根据目标速度和顶棚速度确定。LMA的位置通过轨道电路信息推算,并与从应答器接收的线路信息结合形成。限速信息来自应答器数据。

2)制动模式曲线计算

前方目标点为停车点时,当通过轨道电路信息并结合应答器给定的线路描述取得前方停车点信息后,列控车载设备产生紧急制动模式曲线和常用制动模式曲线。对紧急制动产生以距离轨道电路末端 $L1$ m处为终点的制动模式,对常用制动产生以距离轨道电路末端 $L2$ m处为终点的制动模式。

模式计算时考虑该区段包含的坡度的影响。制动初速度的取值,对最大常用制动模式采用(SSP+5) km/h,紧急制动模式采用(SSP+10) km/h,参见图5-11。

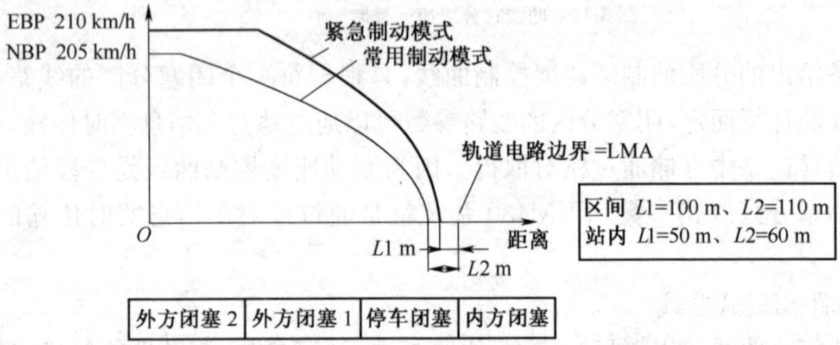

图5-11 制动模式曲线

前方目标点为限速点时,应答器上传静态限速或限速的位置和限速值,列控车载设备产生到指定限速起点前一定距离的制动模式曲线,计算模式曲线也应考虑坡度,参见图5-12。

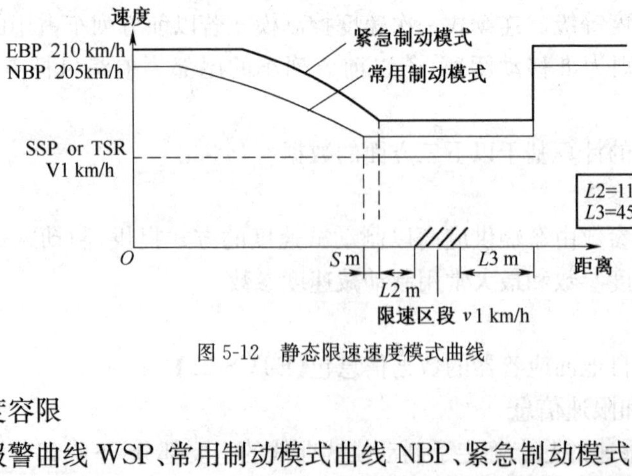

图5-12 静态限速速度模式曲线

3)速度容限

计算报警曲线WSP、常用制动模式曲线NBP、紧急制动模式曲线EBP时,在SSP

和 TSR 的基础上，按以下原则确定各种限值。

NBP：NBP=(SSP 或 TSR+5) km/h，EBP：EBP=(NBP+5) km/h

4)报警速度

①正线正常运行

报警速度(WSP)=(SSP+2) km/h。

②限速区和道岔区

报警速度(WSP)=TSR 或道岔侧向限速。

5.2.4 测速方法

对列控系统实际速度的测量和定位影响着对列车实际运行速度的控制。因此，测速和定位的精度对列控系统而言，是十分重要的。

1. 测速发电机

测速发电机安装在车轮外侧，发电机所产生交流电压的频率与列车速度(车轮的转速)成正比，然后经过频率—电压的变换，把列车实际运行的速度换为电压。测速发电机所产生的频率可按式(5-17)计算：

$$f=\frac{1\,000}{3.6\pi}\times\frac{v\times Z}{D} \qquad (\text{Hz}) \qquad (5\text{-}17)$$

式中 f ——测速发电机产生的频率，Hz；

v ——列车速度，km/h；

Z ——发电机的齿数；

D——车轮直径，mn。

为了确保发电机线圈断线的“故障—安全”，在频率变换电路中机车速度为零时也产生一定的频率，这样就可以区分机车速度为零还是故障。当频率为零时(或某频率以下)，设备就可以报警或自动停车。

频率—电压变换电路的原理框图如图 5-13 所示，多谐振荡器作为射极耦合触发器与自激多谐振荡器结合的电路。在速度高时，即交流信号增大，这时振荡器为射极耦合触发器，其输出与测速发电机同步。当列车速度低于一定值(近似为零)时，电路由射极耦合触发器变为多谐振荡器。从式(5-17)可见，f 与车轮的直径有关。在速度相同时直径大的车轮其输出的速度电压频率低。反之则频率高。因此需设置一个车轮直径补偿电路，以消除不同直径的车轮所产生的差异。

2. 脉动式速度传感器

它的基本原理是对车轮旋转计数。因此需在轴承盖上安装信号发生器。车轮每转一周，发生器输出一定数量的脉冲或方波信号，对发生器输出信号计数，测出脉冲或方波的频率即可得出列车运行速度。

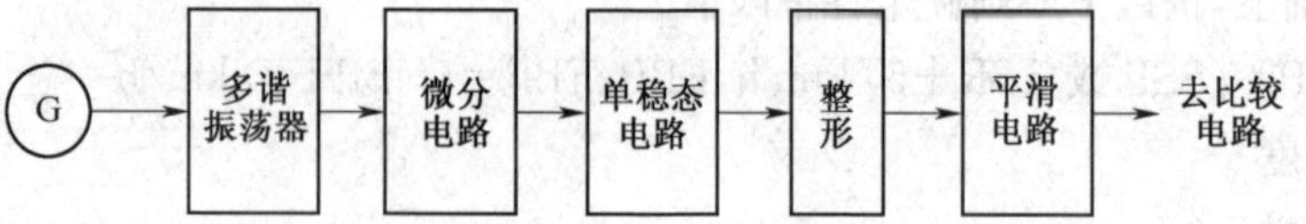

图 5-13　频率—电压变换原理

设机车轮径为 D，脉冲速度传感器车轮每转一圈的脉冲数为 N，测出的传感器输出脉冲频率为 f，则列车实时运行速度为：

$$v=\pi\times D\times f\times 3.6/N \quad (\text{km/h})$$

霍尔脉冲速度传感器由铝盘和霍尔传感器探头组成。铝盘外缘有规则粘接了若干磁钢片，铝盘安装在机车动轮轴头的顶端。根据采用的霍尔元件不同，一个探头可以输出一路或两路速度信号。传感器探头安装在轴箱盖上，霍脉冲传感器是采用霍尔效应原理测量转速的，其原理示意如图 5-14 所示。当硅钢体在霍尔元件下方时，霍尔元件可以探测到霍尔电势；不在下方时就无霍尔电势。当铝盘转动时，霍尔元件就会产生与铝盘转速成正比的霍尔电势脉冲，通过对此脉冲分析计算就可测得铝盘转速。

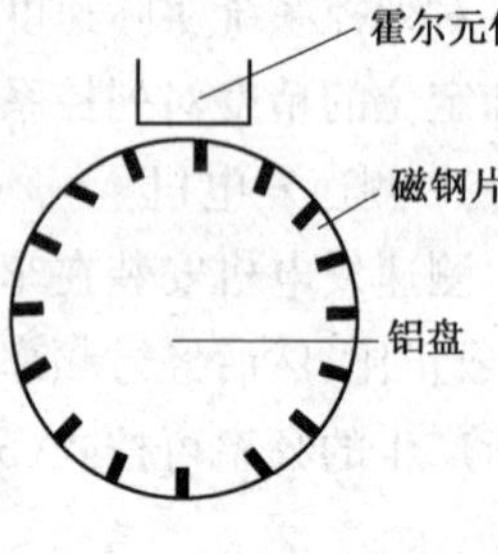

图 5-14　霍尔传感器示意图

3. 雷达测速

所有利用雷达波来侦测移动物体速度的原理，其理论基础皆源自“多普勒效应”。其原理是：波是由频率及振幅所构成，而无线电波是随着波而前进的。当无线电波在行进的过程中，碰到物体时，该无线电波会被反射，而且其反射回来的波，其频率及振幅都会随着所碰到的物体的移动状态而改变。若无线电波所碰到的物体是固定不动的，那么所反射回来的无线电波其频率是不会改变的。然而，若物体是朝着无线电线发射的方向前进时，此时所反射回来的无线电波会被压缩，因此该电波的频率会随之提高；反之，若物体是朝着远离无线电波方向行进时，则反射回来的无线电波的频率则会随之降低。

利用雷达测速，可以不从车轮旋转获得信息。因此可以有效地克服空转和滑行等因素产生的误差。它是向移动体上发射一定频率的电磁波，反射波与入射波之间会产生频差，这个频差与移动体的速度成正比，这就是多普勒效应。在机车上安装雷达，它始终向轨面发射电磁波，由于机车和轨面之间有相对运动，因此在发射波和反射波间产生频差，通过车辆频差可以计算出机车的运行速度，并累计求出走行距离。近年来雷达测速的技术发展日益成熟，为实际应用提供了基础。

4. 空转、滑行校正处理

列控车载设备根据速度传感器传输的速度脉冲信号检测列车速度，并根据列车速度判断是否出现空转和滑行。

(1)空转校正处理

若现在的列车速度和1 s前的列车速度的差值(加速度)过大,如图5-15所示,图中速度曲线的尖峰部分,超过了空转判定加速度,列控车载设备认为出现了空转,并对列车速度进行校正。

校正方法:把空转校正加速度默认为当前加速度,得出校正速度v,当来自速度传感器的检测速度值低于校正速度v,校正结束。

(2)滑行校正

若现在的列车速度和1 s前的列车速度的差值(减速度)过大,如图5-16所示,图中速度曲线的尖峰部分,超过了滑行判定加速度,列控车载设备认为出现了滑行,并对列车速度进行校正。

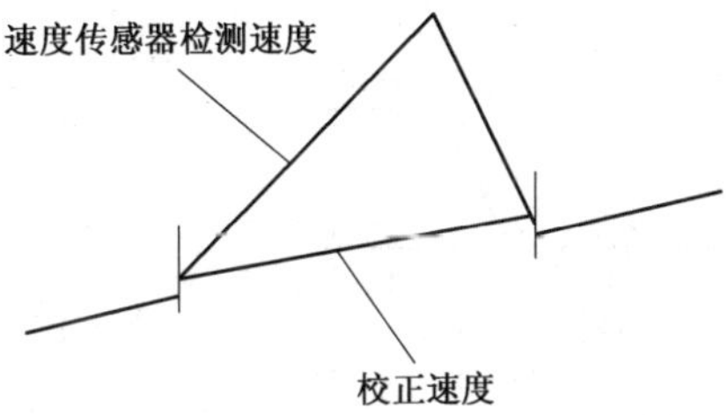

图5-15 空转校正

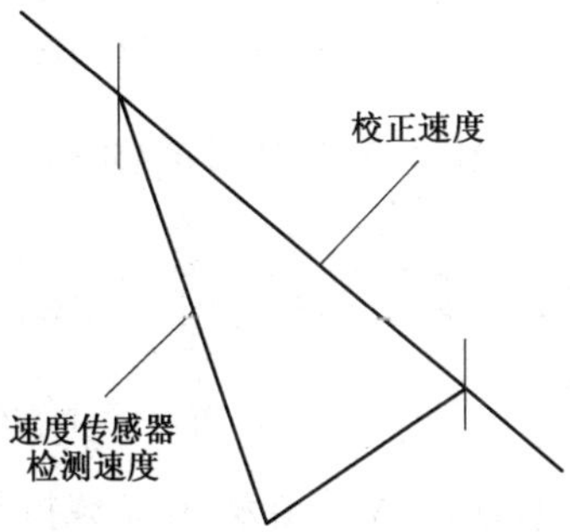

图5-16 滑行校正

校正方法:把滑行校正减速度默认为当前减速度,得出校正速度v,当来自速度传感器的检测速度值高于校正速度v,校正结束。

5.2.5 测距定位技术

测距定位系统是列车运行自动控制系统的重要组成部分。为了使地面控制中心和列车本身获得列车当前位置以提供准确的速度信息,必须精确地确定列车的位置。

通常有三种定位技术:独立定位技术、卫星定位技术和地面、无线电定位技术。独立定位技术即采用相对列车传感器和地面传感器(或称信标)实现列车的定位;卫星定位技术是把全球定位系统(GPS)接收机安装在车辆上,采用卫星技术实现列车的定位。

1. 测速传感器+地面绝对信标

为得到列车的确定位置和消除累积误差,在相对传感器应用的基础上,在地面适当的地点加装信标,目前在铁路上应用的信标有查询应答器和轨道环线。

脉冲转速传感器方式测距定位的基本原理是:由传感器输出频率与轮轴转速成正比的脉冲信号,通过对频率进行换算得到速度,再由速度对时间求积分得到累加距离,系统根据速度传感器的脉冲和轮径补偿系数计算实际运行距离。

为避免机械磨损和测量精度的相应变化，用非触式传感器测量轴的角位置是可取的。由于在传感器和被监测的部件之间总是存在空间间隙，非触式传感器不会发生摩擦磨损。磁场和光学方法是用于非触式耦合旋转轴的两个最常用的方法。

单独靠列车车载上相对轮轴脉冲传感器是不能提供完全准确的车辆定位信息，因为累积误差会很大，将直接影响列车的控制精度和安全。

为消除测距定位的累积误差，目前在铁路和城市轨道交通上应用的处理办法有如下几种：

(1)轨道电路载频的变化来实现距离校正

轨道电路频率布置考虑了防止同一线路相邻轨道电路和上行下行线间轨道电路等的绝缘破损的防护，载频的布置见图 5-17。上行线路为 f_2、f_4 交替排列，下行线路为 f_1、f_3 交替排列。

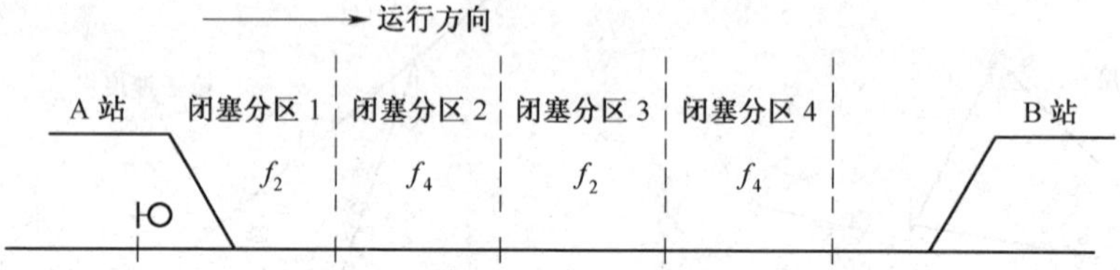

图 5-17　根据载频变化实现距离校正

列车从起点 A 站出发，在车载控制设备中存储从 A 站到 B 站的线路数据(线路数据库)，以 A 站的出站信号为起始点由列车轮轴脉冲传感器测量列车的实际速度和列车走行距离。如分区 1 的长度为 S_1，当列车检测到列车走行距离达到或接近 S_1 时，列车上车载控制设备检测轨道电路的载频信息由 f_2 变化到 f_4，则说明列车进入分区 2，车载控制设备重新以分区 2 的起始点为测距定位起点进行列车定位，或者对定位进行距离校正，以消除误差。

2)查询应答器或轨道环线

在车站的进出站处以及某些轨道分区安装应答器或轨道环线，当机车通过时，感应接收到地面应答器或轨道环线提供的绝对定位信息，使列车对测距重新刷新，彻底消除列车相对传感器测距的累积误差。

2. GPS 定位

(1) 概述

GPS 全球卫星定位系统主要包括三大组成部分，即空间星座部分、地面监控部分和用户设备部分。

1)GPS 空间星座部分

GPS 系统星座由 24 颗卫星组成，工作卫星分布在 6 个轨道面内，每个轨道面内分布有 4 颗卫星。卫星轨道面相对地球赤道面的倾角为 55°，轨道平均高度为 20 183 km，卫星运行周期为 11 h 58 min。同时位于地平线以上的卫星数目随时间和地点而异，最少为 4 颗，最多为 11 颗，GPS 卫星的空间配置，保证了在地球上任何地方、任何时刻均至少可以同时观测到 4 颗卫星。每颗卫星装有 2 台铷钟和 2 台铯钟（1 台工作，3 台备用），为 GPS 卫星提供高精度的时间标准。GPS 卫星的基本功能有：

①接受和存储由地面监控站注入的导航信息，接受并执行监控站的控制指令。

②卫星上的微处理器，进行必要的数据处理。

③通过星载高精度原子钟提供精密的时间标准。

④向用户发送导航和定位信息。

⑤在地面监控站的指令下，通过推进器调整卫星姿态和启用备用卫星。

2)地面监控系统（地面控制系统）

GPS 卫星的地面监控系统包括 1 个主控站、3 个注入站和 5 个监测站。监测站的作用在于对 GPS 卫星进行连续的观测，采集数据和监测卫星的工作状况，并收集当地的气象资料，然后把所有观测资料传送到主控站以确定卫星的精密轨道。主控站除协调和管理整个地面监控系统工作外，其主要任务包括：推算和编制各卫星的星历、卫星钟差和大气层修正参数，并把这些数据传送到注入站；提供 GPS 卫星系统时间标准；调整偏移轨道的卫星；启用备用卫星以代替失效的工作卫星。注入站有 3 个，其主要任务是在主控站的控制下，将主控站推算和编制的卫星星历、钟差、导航电文和其他控制指令注入相应卫星的存储系统。整个 GPS 地面监控部分，除主控站均无人值守，各站之间用现代化的通信系统联系，各项工作高度自动化。

3)用户设备部分（GPS 信号接收机）

这是直接面向用户的部分。其主要任务是接收 GPS 卫星发射的信号，以获得必要的定位信息和观测量，并对数据处理、解算以完成定位工作。GPS 接收机按用途可分类为导航型，用于民用导航；测地型，用于大地测量；以及授时型，用于大范围时钟同步。

GPS 接收机的结构分为天线单元和接收单元两个部分。它可以通过接收 GPS 卫星发射的信号，以获得必要的导航和定位信息及参数，经过数据处理，实现导航和定位功能。

用户设备部分一般都是由 GPS 接收机、天线、数据处理软件及计算设备等组成，其组成结构图如图 5-18 所示。

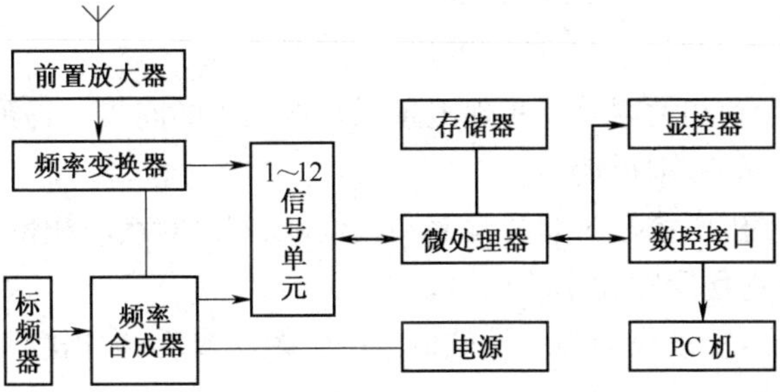

图 5-18　GPS 接收机组成结构图

天线单元由接收天线和前置放大器组成。前置放大器直接影响着接收信号的信噪比，因此要求它的噪声系数小、增益高和动态范围大。GPS 接收机一般采用场效应 FET 放大器。

接收单元由四部分组成：

①信号通道单元：接收来自天线单元的信号，经变频、放大、滤波等一系列处理过程，实现对 GPS 信号的跟踪、锁定、测量、提供计算位置的数据信息。根据需要，有 1～12 个通道任意选择。通道有硬件和软件组成。每一个通道在某一时刻只能跟踪一颗卫星。当此卫星被锁定后，便占用这一信道，直到此卫星信号失锁为止。

②存储单元：接收机将实时定位的各种数据、原始观测量以及计算结构存储下来，供差分定位和相对事后处理用。

③计算和显示控制单元：工作开始时会自检，根据采集到的卫星星历、伪距观测值计算三维坐标和速度。输入航路进行自动导航，输入卫星高度截止角、历元间隔以及其他指令，以计算和更新位置。输入各种指令，以控制屏幕显示等。

④电源：GPS 接收机采用直流供电，机内还装有专用锂电池，为机内时钟供电，并且为存储器供电，以保证在关机时保留存储数据。

以典型的 L1 波段 C/A 码接收机为例介绍 GPS 的伪距定位原理。L1 波段 C/A 码 GPS-OEM 版的硬件构成如图 5-19 所示，通常由天线和主机两部分组成。天线和前置放大器应置于空旷处，它的功能是接收来自卫星的信号，并经放大处理后，由同轴电缆将信号送至主机。

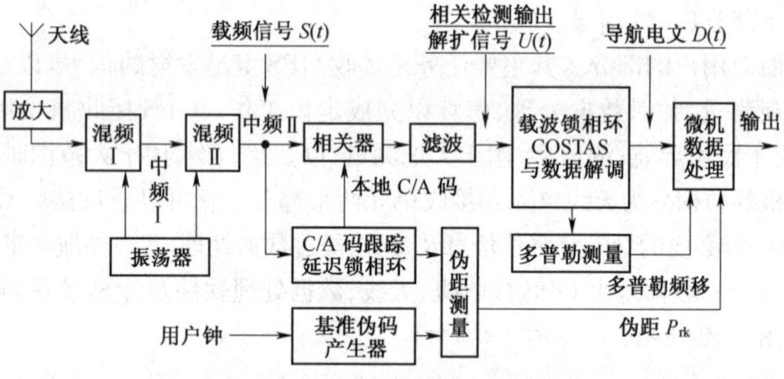

图 5-19　C/A 码单频接收机的组成框图

主机中的伪码发生和相关器可以实现卫星码与本机码的同步。码跟踪环自动实现同步的过程中，测得时间差，求得伪距。

载波锁相环调整本机压控振荡器的频率和相位，以实现对载波相位进行跟踪，从而可测出多普勒频率，求得伪距变化率等信息。

锁相环精确跟踪后，实现位同步和导航信息的子帧同步后，数据解调器就可解出导航信息送计算机进行计算。

计算机的主要功能是利用卫星提供的导航信息计算卫星位置、选择定位星组、采集测量值、进行定位计算。同时也进行导航信息的计算。然后通过键盘、显示器，将信息提供给用户。计算机还控制接收机与其他仪器组合，实现综合导航或差分定位。

GPS 采用伪随机噪声码测距技术，具有良好的抗干扰性和保密性。GPS 采用两种伪随机码：C/A 码（码率 1.023 Mbit/s，码宽约 1 μs）和 P 码（码率 10.23 Mbit/s，码宽约 0.1 μs）。C/A 码是粗捕获码，很易于捕获，故称为粗捕获码。P 码是精密测距码，难于捕获，易于保密。采用 P 码测距精度高，且无模糊度。P 码难于捕获的问题，可以通过先捕获 C/A 码的方式得到顺利的解决。

从原理上讲，GPS 观测的是距离。通过所测量到的距离与位置之间的关系，反推出所要确定的位置在 WGS84 坐标中的三维坐标。GPS 系统采用高轨测距体制，以观测站至 GPS 卫星之间的距离作为基本观测量。为了获得距离观测量，主要采用两种方法：一是测量 GPS 卫星发射的测距码信号到达用户接收机的传播时间，即伪距测量；一是测量具有载波多普勒频移的 GPS 卫星载波信号与接收机产生的参考载波信号之间的相位差，即载波相位测量。通过对 4 颗或 4 颗以上的卫星同时进行伪距或相位的测量即可推算出接收机的三维位置。GPS 接收机根据接收所选卫星发来的导航信息和星钟校正参数的时间，能算出接收机到卫星的距离。如果测量到三颗 R 星的距离，则分别以几颗卫星发射时刻的卫星位置（按发射的星历参数确定）为中心，根据测得的距离画出三个球，其交点便是用户的二维位置。

但是由于接收机的本机钟对星载原子钟存在偏差，上面所测的距离并不能代表卫星到接收机的真实距离，通常把这种距离称为"伪距离"（简称伪距）。GPS 伪距测量测者到卫星的距离是通过测电波从卫星发射到被用户接收机接收的时间间隔来确定的，即根据卫星信号传播时间与电波传播速度的乘积来求得。而卫星信号传播时间通过测量卫星信号的 C/A 码或 P 码与用户接收机内产生的同类码相关所需要的相移来求得。

图 5-20 是伪码测距原理示意图。图中两坐标的时间轴是绝对对准的。上一行是接收到的卫星伪码信号，下一行是接收机产生的伪码信号，它的格式与卫星的伪码相同。由接收到的卫星伪码信号相对于接收机产生的伪码信号的延迟量 Δt，按照电磁波的传播速度就可获得卫星与用户接收机之间的距离。

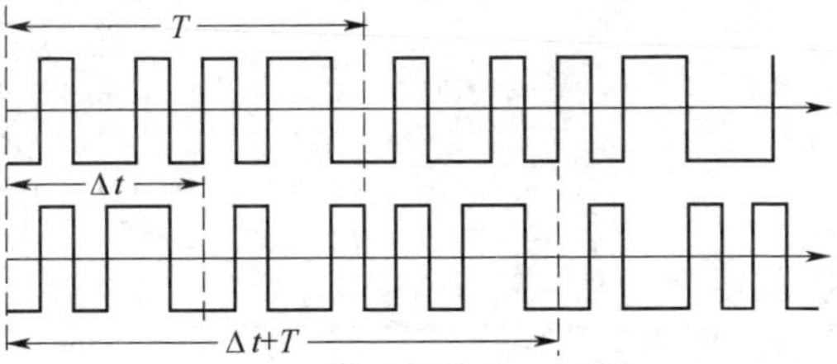

图 5-20 伪码测距原理示意图

由接收到的卫星伪码序列与 GPS 接收机产生的码序列进行相关所必需的时间偏

移值 Δt 乘以光速 c，就可得卫星与用户接收机之间的伪距。

$$P_{rk}=c\Delta t$$

伪距自相关测距的主要优点有：

①抗干扰。伪码自相关技术对噪声和各种干扰有很强的抑制力，可大大改善信噪比，从而提高了抗干扰能力。

②保密性强。伪码自相关接收需用户接收机中产生同样结构的伪码，因而可限制某些用户使用精确码(P码)。非特许用户只能使用粗测码(C/A码)。

③高精度。伪码是一种具有很宽频谱又易于实现对其最佳接收的信号，从而提高测距精度。特别是码率高的伪码，其测距精度更高。因此P码的测距精度比C/A码高。

3. 差分GPS技术及航位推算法

(1) 差分GPS技术

因为C/A码定位精度可以达到25 m，主要为民用用户服务，但为了避免用于军事目的，美国政府实施选择可用性措施(Selective Availability, SA)政策，对卫星的基准信号进行技术处理，人为地引入一个高频抖动信号(干扰码)，使得卫星的广播电文发生误差，使得接收C/A码的用户定位精度降低。为了消除SA政策以及电离层、对流层对于定位精度的影响，差分GPS技术(Differential Global Position System, DGPS)应运而生。DGPS，是在地理位置已知的参考站放置一个GPS接收机，对卫星发射的位置数据进行校正计算，再将此校正信息送至该地区的其他接收机。这样，其定位精度可大大提高。

(2) 航位推算法(Dead Reckoning, DR)

在列车定位系统中定位技术可分为静态定位和动态定位。动态定位是测量运动载体的状态参数，测量点少、精度较低。对于列车的动态定位，GPS的缺点是数据输出频率低(一般为1次/s)和可靠性较差。因此，当列车遇到隧道、山区、森林、车站建筑群构成的"城市峡谷"等障碍时，GPS信号会消失或减弱，使定位跟踪失效，而采用航位推算法可以解决此问题。

航位推算方法基于相对位置修正，利用已知起点的坐标和车辆的运行速度和方向来推算其当前位置，DR原理的图解如图5-21所示。

$$x_n=x_0+\sum_{i=0}^{n-1} d_i\cos\theta_i,$$

$$y_n=y_0+\sum_{i=0}^{n-1} d_i\sin\theta_i,$$

$$\theta=\theta_0+\sum_{i=0}^{n-1}\omega_i$$

式中，ω_i 为角速度。

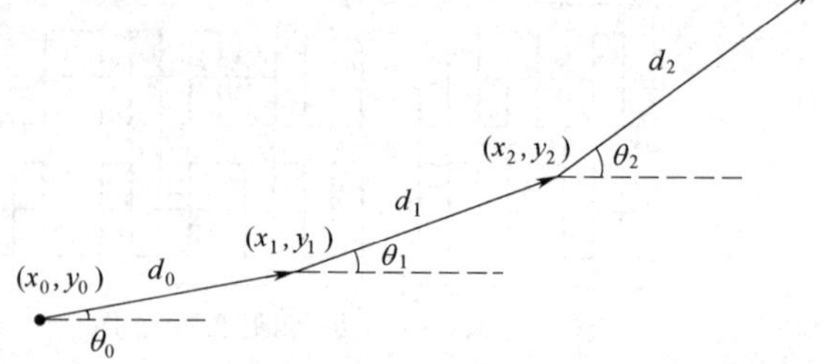

图5-21　推算定位方法

典型的航位推测系统包括位移传感器和航向传感器。虽然传感器有很多种，但一般采用惯性传感器作为航向传感器和位移传感器。由于惯性传感器完全依靠机载设备完成导航任务，与外界不发生任何光电联系，不受气候条件件的限制，因此在交通领域得到了广泛的使用。

惯性传感器包括两类：陀螺（gyroscopes）和加速度计（accelerometers）。陀螺的输出信号是沿输入轴方向与角速度成正比的电压信号；加速度计的输出信号是沿输入轴方向与惯性加速度和重力加速度分量成正比的合成信号。原则上说，三维坐标系中需3个陀螺和3个加速度计来确定位置和速度，但对车辆的导航定位应用来说，只要求水平坐标，故仅需一个测定航向的陀螺来确定其水平偏转及两个加速度计。

1）陀螺

振动陀螺的内部有一固定于两点的金属三角柱，在压电陶瓷的作用下以7kHz的频率振荡。无转动时，两个压电陶瓷感应到的信号平衡相等；而转动时，感应的信号不平衡。这样，由内部的模拟电路检测出信号差，共产生与角速度成正比的输出电压。

2）加速度计

加速度计采用的是惠斯顿电桥的原理。在加速时，作用力使得电桥不平衡，从而产生与加速度成正比的电压。每个坐标轴的加速度计，产生正比于所有加速度在该轴分量之和的电压。

由于陀螺测得的是角速度，需积分得出角度；加速度计的情况也类似，需2次积分才得到位移。由上述公式可知传感器产生的少量误差会导致大的误差积累，降低定位精度。因此需建立惯性传感器的误差模型，以减少位移和航向误差的影响，有效的陀螺和加速度计的误差补偿方法对系统的精度至关重要。

4. GPS定位技术在青藏线的应用

青藏铁路的列车控制系统采用了GPS（全球卫星定位系统）结合铁路无线数字移动通信技术（GSM-R），实现数字化调度指挥与管理。

在GPS引用到青藏线建设的具体操作过程中，需要根据设计部门提供的设计图纸，先进行实地测绘，将测绘数据处理后，然后再到现场的实际关键点（POI，Point of Interest）进行验证，以确认测绘数据能满足列车控制的需要。

通过卫星定位系统，设在西宁的调度指挥中心可以随时监视并追踪列车所在位置、了解列车的运行状况，同时，列车司机也可以随时知道列车行驶的具体位置。二者之间的通信通过铁路专用无线通信系统GSM-R实现。跟踪效果图5-22所示。从图中我们可以看到跟踪到的两列车根据接收到的经纬度信息，与线路公里标对应，即可以实时显示出列车在线路上的具体位置。

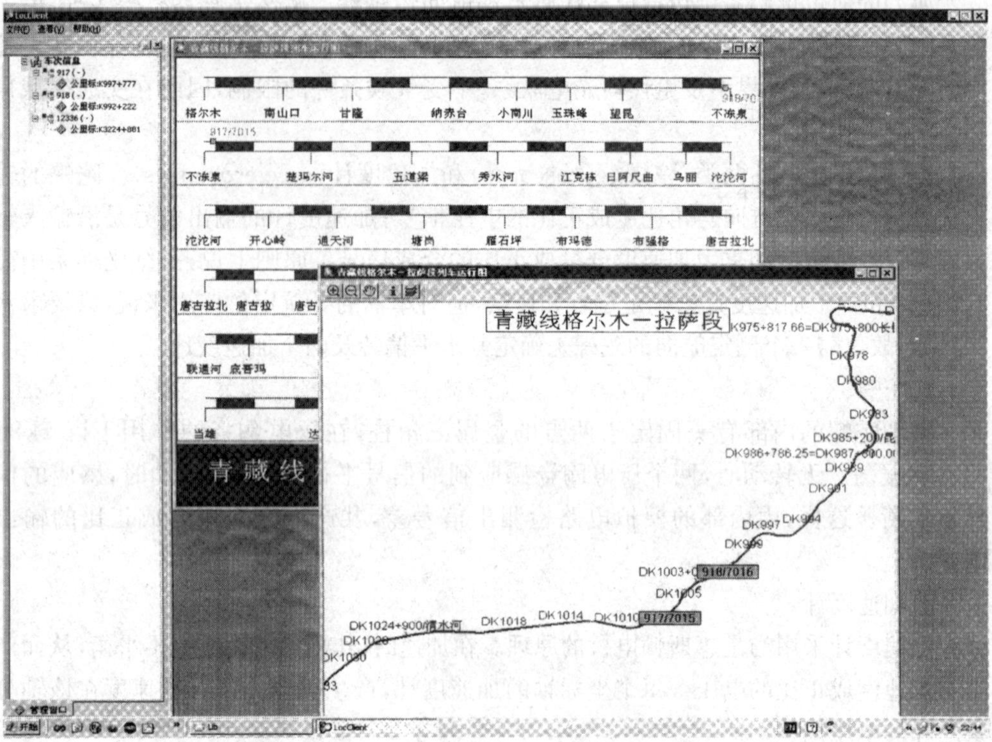

图 5-22　跟踪效果图

思　考　题

1. 阐述高速铁路采用列控系统的必要性。
2. 描述列控系统的工作流程。
3. 列控系统信息传递的方式有几种？各有何特点？
4. 列控系统速度控制有几种方式？各有何特点？
5. 描述计算制动模式曲线所需要的数据和计算方法。
6. 测速方法有哪几种？各有何特点？
7. 描述采用测速传感器＋地面绝对信标定位测距实现的方法。
8. 描述对空转、滑行校正处理的过程。
9. 什么是 CTCS？简述 CTCS 的基本功能和体系结构。
10. 简述 CTCS 的分级情况，各级的系统组成情况以及各级之间的关系。
11. CTCS 与 ETCS 间有什么相同点和不同点？

6 CTCS-2 级列车运行控制系统

CTCS-2 级列控系统是在我国既有成熟信号系统技术设备基础上，通过适当增加其他信号设备(如:应答器、车站列控中心、ATP 车载设备)，实现基于轨道电路的目标距离速度控制功能的连续式列控系统。

1. 总体要求

(1)系统适应列车最高允许运行速度 250 km/h，正向运行时动车组最小追踪间隔5 min。

(2)系统采用自动闭塞，闭塞分区划分及轨道电路信息定义应满足 250 km/h 动车组控车要求，同时满足四显示自动闭塞的行车。

(3)列车正向按自动闭塞追踪运行，反向按自动站间闭塞运行。

(4)系统采用目标距离模式曲线监控列车安全运行。生成监控曲线所需的行车许可、线路参数、限速等信息由轨道电路和应答器提供。

(5)列控车载设备具有设备制动优先和司机制动优先两种控车模式，一般应采用设备制动优先控车模式。

(6)系统设备的安全完善度等级(SIL)应达到规定的 4 级。

2. 系统描述

既有线 CTCS-2 级列控系统是基于轨道电路加点式应答器传输列车运行许可信息并采用目标距离模式监控列车安全运行的列车运行控制系统(以下简称列控系统)。系统主要由车站列控中心、轨道电路、应答器、车载设备等构成，参见图 6-1。

车站列控中心根据进路状态、线路参数、限速命令等产生进路及限速等相关控车信息，通过有源应答器传送给列车。采用 ZPW-2000(UM)系列轨道电路，按自动闭塞、站内电码化方式，完成列车占用检测、产生列车运行许可并连续向列车传送。应答器应设于各进站端、出站端、区间适当位置及特殊地点，向车载设备传输定位信息、进路参数、线路参数、限速信息等。列控车载设备根据地面设备提供的信号动态信息、线路参数、限速信息及有关动车组信息生成控制速度和目标距离模式曲线，监控列车安全运行。

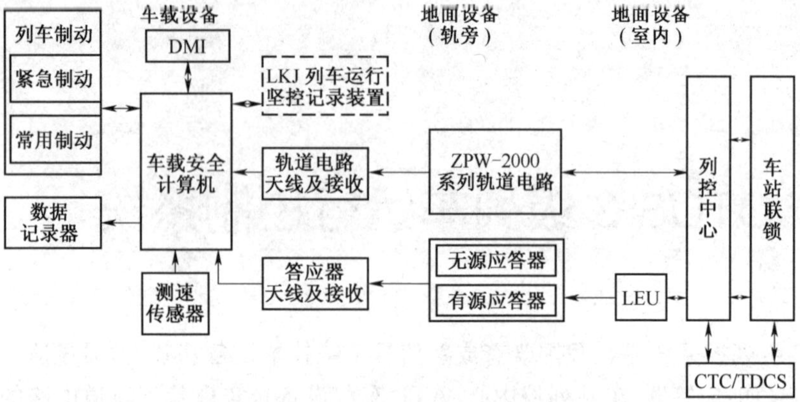

图 6-1　CTCS-2 级列控系统构成图

6.1　CTCS-2 级列控系统技术要求

6.1.1　车站列控中心技术要求

(1)车站设置车站列控中心,主要用于实现列控运算、产生 LEU 控制信息和对有源应答器报文的存储与控制。

(2)列控中心根据列车占用轨道区段及车站进路状态,控制轨道电路的载频和低频信息编码,并控制站内及区间轨道电路发送方向。

(3)车站列控中心应具有完善的故障自诊断功能,系统故障应能定位到单元模块;应有状态信息记录功能,信息记录密度应满足对设备工作状态进行安全分析和事故分析的要求。

(4)列控中心根据列车在区间的走行逻辑,对轨道电路占用、出清、非正常逻辑进行判断和报警,并采取必要的防护措施。

(5)列控中心完成区间信号机点灯控制。

(6)列控中心完成无岔站信号及进路控制。

(7)列控中心完成区间运行方向与闭塞控制。

(8)列控中心间实时传输区间轨道电路状态、限速信息、区间闭塞和方向条件等安全信息以及相关状态信息。

(9)列控中心控制功能应满足列车双线双方向运行要求。其系统响应、动作时间应满足列车最小追踪间隔时分和系统控制的要求。

(10)列控中心间采用不同物理径路双通道专用光纤安全网络进行信息传输。

(11)列控中心应具有统一的外部接口和接口协议,并具备与 CTCS-3 级设备和防灾安全监控等其他系统的接口条件。

(12)列控中心采用2×2取2硬件安全冗余结构的计算机系统，符合高安全、高可靠、高可用的要求。列控中心设备、与安全有关的接口和通道的设计应符合故障—安全原则。

(13)当发车和区间(仅通过进站端应答器接收限速信息后，动车组运行速度不能降至规定值的区段)有限速时，车站列控中心应向车站联锁发送进站信号机降级显示指令。

6.1.2 LEU/应答器

1. LEU/应答器的技术要求

(1)采用电气特性、编译码规则满足ETCS技术规范要求的应答器设备。

(2)每个LEU可同时向4个地面有源应答器发送不同数据报文。

(3)LEU一般放置在信号机械室列控中心机柜内，与室外有源应答器采用专用电缆进行连接，电缆长度不宜超过2 500 m。

(4)LEU应实时接收车站列控中心报文并发送给有源应答器。当列车接近地面有源应答器时，LEU发送的数据报文应保持不变。

(5)LEU应实时监测与地面有源应答器间的发送信息通道的状态(包括电缆断线、短路)，监测信息实时传送给车站列控中心。

(6)当与车站列控中心通信故障时，发送存储在LEU中的默认报文到有源应答器。

(7)当LEU与有源应答器通信故障时，发送存储在有源应答器中的默认报文。

2. 应答器设置原则

(1) 用于识别运行方向的应答器组应至少包括2个应答器，用于修正列车位置、提供线路参数的应答器在满足应答器容量的条件下可用1个应答器。

(2)应答器宜设置在闭塞分区的入口处，沿着列车正向运行方向，距信号机[发送调谐单元(BA)或机械绝缘节]的距离应大于车载应答器接收天线与轨道电路信息接收天线间的距离。

(3) 区间设置无源应答器组，最大间隔3个轨道区段(总长度小于4 000 m)，提供正向运行列车的线路参数和反向运行列车的链接信息，综合数据测量误差应小于10 m。

(4) 正向及反向进站信号机(或标志牌)处设置由有源应答器和无源应答器组成的应答器组，如图6-2所示。有源应答器提供进路参数、临时限速等信息。

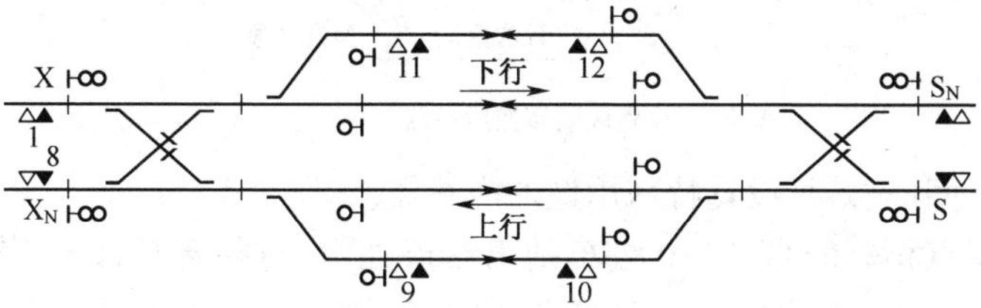

图6-2 车站应答器设置示意图

(5) 到发线(侧线股道)出站信号机(或标志牌)处设置由有源应答器和无源应答器组成的应答器组,如图 6-2 所示。有源应答器提供绝对停车、进路参数、临时限速、调车危险等信息。

(6) 中继站机械室附近的闭塞分区分界处,每条线路集中设置两组由有源应答器和无源应答器构成的应答器组,两组应答器组间距 100 m(以各组第一个应答器为基准点)。如图 6-3 所示。

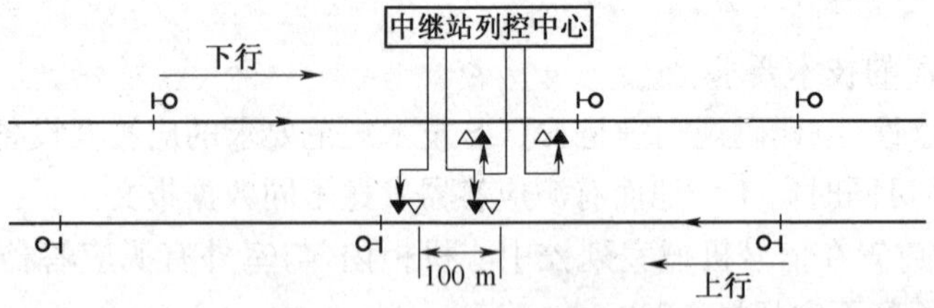

图 6-3 中继站应答器设置示意图

(7) 在 18 号(不含)以上道岔前产生 U2S 码的闭塞分区设置由 1 个有源应答器和无源应答器组成的应答器组,根据道岔区段及运行前方区段空闲条件,给出道岔侧向允许列车运行的速度。

(8) CTCS-2 级与 CTCS-0 级分界处设置级间转换应答器,参见图 6-4。

1)级间转换应在区间列车较少使用制动的低速区段(160 km/h 及以下)进行,设预告点应答器和执行点应答器。

2)预告点应答器至执行点应答器距离应满足司机确认所需要的时间,一般按 5 s 设计。

3)执行点应答器应设置在区间信号机或信号点处,距出站端距离应大于一个重联动车组列车长度(约 450 m)。

4)由 CTCS-0 级向 CTCS-2 级转换,应在转换执行点前通过有源应答器组向列车传送 CTCS-2 级区段限速信息。

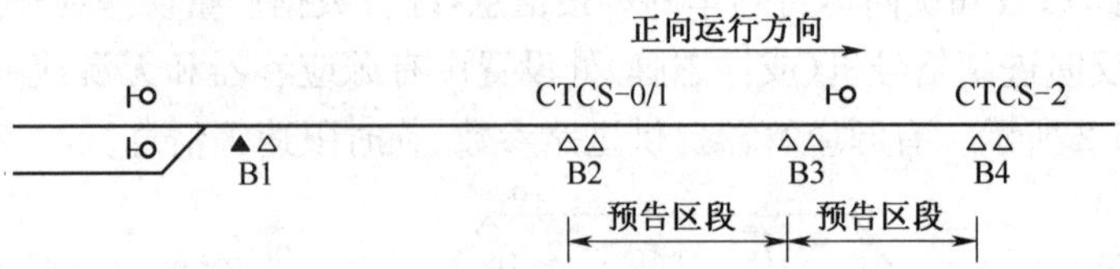

图 6-4 设置级间转换应答器

5)根据需要区间、车站可设置特殊用途的应答器。

6)与级间转换点相邻的 CTCS-0 级车站出站口处,当有装备 CTCS-2 级列控车载设备的列车上线运行时,应集中设置两组有源应答器组,提供临时限速信息,如图 6-5 所示。

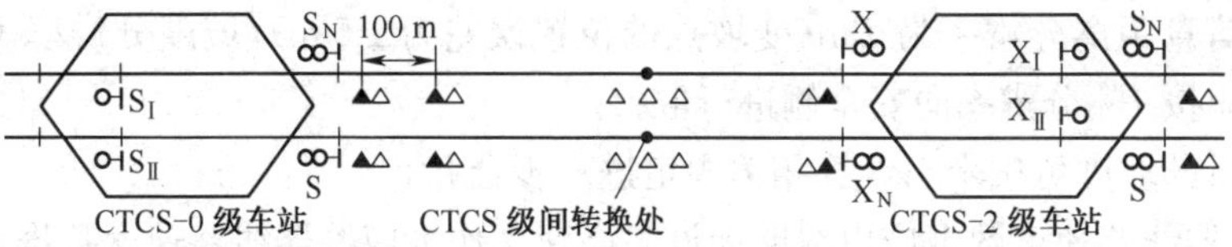

图 6-5　CTCS-0 级车站有源应答器设置示意图

3. 应答器数据覆盖原则

(1) 提供正线线路参数的同一方向相邻两个应答器组数据应冗余覆盖,并有一段列车常用制动距离的数据余量。如图 6-6 所示。

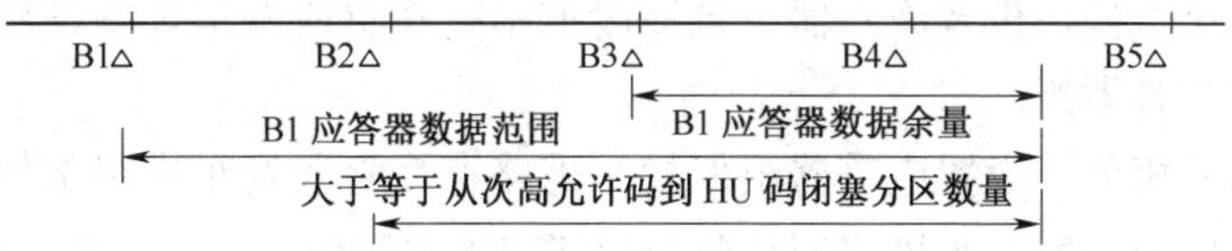

图 6-6　应答器数据覆盖原则

(2)车站进路信息,应答器报文以"线路坡度""线路速度""轨道区段""限速"等参数对规定的接、发车进路进行描述。

1)对于侧股接车且没有直股发车进路条件时,接车进路的线路参数只给至相应的出站信号机。

2)对于侧股接车且具有直股发车进路条件时,接车进路的线路参数应延伸至直股发车进路前方相邻的第一个应答器加一段列车常用制动距离。延伸部分数据仅在直股发车时有效。

(3) 列车反向运行,出站端应答器负责提供至反向运行前方车站进站信号机加完整列车常用制动距离内的反向运行、限速、线路参数等信息。

(4) 建立具有直股反向发车条件进路时,进站端有源应答器负责提供至前方站进站端的线路参数、反向运行等信息,数据仅在直股反向发车时有效。

(5) 应答器线路参数应以闭塞分区分界点作为数据终点。

4. 应答器报文编制原则

(1)应答器报文参照 ERTMS/ETCS 定义的报文结构,应答器链接、线路速度、线路坡度等通用信息可直接采用 ERTMS/ETCS 定义的报文,轨道区段、反向运行等 CTCS-2 特殊信息采用在【ETCS-4】4 包定义新用户报文的方法进行。

(2)应答器组编号由大区号+分区号、车站编号+应答器单元编号 2 部分构成。大区号以现有电务段和客运专线为参照进行编号,1 个大区可再细分出几个分区,每个分区包含若干车站,每个车站包含若干应答器。

(3)应答器线路坡度数据应以线路实际的坡度数据为依据,经按一定的取整、合并后作为应答器线路坡度数据。

1)坡度信息距离分辨率为 1 m(变坡点的位置误差为±5 m),坡度分辨率 1‰。实际坡度数据应按 1‰分辨率向安全侧进行取整。

2)取整后的坡度可按牵引计算相关规定进一步合并。

(4)应答器线路速度数据应以线路允许最高速度作为应答器线路速度数据,速度信息距离分辨率为 1 m(变速点的位置误差为±5 m),速度分辨率 5 km/h,实际速度数据应按 5 km/h 分辨率向安全侧进行取整。

(5)涉及行车安全的应答器组之间应建立链接关系。一个应答器组应与同一运行方向前方连续两个相邻应答器组建立链接关系。

1)当出站信号机处不设置应答器组且该股道不存在直股发车进路条件时,接车进路可没有链接的应答器组。

2)当出站信号机处不设置应答器组但接车进路存在直股发车进路条件时,进站信号机处应答器组应与直股发车进路连续两个相邻应答器组建立链接关系。该链接关系仅在直股发车时有效。

5. 限速命令有效期间,有关应答器组的限速报文信息应保持

6. 对有源应答器限速信息的控制

(1)由进站端、出站端处有源应答器提供车站及区间限速信息。

(2)相邻两个车站之间一个运行方向设置一处限速。非正常情况下,若遇两处及以上限速,调度所应将其视为一处连续的限速,并按最低限速值下达调度命令。

(3)限速信息有效区段长度定义了该应答器限速的管辖范围,相邻限速的管辖范围应有重叠区。

(4)限速起点以 100 m 为基本长度单元,限速区长度共设 100 m、500 m、1 000 m、1 500 m、2 000 m、3 000 m、4 000 m、6 000 m 共 8 档,超过 6 000 m 时,按全区间进行限速。

(5)限速速度共设 45 km/h、60 km/h、80 km/h、120 km/h、160 km/h 等 5 个限速等级。当办理侧向接车进路时,限速值设为 45 km/h 或 80 km/h。当办理侧向通过进路时,限速值设为管辖范围内最高线路允许速度。

(6)限速信息有效区段范围内没有限速时,限速包的速度值为该范围内最高线路允许速度。

(7)对进站端处有源应答器的控制。

1)当车站办理通过进路、正线接车进路时:

①区间有限速且前方站没有限速时,进站端处有源应答器组应给出至相邻站进站信号机范围内区间限速。

②前方站内有限速时,进站端处有源应答器组应给出至相邻站出站信号机范围内限速。

③进站信号机(本站)至相邻站出站信号机范围内没有限速,进站端处有源应答器

组应给出至相邻站进站信号机范围内没有限速的报文。

④对于弯进直出通过进路，进站端处有源应答器组应给出至本站出站端范围内限速。

2)当车站办理侧股接车进路时：进站端处有源应答器组应给出至出站信号机（本站）范围内限速。

3)当车站办理侧股接车并有直股发车进路条件时：进站端处有源应答器组应给出至出站端处应答器（本站）范围内限速。

(8)对出站端处有源应答器的控制。

1)当前方站内没有限速时，出站端处有源应答器组应给出至相邻站进站信号机范围内限速。

2)当前方站内有限速时，出站端处有源应答器组应给出至相邻站出站信号机范围内限速。

3)当区间及前方站站内没有限速时，出站端处有源应答器组应给出至相邻站进站信号机范围内没有限速的报文。

6.1.3 轨道电路

(1)区间自动闭塞采用ZPW-2000（UM）系列无绝缘轨道电路，连续为列车提供运行前方闭塞分区空闲数、道岔侧向进路等信息。

(2)车站采用ZPW-2000（UM）系列电码化，为列车提供运行前方闭塞分区空闲数、道岔侧向进路等信息。

(3)各区间闭塞分区分界点、出站信号机两侧应采用不同轨道电路载频。进站信号机两侧宜采用不同轨道电路载频。

(4)车站相邻股道电码化应采用不同载频，列控车载设备根据进站信号机处应答器的轨道信息报文对接收轨道电路信息载频进行锁定接收。

(5)车站电码化轨道同一载频区段及区间轨道电路最小长度，应满足列车以最高运行速度运行时车载轨道电路信息接收器（STM）可正常接收信息。

(6)轨道电路采用标准载频为1 700 Hz、2 000 Hz、2 300 Hz、2 600 Hz。低频信息按表6-1进行。

表6-1 低频信息表

序号	1	2	3	4	5	6	7	8	9	10	11	12	13	14	15	16	17	18
信息名称	L5码	L4码	L3码	L2码	L码	LU码	LU2码	U码	U2S码	U2码	UUS码	UU码	HB码	HU码	H码	载频切换	占用检查	L6码（预留）
频率(Hz)	21.3	23.5	10.3	12.5	11.4	13.6	15.8	16.9	20.2	14.7	19.1	18	24.6	26.8	29	25.7	27.9	22.4

(7) 轨道电路信息满足最高250 km/h速度列车安全运行的要求，基本码序为：

1)停车：L5-L4-L3-L2-L-LU-U -HU

L5-L4-L3-L2-L-LU-LU2-U-HU

2)侧线接车(默认速度 45 km/h):L5-L4-L3-L2-L -LU-U2-UU

L5-L4-L3-L2-L -LU -LU2-U2-UU

3)侧线接车(默认速度 80 km/h):L5-L4-L3-L2-L -LU-U2S-UUS

L5-L4-L3-L2-L -LU-LU2-U2S-UUS

(8)次高码序及以下的各闭塞分区长度之和应满足列车正常减速至规定值或停车的制动距离要求。

(9)反向运行时,接近区段(有码区段)长度应大于列车从列车规定的最高允许速度紧急制动至停车的距离轨道电路信息与进站信号机显示含义一致,区间其余区段发 27.9 Hz 低频码。

(10)轨道电路信息定义

1)L6 码(预留):表示运行前方 8 个及以上闭塞分区空闲。

2)L5 码:表示运行前方 7 个及以上闭塞分区空闲。

3)L4 码:表示运行前方 6 个及以上闭塞分区空闲。

4)L3 码:表示运行前方 5 个及以上闭塞分区空闲。

5)L2 码:表示运行前方 4 个及以上闭塞分区空闲。

6)L 码:表示运行前方 3 个及以上闭塞分区空闲。

7)LU 码:表示运行前方 2 个闭塞分区空闲。

8)LU2 码:表示列车运行前方 2 个闭塞分区空闲(不推荐使用)。

9)U 码:表示列车运行前方 1 个闭塞分区空闲。

10)U2S 码:要求列车限速运行,预告列车运行前方闭塞分区为 UUS 码。

11)U2 码:要求列车限速运行,预告列车运行前方闭塞分区为 UU 码。

12)UUS 码:要求列车限速运行(默认限速值:80 km/h),表示列车接近的地面信号机开放经 18 号及以上道岔侧向位置进路;且次一架信号机开放经道岔的直向或 18 号及以上道岔侧向位置进路;或表示列车接近设有分歧道岔线路所的地面信号机开放经 18 号及以上道岔侧向位置进路。

13)UU 码:要求列车限速运行(限速值:45k m/h),列车接近的地面信号机开放经道岔侧向位置的进路。

14)HB 码:表示列车接近的进站或接车进路信号机开放引导信号或通过信号机显示容许信号。

15)HU 码:要求及时采取停车措施。

16)H 码:要求立即采取紧急停车措施。

6.1.4 车站联锁

(1)对于 CTCS-2 级列控系统,车站联锁接车、发车使用固定进路,特殊情况可考虑一条变更进路。

(2)计算机联锁与车站列控中心间采用冗余 RS422 串行通信接口进行数据通信，以进路号的形式向车站列控中心传送车站列车进路信息。对于继电联锁应通过增设的进路信息采集单元获得列车进路信息后传送给车站列控中心。

(3)当车站建立正线通过进路且接收到车站列控中心信号机降级显示命令后，控制进站或进路信号机降级显示，接近区段轨道电路发相应码。

6.1.5 CTC/TDCS

(1)由 CTC/TDCS 负责限速调度命令的产生、下达、传送。

(2)限速由 CTC/TDCS 调度所集中管理，通过 CTC/TDCS 调度所向限速管辖车站及邻站下达调度命令。

(3)限速调度命令在调度所以统一数据格式的“窗口方式”输入、显示、确认及回执。限速设置情况应能在站场显示终端上明确显示。

(4)当区间有限速时，调度所应将该限速信息同时下发到相邻的两个车站。

(5)对于站内正线股道有限速时，调度所应将该限速信息同时发送至该站及相邻的两个车站。

(6)限速调度命令须经签收后，方可确认执行。对于 CTC/TDCS 有人车站，由车站值班员按规定在车务终端签收及确认执行；对于 CTC/TDCS 无人值守车站，由综合维修调度员按规定在调度所综合维修终端进行签收及确认执行。

(7)限速长度不宜超过 6 000 m。当区间限速长度超长，车站列控中心返回限速区超长提示信息时，调度员可重新下发全区间限速命令；当站内或跨进出站口处限速超长时，车站列控中心返回限速区超长提示信息时，调度员必须采取既有方式将限速调度命令及时传达到司机，由司机按调度命令控车。

(8)在 CTC/TDCS 的车站车务终端上增加车站列控中心人机界面。在 CTC/TDCS 调度所与车站失去联系或需对限速命令进行修正时，可在车站车务终端进行人工输入，其输入方式采用与调度所基本相同的“窗口方式”。限速设置情况应能在车务终端上直观、明确显示，显示方式应与车务终端的其他显示统筹考虑。

6.1.6 信号集中监测

1. 信号集中监测与车站列控中心之间采用冗余的 RS422 串行数据通信接口进行数据通信，采集下列信息并处理。

(1)车站列控中心状态信息；

(2)接车、发车进路信息；

(3)进站信号机降级显示命令信息；

(4)限速命令信息；

(5)限速状态信息；

(6)限速设置异常信息；

(7)LEU 状态信息；

(8)其他需要记录的信息。

2. 在动车运用所设信号集中监测终端并联网。列控车载下载数据、检修检测数据等经统计分析后纳入信号集中监测系统。

3. 部分动车组装设列控设备动态实时检测系统，检测地面设备和列控车载设备工作状态，检测数据可通过无线方式传送到动车运用所，并纳入信号集中监测系统。

6.1.7 列控车载设备

1. 列控车载设备应能保证列车运行安全

(1)防止列车无行车许可的运行。

(3)防止列车超速运行。

(3)防止列车溜逸。列车停车后自动启动防止列车溜逸功能，列车继续运行前由机车乘务员人工解除该功能。

2. 列车车载设备

具有完全监控模式(FS)、部分监控模式(PS)、目视行车模式(OS)、调车模式(SH)、隔离模式(IS)、待机模式(SB)等 6 种工作模式。

(1)完全监控模式(FS)：当车载设备具备列控所需的全部基本数据(轨道电路信息、应答器信息、列车数据)时，列控车载设备生成目标距离模式曲线，并能通过 DMI 显示列车运行速度、允许速度、目标速度和目标距离等，控制列车完全运行。

(2)部分监控模式(PS)：列控车载设备可接收到轨道电路允许行车信息，但线路数据缺损时，列控车载设备产生固定限制速度，控制列车运行。

(3)目视行车模式(OS)：列控车载设备显示禁止信号列车停车后，根据行车管理办法(含调度命令)，司机经操作后，列控车载设备生成固定限制速度 20 km/h。

(4)调车模式(SH)：车列进行调车作业时，司机经操作后，转为调车模式，列控车载设备生成调车限制速度，控制车列运行。牵引运行时，限制速度 40 km/h。

(5)隔离模式(IS)：在停车情况下，经操作使列控车载设备制动功能停用，列控车载设备正常工作时应能够监测隔离开关状态。

(6)待机模式(SB)：列控车载设备上电执行自检和外部设备测试后自动处于待机模式，列控车载设备可正常接收轨道电路及应答器信息，同时无条件触发制动。

3. 经道岔侧向接车(不含 18 号以上道岔)

(1)车载设备根据接近区段轨道电路信息(UU 码或 UUS 码)，形成在进站信号机前降为 45 km/h 或 80 km/h 监控速度曲线，按完全监控模式监控列车安全运行。

(2)车载设备根据进站端处应答器进路信息及默认道岔无码区段为 HU 码，按完全监控模式监控列车安全运行。

4. 发车

(1)经道岔直向发车时，车载设备按照完全监控模式运行。

(2)经道岔侧向发车时车载设备根据股道轨道电路信息(UU码或UUS码)，按部分监控模式形成45 km/h或80 km/h有效长1 500 m的监控速度曲线，监控列车安全运行。在列车进入区间并接收到轨道电路信息和应答器信息后自动转入完全监控模式。

5. 反向运行

(1) 反向按照自动站间闭塞方式运行，最高允许运行速度160 km/h。

(2) 列控车载设备根据进出站端处应答器提供的反向运行、线路参数、限速等信息默认前方站进站信号机关闭生成完全监控曲线监控列车安全运行。

(3) 列车行至接近区段接收轨道电路信息，并生成新的监控曲线监控列车安全运行。

6. 制动与缓解

(1)列车超速时，列控车载设备应具备声光报警、切除牵引力、常用制动、紧急制动等功能。

(2)当列控车载设备采用司机制动优先工作模式时，设备应在不干扰司机正常驾驶的前提下，实时监控列车安全运行。

(3)当列控车载设备采用设备制动优先工作模式时，在确保列车运行安全、满足旅客舒适度的前提下，对列车常用制动与缓解的控制均由设备自动完成。根据需要司机可追加或实施更加强烈的制动控制。

(4)列车运行速度超过固定限速值2 km/h时，列控车载设备触发报警；列车运行速度超过固定限速值5 km/h时，列控车载设备须触发最大常用制动；超过固定限速值10 km/h时，触发紧急制动。紧急制动在列车停稳后方可缓解。

(5)列车速度超过允许速度至车载设备给出制动指令时间不大于1 s。

(6)紧急制动应采用继电器接口，采用失电制动方式；切除牵引力、常用制动等可采用继电器接口或其他接口形式。

7. 人机界面(DMI)

(1)人机界面应设有声光报警功能，能够及时给出列车超速、切除牵引力、制动、允许缓解或故障状态等的报警和表示。

(2)人机界面应有数据输入功能，输入列车参数有关的信息，输入操作应简明并有清晰的表示。对机车乘务员输入的数据和操作应进行合理性判断。

(3)人机界面应设置在机车乘务员便于观察及可接近的区域，符合标准化安装尺寸的要求。显示部分要便于观察，常用按钮、开关应易于机车乘务员操作。

(4)人机界面的显示与操作标准统一，文字及语音信息采用中文，用双针速度表、数字、图形显示相结合的方式提供运行速度、允许速度、目标速度和目标距离。

8. 测速测距

(1)列控车载设备具有自动修正列车滑行和空转功能,列控车载设备具有轮径修正功能。

(2)列控车载设备测速系统综合测量误差不大于2%,在运行速度低于30 km/h时,测速误差不大于2 km/h。

(3)车载设备测距误差不大于2%,测距累计误差区间小于80 m,车站小于30 m。

(4)车载设备应以应答器为主,轨道电路绝缘节为辅进行位置修正。当闭塞分界两端轨道电路为同载频时信号机前应设应答器,列车未接收到该应答器信息时,车载设备应认为未越过信号机。

(5)列控车载设备应与LKJ连接,当列控车载设备控车时,LKJ用于运行记录。

(6)在地面设备配置不具备CTCS-2条件时,列控车载设备仅提供机车信号功能[轨道电路为ZPW-2000(UM71)系列、采用数字电路的8信息和18信息移频],并向LKJ输出机车信号信息。车载设备信息轨道电路接收应变时间不大于2 s,从有信息到无信息的应变时间应不大于4 s。

9. 列车在限速有效区段范围内运行

除定义的一处限速外,可不再考虑其他限速的情况。

10. 在非级间转换点

列车运行速度低于160 km/h且没有制动的情况下,通过司机操作,可进行级间转换。

11. 诊断与记录

(1)车载设备应具有完善的故障自诊断功能,系统故障应能定位到单元模块。

(2)车载设备发生故障时,应及时报警提醒机车乘务员并对故障设备进行必要的隔离。

(3)车载设备应设置记录模块,信息记录密度应满足对运行状态进行安全分析和事故分析的要求。记录采用事件记录方式,重要信息可采用连续记录方式。

12. 设备配置

(1)动车组两端应各安装一套车载设备,运行中只有动车组行进方向端的车载设备工作(调车模式除外)。

(2)轨道电路信息接收感应器、测速传感器应采用冗余配置,有条件时DMI显示器、应答器天线宜冗余配置。

6.2 CTCS-2级列控中心技术

6.2.1 功能要求

1. 总则

列控中心是设置在各车站的安全设备,采用冗余设计,列控中心设计必须符合故障—安全原则。列控中心与车站联锁、CTC/TDCS车站分机、应答器地面电子单元

(LEU)、车站微机监测等设备连接，实现对有源应答器报文的存储与控制。车站列控中心与外部系统的关系如图 6-7、6-8 所示。

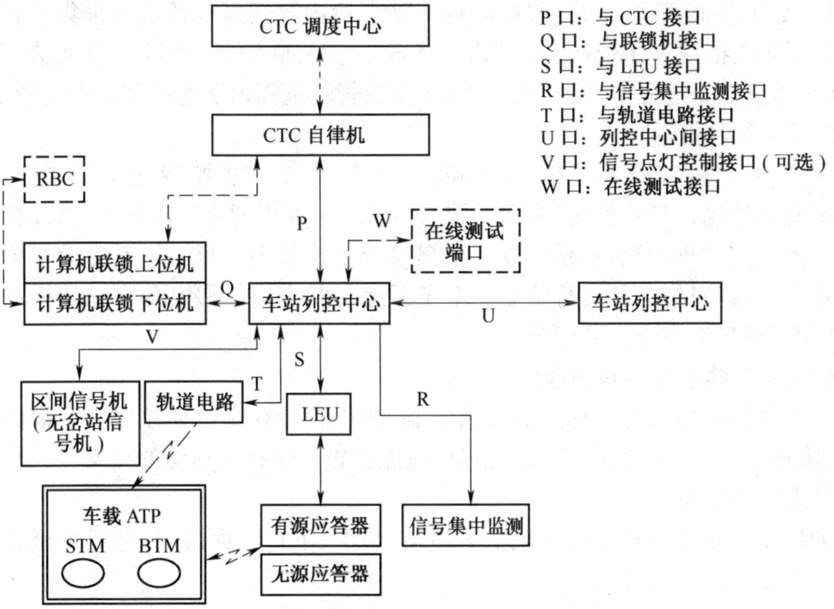

图 6-7　计算机联锁条件下列控中心与外部系统的关系

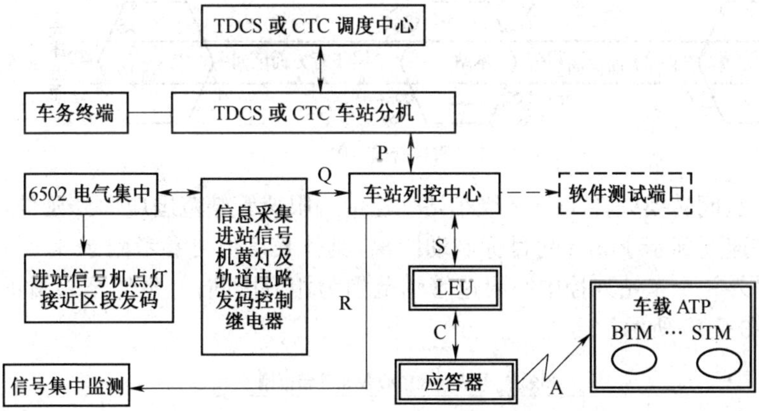

图 6-8　继电联锁条件下列控中心与外部系统的关系

列控中心根据调度命令、进路状态、线路参数等产生进路及限速等相关控车信息，通过有源应答器传送给列车，列控中心控制功能应满足列车双方向运行要求。系统平均故障间隔时间 (MTBF)应不小于 10^5 h。安全完善度等级 (SIL)达到 4 级，允许的危险侧输出间隔时间大于或等于 10^{11} h。

2. 功能要求

(1) 系统启动

系统启动应由系统自检、与外部系统建立通信两个过程组成。在系统主机上电、复位后，首先运行主机自检程序，自检内容至少包括逻辑运算单元、安全输入/输出电路、程序存储区、数据存储区等。对于继电联锁车站自检内容还应包括进路采集单元。系统自检通过后，严格按顺序依次与 CTC/TDCS、计算机联锁和 LEU 建立通信。在与 CTC/TDCS 通信建立过程中，从 CTC/TDCS 获取管辖范围内所有线路的限速命令。

(2) 双系运行与指示

每一子系的运行状态包括主控、备用和离线三种状态。“主控”表示系统工作正常，并向外输出有效控制信息；“备用”表示系统与“主控”机处于同步工作状态，可以根据需要切换为主控状态；“离线”表示系统处于脱离系统工作状态。每一子系应设置独立的运行状态指示灯，以对应三种运行状态。双子系运行状态应能够实现自动切换和手动切换，手动切换优先级高于自动切换。

(3) 有源应答器报文存储和选择

有源应答器报文按照有关规定的要求编制，集中存储在车站列控中心。根据联锁进路状态、限速区起点、长度、限速值等信息，应能够正确选择所存储的报文。

(4) 限速管辖范围

车站列控中心限速管辖范围应包括本站站内，上、下行方面区间，并延伸至邻站正线出发信号机处，如图 6-9 所示。

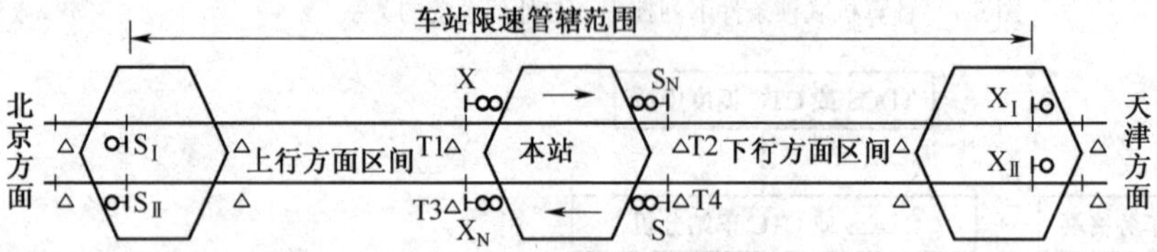

图 6-9　车站限速管辖范围

在 CTCS 级间转换处，CTCS-2 级车站列控中心限速管辖范围应向外延伸，延伸长度为线路允许速度到 45 km/h 的目标制动距离，具体长度值可参考附录 4。与级间转换点相邻的另外一个车站列控中心限速管辖范围为相应区间，并延伸至邻站正线发车信号机处，如图 6-10 所示。

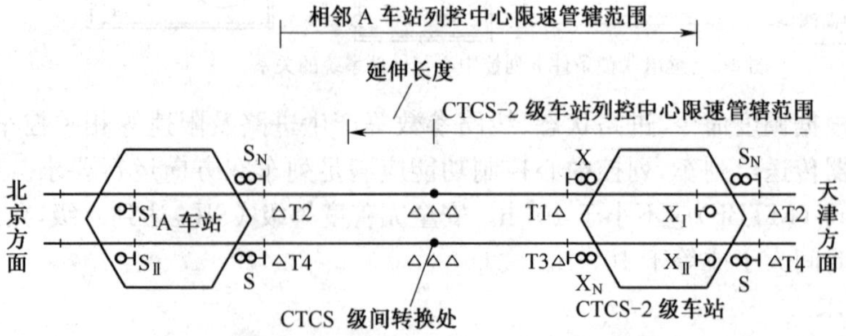

图 6-10　级间转换点相邻车站限速管辖范围

车站限速管辖范围应按图 6-11 所示的要求，分解至对应的进、出站端有源应答器。

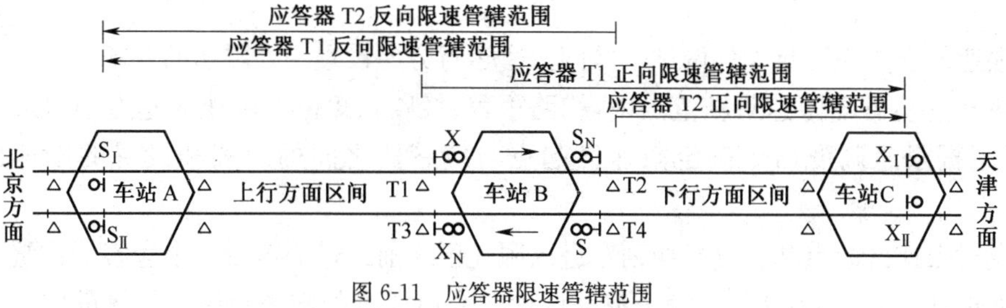

图 6-11　应答器限速管辖范围

应答器报文的限速信息应根据上述规定的应答器限速管辖范围实现限速信息的冗余覆盖，不同限速条件下应答器信息覆盖关系见附录 5。

(5) 报文发送过程

根据车站联锁系统建立的接、发车或通过进路，向进、出站端有源应答器发送相应报文。

1)当接收到车站联锁系统的接车进路编号后，应向相应进站端的应答器发送接车进路报文，直至车站联锁系统停止发送该接车进路编号后，恢复向应答器发送默认报文。

2)当接收到车站联锁系统的发车进路编号后，应向相应的应答器发送发车进路报文，车站联锁系统停止发送该发车进路编号后，应保持发送发车进路报文。

3)应答器报文发送及转换关系如图 6-12 所示。

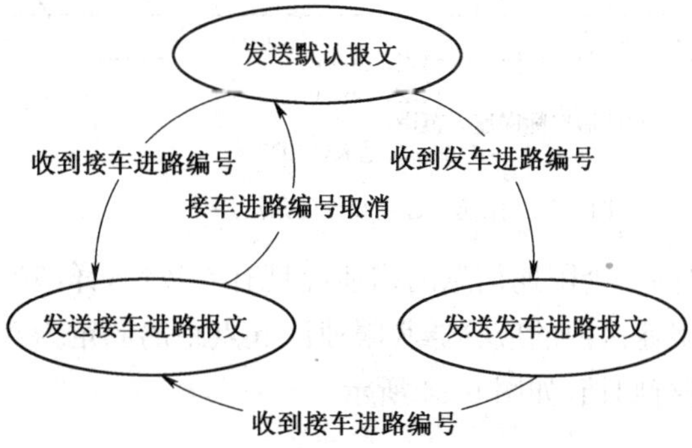

图 6-12　应答器报文发送及转换

(6)限速功能

1)限速设置基本要求：

①限速区起点：以 100 m 为基本长度单位；

②限速区长度分为 100 m、500 m、1 000 m、1 500 m、2 000 m、3 000 m、4 000 m、6 000 m 共 8 挡；

③限速速度分为 45 km/h、60 km/h、80 km/h、120 km/h、160 km/h 共 5 挡。

应设计全区间限速,限速区起点为出站端应答器,终点为前方车站的进站端应答器。

2)限速的设置应满足相邻两站一区间一个运行方向设置一处限速的要求。

3)应建立应答器限速管辖范围内,线路里程、线路长短链与限速区起点的对应关系,能够根据限速调度命令确定限速区起点与应答器之间的距离和设置的限速区长度。

4)应对限速区起点和长度按照列车进入限速区之前经过的最后一个应答器位置进行归挡处理,归挡后的限速区应完全覆盖调度命令所要求的限速范围。具体的归挡办法如下:

①限速起点里程减去应答器里程,并考虑线路长短链,计算得到限速区起点长度距离,该长度按 100 m 基本长度单位取整,得到归挡后的限速区起点;

②限速终点里程减去归挡后的限速区起点里程,并考虑长短链,计算得到限速区长度,该长度应与限速设置基本要求的限速区长度挡对照,选择最接近且大于等于计算长度的一挡,作为归挡后的限速区长度。

如图 6-13 所示,列举了本站应答器 T2 的限速起点和长度归挡过程。

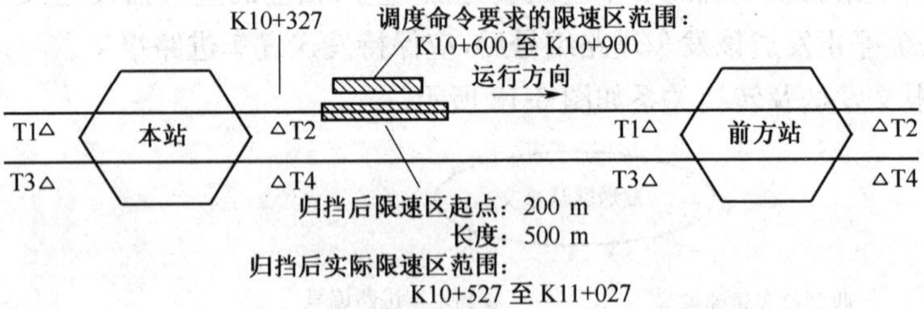

图 6-13　限速区起点和长度归挡

不同应答器报文对同一处限速信息的描述应具有一致性,详细处理方法见附录 4。对于跨应答器的限速,限速区内的应答器其限速区起点距离固定为 0 m,长度按照该应答器到限速区的终点进行归挡,如图 6-14 所示。

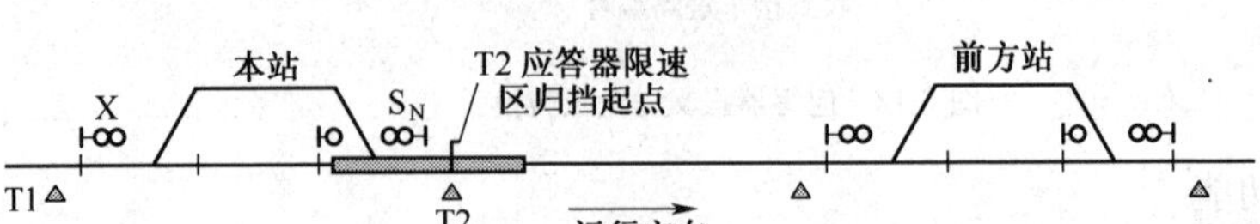

图 6-14　跨应答器限速区起点归挡

接收到限速调度命令后,应立即执行限速调度命令。如果该命令执行成功,应向 CTC/TDCS 系统回执限速区设置成功的信息,其中限速区的起点、终点里程应与调度命令一致；如果命令执行失败，应回执限速区设置失败信息，并指明失败原因。

CTC/TDCS 系统向车站列控中心发送限速值为特殊值的限速调度命令，用于取消限速。车站列控中心接收到此类调度命令后，取消相应限速。

(7)接发车进路报文发送

车站列控中心处理的接发车进路范围包括接发动车组股道的基本进路，特殊情况下可增加变更进路。应建立接发车进路与应答器的对应关系，并根据接发车进路向相应的进、出站端应答器发送相应报文。正线接车时，应向进站端应答器发送与正线通过相同的报文。

(8)进站信号降级显示

当正线发车区段或车站间离去区间有限速时，当应答器与限速起点的距离小于限速目标距离时，应向车站联锁系统输出进站信号机点黄灯降级显示控制条件，限速取消后，停止输出上述控制条件。限速目标距离见附录 5。

当限速区起点位于接车进路内时，后前方车站出站端应答器应发送该限速信息报文。

(9)继电联锁进路识别

继电联锁车站应设置继电器采集接口，并实现以下功能；

1)正确识别接车进路；

2)正确识别发车进路；

3)正确识别正线通过进路。

继电联锁车站应设置继电器驱动接口及进站信号降级显示继电器。

(10)特殊站场的处理

对于与 CTCS 级间转换点相邻，并在 CTCS-2 级线路区段外的车站列控中心，可不与车站联锁系统连接，仅根据临时限速调度命令，择机向出站端应答器发送临时限速报文。对于复杂站场，在满足列车运行需求、客场接发动车组的情况下，应相对固定列车径路及接发车进路。

(11)其他功能

1)应具有完善的故障自诊断功能，系统故障应能定位到单元模块。

2)应提供独立的维护终端，具备实时监测、历史记录、故障报警与查询等功能。

3)应在 CTC/TDCS 车务终端上增加车站列控中心人机面，临时限速设置情况应在车务终端上明确显示。

6.2.2 通信接口与通道

车站列控中心与计算机联锁系统、CTC/TDCS 系统、LEU 之间传递安全信息，信息编码和传输设计应符合相关要求。对于传输安全信息的通道应冗余配置，单通道故障时应能自动倒机，其优先顺序为 CTC/TDCS、列控中心、计算机联锁，并不应导致系统间信息传输错误。

采用统一的通信接口协议，能够实现与不同型号的计算机联锁、CTC/TDCS系统互联互通。监视各通道的通信状态，并在车务终端上实时显示。

1. 与CTC/TDCS站机连接（P口）

（1）与CTC/TDCS系统之间采用冗余的RS422串行数据通信接口进行数据通信，列控中心从CTC/TDCS车站分机接收以下信息：

1）通信应答；

2）请求临时限速状态；

3）线路限速命令，包括起点里程、区段、长度、速度等；

4）时钟同步校对信息（CTC提供时钟）；

5）进路信息（用于无岔站）。

（2）车站列控中心向CTC系统发送的信息：

1）请求限速命令；

2）通信应答；

3）线路限速执行结果信息；

4）限速状态信息；

5）临时限速设置失败信息；

6）列控中心（含区间中继站）运行状态信息：列控中心编号、主备状态、通信端口状态、线路临时限速状态、LEU端口状态、中继站列控中心相应状态；

7）区间方向及闭塞状态；

8）区间轨道区段占用（正常占用、故障占用、分路不良）/空闲信息；

9）区间信号机状态信息。

2. 与车站联锁系统连接（Q口）

（1）列控中心应和计算机联锁在逻辑运算层间建立安全信息传输通道，直接交换四类信息：进路锁闭信息、区间闭塞信息、区间轨道占用信息、部分站联条件信息。

（2）与继电联锁之间采用增加进路信息采集单元的方式从继电联锁获得列车进路信息。进路信息采集单元根据继电联锁进、出站信号机、道岔表示等条件对列车进路自动进行识别，并以进路号的形式传送给车站列控中心。

（3）应从车站联锁系统实时接收列车进路信息、区间改变方向请求信息、站内区段锁闭信息。

（4）应实时向车站联锁系统发送允许向区间发车信息、部分站联条件信息。

（5）当限速设置需要进站信号机降级显示时，向车站联锁输出相关控制命令。

（6）当与车站联锁之间通信故障时，车站列控中心控制进站端有源应答器向列车发送列控中心默认报文，并输出进站信号机降级显示的控制命令。

（7）与计算机联锁连接时，若Q口通信故障，车站列控中心应按全部接发车进路解锁处理，并保持原区间方向不变。

3. 与车站信号集中监测系统连接（R 口）

与信号集中监测系统之间采用冗余的 RS-422 串行数据通信接口进行数据通信，实时向车站信号集中监测系统发送以下信息：

(1)车站列控中心运行状态和各通道通信状态(与联锁通信连接状态、与 CTC 通信连接状态、与 LEU 通信连接状态、LEU 端口状态、与轨道电路通信连接状态、与邻站通信连接状态)；

(2)限速命令、限速状态、限速设置异常信息；

(3)发送给 LEU 的应答器报文特征字；

(4)所接收到的 LEU 状态监测信息；

(5)轨道电路状态信息；

(6)区间运行方向的状态信息、向区间发车的请求信息、允许向区间发车信息、改方向执行情况信息以及辅助改方操作记录；

(7)站内轨道电路方向控制状态信息。

4. 与地面电子单元（LEU)连接（S 口）

(1)与 LEU 之间采用冗余的 RS-422 串行数据通信接口进行数据通信，实时向 LEU 发送相关有源应答器报文。

(2)LEU 实时向车站列控中心反馈设备工作状态信息。

(3)车站列控中心至少可同时控制 4 台 LEU，用于控制正线上应答器的 LEU 设备应冗余设置。

(4)当与 LEU 之间通信故障时，相应 LEU 向受其控制的有源应答器发送 LEU 默认报文。

(5)采用安全接口协议，具备时间戳检查、接收和发送地址检查、双通道校验计算、滑动窗口接收等多种防护手段。LEU 冗余配置，通过向两个 LEU 发送相同报文的手段，实现正线 LEU 的冗余备用。

(6)当车站联锁建立列车进路后，车站列控中心通过控制进站端处有源应答器为列车提供车站进路信息和车站及区间的限速信息，车站进路信息报文包括：应答器链接、线路速度、线路坡度、限速、轨道区段等信息；车站列控中心通过控制出站端处有源应答器为列车提供限速信息，根据需要还可提供区间线路参数、应答器链接等信息。

5. 与 ZPW-2000(UM)系列轨道电路连接(T 口)

应采用安全通信接口协议，从轨道电路实时接收轨道区段状态信息。

(1) 轨道电路编码

1)对于站内轨道区段，列控中心应根据本进路及前方进路状态，按照轨道电路信息编码逻辑，生成对应各个轨道区段的信息码。区段解锁后恢复发送检测码。

2)对于区间轨道区段，列控中心应根据前方轨道区段占用状态以及前方相关车站接车进路开通情况，按照轨道电路信息编码逻辑，生成对应各个轨道区段的信息码，发至各轨道电路发送器。

3)通过站间安全信息传输获得邻站(或区间中继站)所辖相关区段的状态以及其他编码所需的信息，实现闭塞分区编码逻辑的连续。

4)列车上、下行线换线行驶时，列控中心应实现载频切换逻辑的信息发送控制。

5)列控中心发生故障而不能保证编码正确时应立即中断编码控制输出，并自动转至"离线"状态。

6)正线通过进路，列车压入进站或出站信号机内方第一区段后，如信息变化为升级码序时，列控中心应保持接、发车进路发码不变，直到列车压入股道或区间。

(2) 轨道电路发送方向控制

1)轨道区段设置用于改变发送端、接收端发码方向的方向切换继电器(FQJ)。

2)列控中心根据区间运行方向和站内进路状态，分别驱动区间轨道和站内轨道方向切换继电器，控制轨道电路发码方向。

3)区间每个口设置方向切换继电器，当站间通信故障时，列控中心应保持方向切换继电器状态不变。

4)站内每个轨道区段设置一个方向切换继电器，FQJ 吸起表示一个方向(反向)，FQJ 落下表示另一个方向(正向)。当 FQJ 状态由于某种原因与进路方向不符时，则列控中心仍维持原编、发码条件，轨道电路保持空闲检测的基本功能。

5)方向切换继电器切换时机

①站内轨道区段方向切换继电器默认方向为正向行车方向，如图 6-15 所示。

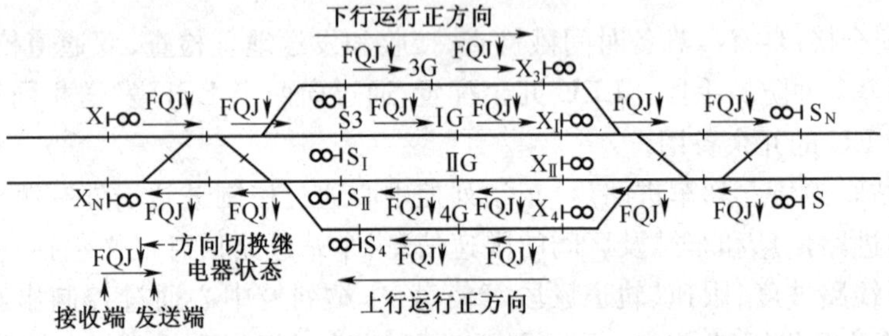

图 6-15 站内轨道区段方向切换继电器默认方向示意图

②当列控中心初始化时，所有站内区段应处于默认方向。

③当列车进路开放信号后，进路内轨道电路方向切换为进路方向，股道方向应与进路方向保持一致。

④有折返作业且由多段轨道电路组成的股道，每个轨道电路设置一个方向切换继电器，当列车占用接车方向第二轨道区段后，切换第一轨道区段发码方向。第一轨道区

段向另一方向发送 HU。

⑤区间办理改方向作业时，列控中心在确认具备改方向条件后，改变区间方向并改变方向切换继电器状态。

(3) 区间轨道区段状态判断

1)列控中心应具有区间轨道区段状态判断功能，采用独立的软件模块。通过采集轨道区段状态，按"三点检查"的逻辑实现对轨道区段正常占用、故障占用、分路不良的判断并采取相应防护。其中与车站第一衔接处区段，由联锁提供接发车进路和与区间衔接的站内轨道电路空闲状态等信息。

2)在区间轨道区段空闲或未按顺序占用/出清的情况下，列控中心能够判断故障占用，向调度员和监测系统提供故障报警信息，并通过停车码序和信号机红灯对故障区段进行防护，故障排除、轨道状态恢复正常后自动取消报警和防护。

3)当涉及一个闭塞分区内短时分路不良时，列控中心按正常占用状态发码，列车进入相邻下一闭塞分区不影响正常发码逻辑。

4)当涉及连续两个及以上闭塞分区分路不良时，列控中心按正常占用状态进行防护，第一分路不良区段后方闭塞分区发 HU 码，并向调度员和监测系统提供报警信息。当列车行进前方区段正常占用时，正常占用区段后方第二闭塞分区用 HU 码防护，并取消原防护点(防护前移)。列车占用并完全出清前方相邻闭塞分区后，列控中心取消防护，恢复正常码序。

5)列控中心在区间轨道电路区段故障占用和分路不良状态下，均不允许自动改变区间运行方向。

(4) 区间运行方向与闭塞

1)应符合"故障—安全"的原则，保证相邻车站不处于敌对运行方向。

2)本站列控中心在确认整个区间空闲及对方站未建立发车进路时，方能改变区间运行方向。

3)改变运行方向应由原处于接车状态的车站办理，随发车进路的办理而自动改变运行方向。

4)应防止当区间轨道电路分路不良时，错误改变运行方向。

5)通过联锁发送自动和辅助改方请求信息，列控中心完成区间改方向逻辑功能。

6)在区间轨道电路故障而不能改变运行方向时，可使用辅助方式办理由反向改为正向的改方作业。按辅助办理方式改变运行方向后，允许出站信号机开放。

7)车站联锁的控制与显示方式应与四线制方向电路基本保持一致。

8)列控中心与联锁间的信息交换，采用安全信息传输通道。

9)车站每个接发车口设置极性保持继电器，用于区间方向的记录和保持。

6. 与相邻列控中心连接(U 口)

(1)站间通信应采用安全、可靠的通信协议,具有实时、长距离、高带宽的网络传输和冗余备份等特性;

(2)列控中心间通信的内容

1)区间中继站轨道电路状态、信号机点灯状态信息;

2)区间方向切换继电器同步状态信息;

3)区间闭塞和方向条件信息;

4)相邻车站和区间中继站限速信息;

5)区间中继站列控中心运行状态信息;

6)车站联锁所需要的信息;

7)编码所需要的信息。

(3)不同型号列控中心间采用统一的 100 bit/s 工业以太网接口连接,并采用统一的接口协议。

7. 与区间信号机及无岔车站信号连接(V 口)

采用继电接口方式,驱动点灯继电器控制信号点灯。

(1)设置有区间地面信号机的线路,列控中心应具有区间地面通过信号机的点灯控制功能。

(2)列控中心根据轨道区段的正常占用、故障占用、分路不良状态以及进、出站信号机状态,驱动区间通过信号机点灯 LJ、UJ、HJ 继电器,通过信号机的显示与轨道电路低频信息码的关系应符合有关规定的要求。

(3)控制无岔站的车站或中继站列控中心应根据 CTC 的进路信息,控制进路和信号。

(4)列控中心应采集区间信号机灯丝条件,实现红灯灯丝断丝转移的逻辑判断和控制。断丝外方第一区段用 H 码进行防护。

(5)列控中心管辖区分界处,相邻列控中心应传递分界处相邻轨道区段的占用信息和/或进、出站信号机的状态信息,作为本管辖区区间点灯控制条件。

8. 在线测试接口(W 口)

采用以太网接口方式,实现列控中心的在线测试以及诊断。

9. 限速管辖范围

(1)列控中心单方向临时限速管辖范围应从本站进站信号机开始至前方站出站口或中继站第二个应答器组再增加一个制动距离,制动距离应保证列车由最高运行速度常用制动至 45 km/h 的要求,且终点应与闭塞分区分界点一致,如图 6-16 所示。

(2)中继站列控中心单方向临时限速管辖范围应从中继站第一组应答器开始至前方站出站口或前方中继站第二个应答器组再增加一个制动距离,制动距离应保证列车由最高运行速度常用制动至 45 km/h 的要求,且终点应与闭塞分区分界点一致,如图6-17 所示。

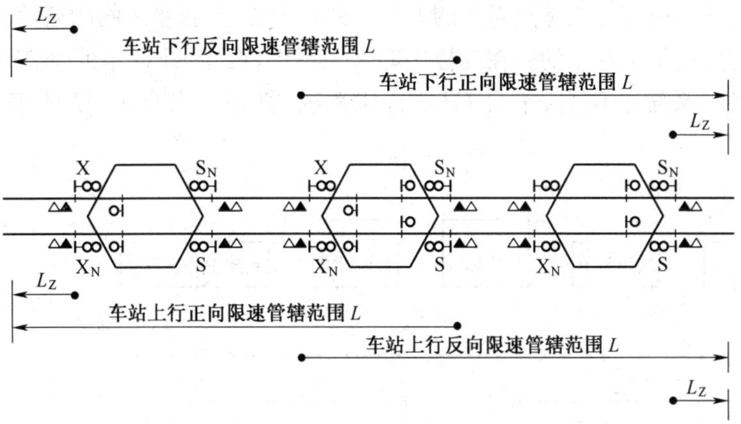

图 6-16　车站列控中心临时限速管辖范围示意图

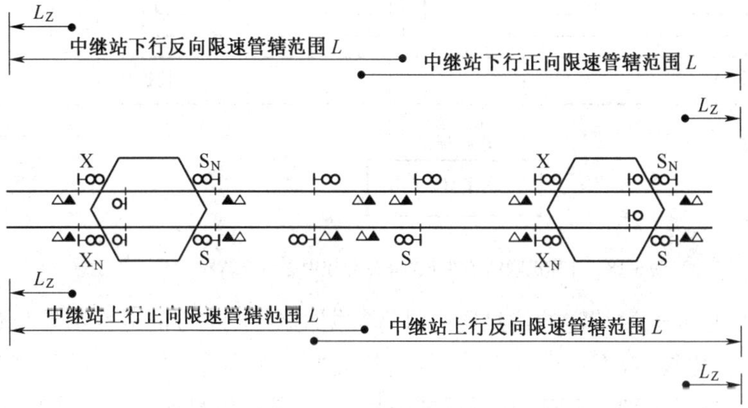

图 6-17　中继站列控中心临时限速管辖范围示意图

(3) 车站列控中心和中继站列控中心均应作为临时限速的更新点，在其临时限速管辖范围内，可分别设置一处临时限速。

(4) 车站或中继站列控中心，限速管辖范围的设置，应实现正线临时限速的预告，避免排列正线通过进路时，进站信号机降级显示。

6.2.3　列控中心的冗余结构

1. 列控中心系统结构

计算机联锁条件下的车站列控中心系统结构如图 6-18 所示。列控中心由两套高性能的工业控制计算机系统（工作、备用系）构成，每系又由两个独立运行的 CPU 单元构成，其工作方式为二乘二取二模式。在计算机联锁条件下，列控中心与两台联锁系统、与两台 CTC 自律系统以及与列控中心监测机之间的通信介质是 RS422 通信网，通信模式是全双工的，通信方式是点对点的方式。列控中心主、备系之间的通信介质是冗余通信网，通信模式是半双工的。在列控中心某一系中，两个CPU单元都使用所获得的信息（来自联锁系统的信息、来自CTC自律系统的信息、来自LEU的信息）进行运算。

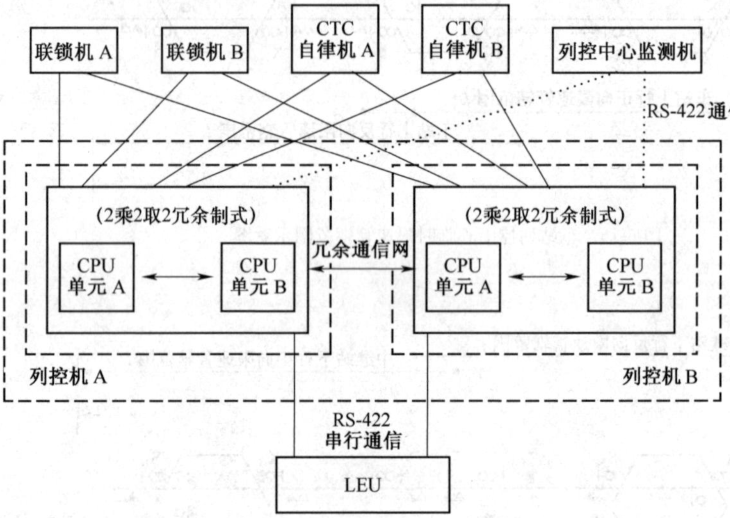

图6-18　计算机联锁条件下的车站列控中心系统结构

两个CPU单元通过特定的信息通道进行数据交换，把本方的运算结果与对方单元的运算结果进行比较，数据一致则LEU发送相应的输出命令，不一致则不发送输出命令。两个CPU单元分别从LEU获得反馈信息后，也通过信息通道传送给对方，两份反馈信息经过比较，如果一致，才被两个CPU单元认可为有效的反馈信息。两个CPU单元的比较功能有利于实现系统信息的安全性。

2. 计算机联锁条件下的车站列控中心的两系状态转换

列控中心两系开机后，在两系都没有故障的前提下，两系自动发生通信呼叫与应答。待两系运行状态一致后，两系进入同步运行状态，先开机的一方为工作系，另一方为备用系。

如果有人工倒机命令，则备用系转变成工作系，而原先的工作系先脱机，然后再进入同步状态并成为备用系。

当两系处于同步状态时，如果工作系发生故障，则故障的一系脱机，另一系转变为工作系，直到故障的一系修复后，可以重新进入双系同步的状态。当两系处于同步状态时，如果备用系发生故障，则该系脱机，直到故障的一系修复后，可以重新进入双系同步的状态。如图6-19所示。

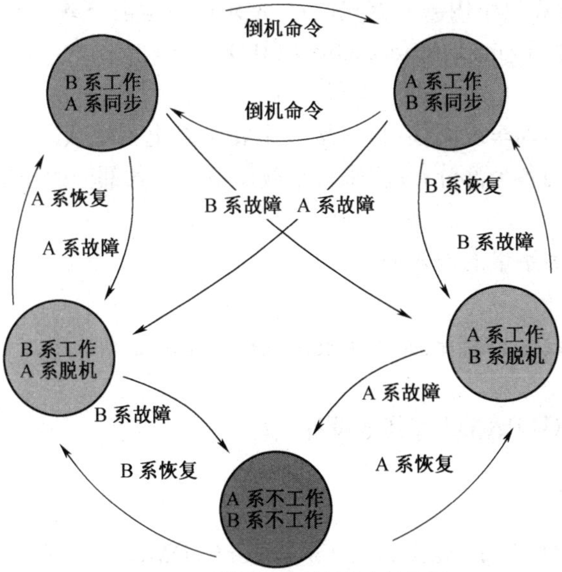

图 6-19 列控中心两系的状态转换图

6.3 既有线 CTCS-2 级列控系统车载设备技术

6.3.1 列控车载设备主机

列控车载设备主机由以下几部分组成。

(1)安全计算机(Vital Computer,VC)

安全计算机是列控车载设备的控制核心,采用硬件安全冗余结构。

(2)测速测距单元(Speed & Distance processing Unit,SDU)

测速测距单元对速度传感器信号进行处理,计算列车实际运行速度和走行距离。测速测距单元可独立设置,也可集成在安全计算机中。

(3)应答器信息接收模块(Balise Transmission Module,BTM)

BTM 用于接收应答器信息,宜采用冗余结构。通过 BTM 天线接收,解调地面应答器的信号,将解调后的用户信息传输给 VC。

(4)轨道电路信息接收模块(Specific Transmission Module,STM)

STM 用于接收轨道电路信息,采用冗余结构。STM 具有同时接收不同载频的功能,可根据应答器信息或司机操作锁定上下行载频或单载频。STM 将接收的频率、解调后的信息发送给 VC。

(5)运行记录单元(Data Recording Unit,DRU)

DRU 用于记录列控车载设备的工作状态及各种输入输出信息。DRU 可独立设置，也可采用在安全计算机中内嵌入方式设置，记录内容应能下载分析。

(6)列车接口单元(Train Interface Unit，TIU)

1)继电器接口

继电器接口用于与动车组间接口，该接口主要由继电器组成。将来自外部的输入分配给列控车载设备的各个部分，并将来自车载设备内部各部分的输出集中对外输出。

2)开关量接口

开关量接口用于数字量的输入输出。

(7)隔离开关

列控车载设备应设置隔离开关，用于隔离列控设备的制动输出。

(8)其他设备

根据需要可设置 CTP、CDP 等其他设备。

6.3.2 外围设备

1. 人机界面单元(Driver Machine Interface unit，DMI)

DMI 是列控车载设备的显示和操作界面，安装在便于司机操作和观察的位置。相关规定应符合有关标准和技术条件的要求。

2. STM 天线

STM 天线安装在列车运行头部第一轮对前，左右轨道的上方，其周围一定范围内应保证无金属或磁性材料。接收线圈应冗余设置，外部应采取防护措施。可以实现车载设备对 STM 天线的检测。

3. BTM 天线

BTM 天线安装在动车组头部距离车头一定范围内，车体底部的横向中心线上，其周围一定范围内应保证无金属或磁性材料。可以实现车载设备对 BTM 天线的检测。

4. 速度传感器

速度传感器应在车辆的第 2 和 3 轴端，按冗余方式设置。

6.3.3 车载设备外部接口

1. 与动车组接口

列控车载设备向动车组输出的接口包括：最大、中、弱三级常用制动、紧急制动等；输入包括牵引制动手柄状态、运行方向手柄状态等。

列控车载设备向动车组的输出可采用继电器接口。最大常用制动和紧急制动采用失电制动方式。列控车载设备应根据需要设置向动车组输出自动过分相信息的接口。

2. 与 LKJ 接口

列控车载设备与 LKJ 之间设有数据交换接口、轨道电路信息接口、列车控制权切换接口，如图 6-20 所示。

(1)数据交换接口

数据交换接口采用 RS-422 串行异步通信方式。列控车载设备发往 LKJ 的信息应包括日期、时间、工作状态、列车相对于最后接收的应答器组的位置、列车实际速度、限制速度、目标速度、目标距离、所处 CTCS 等级、工作模式、机车信号信息、车次号、司机号、司机操作按键信息、刚通过的应答器编号信息、控制命令状态、报警信息、车轮滑动和空转信息、地面信息异常等。LKJ 主要向列控车载设备发送司机号、车次号、日期、时间等信息。

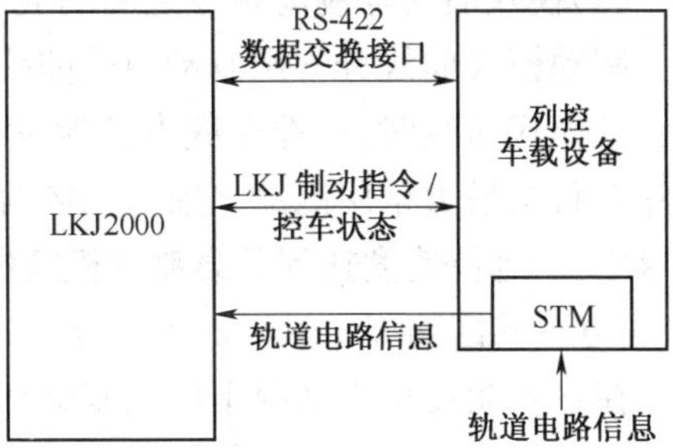

图 6-20 列控车载设备与 LKJ 之间接口

(2)轨道电路感应信号接口

列控车载设备将 STM 天线接收的轨道电路感应信号传送给 LKJ。

(3)与 LKJ 列车控制权切换接口

与 LKJ 列车控制权切换接口采用继电器接口方式。控车权状态，由列控车载设备向 LKJ 输出。当控制权在列控车载设备一侧时，向 LKJ 输出高电平。

(4)制动控制接口

LKJ 经列控车载设备与列车的制动控制接口连接。当控车权在 LKJ 一侧时，列控车载设备通过其内部的继电器电路接通 LKJ 与列车的制动控制接口。

6.3.4 车载设备的主要功能

1. 载频锁定功能

STM 应具有接收多个载频的能力。采用以下三种方法锁定载频：

(1)利用应答器信息锁定载频：根据应答器信息中的【CTCS】包锁定轨道电路载频。

(2)利用 DMI 的选择：根据 DMI 上下行载频按键选择锁定载频。

(3)利用轨道电路的载频锁定逻辑。

各种载频锁定方法的相互关系：在 CTCS-0 级区段，按上述 DMI 选择和轨道电路信息锁定载频的方法中最新接收的指令锁定载频。在 CTCS-2 级区段，优先采用应答器信息锁定载频。如果未收到应答器信息，也可通过 DMI 选择或轨道电路信息锁定载频。

2. 速度、距离计算

列控车载设备实时监测列车速度并计算列车走行距离。能校正空转或滑行对测速测距的影响。列控车载设备应根据应答器信息进行位置校正，两个应答器间的位置校正也可通过检测轨道电路的边界(绝缘节)实现。

3. 制动输出功能

(1)模式曲线与制动指令之间的关系(设备制动优先)

制动模式曲线分常用制动模式曲线和紧急制动模式曲线两种。当运行速度达到常用制动模式曲线时,列控车载设备触发最大常用制动(B7N)。列控车载设备按照一定条件在触发最大常用制动之前适当的时机发出弱常用制动和中等常用制动命令(B1N、B4N)。当运行速度达到紧急制动模式曲线时,列控车载设备发出紧急制动命令(EB)。

1)CSM 区间

在设备制动优先情况下的在 CSM 区间的速度控制:运行速度达到报警速度时,输出制动预警音,运行速度低于报警速度 2 s 后制动预警音停止。运行速度达到常用制动模式曲线时,输出最大常用制动,运行速度低于缓解速度时停止输出最大常用制动。运行速度达到紧急制动曲线时,输出紧急制动,运行速度降到 0 km/h、司机按压缓解按键后,缓解制动,如图 6-21 所示。

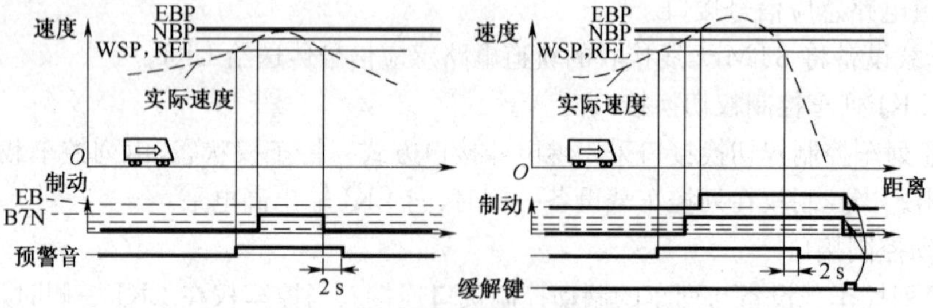

图 6-21　设备制动优先时在 CSM 区间的速度控制

2)TSM 区间

在设备制动优先情况下的 TSM 区间的速度控制:运行速度达到应实施弱常用制动速度、中等常用制动速度时,列控车载设备对应输出弱常用制动、中等常用制动,运行速度达到常用制动模式曲线时,输出最大常用制动。运行速度低于常用制动模式曲线时,可输出中等常用制动,低于中等常用制动速度时,输出弱常用制动,如图 6-22 所示。

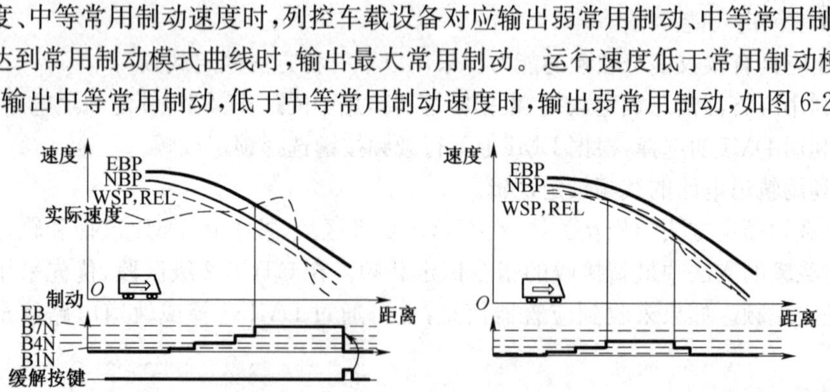

图 6-22　设备制动优先时在 TSM 区间的速度控制

当运行速度达到紧急制动模式曲线时,输出紧急制动,运行速度降到 0 km/h 司机按压缓解按键后,缓解制动。

(2) 模式曲线与制动指令之间的关系(司机制动优先)

1)CSM 区间

在司机制动优先情况下的 CSM 区间的速度控制:当运行速度达到报警速度时,输出制动预警音,运行速度低于报警速度 2 s 后制动预警音停止。运行速度达到常用制动模式曲线时,输出最大常用制动速度低于缓解速度时向司机提示允许缓解,司机按压缓解按键后,缓解制动。运行速度达到,紧急制动模式曲线时,输出紧急制动,运行速度降到 0 km/h 司机按压缓解按键后,缓解制动。如图 6-23 所示,左图为常用制动,右图为紧急制动。

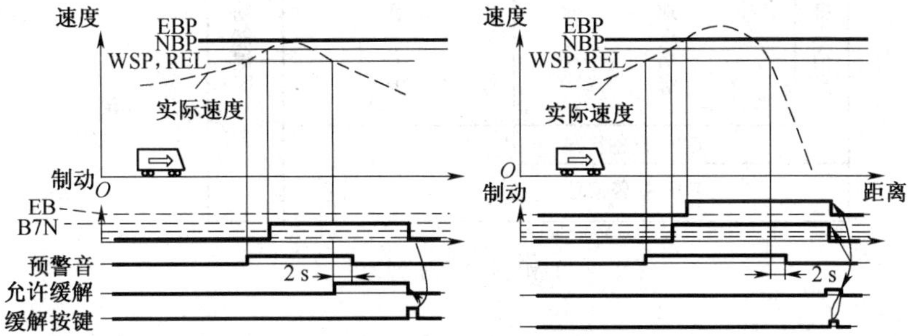

图 6-23　司机制动优先时在 CSM 区间的速度控制

2)TSM 区间

在司机制动优先情况下的 TSM 区间的速度控制:当运行速度达到报警速度时,输出制动预警音。当运行速度低于报警速度 2 s 后制动预警音停止。运行速度达到常用制动模式曲线时,输出最大常用制动,速度低于缓解速度时向司机提示允许缓解,司机按压缓解按键后,缓解制动。运行速度达到紧急制动模式曲线时的工作逻辑与在 CSM 区间相同,参见图 6-24。

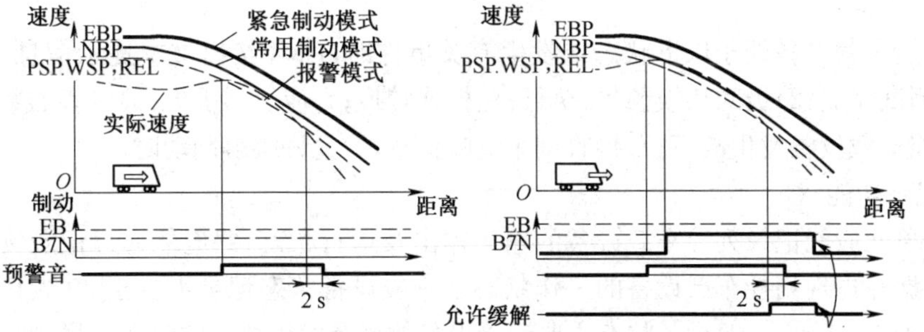

图 6-24　司机制动优先时在 TSM 区间的速度控制

4. 防溜逸功能

停车检测状态,是指当列控车载设备检测到列车速度低于预先设定的速度值并持续一定时间后,且司机操纵手柄处于非牵引状态,列控车载设备所处的状态。速度值和持续时间应在满足运用要求的前提下根据设备的特性确定。在停车检测状态下，列控车载设备应采取措施防止列车移动，可持续输出制动命令。

5. 显示和提示功能

显示功能的详细定义在专门规范中规定，应遵循以下主要原则：

(1)DMI 显示区划分

DMI 显示区(横坐标像素 578×纵坐标像素 480)的内容，如图 6-25 所示。

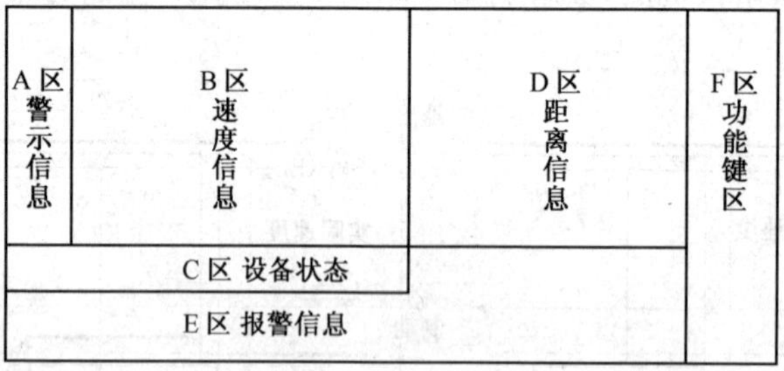

图 6-25　DMI 显示区划分

(2)语音

当列控车载设备处于以下状态或发生有关事件时，DMI 应给出语音提示：1)允许缓解；2)级间切换；3)前方限速；4)超速；5)处于目视行车模式需要司机确认时。

(3)声音

当列控车载设备处于以下状态或发生有关事件时，DMI 应给出声音提示：1)目标速度或目标点位置变化；2)有报警信息输出；3)有新的文字信息提示；4)制动预警；5)设备制动结束；6)需要司机应答；7)司机操作按键；8)侧线接车设备制动优先转司机制动优先时；9)级间切换执行时；10)错误或故障发生时。

(4)文本信息

当列控车载设备处于以下状态或发生有关事件时，DMI 给出文本提示信息：1)系统自检、测试完成；2)级间切换预告、执行；3)模式转换；4)应答器丢失；5)应答器数据异常；6)列控车载设备发生故障；7)接收调车危险信息；8)允许缓解制动时。

6. 记录功能

记录单元应能记录列控车载设备的输入输出及运行状态，并应能通过记录读取装置读取数据并再现列控车载设备的工作状态。一般设备状态记录不少于 30 天详细数据记录不少于 24 h。一般设备状态主要记录设备故障及发生故障的时间。详细数据记录应包括下表所列项目。

7. 与动态监测设备接口功能

列控车载设备应设有用于进行动态监测的通信接口。通过监测接口应能够实时监测列控车载设备的运行情况，应能提供接收的轨道电路信息、应答器信息、工作模式、模式速度、车体输入状态、对车体输出状态、设备工作状态等。

8. EMU 的接口功能

(1)从 EMU 输入

1)牵引位置;2)制动位置;3)零位位置(非牵引、非制动位置);4)向前位置;5)向后位置。

(2) 向 EMU 输出

1)紧急制动(EB);2)最大常用制动;3)中等常用制动;4)弱常用制动;5)切除牵引(可选项)。

6.3.5 工作模式

在 CTCS-2 级工作状态下,列控车载设备主要有以下六种工作模式。

1. 待机模式(SB)

在列控车载设备默认等级设置为 CTCS-2 级的情况下,上电后,列控车载设备应自动进入待机模式。在待机模式下,列控车载设备应保持接收轨道电路信息、接收应答器信息功能有效,不进行速度比较控制。处于本模式时,应自动启动防溜逸控制功能。

(1)具备下列任一条件时,应转入本模式:

1)在车体主电源接通的情况下,列控车载设备上电后(默认 CTCS 等级设置为 CTCS-2 级时);2)退出调车模式时;3)退出隔离模式时。

在待机模式下,列控车载设备应采取措施防止列车移动。但不进行限速控制。

(2)列控车载设备转入到 SB 模式时可输出文本信息。

(3)车体主电源接通时,打开列控车载设备电源列控车载设备应自动转入待机模式。

(4)在待机模式下设备制动优先和司机制动优先相同。

2. 完全监控模式(FS)

在完全监控模式下,列控车载设备应能判断列车位置和停车位置,在保证列车速度满足线路固定限速、车辆构造速度、停车、位置、限速等条件的前提下,生成目标-距离模式曲线,并连续监控列车速度,与模式速度比较,自动输出紧急制动或常用制动命令,同时,应能通过 DMI 显示列车实际速度、允许速度、目标速度和目标距离等信息。

(1)正向运行完全监控模式(FS)

列控车载设备具有列车控制所需的基本数据,包括列车位置、轨道电路信息、应答器的线路信息、限速信息、车载设备预置的列车参数等,列控车载设备生成目标-距离模式曲线。

(2)对速度的监控

1)列控车载设备实时计算列车位置,根据轨道电路和应答器信息,确定目标点。

2)制动模式曲线计算方法应符合制动模式曲线计算。

3)制动模式速度取值办法应符合速度容限。

4)本模式下,制动输出方法应符合制动输出功能的要求。

5)轨道电路无信号时的处理。

本模式一般情况下,在轨道电路无信号时立即触发常用制动或紧急制动(制动模式速度为 0 km/h),但侧线接车时应采用以下特殊控制逻辑:

在接收 UU 或 UUS 之后,列车进入道岔区段,列控车载设备接收的轨道电路信息转为无信号时,不产生 0 km/h 的制动模式,而是将本闭塞的终点(例如下图中的 TC11)作为停车目标点,计算 LMA。采用 2)的方法生成制动模式曲线。

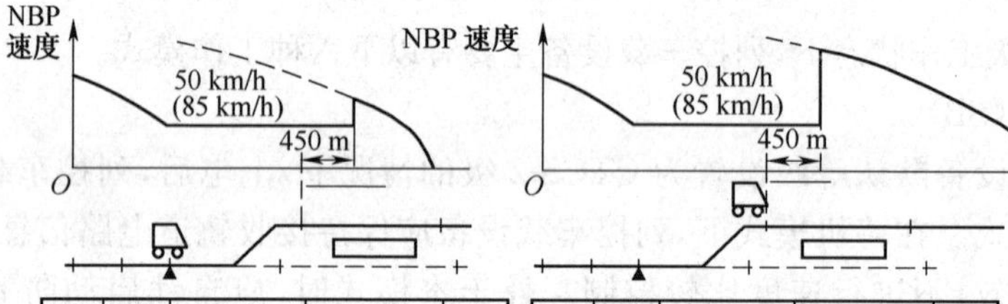

TC4	TC5	TC6	TC11	TC21
U2 U2S	UU UUS	无	?	?
B4	B5	B6		B21

TC4	TC5	TC6	TC11	TC21
U2 U2S	UU UUS	无	U	?
B4	B5	B6		B21

图 6-26　轨道电路无信号时的处理

列车进入到发线 TC11 时,来自 TC11 轨道电路的信息如果为 HU,则应保持在股道停车的制动模式曲线。如果在 TC11 接收允许行车信息,则应根据该信息重新确定停车目标点,按本节 2)的方法生成制动模式曲线,如图 6-26 所示。

当列车头部通过道岔区段后但列车尾部还未完全出清道岔区段前,列控车载设备应具有车尾限速保持功能。

6)大号码道岔的处理方法

列车通过大号码道岔前,应从进站信号机外方发送 U2S 码的轨道电路入口处的应答器接收到大号码道岔信息包【CTCS-4】包,参见图 6-27。列控车载设备应根据【CTCS-4】包的信息生成制动模式曲线,控制列车在到达指定道岔前将速度降到规定值以内。该情况下,列车进入道岔区段后,不应将股道 TC11 末端设置为停车目标点,而应保持道岔侧向最大允许速度,在列车进入 TC11 轨道电路后,根据接收到的轨道电路信息,生成新的 LMA 和制动模式曲线。【CTCS-4】包只在接收到 U2S、UUS 信号的情况下有效。

7)防溜逸控制

列车停车后,列控车载设备具有防溜逸控制功能。

(3)限速处理

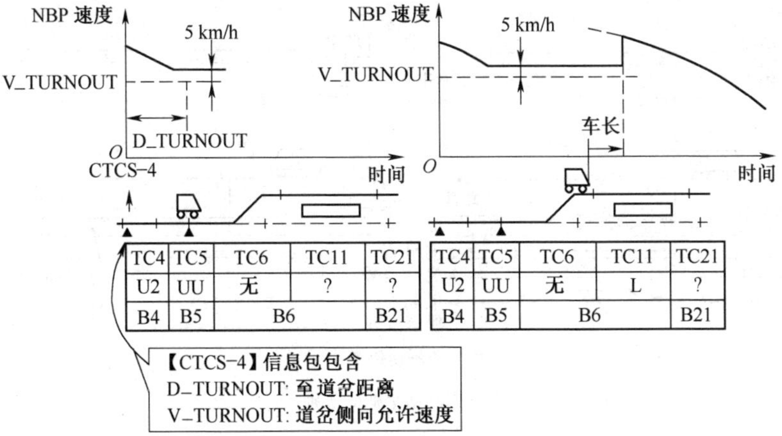

图 6-27　大号码道岔的处理方法

列控车载设备根据来自有源应答器的 TSR 信息，生成以限速位置为终点的制动模式曲线。生成曲线时需要考虑坡度条件，无坡度信息时按最大可能坡度处理。如果在接收的限速作用范围 L_TSRarea 使用完后未接收到新的限速信息，列控车载设备将 NBP 设置为 50 km/h 并应触发最大常用制动，如图 6-28 所示。

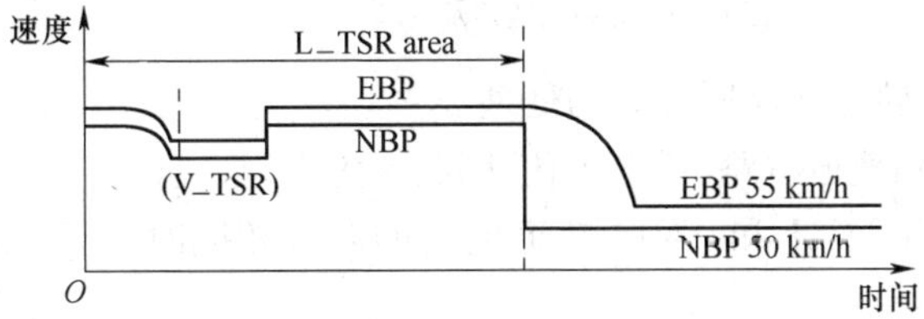

图 6-28　限速处理

(4)司机制动优先与设备制动优先的区别

在司机制动优先时，增加了 PSP 速度，且在列车运行速度低于 REL 速度后司机操作缓解按键后停止输出制动命令。车站侧线接车时即使设定为设备制动优先，也自动按照司机制动优先的方式控制。

CSM 区的控制过程如图 6-29 所示，左图为输出预警音后，司机操作制动手柄减速，右图为输出预警音后，司机没有操作制动手柄时的列车运行情况。

WSP 和 REL 均为 NBP－5 km/h。除上述区别外，司机制动优先与设备制动优先均相同。

(5)应答器链接

从应答器接收链接信息【ETCS-5】包后，列控车载设备通过对距离的测量，判断预定位置的测距窗口中是否找到下一个应答器。未接收到应答器时，列控车载设备应根据从前一个应答器接收到的【ETCS-5】包中规定的丢失后的措施进行处理，并对应答器丢失进行报警和记录，示意图如图 6-30。

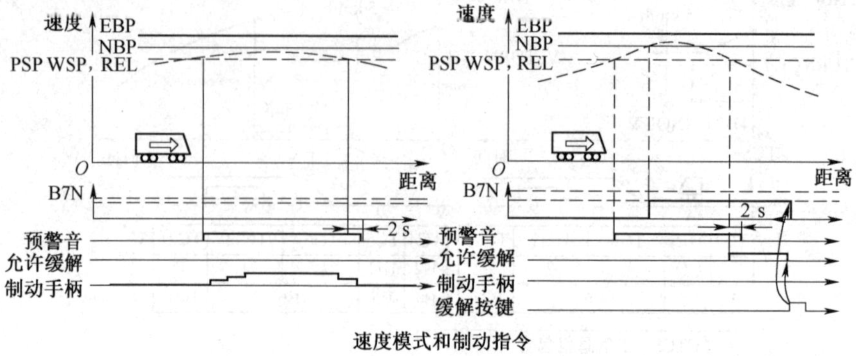

图 6-29　是否操作制动手柄的区别

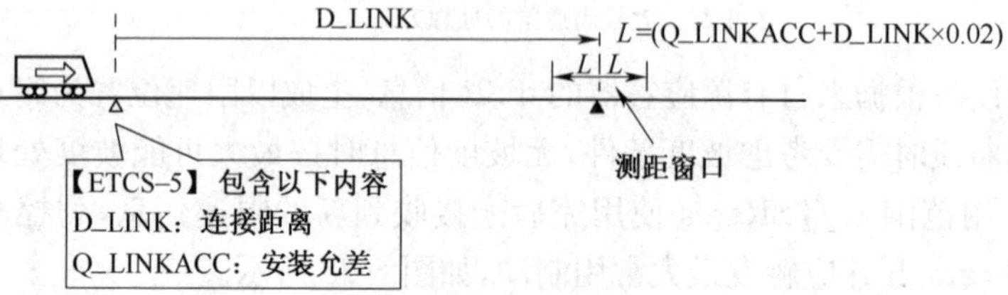

图 6-30　应答器链接及处理

(6)相邻闭塞分区轨道电路同载频的处理

以进站信号机两侧轨道电路(或电码化)同载频为例。

如图 6-31 所示，当 TC11 和 TC13 轨道电路的载频相同时，车载设备可进行如下处理：

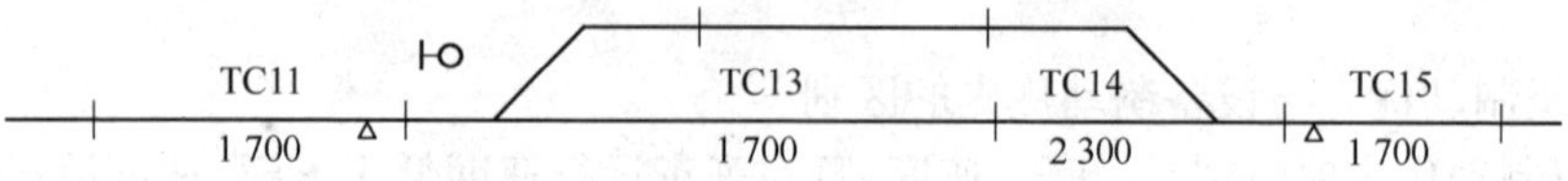

图 6-31　相邻闭塞分区轨道电路同载频

1)列车进入 TC11 轨道电路后，在 Ls11－X 前使用 TC11 的地面信号，Ls11－X 以后保持已经从 TC11 接收到的信息(VLF)如图 6-32 所示。

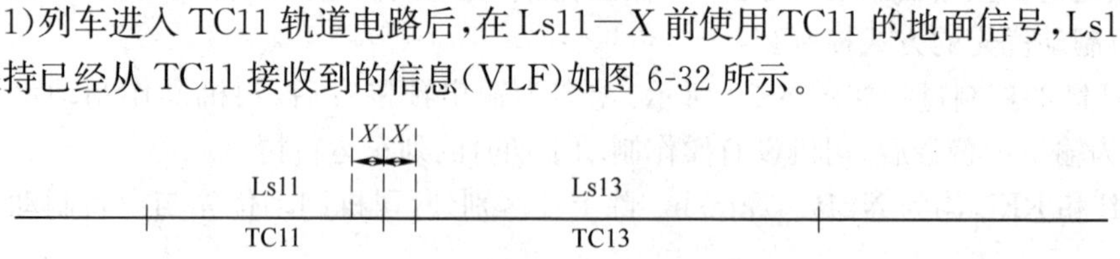

图 6-32　相邻闭塞分区轨道电路同载频的处理

2)列车在 Ls11－X～Ls11＋X 区间继续使用上述(1)所保持的信号(VLF)。在 Ls11＋X 以后，使用在 TC13 轨道电路上接收的地面信号。

(7)侧线进站时的特殊处理

接近车站时，在接近区段的轨道电路上接收到 UU、UUS 码后，废弃之前接收的除大号码道岔信息包以外的应答器信息。然后，根据从进站端应答器得到的信息进行控制。如下图6-33所示，废弃来自B应答器的信息，按照来自A应答器的信息进行控制。

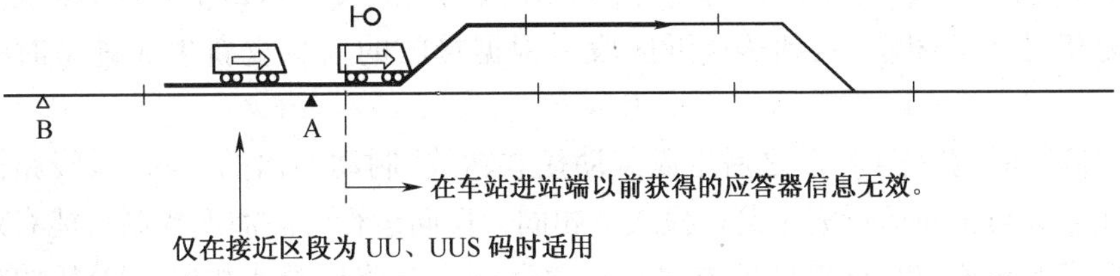

图6-33 侧线进站时的特殊处理

进站端应答器丢失时的控制：此时应转入PS模式输出最大常用制动停车，如图6-34示意。

(8)接收默认报文(【ETCS-254】)时的处理

在FS模式下，在车站进站端有源应答器接收默认报文后，正线接车或通过时，应丢弃之前接收的限速信息，按照无限速信息控制列车运行；侧线接车时，转入PS模式，输出最大常用制动。在出站端有源应答器处接收默认报文，应根据之前所接收的有效信息继续控制列车运行。

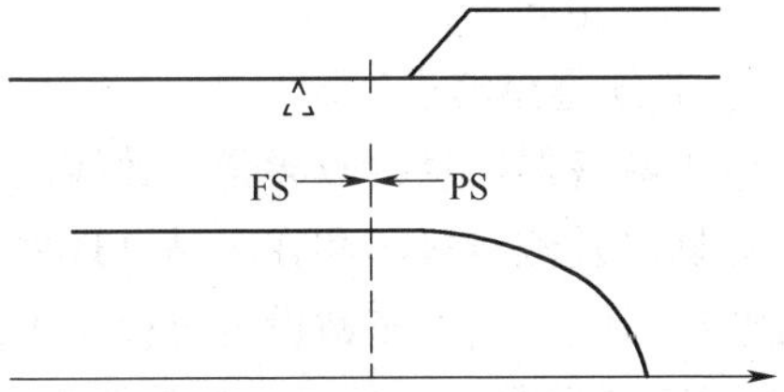

图6-34 FS转PS示意图

反向运行模式下的完全监控模式：反向运行模式是上行列车运行在下行线，或下行列车运行在上行线时，列控车载设备的工作模式。出站时，在出站端接收到有源应答器发送反向运行的信息包，列车到达该信息包指示的开始位置时，列控车载设备进入此模式。反向运行过程中，在区间除下一站接近区段外的所有轨道电路上，接收27.9 Hz的低频信息VLF，如果27.9 Hz信息掉码，列控车载设备应输出制动。

反向运行线路数据完整时，列控车载设备的工作模式为完全监控模式；当出现异常导致线路数据不完整时，列车设备可采用部分监控模式工作，其工作方式与正向运行时相同。

具备下述条件之一后，转入本模式：

1)正向运行完全监控模式下接收到应答器信息包【CTCS-3】后，列车到达该信息包所描述的反向运行起始点后转入本模式。接收到多个【CTCS-3】数据包时，使用最新数据。

列车运行到达【CTCS-3】描述的反向运行区段终点，自动转入正向运行完全监控模式。

2)在PS模式或OS模式下，接收从“当前点转入反向运行模式”的【CTCS-3】信息包并确定列车位置后，进入本模式。

对速度的监控：

列控车载设备不间断地识别自身位置，并根据来自轨道电路的信息，判断列车的停车位置，该处理逻辑与正向运行时相同。在区间接收 27.9 Hz 信息时，默认前方站进站信号机处于关闭状态，到达接近区段后根据接收的信息重新生成进站时的模式曲线。

反向运行时，获得 LMA 之后生成制动模式曲线、制动输出的方法、对线路固定限速的处理方法与正向运行完全监控模式下相同。反向运行时防溜逸控制功能有效。

本模式下限速控制有效处理方法与正向运行完全监控模式相同。DMI 的显示与正向运行的完全监控模式相同。司机制动优先与设备制动优先的不同与正向运行的完全监控模式在区间运行时相同。针对应答器链接的处理方法与在正向完全监控模式下的处理方法相同。

3. 部分监控模式(PS)

由于应答器信息接收异常导致线路数据缺失，或者由于其他原因列控车载设备无线路数据以及侧线接车和在车站办理引导接车时，列控车载设备的工作模式都定义为部分监控模式。列控车载设备可以将不同情况下的部分监控模式进一步细分。

(1)无线路数据时的部分监控模式(PS)

具备如下条件之一可转入本模式：

1)在待机模式下，司机按下启动按键后，转入本模式。

2)在完全监控模式下，侧线接车进入股道后，如果接收到股道的轨道电路信息为 UU 或 UUS，则在 NBP 为 50 km/h 或 85 km/h 后，转为本模式。

停车状态下，股道的轨道电路信息由 HU 变为 UU 或 UUS，转换为本模式。

3)在 FS 模式中，如果线路数据不足，转为本模式。

4)当车站办理侧线接车进路，如果进站端应答器信息接收失败或进站有源应答器发送默认报文，列控车载设备转入本模式。

本模式下，根据来自轨道电路的信息对应的速度产生固定速度模式曲线。各信息对应的模式速度定义如表 6-2、图 6-35 所示。

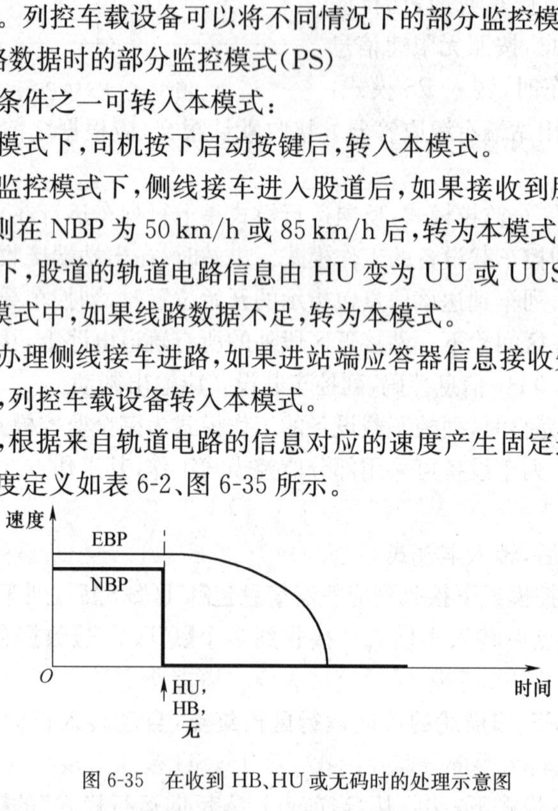

图 6-35　在收到 HB、HU 或无码时的处理示意图

表 6-2 各信息对应的模式速度

轨道电路信号	预警速度(W)	常用制动核对速度(NBP)	紧急制动核对速度(EBP)
UU	45 km/h	50 km/h	55 km/h
UUS	80 km/h	85 km/h	90 km/h
L5	45 km/h	50 km/h	55 km/h
L4	45 km/h	50 km/h	55 km/h
L3	45 km/h	50 km/h	55 km/h
L2	45 km/h	50 km/h	55 km/h
L	45 km/h	50 km/h	55 km/h
LU2	45 km/h	50 km/h	55 km/h
LU	45 km/h	50 km/h	55 km/h
U2	45 km/h	50 km/h	55 km/h
U2S	45 km/h	50 km/h	55 km/h
U	45 km/h	50 km/h	55 km/h
HU	0 km/h	0 km/h(注)	0 km/h(注)
H	0 km/h	0 km/h	0 km/h
HB	(80) km/h→20 km/h (注)	(85) km/h→25 km/h (注)	(90) km/h→30 km/h (注)
无码及其他	0 km/h(有例外)	0 km/h(有例外)	0 km/h(有例外)

注:接收到 HB,HU 或无码的时候,不生成停止模式,输出最大常用制动,其后,在更进一步行进的时候,输出 EB。

在本模式下,接收到 UU 码之后的无码,保持 UU 码时的控制模式,NBP 为 50 km/h。接收到 UUS 时,NBP 为 85 km/h,在之后的无码区段保持该控制模式,保持的总距离限 1 500 m,之后将 NBP 限制在 50 km/h 运行。

制动输出方法与完全监控模式时相同。本模式下防溜逸控制有效。限速控制有效。除接收 UUS 码以外,无 TSR 信息时,进行 45 km/h 的限速。接收 UUS 码后,即使无 TSR 信息,也按 80 km/h 限速,此模式最大保持距离为 1 500 m。

(2)引导接车时的部分监控模式

车站开通引导接车进路时,接近区段轨道电路发 HB 码,列控车载设备接收到 HB 码后,越过进站信号机后转入本模式,生成固定限速的模式曲线。

转入本模式条件如下:

列控车载设备工作在 FS 等模式下,当接收到轨道电路 HB 码时,生成以本闭塞分区末端为目标点且目标点 NBP 为 25 km/h 的模式曲线,当列车超过 HB 码区段末端列控车载设备的工作模式转为本部分监控模式。在 IS、SH 模式下接收到 HB 码后,忽略 HB 码。

接收轨道电路的允许行车信息后，列控车载设备自动转入无线路数据时的部分监控模式。在本模式下，司机可通过操作转入SH、IS、OS等模式。

本模式下，设备制动优先和司机制动优先对速度的监控相同。本模式下，执行NBP＝25 km/h的固定限速模式，如图6-36所示。

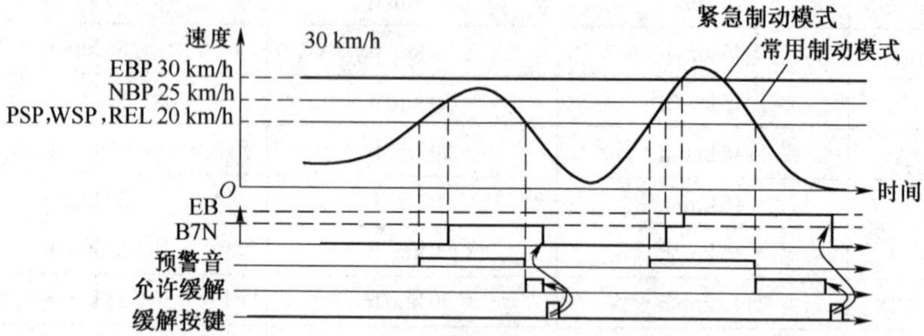

图6-36 执行NBP＝25 km/h的固定限速模式

如果司机在列车运行200 m或60 s以内不按压警惕按键，NBP变为0 km/h，触发制动。当NBP变为0 km/h后，可通过按压警惕按键，NBP恢复为25 km/h。当输出紧急制动后，只有在停车状态下，操作缓解按键来缓解紧急制动，如图6-37所示。

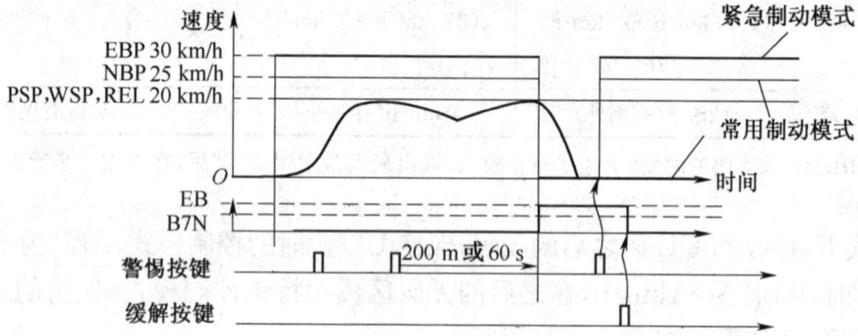

图6-37 按压警惕按键，NBP恢复为25km/h

在本模式下，防溜逸控制功能有效。但在本模式下限速控制无效。

(3)应答器信息缺失时的部分监控模式

当列控车载设备运行在FS模式、缺失应答器的线路数据时，从已知线路数据的末端开始，列控车载设备工作在本部分监控模式。在这种模式下，列控车载设备无法详细确定自己的位置，但可以识别轨道电路信息的变化获得相对距离。

以FS模式运行时，如果从应答器获得的线路数据描述的范围小于通过轨道电路信息推算的停车点、检测到应答器信息丢失、且列车速度已经降到125 km/h以下后，从FS模式转换到本模式，如图6-38所示。

在本模式下，当接收到应答器信息获得线路数据后，列控车载设备自动转入FS模式。通过司机的操作，也可以转到其他模式。

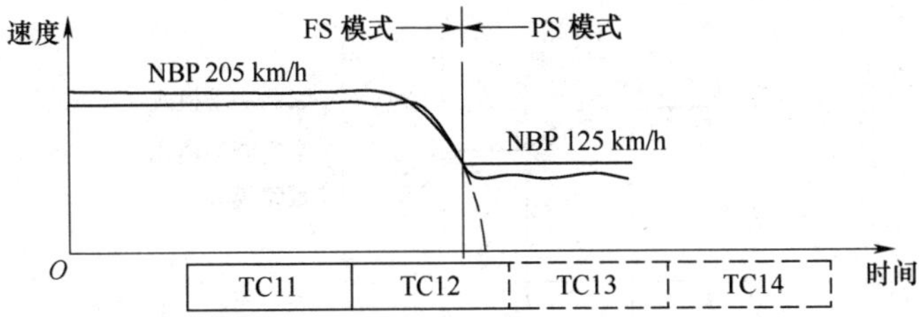

图 6-38 FS转换到PS模式

1)速度监控

本模式下,列控车载设备无法识别自身的位置,但是,能够检测到相对于轨道电路边界走行的距离。刚进入轨道电路时,根据该轨道电路的低频信息,生成制动曲线,参见表 6-3 和图 6-39。

表 6-3 轨道电路低频信息对应生成制动曲线

轨道电路信息	报警速度(WSP)	常用制动模式速度(NBP)	紧急制动模式速度(EBP)
L5	120 km/h	125 km/h	130 km/h
L4	120 km/h	125 km/h	130 km/h
L3	120 km/h	125 km/h	130 km/h
L2	120 km/h	125 km/h	130 km/h
L	105 km/h (200C为100 km/h)	125 km/h→110 km/h	130 km/h→115 km/h
LU2	85 km/h (200C为80 km/h)	90 km/h	95 km/h
LU	85 km/h (200C为80 km/h)	110 km/h→90 km/h	115 km/h→95 km/h
U2	85 km/h (200C为80 km/h)	90 km/h	95 km/h
U2S	85 km/h (200C为80 km/h)	90 km/h	95 km/h
U	85 km/h→60 km/h (200C为45 km/h)	90 km/h→65 km/h	95 km/h→70 km/h
UU	85 km/h→45 km/h (200C为45 km/h)	90 km/h→50 km/h	95 km/h→55 km/h
UUS	85 km/h→80 km/h (200C为80 km/h)	90 km/h→85 km/h	95 km/h→90 km/h
HU	60 km/h→0 km/h	60 km/h→0 km/h	70 km/h→0 km/h
H	0 km/h	0 km/h	0 km/h
HB	60 km/h→20 km/h	65 km/h→25 km/h	70 km/h→30 km/h
无信号等	0 km/h	0 km/h	0 km/h

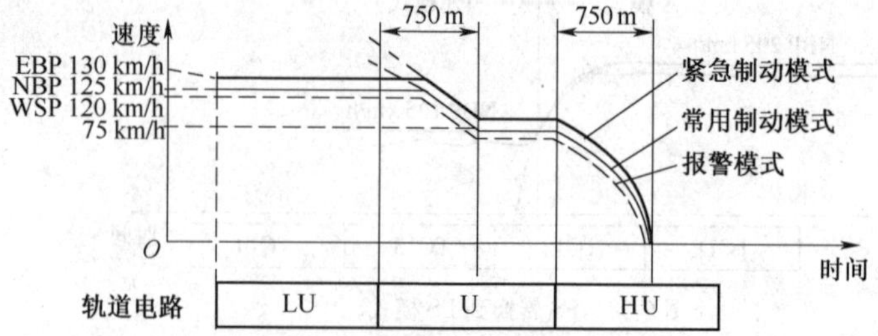

图 6-39　停车点不变时，列车运行情况

在本模式下，生成制动模式曲线时，坡度按最大可能坡度处理。制动的输出方法与FS模式相同。在本模式中防溜逸控制功能有效。

2)限速处理

本模式下，限速控制有效。在未收到TSR信息时，按45 km/h限速。

3)运用环境

完全监控模式正常运行过程中应答器信息缺失后的运行模式。

4)司机制动优先与设备制动优先的不同

设备制动优先和司机制动优先时制动输出和相应的报警不同。与在FS模式中的设备制动优先和司机制动优先的不同点相同。

5)应答器链接

该模式下，针对应答器链接的处理方法，与在FS模式下的处理方法相同。

4. 目视行车模式(OS)

在OS模式中，列控车载设备生成NBP为25 km/h的模式曲线。

当列控车载设备工作在除SB、IS、SH等模式以外的其他模式下，且以下条件全部成立时，进入OS模式：

1)从轨道电路收到的信息为HU、H、无信号、25.7 Hz、27.9 Hz中任意一个；

2)列车处于停车状态；

3)条件1)、2)同时满足并持续120 s后，按下目视行车按键。

当轨道电路信息不是HU、H、HB和无信号(包含25.7Hz，27.9Hz)中的任意一个时，列控车载设备应能自动转出该模式。如果能确定列车位置，则转入FS模式。

(1)速度监控

处于目视行车模式时，列控车载设备产生NBP为25 km/h的模式曲线。如果司机在200 m或60 s内未按压警惕按键，列控车载设备生成NBP为0 km/h的模式曲线，输出制动。按下警惕按键后，列控车载设备重新生成NBP为25 km/h的模式曲线。一旦输出紧急制动，应持续保持输出制动指令，司机需在停车状态下，操作缓解按键以缓解制动，参见图6-40。

在本模式下，防溜逸控制功能有效。

(2)限速处理:在本模式中,限速控制无效。

(3)运用环境:在地面设备出现故障时使用本模式。本模式为司机负责行车安全的模式,车载设备仅控制列车最高运行速度。

(4)司机制动优先与设备制动优先的不同:本模式下,只采用司机制动优先。

(5)应答器链接:本模式下针对应答器链接的处理方法,与在 FS 模式下的处理方法相同。

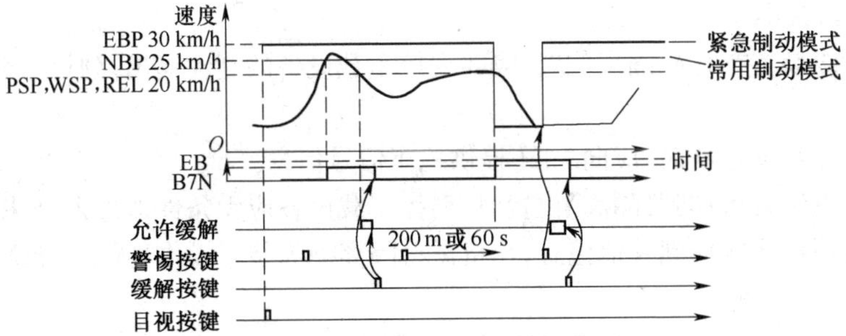

图 6-40 在 OS 模式下的速度监控

5. 调车监控模式(SH)

司机按下调车键后,列控车载设备进入调车模式,生成 NBP 为 45 km/h 的固定速度模式曲线。列车速度一旦超过该限制速度,列控车载设备输出制动。当从车站进、出站端的应答器接收调车危险【ETCS-132】信息时,列控车载设备输出紧急制动。

转入本模式的条件如下:除 IS 模式、机车信号状态以外,列车在停车状态时、司机按下调车键,列控车载设备即可进入 SH 模式。

在本模式下,列车在停车状态时、司机可再次按压调车键退出调车模式转入 SB 模式。

(1)对速度的监控

列控车载设备生成 NBP 为 45 km/h 的固定速度模式曲线。如果接收到调车危险信息包【ETCS-132】,列控车载设备输出紧急制动。列车停车后,司机按压缓解按键可缓解紧急制动,紧急制动缓解后,列控车载设备转入 SB 模式,见图 6-41。

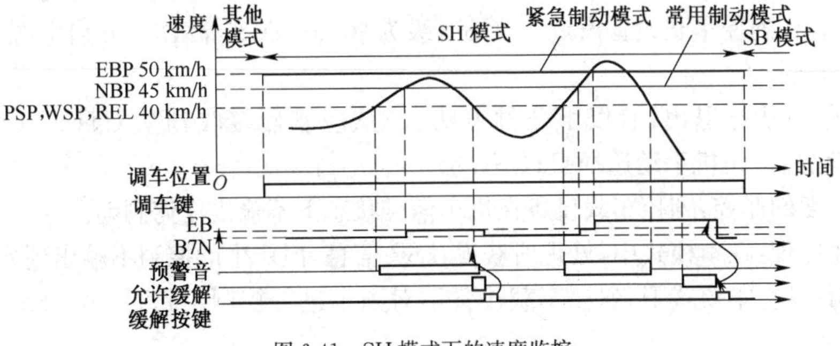

图 6-41 SH 模式下的速度监控

(2)限速处理:在该模式中,不处理限速信息。

(3)运用环境:本模式用于进行调车作业。列车在 40 km/h 以下的运行安全由司机负责。

(4)司机制动优先与设备制动优先的不同:该模式下,只采用司机制动优先。

(5)应答器链接:本模式下应答器链接无效。

(6)向后时的动作:速度监控与向前时相同。

6. 隔离模式(IS)

将隔离操纵装置操作到隔离位置,隔离列控车载设备的制动输出,列控车载设备转入本模式。

当机车信号功能正常时,应向 LKJ 提供机车信号信息。

将隔离操纵装置操作到【隔离】位置时,列控车载设备应无条件地进入 IS 模式。

如果要从该模式转换到其他模式,司机需将隔离操纵装置操作到【正常】位置,列控车载设备转入 SB 模式。

(1)对速度的监控:列控车载设备不进行速度监控。

(2)限速处理:无限速处理。

(3)运用环境:通过操作隔离操纵装置进入本模式。本模式下,列控车载设备不输出制动指令。

(4)司机制动优先与设备制动优先的不同:在本模式中,两者无区别。

(5)应答器链接:该模式下,不对应答器链接进行处理。

7. 模式之间的转换

模式之间的转换参见表 6-4。

8. 机车信号工作状态

在 LKJ 控车时,列控车载设备工作在机车信号状态,向 LKJ 提供机车信号信息,不输出制动。在机车信号状态下,STM 和 BTM 的信息接收功能、位置识别功能有效。接收到相应信息后,列控车载设备应能转换到 CTCS-2 工作状态。

具备下列条件之一时,可转入到本工作状态:1)从应答器接收到从 CTCS-2 切换到 CTCS-0 的信息;2)在 CTCS-2 区段,列车运行速度低于 160km/ h 时,司机手动选择 CTCS-0 级;3)在列控车载设备设定 CTCS-0 级为默认 CTCS 等级时,开启电源后自动进入本工作状态。

从机车信号状态退出,有以下几种方法:1)从应答器接收到从 CTCS-0 切换到 CTCS-2 的信息;2)司机手动选择 CTCS-2 级。

(1)对速度的监控:列控车载设备在机车信号状态下不输出任何制动。

(2)限速处理:在本模式中,处理所获得 TSR 信息,但产生的控制不输出到列车。

(3)运用环境:本模式下,列控车载设备不对列车进行控制。此时,由 LKJ 设备控制列车运行。

表6-4 模式转换表

		A	B	C	D	E	F
	→	待机 SB	完全控制 FS	部分监控 PS	目视行车 OS	调车 SH	隔离 IS
1	待机 SB		—	启动键	—	调车键∩停车	隔离→隔离
2	完全控制 FS			侧线发车时U应答器信息丢失 U引导接车	目视键∩停车∩停车信息	调车键∩停车	隔离→隔离
3	部分监控 PS	—	通过应答器时确定位置		目视键∩停车∩停车信息	调车键∩停车	隔离→隔离
4	目视行车 OS	—	允许行车信息∩确定位置	允许行车信息∩(未确定位置)		调车键∩停车	隔离→隔离
5	调车 SH	[调车键∩(接收132包∩缓解键)]∩停车	—	—	—		隔离→隔离
6	隔离 IS	隔离→正常	—	—	—	—	

(4)司机制动优先与设备制动优先的不同:在本模式中,两者无区别。

(5)应答器链接:该模式下,不处理应答器链接。

6.3.6 故障状态下的运行方式

1. 轨道电路信息缺失时的处理

(1)区间运行时

接收不到轨道电路信息时,如果是由HU码转换为无码,则列控车载设备触发紧急制动,如果是由其他码转为无码,则列控车载设备触发常用制动。司机与调度员取得联系,将列控车载设备转为目视行车模式。在调度员许可下,列车以不高于20 km/h的速度运行。当列车运行至前方接收到轨道电路信息后,则应自动转入FS或PS模式。

(2)车站正线接车时

如果列车进站后在站内正线接车进路上接收不到轨道电路信息,与(1)的处理方法相同。

在列车进入车站前,站内轨道电路发生故障时,车站办理引导接车进路列控车载设备转入部分监控模式运行。

(3)车站正线发车时

与区间运行时的处理方式相同。

(4)车站正线通过时

与区间运行时的处理方式相同。

(5)车站侧线接车时

在侧线股道接收不到轨道电路信息时,列控车载设备按照默认在股道末端前停车保持模式曲线,控制列车运行和防止列车超速行驶。

(6)车站侧线发车时

侧线发车时,当侧线股道的轨道电路故障、无信号时,列车不能正常发车。司机与调度员取得联系,在调度如可后,司机将工作模式切换为OS模式,从车站发车。发车后,若能收到应答器信息,则列控车载设备切换到FS模式,在正常状态下运行。

(7)反向运行时

反向运行在区间27.9 Hz信息接收异常时,列控车载设备采用与正向运行时接收不到轨道电路信息相同的方式处理。

2. 应答器信息缺失时的处理

(1)无源应答器信息丢失

1)无源应答器信息丢失

应答器信息丢失、线路信息覆盖充足时,列控车载设备应正常运行,发出应答器丢失的报警,同时进行记录。

应答器信息丢失导致前方线路信息不足时,列控车载设备将其已经接收到的线路数据的末端作为LMA点,据此生成制动模式曲线并按照在该点之前停车控制列车运行。其间,当具备转入应答器信息缺失的PS模式的条件时,转换为应答器信息缺失的部分监控模式继续运行。

2)级间切换应答器信息丢失

级间切换预告点应答器信息丢失时,列控车载设备应在接收执行点应答器信息后立即进行级间切换。与正常情况的区别是不能进行级间切换的预告提示,同时应对应答器信息丢失进行报警、记录。级间切换执行点应答器信息丢失时,列控车载设备应在由预告点应答器指定的级间切换位置进行级间切换。运行情况与正常运行时相同,应对应答器信息丢失进行报警、记录。

级间切换预告点、执行点应答器均丢失时,列控车载设备不能进行自动切换,应保持其原工作等级继续运行。

(2)进站端有源应答器信息丢失

在正线接车或正线通过时,如果进站端有源应答器信息丢失,线路数据方面对控制列车没有影响。只是,由于没有限速信息,此后列车无法以正常速度运行,应产生NBP为50 km/h的制动模式曲线。当列车从出站端处的有源应答器接收到限速信息后,应恢复正常运行状态。

侧线接车时，如果进站端有源应答器信息丢失，列控车载设备应转入 PS 模式，输出最大常用制动命令。之后，司机在得到调度许可后，应能够切换为 OS 模式运行。

(3)出站端有源应答器信息丢失

当列车通过车站时，应对行车无影响。

当列车从车站始发时，列控车载设备生成 NBP 为 50 km/h 的制动模式曲线。

3. 车载设备故障时的处理

BTM、STM、DMI 速度传感器整体故障导致安全计算机不能正常工作或安全计算机故障时，列控车载设备输出紧急制动。如果列车需要继续运行，需将列控车载设备切换为隔离模式。

4. 故障显示

列控车载设备发生故障时，通过 DMI 显示故障文本信息，如表 6-5 所示。

表 6-5　DMI 显示的故障文本信息

内　　容	输 出 时 机	备　　注
VC 故障	VC 故障的时候	
STM 故障	STM 故障的时候	
BTM 故障	BTM 发生故障时	

6.3.7　CTCS 级间切换

1. 从 CTCS-2 级到 CTCS-0 级

(1)对地面条件的要求

在距离切换点适当的位置铺设无源应答器，列控车载设备从该应答器接收到【ETCS-41】信息包。

在切换点之后一定距离内应为 ZPW-2000 系列轨道电路，长度应大于列车从 160 km/h 制动到 0 km/h 所需的制动距离。

在预告点，DMI 输出向 CTCS-0 级切换预告文本和级间切换语音。在切换点，控车模式切换到 LKJ，切换成功后，输出提示音和进入 CTCS-0 级文本信息。

(2)切换失败的处理

如果未能自动进行 CTCS 级间切换，有以下两种可能性。

1)在通过切换点时，列控车载设备正在输出制动，将不能切换为 LKJ。

2)未正常接收级间切换预告和执行点应答器信息或列控车载设备故障时，不能切换为 LKJ 控车方式。

在上述 1)的情况下，在列控车载设备的制动缓解时，应自动切换为 CTCS-0 级(LKJ 控车)。

在上述2)的情况下,条件允许时,司机手动进行切换。列控车载设备未输出制动或列车在停车状态下可进行手动切换。

2. 从CTCS-0级到CTCS-2级

(1) 对地面条件的要求

在距离切换点适当的位置设置无源应答器,列控车载设备从该应答器接收到【CTCS-41】信息包。

在预告点,DMI输出向CTCS-2级切换预告文本和级间切换语音。在切换点,控车权由LKJ切换到列控车载设备,切换成功后,DMI输出提示音并输出进入CTCS-2级的文本信息。

(2) 切换失败的处理

如果不能进行CTCS级间切换,有以下两种可能性:

1)在通过切换点时,LKJ输出制动,将不能切换为CTCS-2级。

2)列控车载设备未接收到切换信息或者列控车载设备故障时,不能切换为CTCS-2级。

在上述1)的情况下,在LKJ制动缓解时,应自动切换为CTCS-2级。

在上述2)的情况下,条件允许时,司机手动进行切换。

3. 其他级间切换

(1) 从CTCS-0级到TVM430

CTCS-0级与TVM430之间的切换是通过点式环线实现的。车载设备从点式环线中收到“上载”信息后,车载设备转入TVM430。

(2)从TVM430到CTCS-0级

当车载设备从点式环线中收到“下载”信息后,车载设备转入CTCS-0级。

(3)CTCS-0级到TVM430或TVM430到CTCS-0级自动切换:在停车状态下,由司机手动切换。

思　考　题

1. 叙述对CTCS-2级列控系统的总体要求。
2. 叙述对CTCS-2级列控系统的组成。
3. 分别叙述对进站端处和出站端处有源应答器的控制内容。
4. 解释轨道电路低频信息表。
5. 简述CTCS-2级列控车载设备的六种工作模式及特点。
6. 简述CTCS-2级列控车载设备对反向运行时的要求。
7. 在CTCS-2系统中,信号集中监测系统采集并处理的内容是什么?
8. 简述CTCS-2级列控中心与CTC/TDCS站机通过P口交换的信息。

9. 根据图 6-15,叙述方向切换继电器切换时机。

10. 简述两个相邻列控中心间通信的内容。

11. 名词解释

(1)安全计算机 VC。

(2)测速测距单元 SDU。

(3)应答器信息接收模块 BTM。

(4)轨道电路信息接收模块 STM。

(5)运行记录单元 DRU。

(6)列车接口单元 TIU。

(7)待机模式(SB)。

(8)完全监控模式(FS)。

(9)调车监控模式(SH)。

(10)目视行车模式(OS)。

(11)部分监控模式(PS)。

(12)隔离模式(IS)。

12. 描述载频锁定功能及各种载频锁定方法的相互关系。

13. 画图说明在设备制动优先时,模式曲线与制动指令之间的关系。

14. 画图说明在司机制动优先时,模式曲线与制动指令之间的关系。

15. 叙述在 FS 模式下,应答器链接处理的原则。

16. 分别叙述(1)从 CTCS-2 级到 CTCS-0 级;(2)从 CTCS-0 级到 CTCS-2 级;(3)其他级间切换的要求和切换失败的处理。

7 应答器系统原理及应用

7.1 概　　述

随着列车运行速度的不断提高，绝大多数铁路发达国家在160 km/h以上的线路上的ATP系统均在不同程度上采用了点式应答器设备，以解决连续信息不足的问题。因为在基于TBTC的高速运行的环境下，如果还采用分段制动控制方式，形成制动—缓解—再制动—再缓解……的多次制动过程，难以进一步缩短运行间隔；其次，在没有预告的情况下就进行最大常用制动，虽然可以保证行车安全，但乘坐舒适度不好；第三，线路上运行不同制动性能的列车，为了保证安全，闭塞分区长度一般按照制动性能最差的列车选定。因此，对于制动性能好的列车就会发生不必要的过早制动，影响行车效率。因此，对列车实行一次制动控制方式，列车追踪间隔可以根据列车制动性能、车速、线路条件调整，可以提高混跑线路的通过能力。这种方式称为目标距离模式曲线，是一种更理想的控制模式，它比较适用于各种不同性能和速度列车的混合运行，其追踪运行间隔要比分级速度控制小，减速比较平稳，旅客的舒适度也要好些。

要实现一次模式曲线控制列车运行，其车载设备需由地面设备提供大量信息，如列车运行前方区间空闲状态、列车位置、距目标点的距离、列车运行前方的线路情况（包括道岔限速、曲线限速、坡道限速等），以及列车进正线、侧线信息等。如果这些信息全部依靠轨道电路连续传送，由于轨道电路特性所限，难以完成。而采用连续式轨道信息加点式信息传送方式，即构成点连式列控系统，可以较好地解决这个问题。

应答器(Balise)作为高速率、大信息量的点式数据传输设备，可以用于列车安全防护、道口控制、定位停车、车种识别、进路预排、临时限速及其他各种限速、报公里标、电力机车分相自动转换及受电弓自动控制等方面。因此，应答器是一种极具综合利用价值的可以广泛使用的基础信号设备，其运用潜力巨大，可以达到一次投入综合利用与综合服务的目的，从总体经济效益上，投入产出比是相当可观的。

7.2 应答器系统组成

7.2.1 名词术语

1. 天线单元

是车载点式传输单元,其主要功能是通过空气间隙传输和/或接收信号。

2. 应答器

是使用磁收发器技术的轨旁点式传输单元,其主要功能是通过空气间隙传输和/或接收信号。应答器是独立装置。

3. 应答器传输模块

是处理上行链路和下行链路信号与报文的车载模块,它与车载 ATC/ATP 总线及天线单元接口。

4. 下行链路

定义为欧洲应答器传输子系统中构成车载数据总线至 LEU 通信所需的全部功能。

5. 固定数据

定义为与列车交换的数据,且只能通过重新配置来改变,即:正常运行期间数据不能改变。

6. 固定报文

上行链路应答器中具有的固定数据的报文。

7. 磁收发器技术

是在发送器和接收器间的空气间隙中使用磁耦合技术传输数据的一种方法,在欧洲应答器传输子系统中,接口"A"使用磁收发器技术来实现。

8. 远程供电

是通过产生磁场,由车载设备为轨旁应答器提供电源的一种方法。

9. 上行链路

定义为欧洲应答器传输子系统中构成从信号和电源匹配功能,或直接从固定数据应答器,到接口 B_1 通信所需要的全部功能。

10. 默认报文

当 LEU 无有效数据时,由可变上行链路应答器发送的报文。

7.2.2 系统构成

应答器由地面、车载两部分设备构成,其中各个设备通过不同的接口连接。

1. 地面设备

(1) 应答器地面设备包括:地面无源应答器和地面电子单元(LEU)连接构成地面

有源应答器。

(2)地面应答器通过接受应答器车载天线传递的载频能量获得电能量使地面应答器中的信号发生器工作，将事先存储在地面应答器中的数据发送出去。

(3)通过连接的地面电子单元(LEU)，可实时更新地面应答器中存储的数据，实现地面应答器对变化数据的传输。

2. 车载设备

应答器车载设备包括：车载天线、应答器传输模块 BTM。

(1)车载天线(BTM 天线)

车载天线是一个双工的收发天线，既要向地面连续发送 27.095 MHz 的高频电磁能量，以激活地面应答器，还要接收地面应答器发送的数据报文。

机车天线接收到地面载频信号后，经过应答器传输模块的数字解调、报文还原等，由串行通信接口向"车载列控设备"传送。车载天线具有自检和断线检查功能。

(2)应答器传输模块 BTM

由载频发生器、功率放大器和解码器构成。

1)载频发生器与功率放大器用于产生激活地面应答器所需的载频能量并通过车载天线传递给地面应答器。

2)解码器用于对地面应答器信息的接收、滤波、数字解调与处理以及相关数据的传输。

处理好的数据通过相应的接口在约定的接口协议下传送至相关的设备，如 ATP 设备，显示设备或无线设备。

3. 传输结构

应答器是一个点式地对车信息传输设备，可应用于 CTCS-1～CTCS-4 各级列车运行控制系统，以下为应答器系统的结构框图。

当车载应答器天线在有效作用范围内时，地面应答器需发送连续的信息。应答器发送的信息形成一个无缝的报文信息流，该报文由同步码、有效信息以及校验码组成。报文的长度根据运用的区段定义。一个应答器只能发送一种长度的报文。

7.2.3 系统功能

1. 系统主要设备及相关工具

应答器系统主要设备及相关工具包括：地面无源应答器、地面有源应答器、地面电子单元(LEU)、车载天线、应答器传输模块(BTM)、报文编码工具、应答器无线读写工具等。

2. 各接口功能

(1)"A"接口定义

"A"接口为地面应答器与车载天线设备间的通信接口，其接口定义对确保不同应

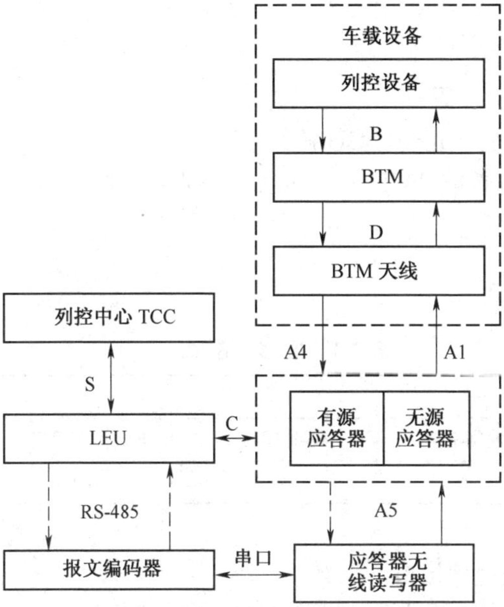

图 7-1　应答器系统结构框图

答器设备间互联互通以及信息传输的高效、安全、可靠具有重要的意义。它具有以下功能：① 车载天线设备向地面应答器提供电磁能量；② 地面应答器向车载天线设备发送数据报文；③ 无线读写器对地面应答器读写数据报文。

1)物理层

①接口 A1

应答器将数据报文向车载天线发送，采用频移键控调制 FSK；

中心频率：$(f_H+f_L)/2=4.234\,\text{MHz}\pm200\,\text{kHz}$；

逻辑 0(f_L)：3.951 MHz；

逻辑 1(f_H)：4.516 MHz；

频偏：$(f_H-f_L)/2$ 282.24×(1±5 %) kHz；

平均速率：564.48 kbit/s 。

②接口 A4

车载天线向应答器发送能量信号；

信号为连续波形；

磁场频率为 27.095 MHz±5 kHz。

③接口 A5

应答器编程接口，由 BEPT 对应答器读写报文，三种信号用于编程；

27 MHz 远程供电信号；

4.2 MHz 上行链路信号；

9 MHz 编程信号。

2)逻辑层

① 编码方式:BCH 循环码

② 校验方式:85 bit 循环冗余(BCH 码)

③ 同步方式:块控制首部(BCH—Block Control Header)

④ 报文码长:1023 bit

⑤ 可用码长:830 bit

⑥ 报文格式:见表 7-1

表 7-1 报 文 格 式

1	3	4	5	6
Sd 用户报文	Cb 控制报文	Sb 扰码报文	Esb 修正码报文	BCH 校验报文
83×11=913 bit	3 bit	12 bit	10 bit	85 bit

(2)“C”接口

为 LEU 与应答器间通信接口。

LEU 从 TCC 收消息,这些消息被转换成上行链路欧洲报文并通过接口 C 传送给应答器,应答器将报文传送给通过列车的车载设备。车载设备发送下行链路报文,由应答器接收,然后通过接口 C 转给 LEU。

1)接口 C1

LEU 至有源应答器的数据传输。

波形和位编码:信号是微分 Bi-相位级(DBPL:双向差分电平编码)编码,参见图 7-2。

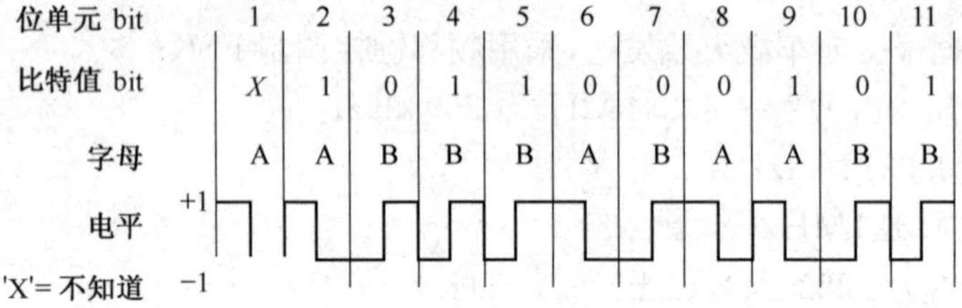

图 7-2 DBPL 编码

位值的确定在两步完成,第一步将每比特单元中心相移转换成字母,从+1 到−1,偏移转换成“A”,从−1 到+1 偏移转换成“B”。第二步把当前字母与前一个比较,如果相等,当前位值为“1”,如果不等,位值为“0”。平均数据速率:564.48 kbit/s。

2)接口 C4

应答器向 LEU 传送被激活的信号(有列车通过),车载天线经过时,应答器产生低阻信号,如图 7-3 所示。

① 阻抗改变持续时间为:最小 200 μs,最大 350 μs。

②应答器负载阻抗变化:信号未触发负载阻抗的大小为 150 Ω<$|Z|$<300 Ω[相关

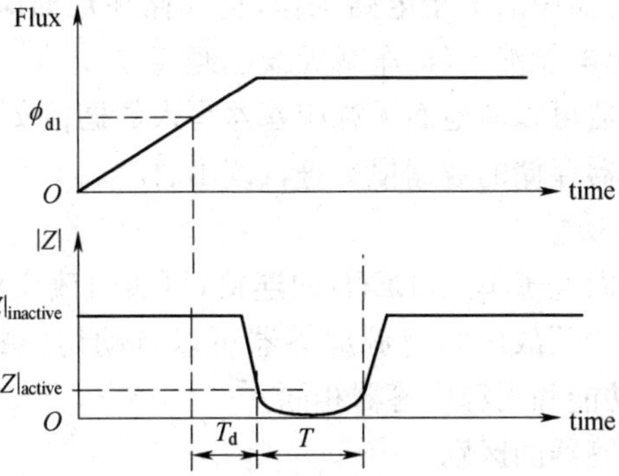

图 7-3 磁通和应答器阻抗

频带,(8.820±0.1) kHz];信号触发负载阻抗的大小为 $|Z|<15\ \Omega$[相关频带,(8.820±0.1) kHz]。

3)接口 C6

LEU 向有源应答器提供接口工作电压。三个接口信号在一对双绞线电缆上传输。

信号为正弦波,频率为:(8.820±0.1) kHz。

(3)"S"接口

接口"S"为地面电子单元(LEU)与车站列控中心 TCC 的有线通信接口,LEU 根据外部信息变化,向地面有源应答器发送相应数据报文。

接口"B"为应答器系统与车载列控设备间的有线通信接口,将解码后的数据传给车载列控设备。接口"D"为车载天线与应答器传输模块间的设备内部接口。

3. 系统主要用途及工作流程

应答器系统的主要用途,是向"列车控制设备"提供可靠的地面固定信息和可变信息。其主要工作流程如下:

由编码工具按照欧洲应答器编码标准将用户报文转换成应答器传输报文,并存储到 LEU 中或应答器无线读写器中。应答器无线读写器向应答器写入报文。

列控中心通过接口"S"给 LEU 提供列车控制信息,LEU 将对应的应答器传输报文通过接口"C"发送给有源应答器。

当列车经过有源应答器或无源应答器时,在车载天线的电磁能量作用下,将应答器激活,应答器通过接口"A"向车载天线发送数据报文。

车载天线通过接口"D",将接收到的数据信号传送给应答器传输模块 BTM,应答器传输模块经过滤波、放大、解调后,对接收到的数据进行解码,还原得到用户报文。

应答器传输模块 BTM 通过接口"B"发送用户报文到车载列控设备。

4. 地面无源应答器功能

当列车经过无源应答器上方时,无源应答器接收到车载天线发射的电磁能量后,将其转换成电能,使地面应答器中的电子电路工作,把存储在地面应答器中的1023位数据报文循环发送出去,直至电能消失(即车载天线已经离去)。

通过应答器无线读写器可以向地面无源应答器写入数据报文。通过应答器无线读写器可以对地面无源应答器存储的数据报文进行读出、校核。

5. 地面有源应答器能功

有源应答器通过与地面电子单元(LEU)的连接,可实时改变传送的数据报文。当与LEU通信故障时(接口“C”故障),有源应答器可以自动切换到无源应答器工作模式,发送缺省报文。其他功能和无源应答器相同。

无源应答器与有源应答器的区别:

(1)二者外观相同,但有源应答器多了连接电缆。

(2)发送的信息:1)无源应答器发送自身预存信息;2)有源应答器发送自LEU来的信息,当电缆断线时发送自身预存信息(默认报文)。

6. 地面电子单元(LEU)功能

LEU是一种数据实时采集与处理单元,当获得车站进路和相关信息,包括接车进路、发车进路、通过进路、运行方向、股道号等数据变化时,将变化后的数据相对应的数据报文传送给有源应答器。

当LEU与列控中心之间出现通信故障时(接口“S”故障),可以向有源应答器发送缺省报文,并给出报警信号。

LEU可实时监测与地面有源应答器间的通信状态,一旦LEU与地面有源应答器通信中断,LEU可以向列控中心等设备发送故障信息,并给出报警信号。

LEU除根据外部控制条件发送存储的数据报文功能外,还可将地面列控中心等设备传送的数据报文直接向有源应答器发送,以解决数据存储量的限制和临时报文的发送。

车站地面列控中心等设备可对地面电子单元(LEU)中存储的数据报文内容进行读取、更新操作。

7. 车载天线功能

车载天线是一个双工的收发天线,既要向地面连续发送27.095 MHz的高频电磁能量,以激活地面应答器,还要接收地面应答器发送的数据报文。

机车天线接收到地面载频信号后,经过应答器传输模块的数字解调、报文还原等,由串行通信接口向“车载列控设备”传送。车载天线具有自检和断线检查功能。

7.2.4 应答器系统技术指标和应用环境

1. 应答器技术指标

运行温度范围:-40℃到+70℃;

振动:根据EN 50125;

抗振:EN 60068;

抵抗行人踩踏:以 2000 N 的最大力在安装的应答器上行走;

湿度范围:根据 EN 60721,等级 4K3;

压力范围:根据 EN 60721,等级 4K3;

防护等级:根据 EN 60529,IP68 环境分类;

生物:根据 EN 60721,4B2;

机械:根据 EN 60721,4S4;

绝缘:EN 50121－4:2 000;

失效率:$\lambda = 2.869\times10^{-6}$/h / +40 ℃;

使用寿命:大于 20 年;

安全性:根据 EN 50129,满足电气系统安全完善度等级 4(SIL4)。

2. 应答器应用环境

应用环境,参见表 7-2。

表 7-2　应答器应用环境

材料	规格	应答器的顶层(mm)	材料	规格	应答器的顶层(mm)
		A 级			A 级
水	清澈的	200	泥浆	不含盐	50
	含 0.1 %的 NaCl	100		含盐,0.05%的 NaCl	50
雪	新鲜的,0℃	300	铁矿石	赤铁矿(Fe_2O_3)	20
	潮湿的,含 20 %的水分	300		磁铁矿(Fe_3O_4)	20
冰	无孔	100	铁尘 1	制动产生的铁粉	10
道砟	石头	100	煤尘	含 8%的硫磺	10
沙子	干燥的	20	油和油脂		50
	潮湿的	20			

3. LEU 技术指标

使用温度范围:－40℃ ～＋70℃;

冷却:自然对流;

防护等级:IP 21(至少按照 IP 54 在机柜中安装);

振动:EN 50125-3;

电磁兼容性 EMC:EN 50121-4:2000;

绝缘: EN 50124-1:2 000;

平均无故障时间 MTBF:＞ 100 000 h,温度 40 ℃时;

使用寿命:＞ 22 年,40 ℃情况下;

安全性:SIL 4,根据 EN 50129,EN 50126 (RAMS), 以及 EN 50128 (SW)。

7.3 应答器工作原理

应答器系统是一种采用电磁感应原理构成的高速点式数据传输设备，用于在特定地点实现地面与机车间的相互通信。安装于两根钢轨中心枕木上的地面应答器不要求外加电源，平时处于休眠状态，仅靠瞬时接收车载天线的功率而工作，并能在接收到车载天线功率的同时向车载天线发送大量的编码信息。安装于机车底部的车载天线不断向地面发送功率并在机车通过地面应答器时接收来自应答器的编码信息。

7.3.1 电磁感应的基本原理

1. 天线的估算

机车天线与地面应答器(天线)，是应答器系统的关键部件。它的主要功能是：能量频率与信息载频相互耦合与传递，在全双工通信中，同时会有三个频率在工作。

新研制的天线技术条件是：天线辐射扇面大于 150°，耦合效率高(6%～10%)，体积小，垂直作用距离大于 500 mm，水平作用距离大于 900 mm。

在小于 30 MHz 的系统中，电场起次要作用，而近距离的磁场将起主导作用。现只对近距离的磁场进行简略分析。机车 BTM 天线与应答器天线的耦合关系，如图 7-4 和图 7-5 所示。

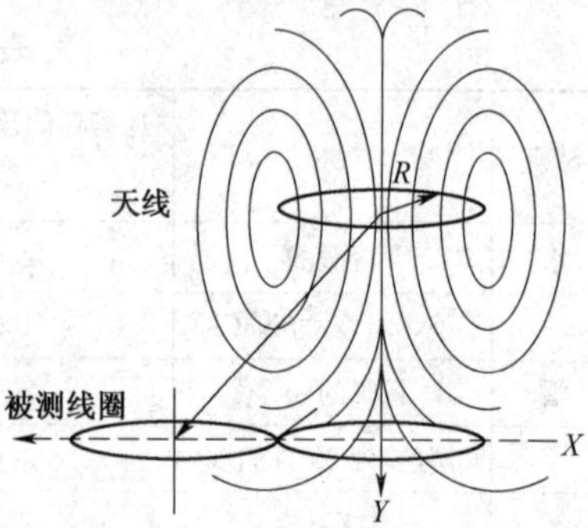

图 7-4　天线与应答器之间的作用原理图

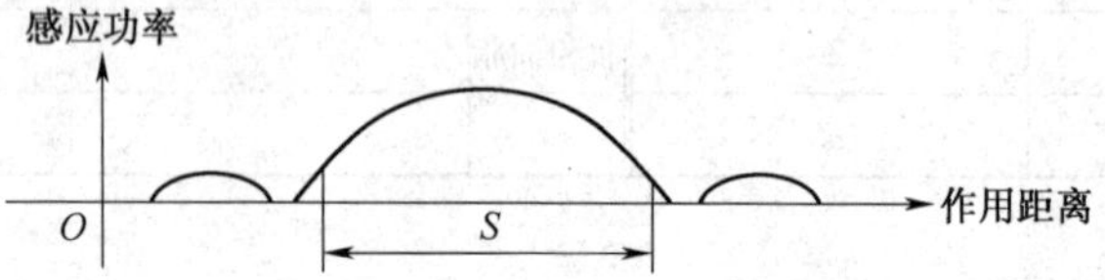

图 7-5　感应电压与作用距离曲线

对无源应答器来说，系统的供电必须从感应电压获得，在应答器线圈中，应答器最小动作(临界工作)磁场强度 $H_{\min}$，应由下列公式求出：

$$H_{\min}=\frac{\mu_2\sqrt{[\frac{\omega\cdot L_2}{R_L}+\omega\cdot R_2\cdot C_2]^2+[1-\omega^2\cdot L_2\cdot C_2+\frac{R_2}{R_L}]^2}}{\omega\cdot\mu_0\cdot A\cdot N}$$

在频率、线圈结构确定的条件下，根据上μ_2式可计算出应答器临界动作的最小磁场强度，再借助于耦合系数，最后可求出机车天线应辐射的磁场强度，进而求出天线发射功率。

2. 传输速率的选取

当机车与应答器相互作用时，能读取尽可能多的数据是主要目的。要实现这一目的不仅与数据传输速率有关，还与作用距离有关，是二者的乘积。公式如下：

$$收码总量\ M=作用时间\times传输速率$$

当数据传输速率选取较低时，数据传输慢，但是通道带宽可取较窄，能提高抗干扰能力，并且应答器可以设计达到较远的传输距离。

当数据传输速率选取较高时，数据传输快，但是系统需要增加带宽，使应答器系统的作用距离变近。这是因为应答器线圈与谐振电容共同组成串联谐振回路，品质因数 Q 是一个重要指标，Q 高谐振回路的电流就高，作用距离就远。当传输速率选取较高时，所需要的带宽 B_w 就要增加，而 Q 必须降低，Q 与 B_w 成反比。公式如下：

$$B_w=\frac{f}{Q}$$

带宽 B_w 决定了 Q 的取值范围，也决定了调制载波的边频分量，如果 Q 选取过高，调制波的边带因带宽不够可能大大衰减，以致缩短了作用距离。从另一方面讲传输速率高，载频就要高，无源应答器耗能增加，负载电阻减小，从上节最小动作磁场强度 H_{min} 的公式也可得出结论，负载电阻 R_2 减小，应答器动作磁场强度就要加大(作用距离变近)。

信息量的制定是根据机车驶过地面作用点时，接收到的码元总位数决定的。接收到的码元总位数多少又取决于作用时间与传输速率的乘积。

以列车时速 300 km/h 为例计算，列车每 1 ms 走行 83.3 mm。欧洲型应答器(传输速率为 565 kbit/s，最大信息量为 1 023 bit)最大作用时间为 5.4 ms(最大作用距离为 450 mm，$T=450\div83.3=5.4$ ms，电路启动时间忽略不计)。

收码总量 $M=5.4$ ms $\times$ 565 kbit/s $=$ 3 051 bit；可重复接收到的帧数为 3 051 bit $\div$ 1 023 bit $=$ 2.98(帧)。

我国设计天线的水平作用距离至少为 900 mm(实际大于 1 m)，仍以上述列车时速 300 km/h 为例计算，作用时间为 10.8 ms($T=900\div83.3=10.8$ ms，电路启动时间忽略不计)；收码总量 $M=10.8$ ms $\times$ 400 kbit/s $=$ 4 320 bit；可重复接收到的帧数为 4 320 bit $\div$ 1 280 bit $=$ 3.375(帧)，大于完整 3 帧，已满足计算机译码要求。若取传输速率为 512 kbit/s，则收码总量可大于完整 4 帧。

如果在满足计算机译码要求(帧数冗余)的条件下，传输速率由 512 kbit/s 降为 400 kbit/s，带宽可减小，Q 可提高 20%，增加抗干扰能力(提高信噪比)至少增加 20%。而且作用距离也增加 20%，收码总量也不会明显减少，这样可增加可靠性，减小误码率。

7.3.2 应答器工作过程

1. 无源应答器

无源应答器主要由能量转换电路、频率合成器、信息存储电路组成。框图如图 7-6

所示。

车载天线向地面连续辐射 27.095 MHz 的高频电磁能量，地面无源应答器的高频界面一旦接收到电磁能量后立即激活工作，ROM 区的数据经过时钟控制电路，送往频率合成器，由频率合成器产生相位连续的 FSK 数据载频信号，再经高频界面将信号向机车天线传送。整个工作过程，构成了完善的数字调频系统，特别是应答器中的专用电路“频率合成器”，它既保证了频点的准确性，又保证了 FSK 的相位连续性。无源应答器的频率与机车能量发送器同步，应答器启动时间为 0.3 ms，无源应答器所需要的最小工作能量为 30 mW，而应答器与机车天线相互垂直作用时，最大可得到 400 mW 的能量。

2. 有源应答器原理

有源应答器的设计与无源应答器相似，如图 7-7 所示，但数据来自地面电子单元(LEU)。

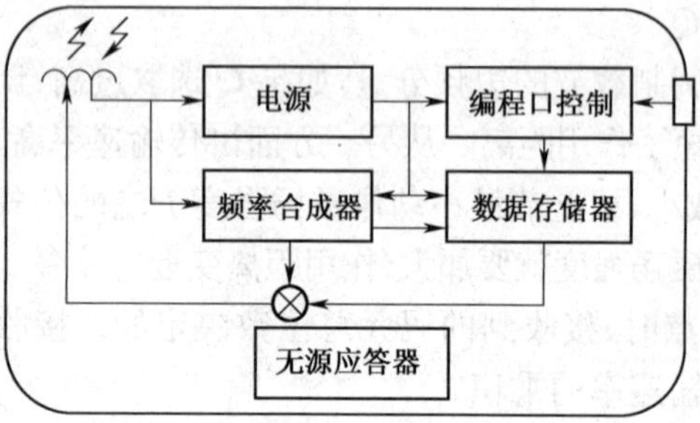

图 7-6　无源应答器组成框图

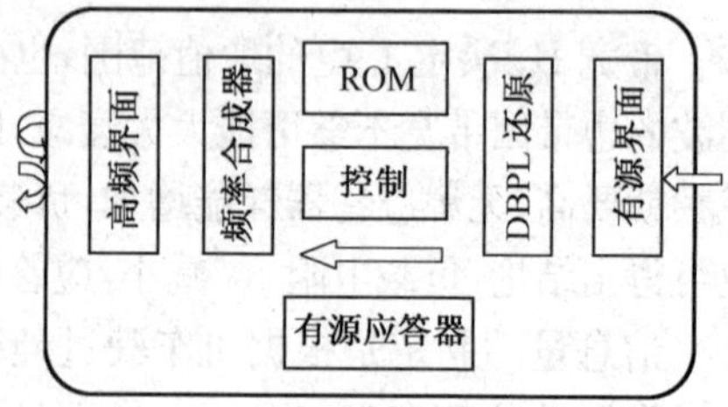

图 7-7　有源应答器原理框图

有源应答器的“DBPL 解码电路”使用的电源是由接口“C”提供(8.82 kHz)的。当地面电子单元(LEU)与有源应答器连接故障时，有源应答器可切换到无源工作模式，即当接收到车载天线发送的能量时，可提供存储的缺省报文。

7.3.3　编码解码原理

1. 报文的形成

报文的形成过程，参见图 7-8。

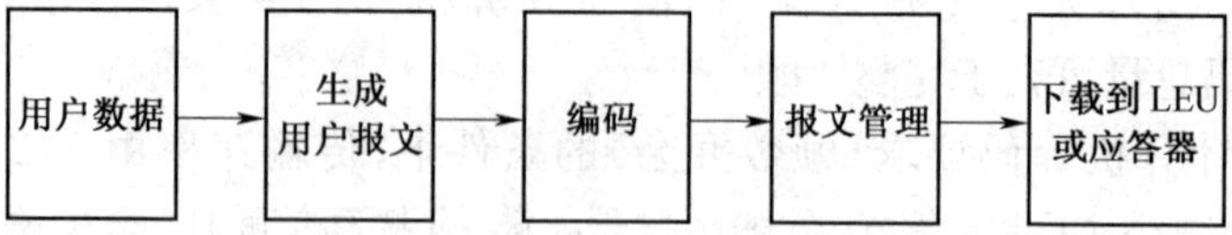

图 7-8　报文的形成

其中：

(1) 用户数据：按部文要求准确填写“用户数据表”；

(2) 生成用户报文：按系统要求、设计文件生成应答器用户报文(830 bit)；

(3) 编码：按要求生成应答器传输报文(1 023 bit)；

(4) 数据管理：每个应答器、LEU 对应专门的传输报文；

(5) 下载：由专业人员用专门设备(BEPT)向应答器写入报文。

2. 报文格式

用户报文〈830 bit〉的格式(信息帧)为：

报文头(50 bit)；

信息(数据)包 1；

信息包 2；

…

…

信息包 n (共 772 bit)；

结束包(8 bit)；

报文结构(信息帧)如表 7-3 所示。

表 7-3 用户报文结构(信息帧)

序号	名称	变量	字节位	备　注
1	帧标志	Q_UPDOWN	1	信息传送的方向 (0=车对地,1=地对车)
		M_VERSION	7	语言/代码版本编号 (000 0001=V1.0)
		Q_MEDIA	1	信息传输媒介 (0=应答器,1=环线)
		N_PIG	3	本应答器在应答器组中的位置 (000=1,111=8)
		N_TOTAL	3	应答器组中所包含的应答器数量 (000=1,111=8)
		M_DUP	2	本应答器信息与前/后应答器信息的关系
		M_MCOUNT	8	报文计数器(0～254) (255=报文适应同一组的所有应答器)
		NID_C	10	地区编号(高 7 位=大区编号,低 3 位=分区编号)
		NID_BG	14	应答器编号(高 6 位=车站编号,低 8 位应答器编号)
		Q_LINK	1	应答器的链接关系 (0=不链接,1=链接)
2	用户信息包		772	
3	信息结束		8	=1111 1111 表示信息帧结束

3. 报文编码方法

列控中心给 LEU 发送的信息必须采用报文的形式，这些报文是用符合一定规范的初始用户数据，经过信道编码算法产生的。对用户数据进行信道编码的目的是：提高应答器与车载设备间的无线信道传输的安全性。

(1) 欧洲标准应答器报文定义

初始用户数据共 830 bit，分为 3 个部分：帧起始标志、用户数据包和帧结束标志。

帧起始标志有 50 bit,包含 10 个变量字段:信息传输方向、语言/代码版本编号、信息传输媒介、本应答器在应答器组中的位置、应答器组中包含的应答器数量、本应答器信息与前/后应答器信息的关系、报文计数器、地区编号、应答器(组)编号和应答器(组)的链接关系,如表 7-3 所示。用户数据包有 772 bit,有 11 种用户数据包类型:应答器链接、线路坡度、线路速度、等级转换、CTCS 数据、调车危险、轨道区段、临时限速、区段反向运行和大号码道岔。帧结束标志有 8 bit。

830 bit 的初始用户数据经过 FFFIS 信道编码算法(应答器编码算法)处理后,变成 913 bit 的成型数据,再加上算法中用到的一些参数(包括:3 bit 控制位、12 bit 扰码位、10 bit 附加成形位和 85 bit 校验位),就形成了 1 023 bit 的长报文(图 7-9)。该报文由应答器发送出去(FSK 调制模式),经过车载设备的接收和译码,最终还原成初始用户数据。

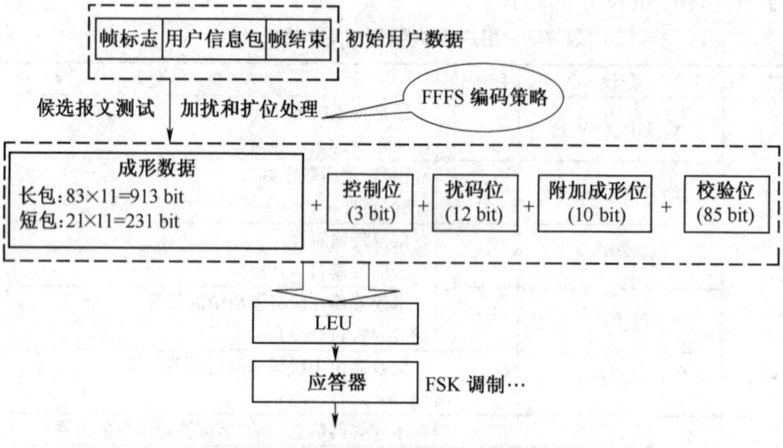

图 7-9　欧洲标准应答器报文定义

(2) 应答器报文编码算法的特点:

1)兼容两种报文长度:1 023 bit(长包)和 341 bit(短包)。

2)大量自由的信息位:分别为 830 bit(长包)和 210 bit(短包),其中的某些位被预留,作为报文传输系统的更高级的应用,如区分上行和下行报文。

3)对于不同类型的传输错误具有可证明的安全保证。对于随机的位错误、突发错误、丢位、插位以及这些错误的组合,此种编码方式都能够提供完全安全的防范。同时,它也特别注意了报文变化和报文误解等潜在的问题。

4)报文的所有位反转后仍然可以被译码器识别。

5)不需要在报文的开始传送起始帧(或结尾帧)。

6)对于未知的将来的格式变化具有兼容性。

(3) 应答器报文编码算法

整个编码算法包括两个部分:候选报文的生成、候选报文的测试。图 7-10 是算法流程。

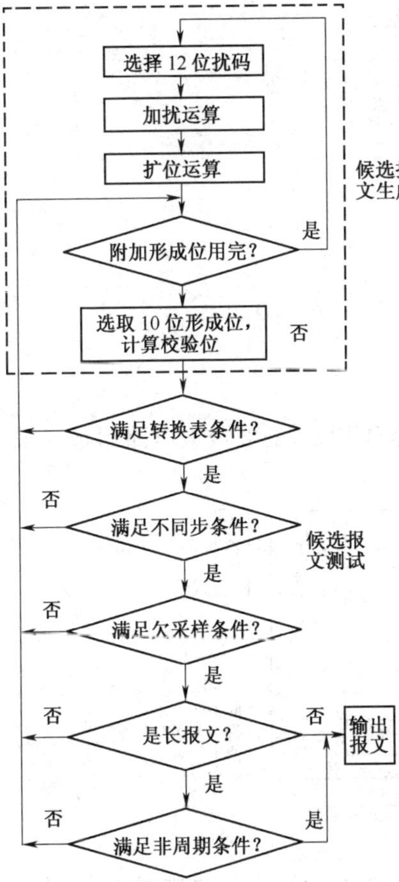

图 7-10 欧洲标准应答器报文编码算法流程

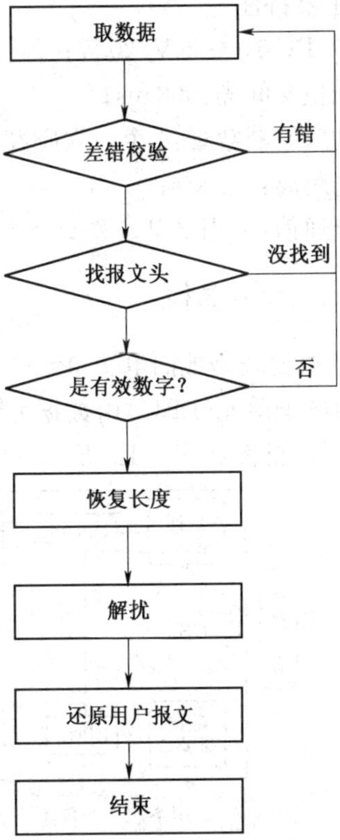

图 7-11 解码过程

4. 解码原理

解码是编码的逆过程,解码过程参见图 7-11。

7.4 LEU的工作原理及报文读写工具

本节以 ALSTOM 公司地面电子单元(LEU)为例,进行说明。

7.4.1 LEU 的主要特性

1. 用途

(1)通过 RS-485/RS-422 串行接口 S 实现从 TCC 收发报文。

(2)通过电缆(接口 C)完成向有源应答器发送报文。

(3)检测外部电缆状态包括断线,短路两种状态。

(4)记录状态信息向 TCC 或 BEPT 提供维护数据。

2. 主要特性

电源:DC 10～36 V/20 W;

获取报文间隔:500 ms;

驱动应答器数量:4 个独立应答器;

传输距离:3.5 km;

安全通信:采用 FBFS/2 安全协议。

7.4.2 LEU 结构

1. 双机比较型地面电子单元(LEU)

地面电子单元(LEU)由数据采集电路、控制电路(CPU)、滤波放大电路组成。采用双机校核,框图如图 7-12 所示。

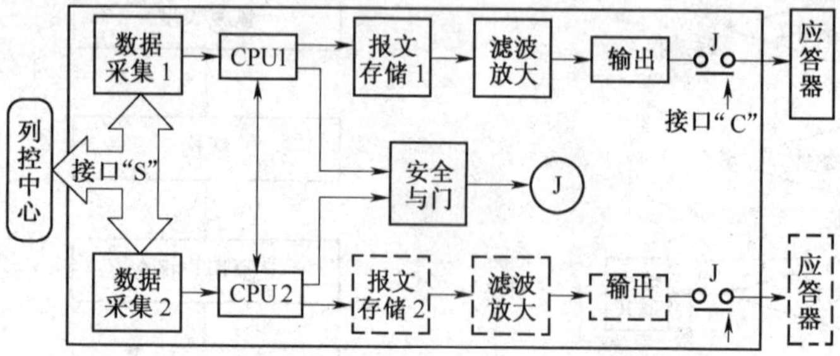

图 7-12　双机比较型地面电子单元(LEU)原理框图

利用安全与门控制继电器的吸起、落下状态,通过继电器的节点,控制主备发码板之间的切换。

信道单元及控制电路是将信息载频解调,对数据进行 CRC 校验,还要将现场采集的可变信息,进行处理,选择相应的报文,并通过逻辑编码电路,编制 DBPL 码,经滤波放大电路后,发送给有源应答器。

当地面电子单元(LEU)与列控中心之间通信故障时,可以向有源应答器提供缺省报文。

2. 2×2 取 2 型地面电子单元(LEU)

2×2 取 2 型地面电子单元(LEU)主要由发码板(主备)、电源板、功放板构成,其原理框图如图 7-13 所示。

2×2 取 2 型电子单元(LEU)与双机校核型电子单元,系统功能完全相同,但在通信通道、数据处理、报文选择发送等模块都采用了 2×2 取 2 冗余结构,使系统有更高的可用性,可靠性,安全性。

电源板主要是将输入的外界电源,经转换后,给系统提供稳定的 24 V 和 5 V 电源。

其中发码板有两块,硬件和软件完全一致,同时工作,分别完成其内部两块 CPU 数

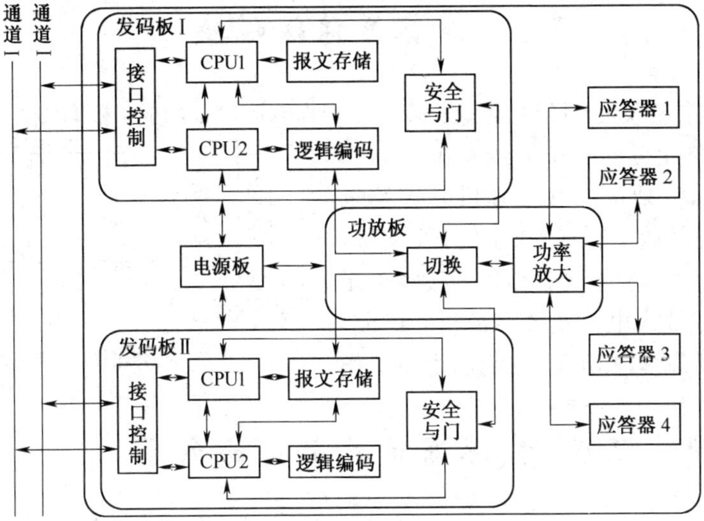

图 7-13　2×2 取 2 型地面电子单元原理框图

据的接收、运算和比较，最后控制安全与门继电器的状态，达到输出的安全性。主备两块发码板之间的切换是通过继电器的逻辑组合完成，最终达到只有一组数据输出。

功放板主要是对数据信号和 8.82 K 的信号进行滤波、放大，达到系统输出要求，发送给有源应答器。

7.4.3　报文读写工具

对 LEU 和应答器的编程和维护测试等任务由报文读写工具来完成，ALSTOM 公司的报文读写工具 BEPT 特性如下。

1. 功能

(1)应答器编程(读、写、校验报文)；

(2)LEU 编程(读、写、校验报文)；

(3)对应答器全面测试；

(4)下载 LEU 维护数据；

(5)接口模拟(包括接口 A、C、S)。

2. 连接

(1)与应答器之间的无线接口；

(2)与应答器连接(采用连接器)；

(3)与有源应答器的电缆连接；

(4)与 LEU 输出设备连接；

(5)与 LEU 接口“S”连接。

7.5 应答器传输模块

应答器传输模块BTM由能量发送单元、接收单元、DSP组成。框图如图7-14所示。

能量发送单元可向机车天线发送27.095 MHz电磁信号，为地面应答器提供时钟及电源。接收单元是接收应答器发射的FSK信号，并还原成码元信号，再向DSP传送。接收单元主要由专用集成放大电路及数字锁相环组成，利用正交平方环原理，相干解调码元，电路工作于数字解调方式。

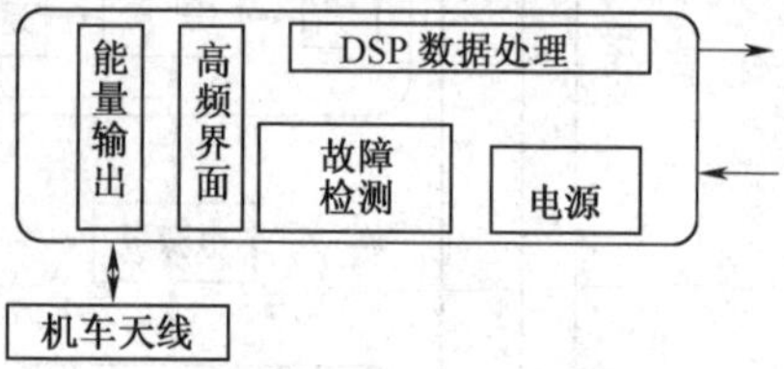

图7-14　传输模块原理框图

7.6 应答器用户数据的形成

每一个应答器中的用户信息包是根据实际应用的需要，由1个或几个不同的信息模块组合而成。信息包种类包括：

(1) 应答器链接包:【ETCS-5】;

(2) 线路坡度信息包:【ETCS-21】;

(3) 线路速度信息包:【ETCS-27】;

(4) 级间切换信息包:【ETCS-41】;

(5) 用户数据包:【ETCS-44】;

(6) 特殊区段信息包:【ETCS-68】;

(7) 调车危险信息包:【ETCS-132】;

(8) 轨道区段信息包:【CTCS-1】;

(9) 临时限速信息包:【CTCS-2】;

(10) 区间反向运行信息包:【CTCS-3】;

(11) 大号码道岔信息包:【CTCS-4】。

默认报文包引用了【ETCS-254】，报文结束标志包【ETCS-255】只是一个信息包编号。在报文定义中，信息包中的变量名称是唯一的，并且都有一个前缀，不同前缀代表不同的含义，参见表7-4。信息包的结构参见表7-5，均含有一个唯一的包编号、方向信息、信息包所包含的数据位数以及可选的距离标尺和包含系列定义的变量的信息区。

7.6.1 应答器链接信息包

数据内容参见表7-6。

表 7-4 变量种类

D_	距离	NC_	等级编号
G_	坡道	NID_	识别号
L_	长度	Q_	限定
M_	其他	V_	速度
N_	编号		

表 7-5 用户信息包的结构

编号	NID_PACKET	信息包的标识码	编号	NID_PACKET	信息包的标识码
方向	Q_DIR	指出信息对哪个运行方向是有效的	标尺	Q_SCALE	距离/长度的分辨率
长度	L_PACKET	信息包所包含的数据位数	信息	…	系列变量

表 7-6 应答器链接信息包【ETCS-5】结构

序号	变量名	位数	说明
1	NID_PACKET	8	信息包标识码＝0000 0101
	Q_DIR	2	验证方向 (00＝反向,01＝正向,10＝双向,11＝备用)
	L_PACKET	13	信息包位数
	Q_SCALE	2	距离/长度的分辨率 (00＝10 cm,01＝1 m,10＝10 m)
2	D_LINK	15	到下一个链接应答器(组)的距离
	Q_NEWCOUNTRY	1	下一个链接应答器(组)与前一个的地区关系 (0＝相同,1＝不同)
	NID_C	10	地区编号(Q_NEWCOUNTRY＝1)
	NID_BG	14	应答器(组)编号(下一个应答器)
	Q_LINKORIENTATION	1	列车通过被链接应答器(组)时的运行方向 (0＝反向,1＝正向)
	Q_LINKREACTION	2	当链接失败时,ATP 采取的措施 (00＝紧急制动,01＝常用制动,10＝没有反应,11＝备用)
	Q_LINKACC	6	链接应答器允许的安装偏差(0～±63 m,分辨率＝1 m)
3	N_ITER	5	包含链接应答器(组)的数量
	D_LINK(k)	15	到下一个链接应答器(组)的距离增量
	Q_NEWCOUNTRY(k)	1	下一个链接应答器(组)与前一个的关系 (0＝相同,1＝不同)
	NID_C(k)	10	地区编号(Q_NEWCOUNTRY＝1)
	NID_BG(k)	14	应答器(组)编号(下一个应答器组)
	Q_LINKORIENTATION(k)	1	列车通过被链接应答器(组)时的运行方向 (0＝反向,1＝正向)
	Q_LINKREACTION(k)	2	当链接失败时,ATP 采取的措施 (00＝紧急制动,01＝常用制动,10＝没有反应,11＝备用)
	Q_LINKACC(k)	6	链接应答器允许的安装偏差(0～±63 m,分辨率＝1 m)

7.6.2 线路坡度信息包

数据内容参见表 7-7。

表 7-7 线路坡度信息包【ETCS-21】结构

序号	变量名	位数	说 明
1	NID_PACKET	8	信息包标识码=0001 0101
	Q_DIR	2	验证方向 (00=反向,01=正向,10=双向,11=备用)
	L_PACKET	13	信息包位数
	Q_SCALE	2	距离/长度的分辨率 (00=10 cm,01=1 m,10=10 m)
2	D_GRADIENT	15	到下一个坡度变化点的距离
	Q_GDIR	1	坡度识别(0=下坡或平坡,1=上坡)
	G_A	8	安全坡度(分辨率=1‰,最大=254‰)[255=非数字值,告知当前坡道的描述在 D_GRADIENT(*n*)结束]
3	N_ITER	5	包含坡度变化点的数量
	D_GRADIENT(k)	15	到下一个坡度变化点的距离增量
	Q_GDIR(k)	1	坡度识别(0=下坡或平坡,1=上坡)
	G_A(k)	8	安全坡度(分辨率=1‰,最大=254‰)

7.6.3 线路速度信息包

数据内容参见表 7-8。

表 7-8 线路速度信息包【ETCS-27】结构

序号	变量名	位数	说 明
1	NID_PACKET	8	信息包标识码=0001 1011
	Q_DIR	2	验证方向 (00=反向,01=正向,10=双向,11=备用)
	L_PACKET	13	信息包位数
	Q_SCALE	2	距离/长度的分辨率 (00=10 cm,01=1 m,10=10 m)
2	D_STATIC	15	到下一个速度变化点的距离
	V_STATIC	7	线路最大允许列车运行速度(分辨率=5km/h)
	Q_FRONT	1	允许运行速度对车头、车尾的有效性 (0=尾有效,如:进入升速区段;1=头有效,如:进入降速区段)
	N_ITER	5	包含列车类型的数量
	NC_DIFF(n)	4	列车类型 (0000=主动摆式,0001=被动摆式,0010=对交叉风敏感的)

续上表

序号	变量名	位数	说　　明
2	V_DIFF(n)	7	列车最大允许运行速度(分辨率＝5 km/h) [127＝非数字值,当前线路速度的描述在 D_STATIC(*k*)结束]
3	N_ITER	5	包含速度变化点的数量
	D_STATIC(k)	15	到下一个速度变化点的距离增量
	V_STATIC(k)	7	线路最大允许列车运行速度(分辨率＝5 km/h) [127＝非数字值,当前线路速度的描述在 D_STATIC(*k*)结束]
	Q_FRONT(k)	1	允许运行速度对车头尾的有效性 (0＝尾有效,如:进入升速区段;1＝头有效,如:进入降速区段)
	N_ITER(k)	5	包含列车类型的数量
	NC_DIFF(k,m)	4	列车类型 (0000＝主动摆式,0001＝被动摆式,0010＝对交叉风敏感的)
	V_DIFF(k,m)	7	列车最大允许运行速度(分辨率＝5 km/h)

7.6.4 级间切换信息包

数据内容参见表 7-9。

表 7-9 级间切换信息包【ETCS-41】结构

序号	变量名	位数	说　　明
1	NID_PACKET	8	信息包标识码＝0010 1001
	Q_DIR	2	验证方向 (00＝反向,01＝正向,10＝双向,11＝备用)
	L_PACKET	13	信息包位数
	Q_SCALE	2	距离/长度的分辨率 (00＝10 cm,01＝1 m,10＝10 m)
2	D_LEVELTR	15	到等级转换点的距离
	M_LEVELTR	3	转换的 CTCS 等级 (000＝0 级,001＝001＝1 级,010＝2 级,011＝3 级,100＝4,101＝TVM430)
	NID_STM	8	CTCS-0/1/2 轨道电路信息码序定义 0000 0001＝ L5-L5-L4-L3-L2-L-LU-U-HU 0000 0010＝ L5-L5-L4-L3-L2-L-LU-LU2-U-HU
	L_ACKLEVELTR	15	等级转换预告区段的长度
3	N_ITER	5	包含等级转换点的数量
	M_LEVELTR(k)	3	转换的 CTCS 等级 (000＝0 级,001＝001＝1 级,010＝2 级,011＝3 级,100＝4,101＝TVM430)
	NID_STM(k)	8	CTCS-0/1/2 轨道电路信息码序定义 0000 0001＝ L5-L5-L4-L3-L2-L-LU-U-HU 0000 0010＝ L5-L5-L4-L3-L2-L-LU-LU2-U-HU
	L_ACKLEVELTR(k)	15	等级转换预告区段的长度

7.6.5 用户数据包

数据内容参见表7-10。

表7-10 用户数据包【ETCS-44】与CTCS数据包的嵌套使用

名　称	变　量	含　义
编号	NID_PACKET	【ETCS-44】信息包的标志码
方向	Q_DIR	指出【ETCS-44】信息对哪个运行方向是有效的
长度	L_PACKET	【ETCS-44】和CTCS信息包所包含的数据位数
编号	NID_PACKET	CTCS信息包的标志码
方向	Q_DIR	指出CTCS信息对哪个运行方向是有效的
长度	L_PACKET	CTCS信息包所包含的数据位数
信息	……	系列变量信息区

7.6.6 特殊区段信息包

数据内容参见表7-11主要为桥梁、隧道、无电区段、无线盲区等特殊区段信息。

表7-11 特殊区段信息包【ETCS-68】结构

序号	变量名	位数	说　明
1	NID_PACKET	8	信息包标识码=0100 0100
	Q_DIR	2	验证方向 (00=反向,01=正向,10=双向,11=备用)
	L_PACKET	13	信息包位数
	Q_SCALE	2	距离/长度的分辨率 (00=10 cm,01=1 m,10=10 m)
2	Q_TRACKINIT	1	恢复初始状态(进入特殊区段)的要求 (0=没要求,1=有要求)
	D_TRACKINIT	15	到恢复初始状态开始点的距离(Q_TRACKINIT=1)
	D_TRACKCOND	15	到特殊轨道区段的距离(Q_TRACKINIT=0)
	L_ TRACKCOND	15	特殊轨道区段的长度(Q_TRACKINIT=0)
	M_TRACKCOND	4	特殊轨道区段定义(Q_TRACKINIT=0) 0000=禁停:隧道 初始状态:允许停车(无隧道) 0001=禁停:桥梁 初始状态:允许停车(无桥梁) 0010=禁停:其他 初始状态:允许停车 0011=无电区间:落下受电弓 初始状态:有电区间 0100=无线盲区 初始状态:有无线通信 0101=全气密区间 初始状态:无气密要求 0110=关闭再生制动 初始状态:再生制动打开 0111=关闭涡流制动 初始状态:涡流制动打开 1000=关闭磁铁制动 初始状态:磁铁制动打开 1001=无电区间:关闭主电源 初始状态:有电区间 1010~1111=备用

续上表

序号	变量名	位数	说　明
3	N_ITER	5	包含特殊轨道区段的数量
	D_TRACKCOND(k)	15	到特殊轨道区段的距离(Q_TRACKINIT=0)
	L_TRACKCOND(k)	15	特殊轨道区段的长度(Q_TRACKINIT=0)
	M_TRACKCOND(k)	4	特殊轨道区段定义(Q_TRACKINIT=0) 0000=禁停:隧道 初始状态:允许停车(无隧道) 0001=禁停:桥梁 初始状态:允许停车(无桥梁) 0010=禁停:其他 初始状态:允许停车 0011=无电区间:落下受电弓 初始状态:有电区间 0100=无线盲区 初始状态:有无线通信 0101=全气密区间 初始状态:无气密要求 0110=关闭再生制动 初始状态:再生制动打开 0111=关闭涡流制动 初始状态:涡流制动打开 1000=关闭磁铁制动 初始状态:磁铁制动打开 1001=无电区间:关闭主电源 初始状态:有电区间 1010～1111=备用

7.6.7 调车危险信息包

数据内容参见表7-12。在出站口处应答器向列车传送“调车危险"报文信息,防止列车以调车运行模式进入区间。

表7-12 调车危险信息包【ETCS-132】结构

序号	变量名	位数	说　明
1	NID_PACKET	8	信息包标识码=1000 0100
	Q_DIR	2	验证方向 (00=反向,01=正向,10=双向,11=备用)
	L_PACKET	13	信息包位数
2	Q_ASPECT	1	0=若为调车模式,则停车

7.6.8 轨道区段信息包

数据内容参见表7-13。

表7-13 轨道区段信息包【CTCS-1】结构

序号	变量名	位数	说　明
1	NID_XUSER	9	信息包标识码(ETCS以外用户数据)=0 0000 0001
	Q_DIR	2	验证方向 (00=反向,01=正向,10=双向,11=备用)
	L_PACKET	13	信息包位数
	Q_SCALE	2	长度分辨率 (00=10 cm,01=1 m,10=10 m)

续上表

序号	变量名	位数	说　明
2	D_SIGNAL	15	到前方第一架信号机或信号点的距离
	NID_SIGNAL	4	信号机或信号点类型 (0000＝没有信号机,0001＝进站信号机,0010＝出站信号机,0011＝通过信号机,0100＝进路信号机,0101＝调车信号机,0110＝出站口)
	NID_FREQUENCY	5	轨道区段载频 (00000＝无载频,00001＝1700,00010＝2000,00011＝2300,00100＝2600,00101＝1700-1,00110＝1700-2,00111＝2000-1,01000＝2000-2,01001＝2300-1,01010＝2300-2,01011＝2600-1,01100＝2600-2)
	L_SECTION	15	轨道区段长度
4	N_ITER	5	包含轨道区段数
	NID_SIGNAL(k)	4	信号机或信号点类型 (0000＝没有信号机,0001＝进站信号机,0010＝出站信号机,0011＝通过信号机,0100＝进路信号机,0101＝调车信号机,0110＝出站口)
	NID_FREQUENCY(k)	5	轨道区段载频 (00000＝无载频,00001＝1700,00010＝2000,00011＝2300,00100＝2600,00101＝1700-1,00110＝1700-2,00111＝2000-1,01000＝2000-2,01001＝2300-1,01010＝2300-2,01011＝2600-1,01100＝2600-2)
	L_SECTION(k)	15	轨道区段长度

7.6.9　临时限速信息包

数据内容参见表7-14。

表7-14　临时限速信息包【CTCS-2】结构

序号	变量名	位数	说　明
1	NID_XUSER	9	信息包标识码＝0 0000 0010
	Q_DIR	2	验证方向(00＝反向,01＝正向,10＝双向,11＝备用)
	L_PACKET	13	信息包位数
	Q_SCALE	2	距离/长度的分辨率 (00＝10 cm,01＝1 m,10＝10 m)
2	L_TSRarea	15	临时限速信息有效区段长度
3	D_TSR	15	到临时限速区段的距离
	L_TSR	15	临时限速区段的长度
	Q_FRONT	1	限速对列车头、车尾的有效性 (0＝尾有效,如:进入升速区段;1＝头有效,如:进入降速区段)
	V_TSR	7	临时限速的限制速度(分辨率＝5 km/h)

续上表

序号	变量名	位数	说　明
4	N_ITER	5	包含临时限速区段数
	D_TSR(n)	15	到临时限速区段的距离
	L_TSR(n)	15	临时限速区段的长度
	Q_FRONT(n)	1	限速对列车头、车尾的有效性 (0=尾有效,如:进入升速区段;1=头有效,如:进入降速区段)
	V_TSR(n)	7	临时限速的限制速度(分辨率=5 km/h)

7.6.10 区间反向运行信息包

数据内容参见表7-15。

表7-15 区间反向运行信息包【CTCS-3】结构

序号	变量名	位数	说　明
1	NID_XUSER	9	信息包标识码=0 0000 0011
	Q_DIR	2	验证方向 (00=反向,01=正向,10=双向,11=备用)
	L_PACKET	13	信息包位数
	Q_SCALE	2	距离/长度的分辨率 (00=10 cm,01=1 m,10=10 m)
2	D_STARTREVERSE	15	到反向运行区间开始点的距离
	L_REVERSEAREA	15	反向运行区间的长度

7.6.11 大号码道岔信息包

数据内容参见表7-16。

表7-16 大号码道岔信息包【CTCS-4】结构

序号	变量名	位数	说　明
1	NID_XUSER	9	信息包标识码=0 0000 0100
	Q_DIR	2	验证方向 (00=反向,01=正向,10=双向,11=备用)
	L_PACKET	13	信息包位数
	Q_SCALE	2	距离/长度的分辨率 (00=10 cm,01=1 m,10=10 m)
2	D_TURNOUT	15	到大号码道岔距离
	V_TURNOUT	7	道岔侧向列车最大允许通过速度(分辨率 5km/h)

7.6.12 缺省报文

系统在故障时发送默认报文。有源应答器、LEU及车站列控中心默认报文采用ETCS第254包。当有源应答器的地面电子单元(LEU)与列控中心间发生通信等故障时,地面电子单元(LEU)应向有源应答器提供缺省报文,该报文信息帧中报文计数器变量"M_COUNT=99"。

当有源应答器与地面电子单元(LEU)间发生通信等故障时,有源应答器将发送自身存储的缺省报文,该报文中信息帧中报文计数器变量"M_COUNT=0"。

7.7 应答器编号和设置原则

7.7.1 应答器组及编号

1. 应答器在图形中的表示:

(1)无源应答器:△;

(2)有源应答器:▲;

(3)应答器名称及单元编号:B * * * * / * * *

(4)应答器组内编号:①、②、③ …

2. 应答器编号

(1) 大区编号

大区编号由三位十进制表示,编号范围为1~127。全国铁路按区域划分大区。以现行电务段或客运专线区域为参照,根据其管辖范围内车的数量,每个区域可分配1~3个大区编号。大区编号及范围应保持相对固定,不随电务段或客运专线的管辖区域变化而变化。

(2) 分区编号

分区编号由一位十进制表示,编号范围为1~7。大区编号内以线别和车站分布情况进行分区编号。原则上同一线别的车站应分配在同一分区内。车站数量较多时可分配多个分区。车站数量较少时,多个线别可合并在一个分区内。

(3) 车站编号

车站编号由二位十进制表示,编号范围为1~60。一个分区内的车站数量一般按不超过50个进行分配。

(4) 单元编号

单元编号由三位十进制表示,编号范围为1~255。对车站管辖范围内(含区间)的全部应答器(组)进行统一编号。

以列车正运行方向或用途为参照,按正线贯通、从小到大的原则进行编号,下行编号为奇数，上行编号为偶数。对于单线、三、四线等，根据具体的设计方案、参照上述规则进行编号。

每个应答器组可由 1～8 个应答器组成，以列车正运行方向为参照，列车首先经过的应答器为①，其他顺次编号，参见图 7-15。

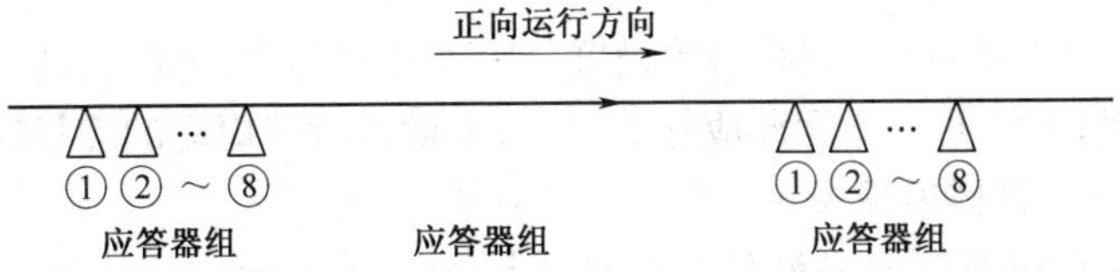

图 7-15　应答器组内编号

(5) 应答器表示

应答器(组)名称以 B 开头，后加公里标或信号机名称。

应答器编号：大区编号＋分区编号＋车站编号＋应答器单元编号＋在组中位置。

3. 应答器(组)编号举例

参见图 7-16，具体含义如下。

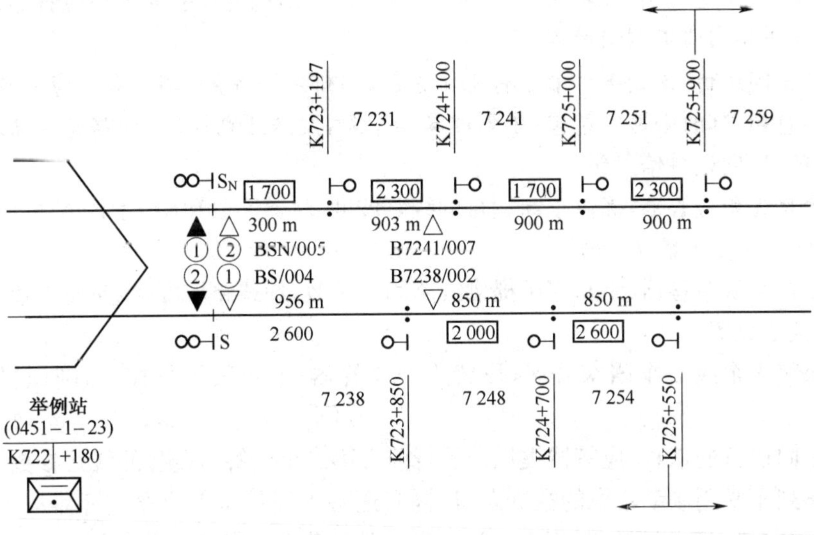

图 7-16　应答器(组)编号举例

说明：

(1) 应答器位于 045 号大区，1 号分区，23 号车站，在信号平面布置图中表示为 045-1-23，放置于车站名称下方。

(2) 7238 通过信号机处的应答器，命名为 B7238，单元编号为 002，图中表示为 B7238/002，最终档案编号为 045-1-23-002。

(3)上行进站信号机处的应答器组,命名为BS,单元为004,图中标识为BS/004,并用①和②表示两个应答器在组中的位置,最终档案编号分别为045-1-23-004-1、045-1-23-004-2。

7.7.2 应答器设置原则

在既有线CTCS-2级区段,应答器的设置分以下3种类型:• 在进站口外方设置有源和无源应答器组;• 区间设置无源应答器(组);• 设置特殊用途的应答器(组)。

1. 进站口外方应答器组设置

在正向进站信号机及反向进站信号机外方设置一个有源应答器和一个无源应答器,构成应答器组。

(1) 进站口应答器组设置

进站口第一个应答器为无源应答器,用于提供反方向行车时所需要的数据,比如反向链接、反向运行、反向运行的轨道区段和调车危险信息包。

进站口第二个应答器为有源应答器,用于提供列车正向进站所需要的数据,如正向链接、线路坡度、轨道区段、临时限速信息包。当排列反向发车时,发送反向运行、临时限速等信息。由于这些信息随着排列不同的进路而变化,因此需要靠有源应答器传送。

(2)反向进站口应答器组设置

按列车正向运行,该处第一个是有源应答器,当排列正向发车时,有源应答器发送正向链接信息包、临时限速信息包;排列反向接车时,发送线路坡度、线路速度、轨道区段、临时限速、反向运行信息包。

第二个是无源应答器,提供正向运行的线路坡度、轨道区段和调车危险信息包。

2. 区间无源应答器(组)设置

区间设置无源应答器(组),用于提供线路固定参数,如线路坡度、线路允许速度、轨道区段、链接信息等。

区间每隔2个或3个闭塞分区,设置一个应答器,如果数据量较大,则设置应答器组。

对于正向运行的信息,应答器提供至运行前方第二个应答器(组)的线路参数,并增加一个完整列车常用制动距离的数据余量,同时还必须满足覆盖前方应答器从次高允许码到HU码的闭塞分区数量,即取上述两种条件下信息覆盖长度较大值。

3. 特殊用途应答器(组)设置

特殊用途的应答器包括用于列控等级切换和大号码道岔的应答器(组)。

(1) 等级切换应答器组设置

在列控系统等级切换时,需要依靠应答器提供切换信息,使列控车载设备自动切换到相应等级控车,设置方式如图7-17所示。

列控系统等级间切换设置在区间线路允许速度160 km/h以下、列车较少使用制动

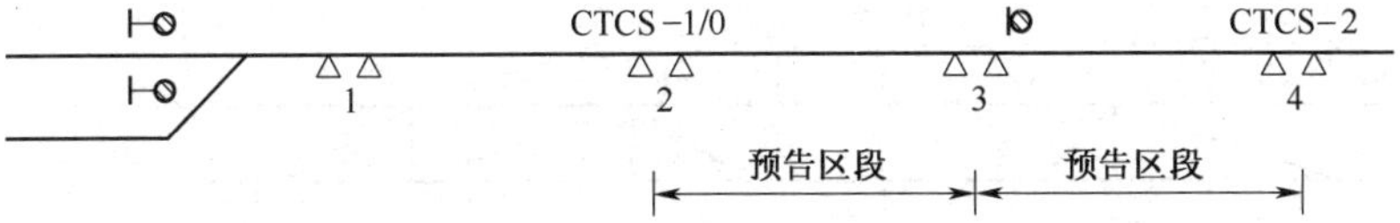

图 7-17 等级切换应答器

的区段，距进、出站端距离大于 450 m。切换区段设预告点应答器组(2)、执行点应答器组(3)和反向预告点应答器组(4)。

预告区段长度应满足列控车载设备投入正常工作和司机确认所需要的时间，按 5 s 设计，一般设置距离为 240 m。

对于由 CTCS-1/CTCS-0 级向 CTCS 2 的切换，在级间切换区间的正向发车站出站处设置有源应答器和无源应答器组(1)，负责向列车发送该区间临时限速信息。预告点应答器(2)提供产生列控车载设备监控曲线所需要的全部数据参数。

(2) 大号码道岔应答器设置

为了提高列车侧向通过道岔的速度，在大号码道岔(18 号以上道岔)前产生 U2S 码的轨道电路入口处，设置一个有源应答器，根据道岔区段排列进路条件，给出道岔侧向允许列车运行的速度。

根据道岔区段排列进路条件的不同，同一大号码道岔其侧向允许列车运行的速度可以有多个等级。

当大号码道岔侧向允许列车运行的速度小于或等于 80 km/h 时，应答器可以不给出“大号码道岔”报文。

4. 应答器设置位置

应答器设置在闭塞分区的入口处。

对于线路允许速度为 200 km/h 的区段，应答器组中最近的一个应答器设置在轨道电路绝缘节或调谐单元(BA)引入点外方(16±0.5) m 的位置，应答器组中各应答器之间距离为 5～6 m。

对于线路允许速度为 250 km/h 的区段，应答器组中最近的一个应答器设置在轨道电路绝缘节或调谐单元(BA)引入点外方(20±0.5) m 的位置，应答器组中各应答器之间距离为 5～6 m。

有源应答器的设置位置靠近进站信号机。等级切换预告点的应答器按照设计给定的里程标位置设置。

7.8 报文应用举例

7.8.1 线路坡度信息包【ETCS-21】

线路坡度示意图如图 7-18 所示，应答器 1 的线路坡度信息包如表 7-17 所示。

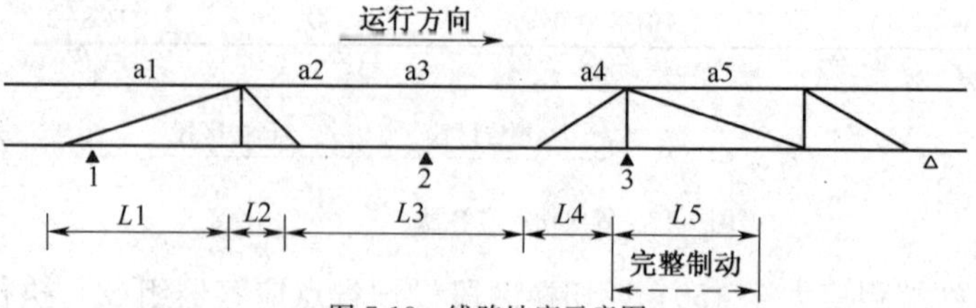

图 7-18 线路坡度示意图

表 7-17 应答器 1 的线路坡度信息包

序号	变量名	位数	说　明
1	NID_PACKET	8	信息包标识码(0001 0101b)
	Q_DIR	2	验证方向(01b=正向)
	L_PACKET	13	信息包位数(174)
	Q_SCALE	2	距离/长度的分辨率(01b=1 m)
2	D_GRADIENT	15	到下一个坡度变化点的距离(0)
	Q_GDIR	1	坡度识别(1b=上坡)
	G_A	8	安全坡度 (a1)
3	N_ITER	5	包含坡度变化点数量(5)
	D_GRADIENT(1)	15	到下一个坡度变化点的距离增量(*L*1)
	Q_GDIR(1)	1	坡度识别(0b=下坡)
	G_A(1)	8	安全坡度 (a2)
	D_GRADIENT(2)	15	到下一个坡度变化点的距离增量(*L*2)
	Q_GDIR(2)	1	坡度识别(0b=平坡)
	G_A(2)	8	安全坡度 (a3)
	D_GRADIENT(3)	15	到下一个坡度变化点的距离增量(*L*3)
	Q_GDIR(3)	1	坡度识别(1b=上坡)
	G_A(3)	8	安全坡度 (a4)
	D_GRADIENT(4)	15	到下一个坡度变化点的距离增量(*L*4)
	Q_GDIR(4)	1	坡度识别(0b=下坡)
	G_A(4)	8	安全坡度 (a5)
	D_GRADIENT(4)	15	到下一个坡度变化点的距离增量(*L*5)
	Q_GDIR(4)	1	坡度识别(0b=下坡)
	G_A(4)	8	安全坡度(255)

7.8.2 线路速度信息包【ETCS-27】

线路坡度示意图如图 7-19 所示，应答器 1 的线路坡度信息包如表 7-18 所示。

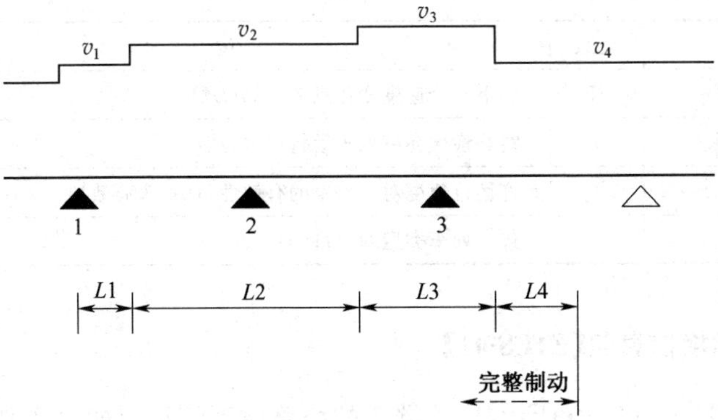

图 7-19 线路坡度示意图

表 7-18 应答器 1 的线路速度信息包

序号	变量名	位数	说　明
1	NID_PACKET	8	信息包标识码(0001 1011b)
	Q_DIR	2	验证方向(01b＝正向)
	L_PACKET	13	信息包位数(167)
	Q_SCALE	2	距离/长度的分辨率(01b＝1m)
2	D_STATIC	15	到下一个速度变化点的距离(0)
	V_STATIC	7	线路最大允许列车运行速度(v_1)
	Q_FRONT	1	允许运行速度对车头、车尾的有效性(0b ＝尾有效)
	N_ITER	5	包含列车类型的数量(0)
3	N_ITER	5	包含速度变化点的数量(4)
	D_STATIC(k)	15	到下一个速度变化点的距离($L1$)
	V_STATIC(k)	7	线路最大允许列车运行速度(v_2)
	Q_FRONT(k)	1	允许运行速度对车头尾的有效性(0b－尾有效)
	N_ITER(k)	5	包含列车类型的数量(0)
	D_STATIC(k)	15	到下一个速度变化点的距离($L2$)
	V_STATIC(k)	7	线路最大允许列车运行速度(v_3)
	Q_FRONT(k)	1	允许运行速度对车头尾的有效性(0b＝尾有效)
	N_ITER(k)	5	包含列车类型的数量(0)
	D_STATIC(k)	15	到下一个速度变化点的距离($L3$)
	V_STATIC(k)	7	线路最大允许列车运行速度(v_4)
	Q_FRONT(k)	1	允许运行速度对车头尾的有效性(1b＝头有效)
	N_ITER(k)	5	包含列车类型的数量(0)

续上表

序号	变量名	位数	说　明
3	D_STATIC(k)	15	到下一个速度变化点的距离(*L*4)
	V_STATIC(k)	7	线路最大允许列车运行速度(127)
	Q_FRONT(k)	1	允许运行速度对车头尾的有效性(1b=头有效)
	N_ITER(k)	5	包含列车类型的数量(0)

7.8.3 级间切换信息包【ETCS-41】

级间切换示意图如图7-20所示，应答器1的线路坡度信息包如表7-19所示。

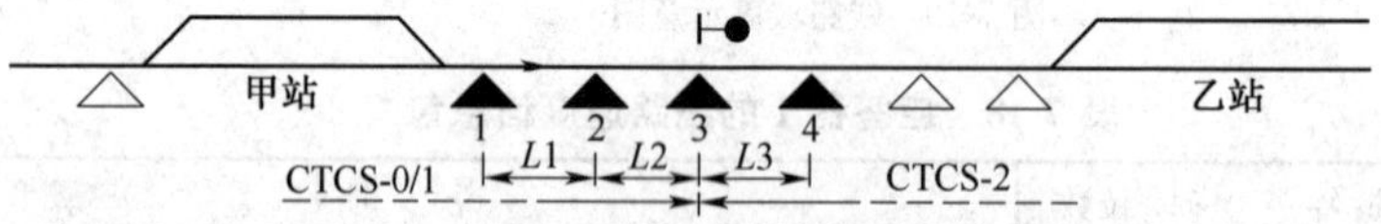

图7-20　级间切换示意图

注：图中各应答器作用如下：

编号1应答器为出站口处应答器。当系统由CTCS-0/1转至CTCS-2时，编号2应答器为预告点，编号3应答器为执行点；当系统由CTCS-2转至CTCS-0/1时，编号4应答器为预告点，编号3应答器为执行点。

1. CTCS-0/1转至CTCS-2时

应答器1、应答器2和应答器3的级间切换信息包参见表7-19、7-20和7-21。

表7-19　应答器1的级间切换信息包

序号	变量名	位数	说　明
1	NID_PACKET	8	信息包标识码(0010 1001b)
	Q_DIR	2	验证方向(01b=正向)
	L_PACKET	13	信息包位数(71)
	Q_SCALE	2	距离/长度的分辨率(01b=1 m)
2	D_LEVELTR	15	到等级转换点距离(*L*1+*L*2)
	M_LEVELTR	3	转换的等级(010b=2级)
	NID_STM	8	CTCS-0/1/2轨道电路信息码序定义(0000 0001b=L5-L5-L4-L3-L3-L2-L-L-LU-U-HU)
	L_ACKLEVELTR	15	等级转换预告区段的长度(*L*2)
3	N_ITER	5	包含等级转换点数量(0)

表7-20　应答器2的级间切换信息包

序号	变量名	位数	说　明
1	NID_PACKET	8	信息包标识码(0010 1001b)
	Q_DIR	2	验证方向(01b=正向)

续上表

序号	变量名	位数	说　明
1	L_PACKET	13	信息包位数(71)
	Q_SCALE	2	距离/长度的分辨率(01b=1 m)
2	D_LEVELTR	15	到等级转换点距离(*L*2)
	M_LEVELTR	3	转换的等级(010b=2 级)
	NID_STM	8	CTCS-0/1/2 轨道电路信息码序定义(0000 0001b=L5-L5-L4-L3-L3-L2-L-L-LU-U-HU)
	L_ACKLEVELTR	15	等级转换预告区段的长度(*L*2)
3	N_ITER	5	包含等级转换点数量(0)

表 7-21　应答器 3 的级间切换信息包

序号	变量名	位数	说　明
1	NID_PACKET	8	信息包标识码(0010 1001b)
	Q_DIR	2	验证方向(01b=正向)
	L_PACKET	13	信息包位数(71)
2	Q_SCALE	2	距离/长度的分辨率(01b=1 m)
3	D_LEVELTR	15	到等级转换点距离(0)
	M_LEVELTR	3	转换的等级(010b=2 级)
	NID_STM	8	CTCS-0/1/2 轨道电路信息码序定义(0000 0001b=L5-L5-L4-L3-L3-L2-L-L-LU-U-HU)
	L_ACKLEVELTR	15	等级转换预告区段的长度(0)
4	N_ITER	5	包含等级转换点数量(0)

2. 由 CTCS-2 转至 CTCS-0/1 时

应答器 4 和应答器 3 的级间切换信息包参见表 7-22 和表 7-21。

表 7-22　应答器 4 的级间切换信息包

序号	变量名	位数	说　明
1	NID_PACKET	8	信息包标识码(0010 1001b)
	Q_DIR	2	验证方向(00b=正向)
	L_PACKET	13	信息包位数(71)
	Q_SCALE	2	距离/长度的分辨率(01b=1 m)
2	D_LEVELTR	15	到等级转换点距离(*L*3)
	M_LEVELTR	3	转换的等级(000b=0 级)
	NID_STM	8	CTCS-0/1/2 轨道电路信息码序定义(0000 0001b=L5-L5-L4-L3-L2-L-L-LU-U-HU)
	L_ACKLEVELTR	15	等级转换预告区段的长度(*L*3)
3	N_ITER	5	包含等级转换点数量(0)

表 7-23 应答器 3 的级间切换信息包

序号	变量名	位数	说 明
1	NID_PACKET	8	信息包标识码(0010 1001b)
	Q_DIR	2	验证方向(00b=正向)
	L_PACKET	13	信息包位数(71)
	Q_SCALE	2	距离/长度的分辨率(01b=1 m)
2	D_LEVELTR	15	到等级转换点距离(0)
3	M_LEVELTR	3	转换的等级(000b=0 级)
	NID_STM	8	CTCS-0/1/2 轨道电路信息码序定义(0000 0001b=L5-L5-L4-L3-L2-L-L-LU-U-HU)
	L_ACKLEVELTR	15	等级转换预告区段的长度(0)
4	N_ITER	5	包含等级转换点数量(0)

7.8.4 轨道区段信息包【CTCS-1】

轨道区段示意图如图 7-21 所示,应答器 1 的轨道区段信息包如表 7-24 所示。

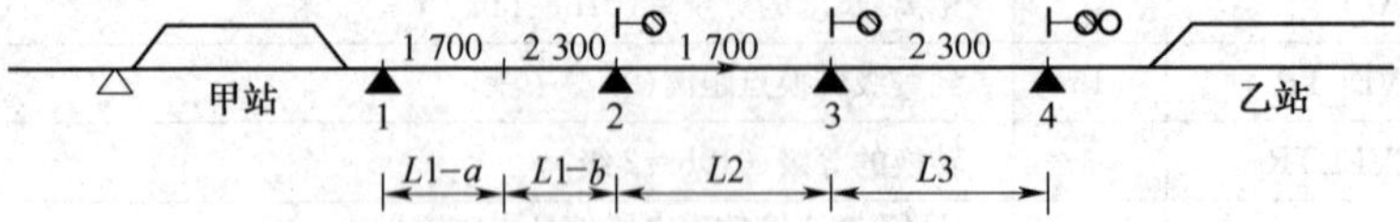

图 7-21 轨道区段示意图

表 7-24 应答器 1 的轨道区段信息包

序号	变量名	位数	说 明
1	NID_XUSER	9	信息包标志码(0 0000 0001b)
	Q_DIR	2	验证方向(01b=正向)
	L_PACKET	13	信息包位数(142)
	Q_SCALE	2	长度分辨率(01b=1 m)
2	D_DIGNAL	15	到前方第一架信号机或信号点的距离(0)
3	NID_SIGNAL	4	信号机或信号点类型(0000b=没有信号机)
	NID_FREQUENCY	5	轨道电路载频(0001b=1700)
	L_SECTION	15	轨道电路长度($L1-a$)
4	N_ITER	5	包含轨道电路数(3)
	NID_SIGNAL(1)	4	信号机或信号点类型(0011b=通过信号机)
	NID_FREQUENCY(1)	5	轨道电路载频(00011b=2300)
	L_SECTION(1)	15	轨道电路长度($L1-b$)
	NID_SIGNAL(2)	4	信号机或信号点类型(0011b=通过信号机)

续上表

序号	变量名	位数	说　明
4	NID_FREQUENCY(2)	5	轨道电路载频(00001b=1 700)
	L_SECTION(2)	15	轨道电路长度(*L*2)
	NID_SIGNAL(3)	4	信号机或信号点类型(0001b=进站信号机)
	NID_FREQUENCY(3)	5	轨道电路载频(00011b=2300)
	L_SECTION(3)	15	轨道电路长度(*L*3)

7.8.5 临时限速信息包【CTCS-2】

临时限速示意图如图 7-22 所示,临时限速信息包如表 7-25(a)、7-25(b)所示。

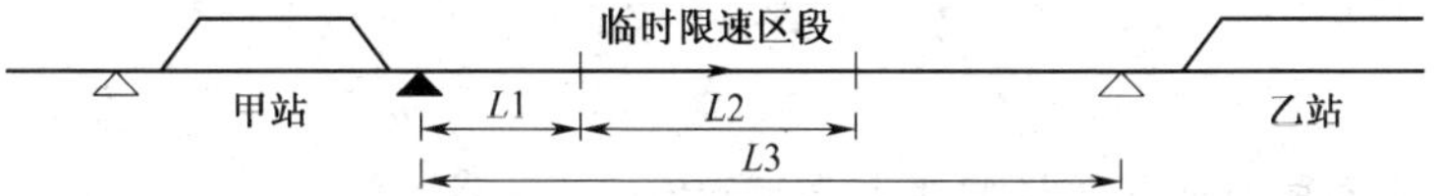

图 7-22 临时限速示意图

1. 有临时限速时

表 7-25(a) **临时限速信息包**

序号	变量名	位数	说　明
1	NID_XUSER	9	信息包标识码(0 0000 0010b)
	Q_DIR	2	验证方向(01b=正向)
	L_PACKET	13	信息包位数(85)
	Q_SCALE	2	距离/长度的分辨率(01b=1 m)
2	L_TRSarea	15	临时限速信息有效区段长度(*L*3)
3	D_TSR	15	到临时限速区段的距离(*L*1)
	L_TSR	15	临时限速区段的长度(*L*2)
	Q_FRONT	1	限速对列车头、车尾的有效性(1b=头有效)
	L_TSR	7	临时限速的限制速度(v)
4	N_ITER	5	包含临时限速区段数(0)

2. 无临时限速时

表 7-25(b) **临时限速信息包**

序号	变量名	位数	说　明
1	NID_XUSER	9	信息包标识码(0 0000 0010b)
	Q_DIR	2	验证方向(01b=正向)
	L_PACKET	13	信息包位数(85)

续上表

序号	变量名	位数	说明
1	Q_SCALE	2	距离/长度的分辨率(01b=1m)
2	L_TRSarea	15	临时限速信息有效区段长度(*L*3)
3	D_TSR	15	到临时限速区段的距离(0)
	L_TSR	15	临时限速区段的长度(*L*3)
	Q_FRONT	1	限速对列车头、车尾的有效性(0b=尾有效)
	L_TSR	7	临时限速的限制速度(线路允许最高运行速度)
4	N_ITER	5	包含临时限速区段数(0)

思　考　题

1. 应答器报文编制过程包括哪些主要步骤?

2. 描述应答器的报文格式和位数。

3. 报文中信息包有哪儿类? 分别简述其数据内容。

4. 应答器报文编码原则涉及哪些方面? 试分别列出。

5. 进站信号机处应设置什么类型的应答器? 提供哪些信息? 缺省报文有何作用? 应如何设置?

6. CTCS 级间转换应答器组包括哪些应答器? 预告区段长度如何确定?

7. 应答器地面设备是如何构成的? 主要作用各是什么?

8. 车载应答器传输模块的英文名称是什么?

9. LEU 的主要作用是什么?

10. LEU 硬件结构包括哪些主要部件?

11. 应答器编号是如何构成的?

12. 应答器(组)单元编号有何要求? 应答器组最多有几个应答器?

13. 简述应答器的命名原则。

8 列车运行控制系统技术应用

8.1 基于固定闭塞的列控系统

8.1.1 TVM430 系统

1. TVM430 系统简介

法国高速铁路北部线采用了 TVM430 列车控制系统，列车最高速度320 km/h，列车追踪间隔减少到 3 min，其速度等级划分为：300-270-230-170-0-R(保护区)。

列车速度控制曲线如图 8-1 所示。从该图可以看出 TVM430 和 TVM300 一样仍然每一个闭塞分区给定一个目标速度，但用曲线代替原来的阶梯控制线。列车速度超过限速曲线时，列控设备实施制动。为防止冒进信号发生追尾仍设有保护区段。

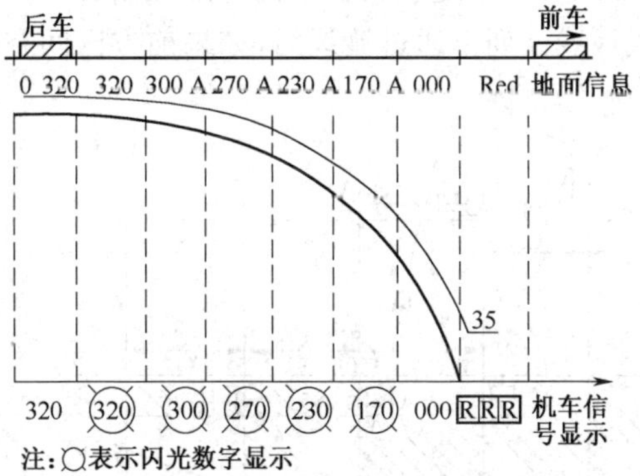

图 8-1　列车速度控制曲线

TVM 430 和 TVM 300 相比允许速度不是固定为该区段的入口速度(上一区段的出口速度)，而是随着列车的移动而变化，在出口处达到目标速度。因此超速制动的时机要早一些，有利于缩短列车追踪间隔。此外，TVM430 还增加了下一个闭塞分区的速度预告，如果下一个闭塞分区要求减速则速度显示闪动，提醒司机注意。如果速度显示稳定则表示下一个闭塞分区不减速。

TVM430 的调制方式采用 FM(频率调制)，调制频率从 0.88 Hz 到 17.52 Hz，每间隔 0.64 Hz 为一位(bit)信息，共 27 bit 信息。另外设一个 25.67 Hz 的低频信息作为轨道电路检查列车占用使用。27 bit 信息的用途如下：

6 bit 信号速度码，共 64 个等级。

8 bit 距离码，间距 25～200 m，最大距离 5 000 m。

4 bit 线路坡道码，从 −50 ‰～+50‰。

3 bit 线路地址码，确定区段后此码是固定不变的。

6 bit 校验码。

TVM430 车载设备框图如图 8-2 所示。

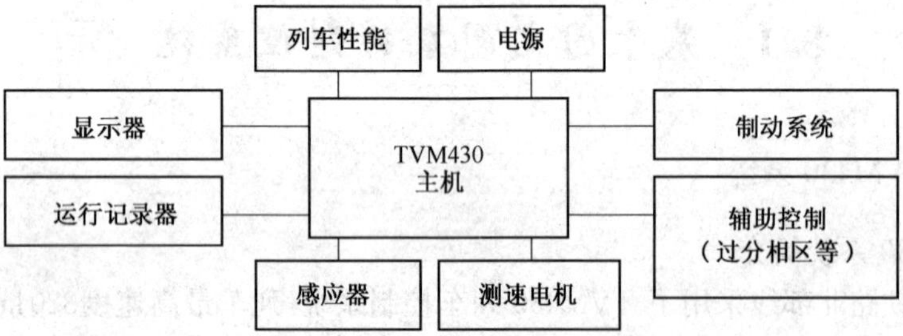

图 8-2　TVM430 车载设备框图

法国 TGV 区段允许双方向运行，反向运行按单线自动闭塞式处理。TGV 区段每隔 25～30 km 设有区间渡线，用于特殊情况下组织反方向运行。图 8-3 是渡线道岔反位时允许列车以低于 160 km/h 的速度进入邻线的速度控制方式。渡线区间方设绝对停车标和绝对停车的点式环线。列车通过渡线后，如果前方区间空闲则列车可以提高速度运行。

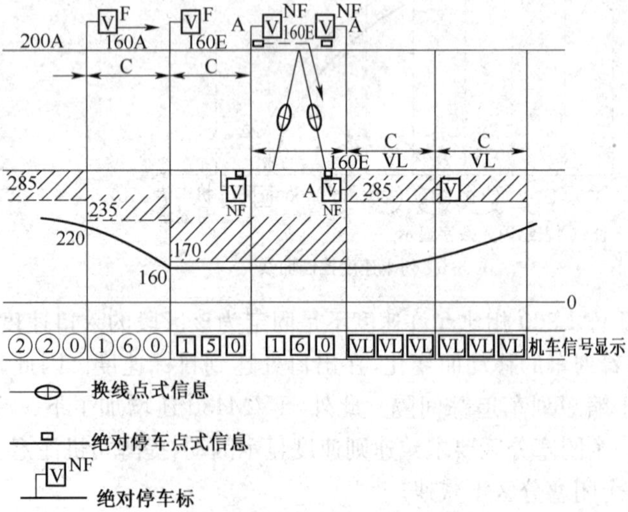

图 8-3　列车越渡线时的速度控制

法国 TGV 高速线与普通线连接处设有地面信号机和 TGV 标志牌，过分界的速度为 160 km/h。图 8-4 是列车由普通线进入 TGV 的控车方式。图 8-5 是列车由 TGV 线进入普通线的控车方式。

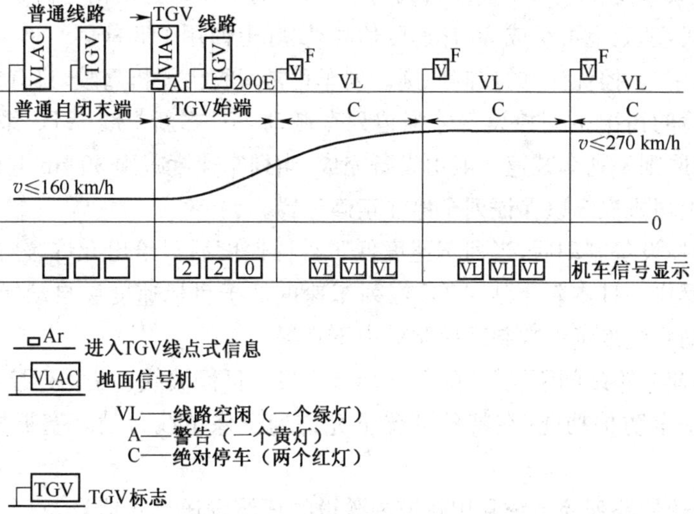

图 8-4　列车由普通线到 TGV 线时的速度控制

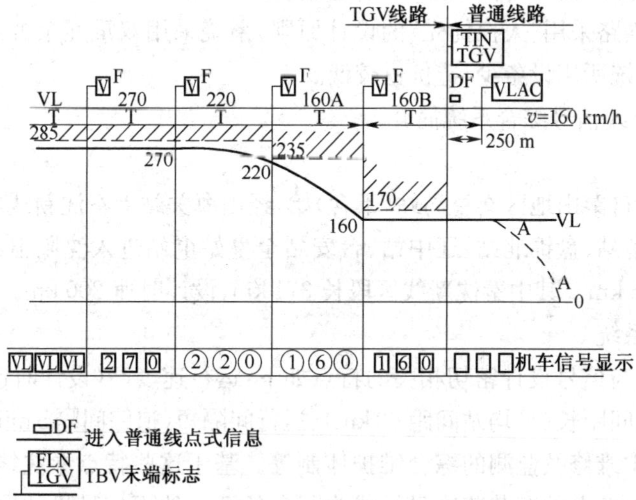

图 8-5　列车由 TGV 线到普通线时的速度控制

法国 TVM 列控系统与日本新干线 ATC 系统比较有下面几个特点：

(1)采用电气谐振式无绝缘轨道电路代替使用机械绝缘的轨道电路，既有利于无缝线路的敷设，又有利于牵引电流平衡回流。

(2)采用1.7～2.6 kHz载频,FSK或FM调制方式。用增大发送功率和提高接收端电平的方法改善抗干扰能力。

(3)TVM300有18种TBF,可以有18种速度信号,实际使用14种。TVM430使用了报文方式,共有21 bit,其中速度编码为8位,共有256种速度信号。日本新干线采用双频组合方式,理论上可组成36种速度信号,实际上使用了8种。

(4)法国采用"人控优先"的控制原则。列车正常运行由司机驾驶,只有在司机失误并可能出现危险的情况下列控设备才强迫列车制动。日本新干线ATC系统采用"设备优先"的控制原则。列车减速一般由设备完成,当列车速度减到30 km/h以下需要在车站停车时才由司机操纵以保证列车停在正确位置。

(5)法国列控设备制动后,当列车速度低于目标速度后只给出允许缓解的方式,由司机进行缓解操作。日本新干线ATC当列车速度低于目标速度后自动缓解,这种方式要求列车制动系统连续多次制动后制动力不衰竭。

(6)法国高速铁路站间距长,每隔2530 km设置了区间渡线。法国列控系统具有完善的区间渡线安全防护功能,在特殊情况下允许列车像单线自动闭塞那样组织反向行车。

(7)法国高速铁路列控系统利用轨道内敷设的环线发送点式信号。TVM300系统采用模拟环线信号共有14个点式信息。TVM430系统采用PSK(相移键控)数字环线信号。日本新干线点式信号为变频方式,信息量较少。

(8)法国高速铁路采用"人控优先"的设计原则,系统采用双重冗余方式,比日本新干线的三重冗余系统所用设备少,造价也较低。

2. 秦沈客运专线信号综合系统简介

(1) 设计范围

秦沈客运专线自秦山地区秦皇岛站(不含)始,经山海关站上秦沈新线经绥中北站、葫芦岛北站、锦州南站、盘锦北站、辽中站、台安站至皇姑屯站进入沈阳枢纽,最终至沈阳北站,全长404.6 km。其中秦沈新线区段长371 km,设计时速200 km。

(2)信号综合系统

秦沈客运专线与信号设计密切相关的特点如下:运行速度高(设计时速200 km,并预留提速要求)、站间距长(平均站间距60 km)、运行间隔短(追踪间隔5 min)、机车按长交路运行,采用集中维修及监测的综合维护体制等。基于这些特点秦沈线区间取消了地面通过信号机,机车上的车载速度显示成为行车凭证。地面信号机的取消在我国尚属首次,成为我国铁路信号史的重要里程碑。

为了适应以上特点,秦沈信号系统设计中广泛采用数字信息技术、网络技术、现代通信技术、遥控和遥信等先进技术。其中适用于200 km/h的TVM430/SEI列控系统为国内铁路领域首次采用的全新系统。

秦沈线信号综合系统共设计了五个子系统，分别为车站联锁系统、列车运行控制系统、列车运行指挥系统(CTC)、车站信号局域网设备和信号集中监测系统。

信号系统的设计形成了以车站信号计算机局域网为基础，以专用通道构成的计算机专用广域网为骨架，以调度所和综合维修基地信号计算机局域网为龙头的信息和资源广泛共享的秦沈线综合信号系统。

(3) TVM430/SEI 系统

1)设备的主要特点

TVM430/SEI 系统投入商业运营时速为 350 km。

与中国传统列控设备相比，该系统具有如下主要特点：

① 轨道电路数字化

SEI 采用 UM2000 轨道电路，实现了 27 bit 数字编码，可以满足基于轨道电路进行大量安全信息连续传输的要求。

② 列控联锁一体化

SEI 设备将车站联锁设备与区间的列控设备合二为一，列控联锁接口由内部通信实现，二者结合紧密，信息传输延迟少，提高了系统设备的可用性和可靠性，符合信号发展的方向。

③ 站内区间轨道电路一体化

我国铁路车站范围内的列控信息地—车传输是通过轨道电路电码化方式实现的，存在咽喉区信息不连续、电码化设备故障影响轨道电路等诸多技术问题。SEI 系统站内及区间均采用 UM2000 轨道电路，即站内区间一体化，真正实现了站内列控信息无盲区。

④ 列控设备集中控制

我国铁路采用的集中移频设备较过去的分散移频大大降低了设备故障率和维修工作量，但集中移频设备仍为继电器编码、分散控制。SEI 设备引入列控中心概念，实现了列控设备集中控制，处理的信息量大幅度增加，设备接口及配线减少，该方式是高速列车控制的发展趋势。

⑤ 光纤安全局域网

随着地面连续信息的增加，车站与车站、车站与区间中继站之间的安全信息交换增加，如果采用实回线传输，会浪费大量的金属材料(电缆)，且站间距离长还存在线路压降、线间干扰等诸多技术问题。秦沈线线路两侧的通信光纤中各有 2 芯信号光纤供 SEI 列控中心交换信息使用，基于光纤的安全信息传输是我国铁路首次采用。

(4) TVM430 的应用

地面设备产生列车控制所需基础数据，经列车车载设备处理，产生列车速度控制曲线，监督或控制列车安全运行。

TVM430设备采用2×2取2的安全结构。TVM430由于采用数字通信技术使车—地间的信息传输数字编码化，从而使车—地间的信息传输量有较大增加，传输的信息更可靠、更安全，这些信息除原有用于列车间隔的速度等级外，还可满足线路坡道、距离等不同线路数据的要求，因此其速度监督由过去的阶梯控制方式改为连续模式曲线控制方式。

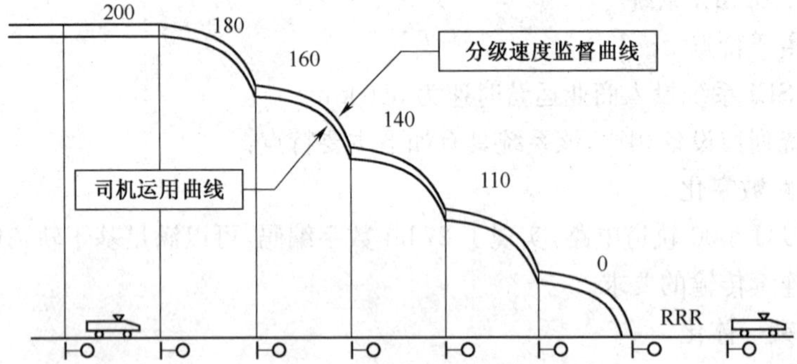

图 8-6　TVM430 分级速度监督曲线

(5) 车载信号设备与既有线兼容问题

秦沈线机车或动车组采用长交路运营，随着京秦沈客运通道的建设，交路内的速度段落较多，机车控制方案及车载超防设备的兼容问题比较突出。

1)京秦沈长交路控车方案

机车交路既考虑北京—秦皇岛—沈阳快速客运通道，既要兼容京秦线带超速防护区段，又需兼容其他非超速防护区段的"运行监控装置+通用式机车信号"制式。列控车载设备的设计方案充分考虑了与长交路的兼容问题。

控车方案如下：在200 km/h速度段落，采用超速防护设备控车，其他速度段落采用运行监控装置与通用式机车信号结合使用的控车方式。两种制式间的切换可以通过点式设备实现自动切换，亦保留人工手动切换的功能(200 km/h速度段落的两端入口处设置点式设备提供ATP切换点)。

根据以上方案，在京秦线通狼段及秦沈线干线两个超防区段，列控车载设备控车，运行监控装置仅作记录器使用，其显示器上仅显示列控车载设备显示器上未显示的信息；在非超防区段，运行监控装置控车，列控车载设备显示器关闭，参见图8-7。

8.1.2　日本新干线ATC系统

从20世纪50年代后期日本开始发展电源同步单边带(SSB)方式的ATC系统，从1964年东海道新干线开通起投入运营。最早的型号为1A型。建设山阳新干线网整顿计划时为适应50 Hz电力牵引区段生产了双频组合方式的1D型。20世纪80年代又

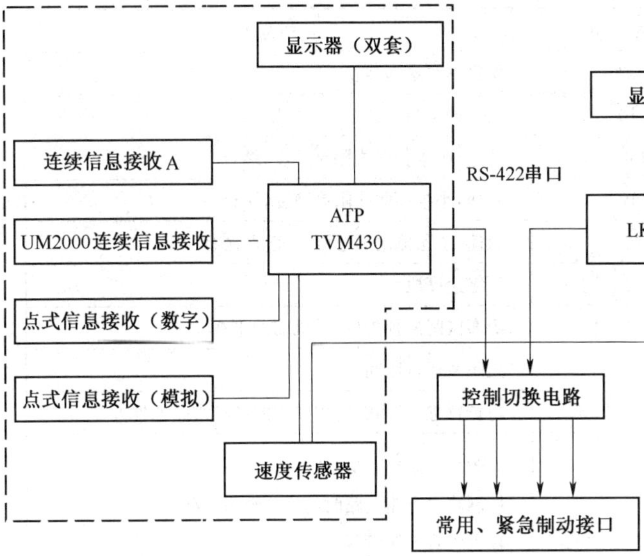

图 8-7　车载机电设备结构示意图

生产出微电子化 ATC 车载设备投入使用，称为 1G 型。

ATC 车载设备的机车显示装置采用光带显示的速度表，光带上方用灯光显示速度信号，在下脚还有一个数字速度表(图 8-8)。新干线早期 1A 型有 7 个速度信号，发展到 1D 型时已增加到 10 个，具体含义见表 8-1。

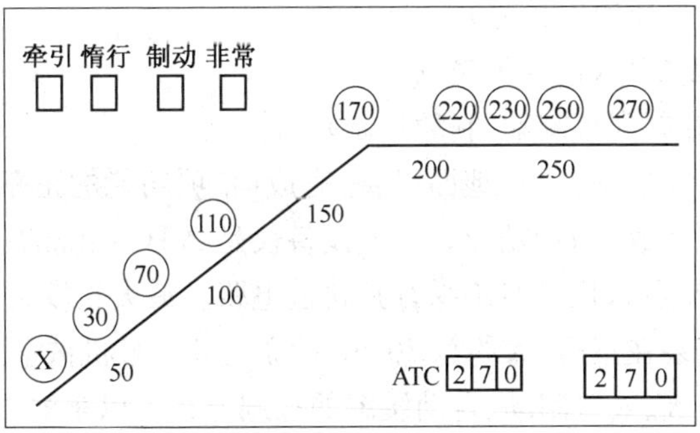

图 8-8　新型 ATC 显示机构

采用 ATC 设备后，司机按照机车上的 ATC 速度信号行车，普通自动闭塞采用的地面信号机就不设了。新干线 ATC 全线采用音频轨道电路。列车经过的正线、到发线、咽喉区都发送相应的速度信号。司机按照机车上的速度信号进出车站。

表 8-1　新干线信号显示及含义

<table>
<tr><th colspan="2">信号显示</th><th>限制速度/(km/h)</th><th>使用范围</th></tr>
<tr><td colspan="2">275(240)</td><td>275(240)</td><td>旅客列车最高速度</td></tr>
<tr><td colspan="2">210</td><td>210</td><td>旅客列车最高速度</td></tr>
<tr><td colspan="2">160</td><td>160</td><td>减速,小半径曲线限制速度,缓行</td></tr>
<tr><td colspan="2">110</td><td>110</td><td>减速,小半径曲线限制速度,缓行</td></tr>
<tr><td colspan="2">70</td><td>70</td><td>减速,道岔侧向通过限制速度,缓行</td></tr>
<tr><td colspan="2">30</td><td>30</td><td>最终速度段</td></tr>
<tr><td rowspan="4">⊗</td><td>01</td><td rowspan="2">(确认停车)
30</td><td>闭塞区间的预告(信号机前约 150 m)</td></tr>
<tr><td>02</td><td>无闭塞运行区间</td></tr>
<tr><td>03</td><td>(绝对停止)0</td><td>防护冒进(站内有防护要求的各条进路的外方 50 m)</td></tr>
<tr><td>02E</td><td>0</td><td>使用列车防护开关
控制轨道电路短路时的后方轨道电路
冒进检查动作时
03 发生故障时
混线检测设备动作时</td></tr>
</table>

1. 工作原理

日本新干线 ATC 系统采用有绝缘音频轨道电路。系统框图如图 8-9 所示。系统主要功能是：

(1)检查列车在区间的位置(列车检测)；

(2)调整列车间隔(形成速度信号)；

(3)向机车传送速度信号(信号传输)；

(4)按照速度信号控制列车制动(制动控制)。

完成(1)～(3)项功能的是 ATC 地面设备,完成(4)项功能的是车上设备。地面设备与车上设备一起才能完成 ATC 功能。车上设备仅是 ATC 系统的一个组成部分。

新干线 ATC 列车检测采用了有绝缘音频轨道电路。最大长度为 1.5 km。轨道电路接收发送设备集中安装在室内,大约每 20 km 设立一处信号机械室。

新干线采用速度分级、入口制动、自动缓解的控制方式。以东海道为例,ATC 区间及车站速度控制方式如图 8-10、图 8-11 所示。

为防止列车冒进信号,ATC 系统除靠轨道电路连续传送速度信号外还有一些辅助信号,如信号机前方设置 P 点。当轨道电路发送 30 信号时,经过 P 点后变为 01 停车信号。在车站到发线停止标志和警冲标之间设有环线可以发送 03 停车信号,列出收到 03 信号后非常制动。

东海道新干线开通后在大坝附近曾发生过列车越过站内停止标志的事故,为此日

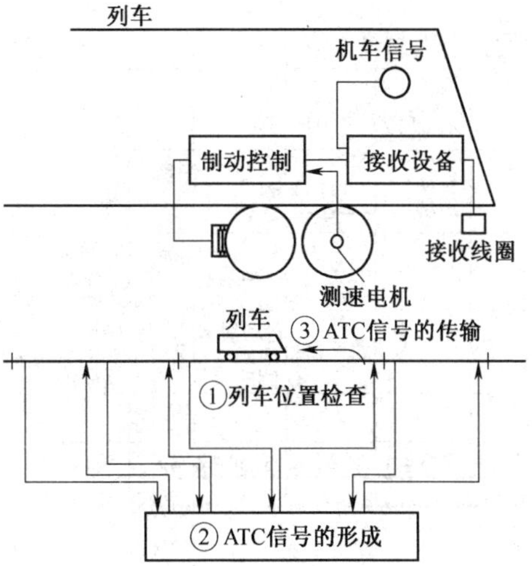

图 8-9　新干线 ATC 系统框图

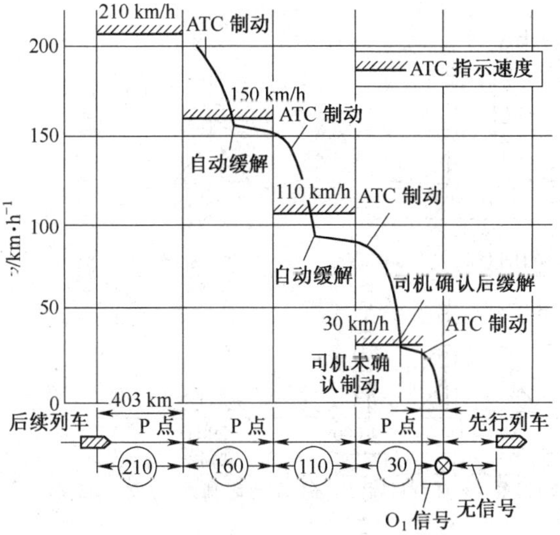

图 8-10　新干线区间速度控制方式

本国铁又在新干线 03 区段内加装了点式冒进检测装置，当列车冒进后关闭全站信号，轨道电路发送 02E 信号使列车制动以防止发生侧面冲突重大事故。

新干线电力牵引电流可达到 1000 A 以上。为防止其谐波影响轨道信号，采用电源同步单边带调幅音频轨道电路。当干扰是信号 20～30 倍时仍可以保证信号正确接收。东海道、山阳新干线采用 60 Hz 电力牵引，轨道电路载频分别为 720、840、900、1020 Hz。东北、上越新干线采用 50 Hz 电力牵引，载频为 750、850、900、1 000 Hz，副载频无论 50 Hz 区段还是 60 Hz 区段均为 1 200 Hz。上、下行线及相邻轨道电路需采用不同的载频以防止轨道电路绝缘破损及相互间的影响。载频配置如图 8-12 所示。

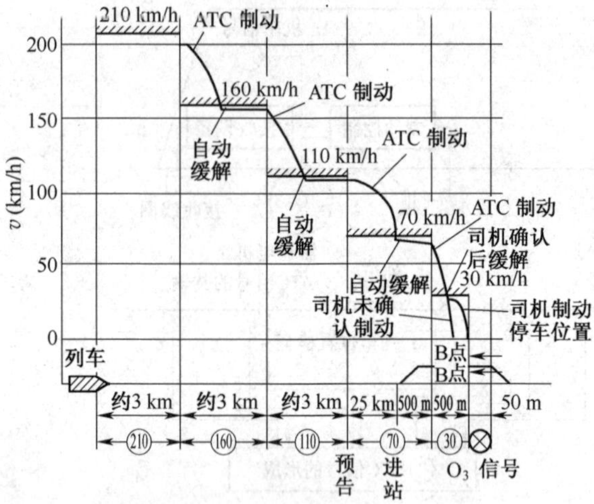

图 8-11　新干线进站停车速度控制方式

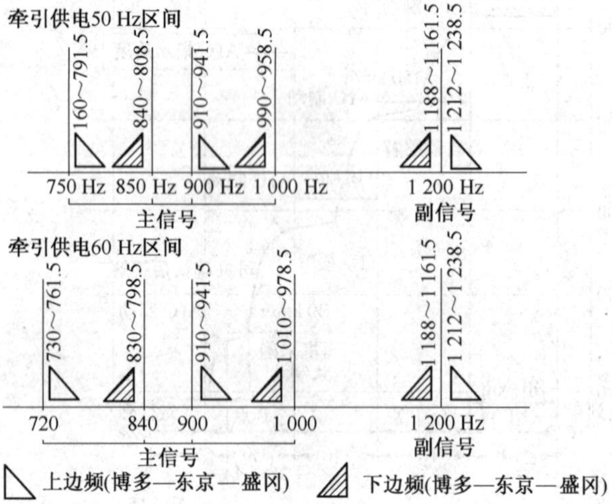

图 8-12　载频配置图

新干线发送的调制信号频率分别为主信号及副信号两种。主信号频率是 10 Hz、15 Hz、22 Hz、29 Hz、36 Hz、41.5 Hz，副信号频率为 12 Hz、16.5 Hz、21 Hz、27 Hz、32 Hz、38.5 Hz。ATC 速度信号与调制频率组合的关系见表 8-2，其中预留了 300～350 km/h 的信号。

2. 设备组成

ATC 地面设备采用三重系，只要有两套设备完好系统就可以正确工作。这种冗余方式可靠性高，设备故障及维修一般不影响系统工作。日本 ATC 车载设备构成框图如图 8-13 所示。

表 8-2 双频组合 ATC 信号显示

<table>
<tr><th>副 / 主</th><th>12</th><th>16.5</th><th>21</th><th>27</th><th>32</th><th>38.5</th></tr>
<tr><td>10</td><td></td><td>275[1]</td><td rowspan="6">频率转换</td><td>230[2]</td><td>(255)</td><td rowspan="6">03</td></tr>
<tr><td>15</td><td></td><td></td><td>170[3]</td><td>(350)</td></tr>
<tr><td>22</td><td>120[4]</td><td></td><td></td><td>(330)</td></tr>
<tr><td>29</td><td>70</td><td></td><td></td><td></td></tr>
<tr><td>36</td><td></td><td>(300)</td><td></td><td>30</td></tr>
<tr><td>41.5</td><td></td><td></td><td></td><td>02E</td></tr>
</table>

注:[1]东北、上越 260 km/h;

[2]东北、上越 210 km/h,东海道・山阳设计中(现在 220 km/h);

[3]东北、上越 160 km/h;

[4]东北、上越 110 km/h;

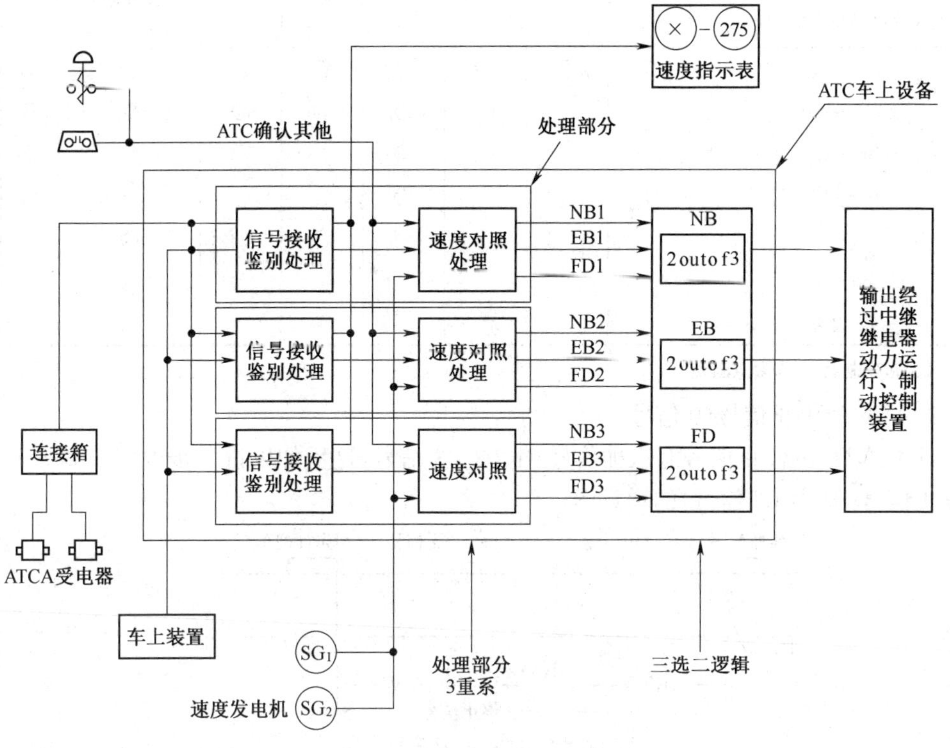

图 8-13 ATC 车载设备构成图

日本 ATC 车载系统由地面信号接收传感器(ATC 受电器)、测速传感器(速度发电机)、处理部分(信号接收鉴别处理、速度比较处理)和速度指示表以及制动控制装置构成。

地面信号接收处理装置完成地面 ATC 信息和点式信息的接收和译码，它将给出列车的目标速度，因此采用了三重系，处理结果三中选一送到速度指示表。列车速度是列车运行控制系统最基础的信息，采用了二重系。速度比较处理是列车运行安全保障的核心，采用三重系。当列车实际速度超过目标速度时，列车自动实施制动，当列车实际速度低于目标速度时，列车制动自动缓解。速度比较输出采用三取二逻辑控制制动装置。图中，NB、EB、FD 分别代表不同的制动方式。

ATC 制动一般分为常用制动与非常制动。列车实际速度超过 ATC 速度后到底采用哪一种制动，由表 8-3 给出。

接收装置中除有轨道信号接收部分外还包括点式检查设备，实际上是一种变频点式，它用于检测 P 点。

表 8-3　新干线 ATC 制动分配表

<table>
<tr><th rowspan="2">信号表示 / 列车速度(km/h)</th><th rowspan="2">240</th><th rowspan="2">210</th><th rowspan="2">160</th><th rowspan="2">110</th><th rowspan="2">70</th><th rowspan="2">30</th><th>01
P点后</th><th>02
无码</th><th>03
冒出</th></tr>
<tr></tr>
<tr><td>240 以上</td><td>○</td><td>◎</td><td>◎</td><td>◎</td><td>◎</td><td>◎</td><td colspan="2">◎</td><td>◎</td></tr>
<tr><td>210～240</td><td></td><td>○</td><td>◎</td><td>◎</td><td>◎</td><td>◎</td><td colspan="2">◎</td><td>◎</td></tr>
<tr><td>160～210</td><td></td><td></td><td>○</td><td>◎</td><td>◎</td><td>◎</td><td colspan="2">◎</td><td>◎</td></tr>
<tr><td>110～160</td><td></td><td></td><td></td><td>○</td><td>○</td><td>○</td><td colspan="2">◎</td><td>◎</td></tr>
<tr><td>70～110</td><td></td><td></td><td></td><td></td><td>○</td><td>○</td><td colspan="2">◎</td><td>◎</td></tr>
<tr><td>30～70</td><td></td><td></td><td></td><td></td><td></td><td>○</td><td colspan="2">◎</td><td>◎</td></tr>
<tr><td>30 以下</td><td></td><td></td><td></td><td></td><td></td><td></td><td colspan="2">○</td><td>◎</td></tr>
</table>

注：○常用制动；　◎紧急制动。

3. ATC 的停止信号(0 信号)

日本 ATC 的停止信号有三种信号 01、02、03 信号，这里加以进一步说明。图 8-14 是停止信号(01 及 02 信号)的示意图。

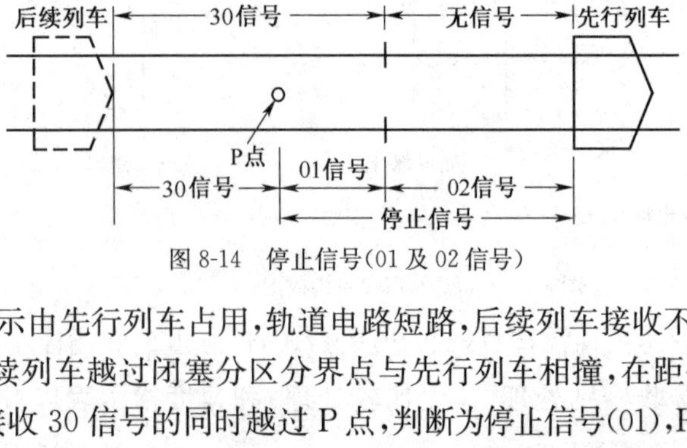

图 8-14　停止信号(01 及 02 信号)

02 信号表示由先行列车占用，轨道电路短路，后续列车接收不到信号电源。

为防止后续列车越过闭塞分区分界点与先行列车相撞，在距分界点前约 150 m 设置 P 点，车上接收 30 信号的同时越过 P 点，判断为停止信号(01)，P 点是变频点式信号。

图 8-15 是停止信号(03 信号)的示意图,03 信号是设在站内进路分界点和停车标志之间,因此,设了轨道环线,进路分界点和停车标志间距离约为 50 m。03 信号为停止信号,如果列车站内停车,司机操作失误越过停车标志,接收到 03 信号,列车将紧急制动停车。03 信号的载频为 1 200 Hz,调制信号为 38.5 Hz。

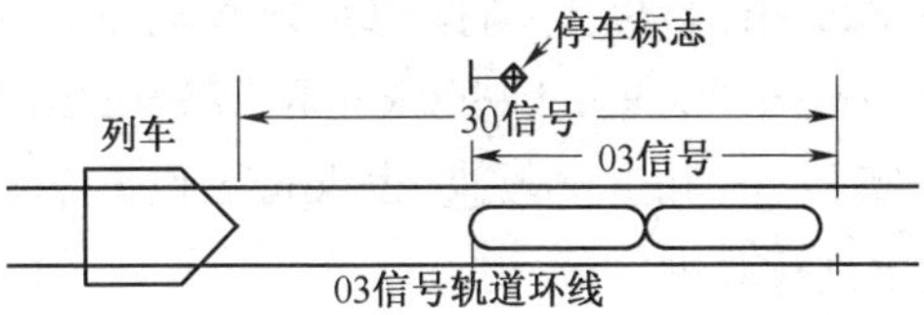

图 8-15 停止信号(03 信号)

4. 系统的安全性

新干线 ATC 有很高的安全度。为满足信号安全要求主要采取了以下技术措施:

(1)故障导向安全——采用特殊措施使设备在某些部分故障时不会出现危险的后果。

(2)备用方式——设置备用设备,主设备故障后投入备用设备完成系统功能。

(3)故障软化——部分设备故障后不使系统完全停止工作而只使系统功能降低。

(4)采用多重系——用多套相同的设备完成同一功能的方法。

(5)故障诊断和复位技术——监视设备工作过程,将有故障的设备查出并恢复系统功能。

(6)减额使用——在设计中使职员期间的实际工作值大大低于额定值,提高元器件可靠性。

(7)傻瓜设计——设计中要充分考虑即使错误操作也不应产生危及安全的后果。

(8)减少危险侧故障的发生——尽可能降低导致危险的故障发生的概率。

为便于维修与管理,新干线 ATC 地面和列车都装设了监视设备。地面监视设备可以监视各段轨道电路的输入输出电压、电流。对轨道电路送受端电流的测量可以分析判断轨道电路的性能是否良好。检测结果可以在表示盘上显示并储存。设备异常前 25 min 内的动作情况可以保存下来。设备还有自诊断功能。

5. ATC 系统的发展

日本新干线 ATC 系统已投入使用 30 多年,系统基本控制方式几乎没有变化。近年来为进一步提高高速列车速度和行车密度,认为这种 ATC 在下列几方面需要改进。

(1)因为采用多段制动控制方式,所以形成了制动——缓解——再制动——再缓解……的多次制动过程,难以进一步缩短运行间隔。

(2)在设计上,地面闭塞分区长度必须照顾牵引性能最差的列车,高性能列车难以发挥其效率。

(3)如果进一步提高列车速度,则地面和车上设备必须全面改造。

(4)在没有预告的情况下就进行最大常用制动,乘坐舒适度不好。

为了克服这些缺点,日本采用计算机技术和数字技术对现行的 ATC 系统进行了改进,有以下几种改进方式:

(1)轨道电路和发送信息仍采用现在方式,只再增加几个高速信息,以适应高速列车(330 km/h 以上)的需要,列车的制动方式仍然是多段制动控制,其速度等级为 350 km/h、330 km/h、300 km/h、275 km/h、230 km/h、170 km/h、30 km/h,另外有曲线限速 25 km/h 和道岔限速 120 km/h 和 70 km/h,只是地面设备和车上设备都采用计算机技术进行改进。

(2)轨道电路和发送信息保留现在所有的信息,另外再叠加数字编码 ATC 信息。考虑到叠加数字编码信息频率与原来的 ATC 信号频率交错开等因素,叠加数字编码信息频率采用载频频率为 500 Hz,600 Hz,每个码字的长度为 46 bit,其中 6 bit 同步码,8 bit CRC 校验码,32 bit 数据信息。根据这些数据和车上线路数据结合起来,列车就可以知道自己现在处于什么位置、据前方停车点(或限速点)还有多少距离,列车根据这些数据,结合本身的牵引及制动性能,计算出最高允许速度,控制列车在允许速度以下运行。这种方式只是再增加数字信息发送设备,地面接收设备和原有车上设备可保持不变,新的车上设备可以接收数字信息,实现高速运行。

采用这种方式有以下优点:

(1)由于根据数字信息可以知道距停车点的距离,所以,可以实现车上智能化,不同性能的列车可以根据自己的制动性能进行控制,实现不同速度、不同性能的列车混跑;

(2)列车能够实现一次模式曲线制动控制,常用制动分为最大常用制动和一般常用制动,提高了乘坐舒适度,缩短运行间隔。其制动曲线与原来 ATC 的制动曲线如图 8-16 所示。

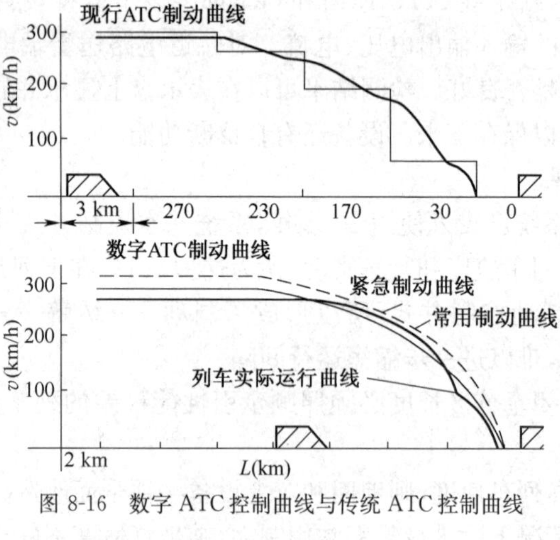

图 8-16　数字 ATC 控制曲线与传统 ATC 控制曲线

(3)轨道电路不必要细分制,减少地面设备,投资费用较低。

在整备新干线时采用了全新的数字传输 ATC 系统,轨道电路用于列车占用检查,同时叠加 ATC 数字信号。轨道电路信息频率和 ATC 信号频率如图 8-17 所示：

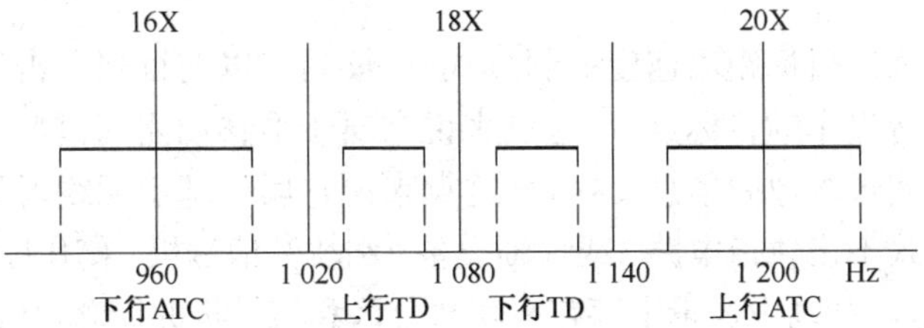

图 8-17　轨道电路信息频率和 ATC 信号频率

日本电源频率为 60 Hz，电源干扰奇次谐波分量小，所以列车占用检查(TD)信号采用电源同步单边带调制，上、下行线分别用 60 Hz 的 20 次谐波 1 200 Hz 和 16 次谐波 960 Hz，调制方式为电源同步最小频偏频率键控方式，每个码字为 48 bit，其中 6 bit 同步码，8 bit CRC 校验码，34 bit 数据信息。这种方式 ATC 信号传送距离信息，可以实现一次模式曲线制动控制。

8.2　采用虚拟闭塞的列控系统

青藏铁路的信号系统采用了美国通用电气(GE)公司开发的增强列车运行控制系统 (ITCS)。ITCS 系统是基于无线通信(GSM-R)的列控系统，以无线通信 (GSM-R)完成车地间双向、实时和连续的信息传输，以 GPS 实现列车定位，采用虚拟闭塞方式。安装 ITCS 系统的车站不设置信号机、轨道电路，只安装道岔转换装置。ITCS 系统采用了一体化的设计思想，集自动闭塞、车站联锁控制和列车运行超速防护控制于一身，控制列车在车站停车、通过或进行其他相关作业。

ITCS 实现了两个主要功能：安全度是通过监测列车运行、当情况发生变化向司机提供报警、并且在需要时对列车实施紧急制动来实现。性能的增加是通过安全而且精密地分割列车运行里程、提供追踪运行，以及提供比普通信号系统所允许的更高的速度完成。ITCS 可以和初步设计确定的联锁系统相连，对道岔位置、信号显示，进路情况、轨道空闲与占用状况实施监测。在运输情况发生变化时，可以很容易地通过增加或减少虚拟闭塞分区和虚拟信号机来适应系统的运能变化需要。

基于无线传输系统的青藏线格拉段信号控制系统方案描述如下：

在西宁设计分散自律调度集中系统，实现对全线信号设备的集中控制；端站及规模相对较大的车站采用计算机联锁，站内设计轨道电路和地面信号机；在规模较小的车站，不设轨道电路和地面信号机，选用 ITCS 信号控制系统，完成车站联锁控制；借助 GSM-R 传输列控信息，利用 GPS 系统和列尾实现列车完整性检查，由 ITCS 完成列车运行控制功能，同时实现区间虚拟自动闭塞。

8.2.1 虚拟闭塞方式

虚拟闭塞方式采用目标距离速度控制方式,后续列车以前行列车占用的闭塞方式的始端作为追踪运行停车的目标点,从这点来说它属于准移动闭塞范畴。虚拟闭塞方式采用无线通信来实现车地间信息交换,从这点来说它属于基于无线通信列控系统的范畴。虚拟闭塞方式不设轨道电路(或计轴设备)和轨旁信号机,采用无线通信方式来实现列车定位,在室内系统中逻辑上存在有闭塞分区和信号机的概念,从这点来说它的闭塞分区是虚拟的。

虚拟闭塞方式将线路划分成若干个闭塞分区,有虚拟信号机来防护。虚拟的闭塞分区和信号机存在于电子地图和逻辑中,闭塞分区分界点和虚拟的信号机有对应的公里标,轨旁可设标记或标志,以提供司机作位置的参考。当地面装有信号机时,虚拟信号机与实际信号机位置重合。

虚拟闭塞方式非常有条件将闭塞分区划分得很短,当短到一定程度其效率就很接近于移动闭塞。

8.2.2 ITCS 系统构成

ITCS 系统主要由地面、车载和信息传输设备等组成,设备分散设置于西宁中心、沿线各站以及机车上。中心和沿线车站的设备利用广域网连接,车载和地面设备之间利用 GSM-R 传输信息。

西宁调度中心主要设置有 ITCS 与 GSM-R 系统的接口设备;各站设置无线闭塞中心(RBC 含列车定位)、联锁逻辑运算控制器(VHLC)、道旁控制单元(HSC);车载主要由车载计算机(OBC)、列尾(EOT)、卫星定位(GPS)接收及差分站设备、车载显示器、速度传感器、GSM-R 通信设备等组成。ITCS 系统示意图如图 8-18 所示。

青藏线采用 CTC 实现行车调度指挥。每个车站均设有无线闭塞中心、安全型逻辑控制器;区间采用虚拟自动闭塞,可实现单线双方向的列车追踪运行;列车定位及车长信息(根据列车现有位置和长度,系统将合成等效的轨道占用情况,通过无线网络向安全逻辑控制服务器发送数据。)由 GPS 差分定位系统提供,装设有 GPS 差分站,以保证定位精度,定位误差在 6 m 以内;列车装设车载信号设备,具有 ATP 功能;安全逻辑控制服务器,根据接收的数据,再经无线通信网络,将控制信息发往列车司机控制室;安全信号系统的车载设备,凭借位置跟踪、列车长度和车载数据确定它正在占用哪个闭塞区间,车载设备针对目标绘制运行曲线,并预制运行过程中应计入的限制条件。

车地间信息传输采用 GSM-R 数字移动通信平台,列车装设列尾装置 EOT,实现列车完整性检查,并提供列尾位置;临时限速信息通过调度中心或车站输入,改写 RBC 中的相关数据后,通过 GSM-R 网络向列车传递;具有调车监控功能。

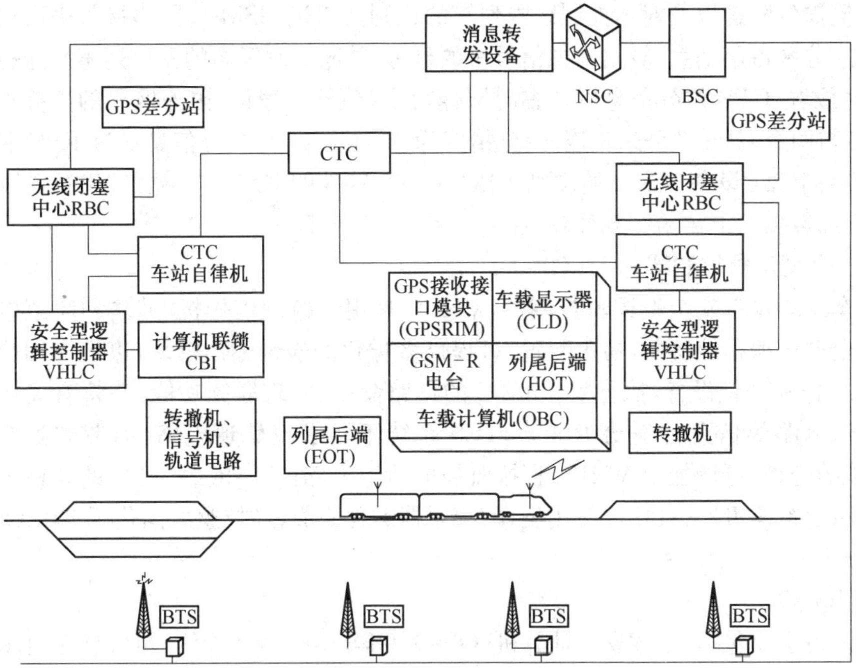

图 8-18 ITCS 系统框图

8.2.3 主要设备及功能

1. 地面设备

西宁调度中心设有 CTC 总机和 ITCS 信息转发器，CTC 总机与 ITCS 信息转发器通信，ITCS 信息转发器通过专用接口与 GSM-R 的移动交换机连接。

(1) 无线闭塞中心(RBC)

每个车站均设有无线闭塞中心(RBC)，RBC 是 ITCS 的核心设备，基于安全计算机的控制系统。RBC 设有静态数据库，线路数据每 3m 左右 1 个坐标点，以经纬度、海拔及里程对线路进行标注，并标明特征点(如隧道、限速区、道岔等)。

在电子地图上设定虚拟闭塞分区、虚拟通过信号机、虚拟车站信号机。虚拟的闭塞分区与信号机设定后，从 CTC 的操作到运输管理等，都等效于其他相应的闭塞方式。虚拟闭塞分区最长可为整个站间，此时按站间闭塞行车；虚拟闭塞分区最短可为列车长度，此时接近于移动闭塞；虚拟闭塞分区为一般长度时，可相当于准移动闭塞。在电子地图上可以存储固定的线路数据(如坡道等)，车载信号设备可以根据机车性能、线路数据、目标距离等计算出一次连续制动曲线。

RBC 通过数字通信网络与 CTC 接口，接收并执行临时限速命令。RBC 可实现列车过道岔侧向的防护以及对本控制区内列车的控制。通过 GSM-R 网络接收来自列车的虚拟闭塞分区占用信息，算出虚拟信号机的显示，并向控制区内的受控列车发送行车凭证、道岔位置、GPS 差分信息以及临时限速命令（包括限速值、限速区段的始终点）。每个 RBC 与两个 GPS 差分站相连，差分精度为 0.3 m。GPS 差分信息通过 RBC 和车地无线网络向车载设备传送。始端站 RBC 是一个特殊的 RBC，它主要用于帮助发车测试，将全部数据库上传给车载计算机。

(2) 安全型逻辑控制器（VHLC）

每个车站均设有安全型逻辑控制器，VHLC 是用于控制信号机、道岔和轨道电路的固态安全型可编程控制器，易于配置，可提供多样化的输入输出模块，以适应用户需求。VHLC 作为联锁设备，执行来自 CTC 的进路命令，实现联锁功能，并将有关道岔位置和轨道电路等信息传送给 RBC。ITCS 系统不要求设轨道电路，但考虑到对非 ITCS 列车的处理，可增加由 VHLC 直接监控的轨道电路的功能。VHLC 的联锁逻辑是通过应用逻辑编辑器 ALC 或应用编译/编辑器编程完成，经校验后固化至 EPROM，再插入 VHLC。

2. 车载设备

车载设备主要包括：车载安全计算机（OBC）、GPS 接收器和天线、司机操作显示单元、开关及传感器、GSM-R 电台以及列车完整性检查装置 EOT。

(1) 车载安全计算机（OBC）

车载安全计算机由多个处理模块组成：ILOK 联锁模块、MFIO 多功能 I/O 模块、GPI、通用输入模块、LP 定位模块、GPO004 通用输出模块、GMPU 通信处理模块、TVO 三重安全输出模块、LSI 车载系统输出接口、电源处理模块和 CPU 主处理模块。

OBC 主要功能：在始端站接收线路数据库；采用 GPS 技术及测速传感器进行列车定位；接收来自 RBC 的行车凭证，监控列车运行，强制执行各种速度限制；接收并执行来自 RBC 的临时限速命令；计算一次连续制动曲线；人机联控，一般不干扰司机操作，必要时实施强制制动；通过人机接口提供输入及选择开关，声光报警；记录全程列车运行数据。

(2) GPS 接收器（GPSRIM）及天线

GPS 接收器主要功能：使用差分技术接收 GPS 卫星数据，提供列车位置经纬及速度信息，其中一个 GPS 接收器提供标准时钟给列车。GPS 天线安装在司机室顶部中心线附近。

(3) 列车完整性检查装置 EOT

列车完整性检查是通过列尾装置 EOT 与机车通过数传电台实现的。列尾装置 EOT 包括列车风管压力传感器与列车运动传感器。当机车无法收到列尾数据时，认为列尾丢失，在重新收到列尾数据前，机车认为列尾停留在最后一次收到列尾数据时的位置，所占用的闭塞分区不会被出清。

3. 系统的主要功能

青藏线格拉段列车运行控制系统功能主要由ITCS结合分散自律型调度集中系统实现。主要功能有：

(1) 车载信号作为行车凭证。

(2) 对调车进路实施不同速度的低速保护。不同车辆调车时有不同的低速保护要求，系统能够提供至少5种不同的低速保护。

(3) 系统遵循人机联控、人控为主的原则。车载人机界面提供行车凭证与提示，正常情况下司机按照系统提示操作，非常情况时，系统可对列车实施惩罚制动。

(4) 超速防护功能。系统具有防止列车运行速度超过线路允许速度、道岔通过速度、车辆构造允许速度和临时限速，接近超速门限值时，由列控设备提醒司机或自动实行制动或减速停车，保证行车安全。

(5) 列车定位功能。采用GPS及测速传感器对列车定位，车载定位系统根据GPS和车载测速传感器自动计算，准确确定列车位置，对照线路数据库(电子地图)确定所占用的虚拟闭塞分区，向车站、调度中心报告闭塞分区占用情况。

(6) 信息显示功能。系统通过人机接口DMI提供司机输入及选择开关，声光报警。车载显示器给出当前速度、前方信号机类型、目标距离、目标速度指示、超速倒计时报警等信息。

(7) 虚拟自动闭塞功能。地面不设置轨道空闲检查装置和信号机，利用电子地图，虚拟闭塞分区和信号机，系统进行相关逻辑运算，实现列车追踪运行。

(8) 诊断功能和日志记录。车载和地面设备均有本地和远程诊断功能，可以通过网络将维护信息提交至位于格尔木和拉萨的维护中心，对运行情况和测试情况进行日志记录。

(9) 车载和地面设备的专用诊断口，具有菜单系统，可实现本地和远程故障诊断。

8.2.4 列车控制系统原理和工作流程

1. 列控系统原理

采用目标距离速度控制方式，详细的电子地图和线路数据库让系统了解到前方多个限速目标，可以计算出多重连续速度-距离模式曲线控制方式，在报警后持续监督列车减速度率的变化，防止司机制动不足。

目标距离速度控制方式根据目标距离、目标速度及列车本身的性能确定列车制动曲线。ITCS车载计算机(OBC)根据数据库信息，结合发车测试输入信息(包括车长度、载重、车次号、列车类型、完整性等)和当前列车定位信息，计算连续式一次速度控制模式曲线，对列车实施安全控制。

由于车站和区间没有地面信号机和轨道电路，为保证行车安全，除本务机车外，轨道车、公务巡检车、探伤车和其他路用机车，均需要配备ITCS车载设备。所有上线机车的控车方案为ITCS控制模式。

(1) 数据库

车载数据库是ITCS控车的基础。在发车测试期间,车载计算机将通过无线网络与始端站RBC通信,下载数据库。在沿线各站RBC处,车载计算机则会通过无线网络与各RBC通信,并对数据库进行校验检查,以判断数据库文件是否正确,及临时限速文件是否有更新。

车载计算机存储地数据库文件主要包括区域概况表、线路图、线路文档、区段限速表、信号表示索引、临时限速文件等。

(2) 列车定位和轨道占用检查(包含完整性检查)

虚拟闭塞分区的占用检查由车载设备完成。车载定位系统确定列车位置,根据电子地图确定所占用的虚拟闭塞分区并通过GSM-R网络报告给地面RBC。RBC据此将虚拟防护信号机置为禁止状态,并向辖区所有列车报告分区占用和分区虚拟防护信号机显示情况,该信号机是ITCS列车的一个目标点。

列车的安全运行依赖列控系统。因此系统采用了故障—安全和多样性的设计思路。定位系统不仅安全而且可靠,即:当条件不完善时,它也应当正常工作。由于安全和可靠的原因,除了测量所处线路位置,定位处理器还计算其他参数并把这些参数发送给主处理器,这样主处理器就可以做出提高操作性能的最佳决策。ITCS正是采用了差分技术来达到列车控制所需的定位精度的。闭塞分区的占用是结合输入的列车长度与定位信息来确定整列车的实际位置,从而判断虚拟分区的占用与出清。

(3) 制动曲线的确定

制动曲线的计算需得到列车在平直线路制动情况的数据,即制动距离表,系统以该数据为基础根据电子地图对坡道制动距离进行相应换算。制动距离表采用现行的《列车牵引计算规程》的办法计算,客、货车紧急制动距离根据《铁路技术管理规程》中的有关规定取值。

计算制动距离表的基础数据主要包括客货车最高运行速度、制动减压量、机车的运行单位基本阻力公式、客货车牵引质量或辆数、客货车闸瓦类型等。

ITCS在计算制动曲线时,把列车前方较长距离内的所有限速目标点都纳入计算范围内,车载计算机可以计算当前RBC和下一个RBC控制区内目标的制动距离。列车在运行中根据所得前方状况发现多个限速目标点后,自动对列车前方多个限速目标点分别计算模式曲线,最终将选取对列车限制最大的限速目标点显示给司机。此外提到所执行的限速,包括信号允许速度、线路允许速度、车辆构造允许速度、临时限速等。

(4) 车地双向信息传输(包含信息流)

列车运行控制系统需要的信息主要来源于两部分,一是车站和区间的线路信息,由车站RBC从计算机联锁或VHLC以及GPS定位的系统处获取;二是其他运行命令信息,从CTC系统获取。该两部分信息均通过中心路由器,由无线网络传送至车载设备,列控系统通信体系结构图如图 8-19 所示。

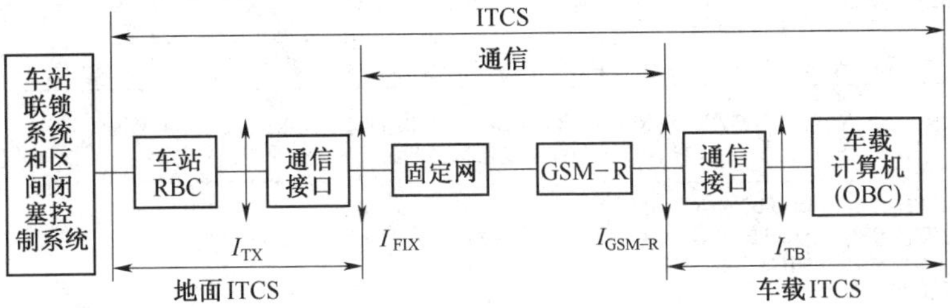

图 8-19　列控系统通信体系结构图

2. 列车控制系统工作流程

将描述从出发到抵达 ITCS 系统对机车进行控制的流程。

(1)列车出发

在列车启程之时,配备了列车的 ITCS 将在起始点执行发车测试,起始点将配备 ITCS 发车测试服务器,它协调数据库文档并保证无线电接收装置的正常运行。在发车测试(大约持续 3 min)期间,对几种功能进行测试:

1)速度传感器;

2)车载计算机硬件;

3)全球定位系统接收器;

4)显示;

5)MCP 无线电接收装置;

6)数据库;

7)ITCS 输入/输出开关;

8)换向器手柄操作;

9)刹车接口。

上述所有功能测试之后,列车将"通过"发车测试,并准备从起始车站启程。开始列车不在 ITCS 的控制下;当列车进入 ITCS 控制区域时(可以近到 100 m 或远到数百公里),ITCS 将确定列车的位置、方向并开始与轨旁服务器通信时,被称作与 ITCS 系统接入。在所有保证列车行车安全所必需的信息都收到之后,列车到达实际信号机(要么是发车站,要么是进入站),列车司机被提示(视听两种方式)操作位于操纵台上的 ITCS 模式开关,从"出"改到"入"。这样会保证 ITCS 已被接通,司机知道列车处于被保护状态,ITCS 被激活,列车办理发车手续发车。其过程如下:

① 列车进入 ITCS 控制区域,如图 8-20 所示。

② 列车出站,如图 8-21 所示。

② 列车进入虚拟信号区间,如图 8-22 所示。

(2) 列车运行

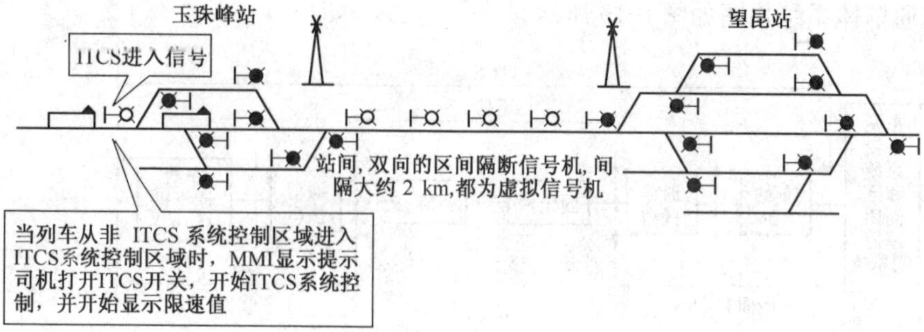

图 8-20　列车进入 ITCS 控制区域

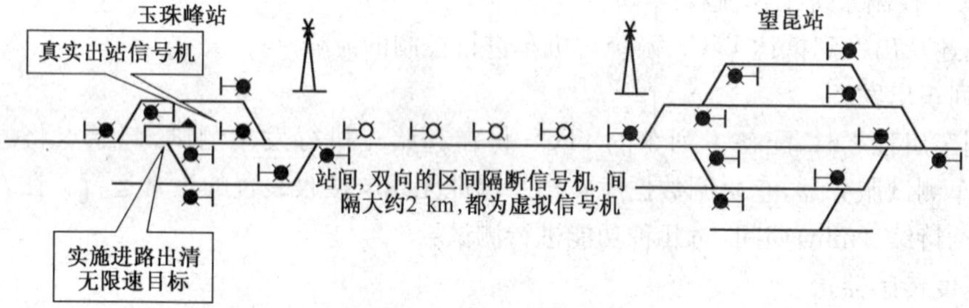

图 8-21　列车出站

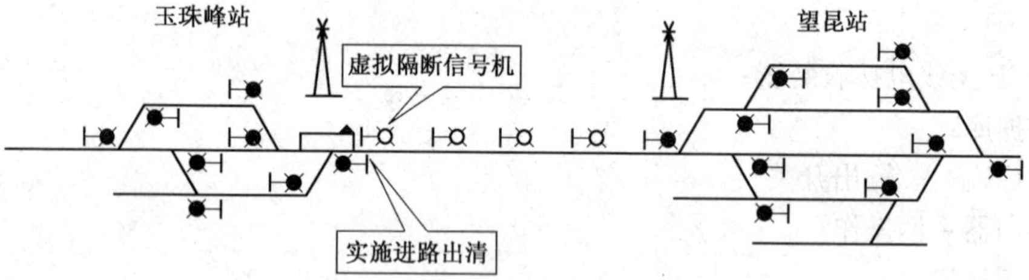

图 8-22　列车进入虚拟信号区间

进入 ITCS 系统控制区域之后，将会出现几种情况：

1)ITCS 连续不断地监控位置和速度；

2)ITCS 连续不断地监控列车前方区段占用状况；

3)ITCS 连续不断地向轨旁服务器报告虚拟区间占用情况；

4)ITCS 连续不断地接收来自轨旁服务器的实际和虚拟信号显示；

5)ITCS 连续不断地执行所有速度限制命令。

当列车通过配备了实际信号机和轨道电路的车站时，ITCS 按照当前信号显示定义命令进行操作。当列车在区间运行时，ITCS 用虚拟信号控制列车运行。通过从每一列车接收到的区间占用情况对虚拟信号进行控制。列车不需等待先行列车到达下一车站，但必须等到列车到达下一个或若干虚拟分区后，方可进行追踪运行。这个虚拟区间担负列车间隔保护作用，如图 8-23 所示。

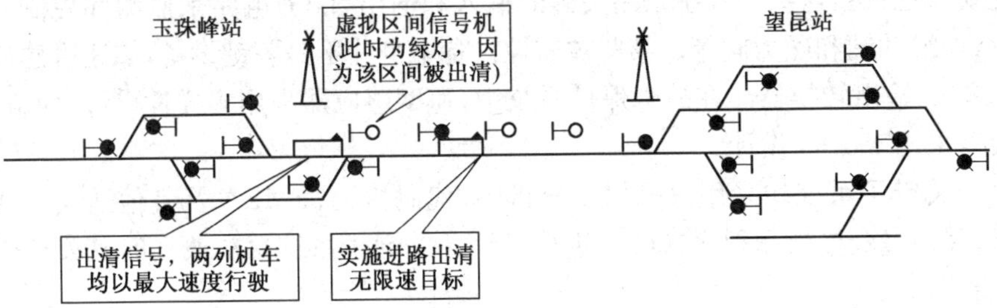

图 8-23 追踪运行

在列车到达下一车站时，列车将再次受到由轨旁服务器监控的实际信号机的控制穿过车站。注意 ITCS 通过车站联锁根据监控区域内的道岔位置确定进路号，然后把进路号传给每一列车。ITCS 不用 GPS 确定进路号，只用 GPS 确定列车位置。如果在某一进路多轨道区段开启 ITCS，列车必须在越过进路末段的道岔后，列车才能由车站控制转化为 ITCS 系统控制状态。

(3) 运行结束

当列车离开 ITCS 控制区域时，将自动告诉司机把 ITCS 系统转换到“离开”模式并解除 ITCS 控制。

(4) 未安装 ITCS 车载设备列车的运行

对于未安装 ITCS 车载设备的列车进入 ITCS 控制区域时，发车站通过轨旁接口服务器与接车站交换信息获得区间空闲占用状况后，获得区间占用申请同意后，通过控制发车信号确保区间内行车安全。

1)区间内无车时

允许向区间发车，同时在该列车到达接车站前禁止向区间继续发车。

2)当区间内有车时

禁止发车信号开放，确保未安装 ITCS 车载设备列车不会驶入区间，直到区间内无车时，再次申请区间占用同意后，发车信号才能开放。

ITCS 是非常灵活的，可以和任何既有联锁系统连接来监测道岔位置，进站信号的显示，以及轨道电路等设备工况。在运输情况发生变化时，通过增加或减少虚拟闭塞分区和信号机数量来满足系统的需要。

(5) 安全性

1)总体安全概念

ITCS 系统是安全的列车超速防护系统，它采用故障安全设计，也就是说，即使系统的一部分发生了故障，整个系统仍然是安全的，即便运行性能有所降低也要保证系统的安全。这些分析、评估详见附件。下面将概括介绍 ITCS 系统的安全保障概念。

2)ITCS 系统安全性的获得途径

①关键子系统、WIU 服务器和 OBC 采用多种技术设计，其中包括多样性设计，来确保系统安全运行。这些子系统采用关键的输入和输出(I/O)电路来监测和控制其他关键设备，如继动阀和磁力阀等。某些被监控设备本身并不是关键设备，如速度感应器和 ITCS 输入/输出转换器。在故障保护系统中，速度感应器采用多样性设计，而输入/输出转换器采用 1-of-N 设计。

②每个关键子系统均采用故障树型分析图、代码检测、FMEA 及其他适当方法来进行分析，并通过资格检测程序(QTP)进行验证。关键子系统每次改动时其安全性都将经过检验。

③关键信息通过使用适当的关键协议在关键子系统间传输。在任何情况下，该信息内容的一致性、及时性以及正确来源和目的地都将经过检验。

思 考 题

1. 叙述在秦沈客运专线中，车载 TVM430 设备与既有线兼容问题的处理方法。
2. 画图说明日本 ATC 系统绝对停车信号的使用。
3. 简述 ITCS 的主要功能。
4. 什么是虚拟闭塞方式?
5. ITCS 系统制动曲线的确定。
6. 无线闭塞中心 RBC 的作用。
7. 简述列车完整性检查装置 EOT。
8. 叙述 ITCS 系统安全的保证措施。

附录 1　ZPW-2000A 发送器外线连接示意图端子代号及用途说明

1. 发送器外线连接示意图

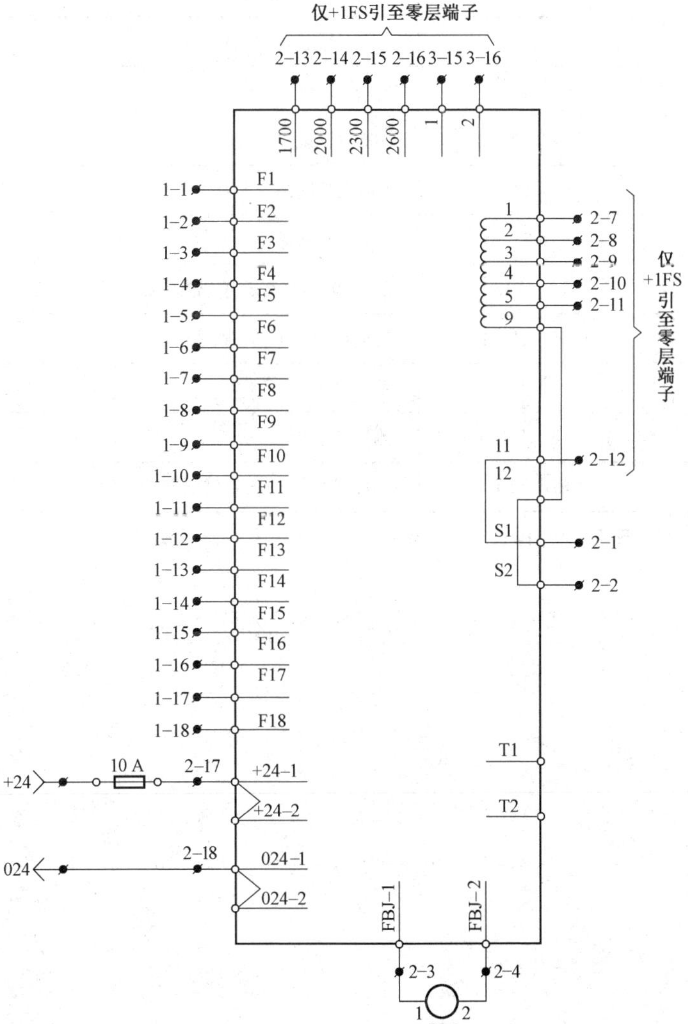

2. 发送器端子代号及用途说明

序 号	代 号	用 途
1	D	地线
2	+24-1	+24 V 电源外引入线
3	+24-2	载频编码用+24 V 电源(+1FS 除外)
4	024-1	024 电源外引入线
5	024-2	备用
6	1700	1 700 Hz 载频
7	2000	2 000 Hz 载频
8	2300	2 300 Hz 载频
9	2600	2 600 Hz 载频
10	-1	1 型载频选择
11	-2	2 型载频选择
12	F1～F18	29～10.3 Hz 低频编码选择线
13	1～5、9、11、12	功放输出电平调整端子
14	S1、S2	功放输出端子
15	T1、T2	测试端子
16	FBJ-1 FBJ-2	外接 FBJ(发送报警继电器端子)

注:低频编码及+1FS 载频编码电源取自 2-17 端子。

附录 2　接收器外线连接示意图和端子代号及用途说明

1. 接收器外线连接示意图

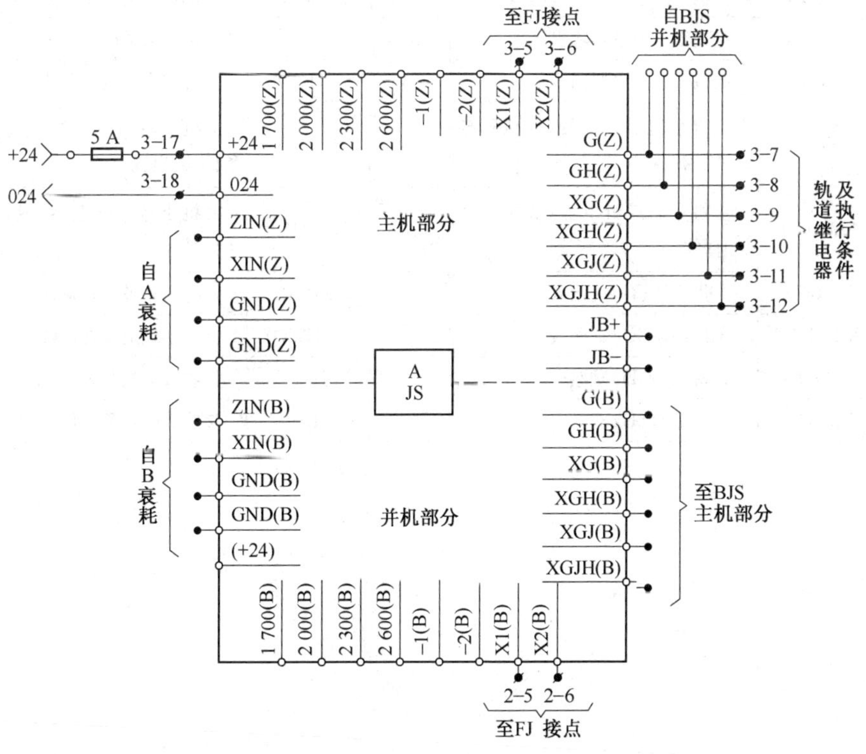

2. 接收器端子代号及用途说明

序号	代号	用　　途	序号	代号	用　　途
1	D	地线	4	024	024 V 电源
2	＋24	＋24 V 电源	5	1700(Z)	主机 1 700 Hz 载频
3	(＋24)	＋24 V 电源(由设备内给出，用于载频及类型选择)	6	2000(Z)	主机 2 000 Hz 载频

续上表

序号	代号	用　　途	序号	代号	用　　途
7	2300(Z)	主机2 300 Hz载频	24	2300(B)	并机2 300 Hz载频
8	2 600(Z)	主机2 600 Hz载频	25	2600(B)	并机2 600 Hz载频
9	1(Z)	主机1型载频选择	26	1(B)	并机小轨道1型载频选择
10	2(Z)	主机2型载频选择	27	2(B)	并机小轨道2型载频选择
11	X1(Z)	主机小轨道1型载频选择	28	X1(B)	并机正向运行选择
12	X2(Z)	主机小轨道2型载频选择	29	X2(B)	并机反向运行选择
13	ZIN(Z)	主机轨道信号输入	30	ZIN(B)	并机轨道信号输入
14	XIN(Z)	主机邻区段小轨道信号输入	31	XIN(B)	并机邻区段小轨道信号输入
15	GIN(Z)	主机轨道信号输入共用回线	32	GIN(B)	并机轨道信号输入共用回线
16	G(Z)	主机轨道继电器输出线	33	G(B)	并机轨道继电器输出线
17	GH(Z)	主机轨道继电器回线	34	GH(B)	并机轨道继电器回线
18	XG(Z)	主机小轨道继电器(或执行条件)输出线	35	XG(B)	并机小轨道继电器(或执行条件)输出线
19	XGH(Z)	主机小轨道继电器(或执行条件)回线	36	XGH(B)	并机小轨道继电器(或执行条件)回线
20	XGJ(Z)	主机小轨道检查输入	37	XGJ(B)	并机小轨道检查输入
21	XGJH(Z)	主机小轨道检查回线	38	XGJH(B)	并机小轨道检查回线
22	1700(B)	并机1 700 Hz载频	39	JB+	接收故障报警条件“+”
23	2000(B)	并机2 000 Hz载频	40	JB−	接收故障报警条件“−”

附录 3　衰耗盘端子用途说明

序号	端子号	用　途	序号	端子号	用　途
1	c1	轨道信号输入	14	a30、c30	轨道继电器(G、GH)
2	c2	轨道信号输入回线	15	a31、c31	小轨道继电器(XG、XGH)
3	a24	正向小轨道信号输入	16	a29	发送＋24 V 直流电源
4	c24	反向小轨道信号输入	17	c29	接收＋24 V 直流电源
5	a1～a10、c3、c4	主轨道电平调整	18	c9	024V 电源
6	a11～a23	正向小轨道电平调整	19	a25、c25	发送报警继电器 FBJ-1、FBJ-2
7	c11～c23	反向小轨道电平调整	20	a26、c26	接收报警条件 JB＋、JB－
8	c5	主机主轨道信号输出	21	a27	移频报警继电器 YBJ
9	c7	主机小轨道信号输出	22	c27	移频报警检查电源 YB＋
10	c6、c8	主机主轨道小轨道信号输出共用回线	23	a28、b28	发送报警条件 BJ1－BJ2
11	b5	并机主轨道信号输出	24	b28、c28	接收报警条件 BJ2－BJ3
12	b7	并机小轨道信号输出	25	a32、c32	功放输出 S1、S2
13	b6、b8	并机主轨道小轨道信号输出共用回线	26		

附录 4　限速信息冗余覆盖与一致性

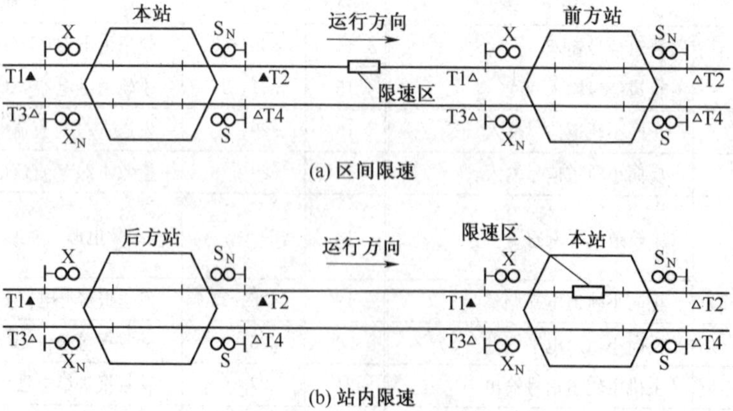

(a) 区间限速

(b) 站内限速

限速信息冗余覆盖与一致性示意图

(1)当本站排列正线接车或通过进路，区间设置限速时，进站端应答器 T1 和出站端应答器 T2 应发送该限速信息。

(2)当后方站排列正线接车或通过进路，且本站站内设置限速时，后方站进站端应答器 T1、后方站出站端应答器 T2 和本站进站端应答器 T1 应发送该限速信息（本站排列了正线接车或通过进路）。

为保证由不同应答器发送对应同一处限速区的报文信息具有一致性，不同应答器限速起点按如下要求描述。

1)区间限速时，$D_{T1}=D_{T2}+L_{车站}$，D_{T1}：对应本站 T1 应答器的限速起点长度；D_{T2}：对应本站 T2 应答器归档后的限速起点长度；$L_{车站}$：本站进、出站端应答器间的长度。

2)站内限速时，$D'_{T1}==D_{T1}+L_{区间}+L_{车站}$；$D'_{T2}=D_{T1}+L_{区间}$；

D'_{T1}：对应后方站 T1 应答器的限速起点长度；

D'_{T2}：对应后方站 T2 应答器的限速起点长度；

D_{T1}：对应本站 T1 应答器归档后的限速起点长度；

$L_{车站}$：后方站进、出站端应答器间的距离长度；

$L_{区间}$：本站进站端与后方站出站端应答器间的距离长度。

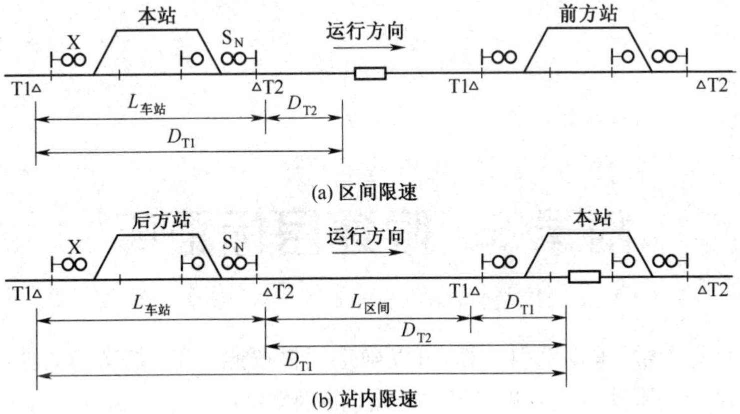

同一处限速起点描述示意图

附录 5　限速目标距离

按照以下计算参数，根据牵引计算，可以确定司机按照 ATP 控车模式曲线驾驶列车从规定速度制动到限速的目标距离（含安全防护距离）：

(1)列车最高运行速度 200 km/h；

(2)列车按照 CRH2 动车组及目前设定的 ATP 监控曲线；

(3)限速为五档：45 km/h、60 km/h、80 km/h、120 km/h、160 km/h；

(4)线路坡度 −6‰；

(5)司机确认减速信号变化时间 6 s；

(6)车载设备接收到新信息到给出相应显示的时间不大于 3.5 s；

(7)列车安全防护距离暂取 110 m；

(8)限速目标距离的余量按 5%计算。

6‰下坡道限速目标距离表

初速度(km/h)	末速度(km/h)	$L_{回}$(m)	初速度(km/h)	末速度(km/h)	$L_{回}$(m)
200	160	2 150	200	60	4 150
	120	3 230		45	4 280
	80	3 930			

附录6　缩　写　语

ATP (Automatic Train protection),列车超速防护。

B1N(Service Braking Level 1),弱常用制动。

B4N (Service Braking Level 4),中等常用制动。

B7N (Service Braking Level 7),最大常用制动。

BSP(Intermittent Transmission Loop used in TVM430),TVM430 用点式传输环线。

BTM (Balise Transmission Module),应答器信息接收模块。

CDP (Intermittent n/p transmission receiver board),n/p 数字点式信息接收板。

CTP (Intermittent 1/p transmission receiver board),1/p 模拟点式信息接收板。

CSM (Ceiling Speed Monitoring Section),顶棚速度监控区。

CTC (Centralized Traffic Control),调度集中。

CTCS (Chinese Train Control System),中国列车运行控制系统。

DMI (Driver Machine Interface Unit),人机界面单元。

DMIS (Dispatch Management Information System),列车运行调度管理信息系统。

DRU (Data Recording Unit),运行记录单元。

EB (Emergency Braking),紧急制动。

EBI (The Emergency Brake Intervention limit),紧急制动干预限值。

EBP (Emergency Braking Profile),紧急制动模式曲线。

EMBO(Intermittent transmission loop used in TVM300),TVM300 用点式传输环线。

EMC (Electro-Magletic Compatibility),电磁兼容性。

EMU (Electrical Multiple Unit),电动车组。

EOA (End Of Authority),行车许可终点。

ERTMS (European Railway Traffic Management System),欧洲铁路运输管理系统。

ETCS (European Train Control System),欧洲列车运行控制系统。

ETML (European Traffic Management Layer),欧洲铁路运输管理层。
FRS (Functional Requirements Specifications),功能需求规范。
FS (Full supervision Mode),完全监控模式。
GSM-R (Global System Mobile for Railway),铁路专用全球移动通信系统。
IS (Isolated Mode),隔离模式。
LMA (Limit of Movement Authority),行车许可界限。
LOA (Limit Of Authority),行车许可界限。
MA (Movement Authority),行车许可。
MRSP (Most Restrictive Speed Profile),最低限制速度曲线。
NBP (Service Brake Profile),常用制动模式曲线。
OS (On Sight Mode),目视行车模式。
PS (Partial Supervision Mode),部分监控模式。
PSP (Permitted Speed Profile),允许速度曲线。
RBC (Radio Block Center),无线闭塞中心。
REL (Release Speed),缓解速度。
RMP (Revised Mileage for positional recognition),校正累计计算距离。
SB (Stand-by Mode),待机模式。
SBI (Service Brake Intervention limit),常用制动干预限值。
SDU (Speed & Distance Processing Unit),测速测距单元。
SH (Shunting Mode),调车模式。
SRS (System Requirements Specifications),系统需求规范。
SSP (Static Speed Profile),静态速度曲线。
STM (Specific Transmission Module),轨道电路信息接收模块。
TIU (Train Interface Unit),列车接口单元。
TSM (Target Speed Monitoring Section),目标速度监控区。
TSR (Temporary Speed Restriction),限速。
VC (Vital Computer),安全计算机。
VLF (Very Low Frequency),低频信息。
WSP (Warning Speed Profile),报警速度曲线。

参 考 文 献

[1] 徐啸明. CTCS-2 级列车运行控制系统应用丛书:列控地面设备[M]. 北京:中国铁道出版社,2007.

[2] 徐啸明. CTCS-2 级列车运行控制系统应用丛书:列控车载设备[M]. 北京:中国铁道出版社,2007.

[3] 钱立新. 世界高速铁路技术[M]. 北京:中国铁道出版社,2003.

[4] 李开成. 国外铁路通信信号新技术纵览[M]. 北京:中国铁道出版社,2005.

[5] 董昱,刘晓娟,党建武,等. 安全列车间隔控制系统[M]. 兰州:兰州大学出版社,2002.

[6] 赵怀东. ZPW-2000A 型自动闭塞设备安装与维护[M]. 北京:中国铁道出版社,2005.

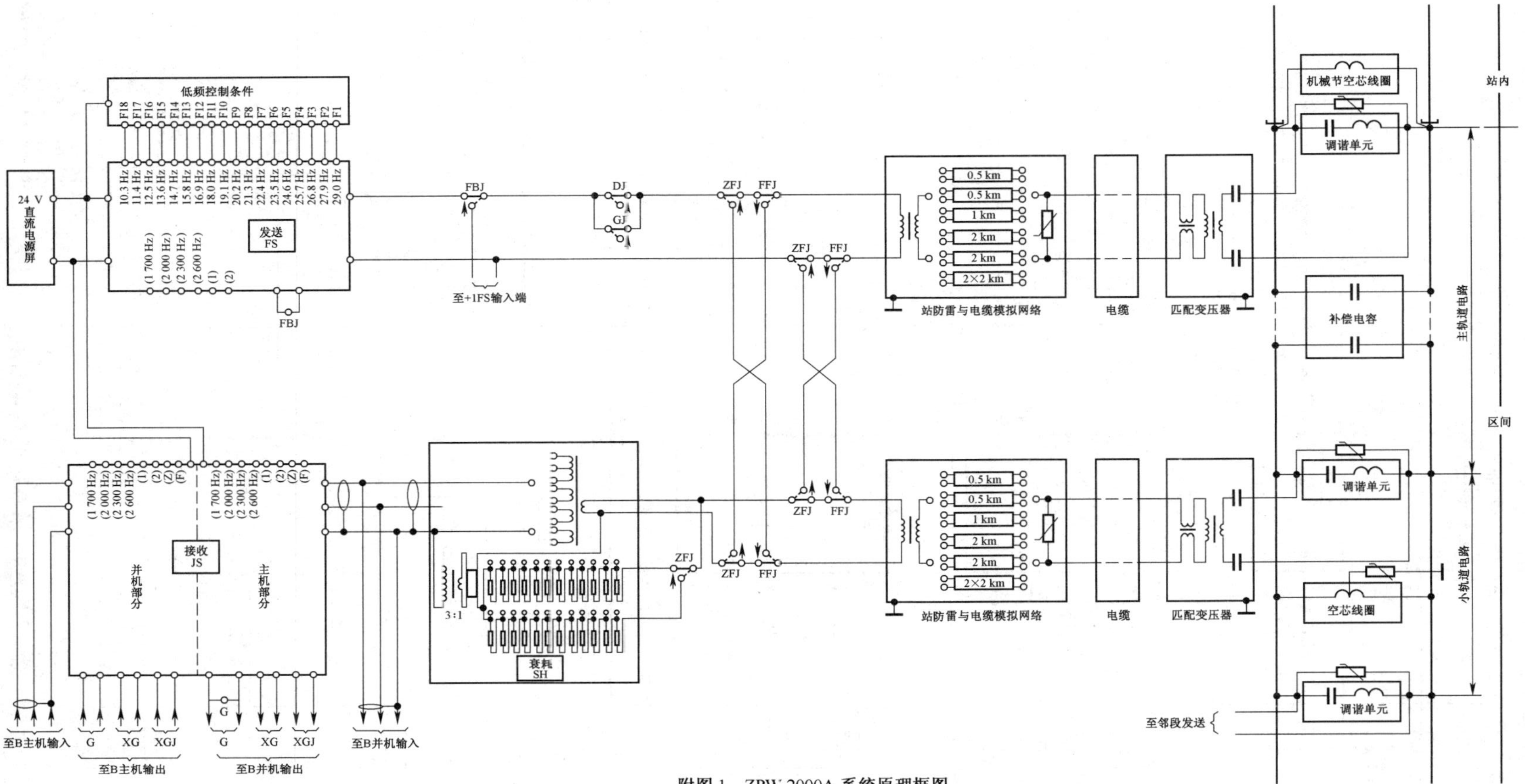

附图 1　ZPW-2000A 系统原理框图

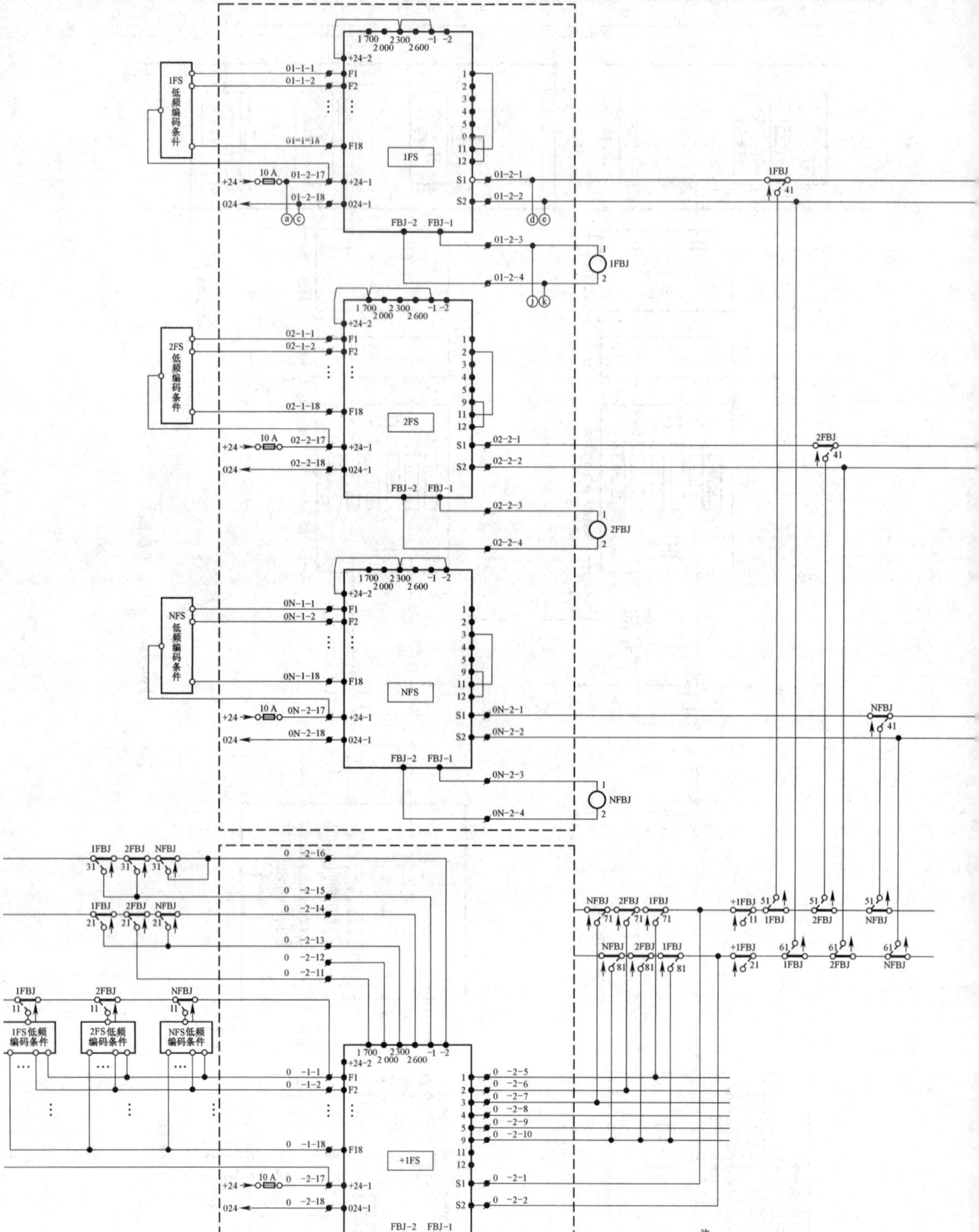

注：

1. 图例发送器载频及输出电平设置：

   1FS为2300-1，一级电平

   2FS为1700-1，二级电平

   3FS为2300-2，三级电平

   +1FS为2600-2

2. 1FS低频设置为29Hz，

3. 电接点线路均为组合架内配线，

4. ⓐⓒ 接至相应衰耗盒，用做发送电源测试，

   ⓓⓔ 接至相应衰耗盒，用做发送功出测试，

   ⓙⓚ 接至相应衰耗盒，用做发送故障报警指示

附图2　发送器发送器“N+1”冗余系统原理接线图

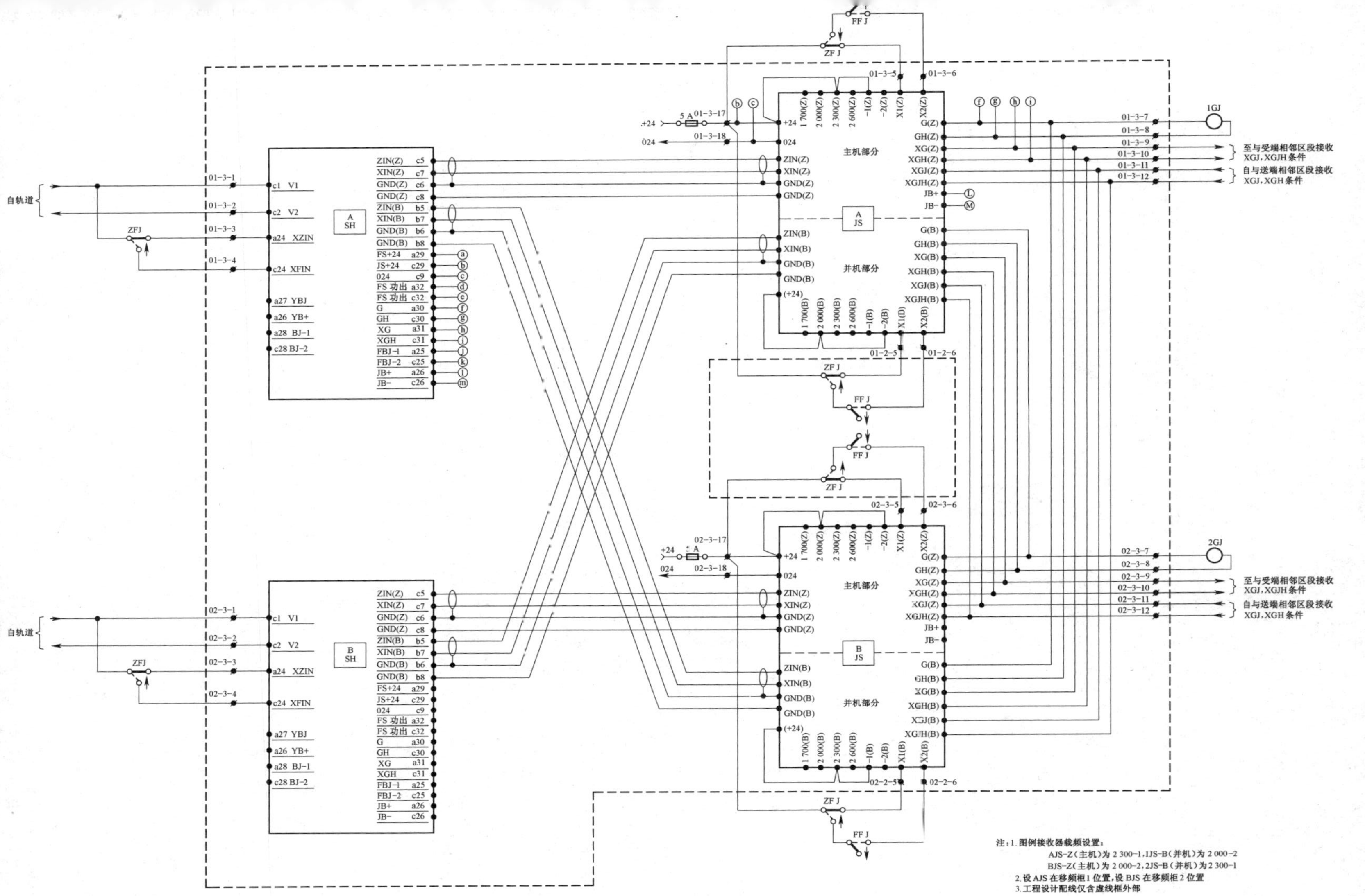

注：1. 图例接收器载频设置：

AJS-Z（主机）为 2 300-1，1JS-B（并机）为 2 000-2

BJS-Z（主机）为 2 000-2，2JS-B（并机）为 2 300-1

2. 设 AJS 在移频柜1 位置，设 BJS 在移频柜 2 位置

3. 工程设计配线仅含虚线框外部

附图 3　接收器双机并联运用原理接线图